U0513152

权威·前沿·原创

皮书系列为
"十二五""十三五"国家重点图书出版规划项目

两岸创意经济蓝皮书

BLUE BOOK OF
CROSS-STRAIT CREATIVE ECONOMY

两岸创意经济研究报告（2018）

ANNUAL RESEARCH REPORT ON CROSS-STRAIT
CREATIVE ECONOMY (2018)

主　编／罗昌智
副主编／何圣捷　宋西顺

社会科学文献出版社
SOCIAL SCIENCES ACADEMIC PRESS (CHINA)

图书在版编目（CIP）数据

两岸创意经济研究报告. 2018 / 罗昌智主编. -- 北
京：社会科学文献出版社，2018.9
（两岸创意经济蓝皮书）
ISBN 978 - 7 - 5201 - 3239 - 8

Ⅰ.①两… Ⅱ.①罗… Ⅲ.①海峡两岸 - 文化产业 -
研究报告 - 2018 Ⅳ.①G124

中国版本图书馆 CIP 数据核字（2018）第 179693 号

两岸创意经济蓝皮书

两岸创意经济研究报告（2018）

主　　编／罗昌智
副 主 编／何圣捷　宋西顺

出 版 人／谢寿光
项目统筹／吴　敏
责任编辑／宋　静

出　　版／社会科学文献出版社·皮书出版分社（010）59367127
　　　　　　地址：北京市北三环中路甲29号院华龙大厦　邮编：100029
　　　　　　网址：www. ssap. com. cn
发　　行／市场营销中心（010）59367081　59367018
印　　装／三河市龙林印务有限公司

规　　格／开　本：787mm×1092mm　1/16
　　　　　　印　张：24.25　字　数：365千字
版　　次／2018年9月第1版　2018年9月第1次印刷
书　　号／ISBN 978 - 7 - 5201 - 3239 - 8
定　　价／99.00元

皮书序列号／PSN B - 2014 - 437 - 1/1

本书如有印装质量问题，请与读者服务中心（010 - 59367028）联系

🅐 版权所有 翻印必究

指导单位：

文化部文化科技司

福建省教育厅

中共厦门市委宣传部

编撰单位：

厦门理工学院文化产业与旅游学院

福建省社会科学研究基地文化产业研究中心

福建省高校新型特色智库两岸文创研究院

福建省教育厅人文社科研究基地两岸创意经济研究中心

顾问团队：

孙若风　文化部文化科技司司长

黄红武　福建省政协教科文卫体委员会主任、博士生导师

朱文章　厦门理工学院校长、博士生导师

范　周　中国传媒大学经管学部学部长

　　　　兼文化发展研究院院长、教授、博士生导师

花　建　上海社科院文化产业研究中心主任、博士生导师

陈少峰　北京大学文化产业研究院副院长、博士生导师

顾　江　南京大学文化产业发展研究所所长、博士生导师

管　宁　《福建论坛》主编、福建师范大学博士生导师

戴志望　中共厦门市委宣传部副部长

《两岸创意经济研究报告（2018）》
编 委 会

主 编 罗昌智

副主编 何圣捷 宋西顺

撰稿人（按姓氏笔画为序）：

丁智才	丁 蓉	马培红	王美雅	叶玉婷
吴 静	苏晓芳	李艳波	李 源	杨 阳
杨晓华	吴季真	邱玉珠	何圣捷	何 鹏
宋西顺	张宜帆	张振鹏	陈少峰	陈秋英
陈俊智	陈莹洁	陈 意	罗昌智	林义斌
林朝霞	金 星	郑荔鲤	胡 丹	贺 莹
郭玉琼	戚务薁	翟治平	熊海峰	

主编简介

罗昌智 博士，教授，研究生导师。厦门理工学院文化产业与旅游学院院长，福建省社会科学研究基地文化产业研究中心主任，福建省高校特色新型智库两岸文创研究院负责人，福建省高校人文社科研究基地两岸创意经济研究中心主任。福建省文化产业学会常务理事、福建省文化产业项目评审专家组成员、厦门市文化产业协会常务理事、两岸高校文化创意产业研究联盟副秘书长。多年来，主要从事20世纪中国文学与传统文化、文化产业理论与实践研究。主持省部级重大项目11项，发表学术论文80余篇，出版《二十世纪中国作家与荆楚文化》《浙江新诗史论》《中国智慧社区发展报告》等著作14部。主编《两岸创意经济研究报告》。《两岸创意研究经济报告（2015）》获厦门市第十届优秀社科成果一等奖。

摘　要

《两岸创意经济研究报告（2018）》由"总报告""数字创意篇""创意乡村篇""影视演艺篇""热点聚焦篇"五大部分构成。"数字创意篇"就2017 年中国网络自制剧、网络文学、网络视频、网络漫画、互联网广告、VR/AR 产业、数字出版、新媒体产业等重点业态发展状况进行了深度分析，并着重关注互联网文化产业的平台模式、人工智能的产业链构成等数字创意领域的关键问题。"创意乡村篇"把重点放在中国创意农业实践、乡村振兴下文旅融合路径、特色小镇建设中的文化空间与社区营造等现实热点探讨上。台湾休闲农业发展报告、中国乡村旅游发展报告对 2017 年台湾休闲农业和中国乡村旅游发展状况进行了全面论述。"影视演艺篇"包括中国音乐与演艺产业发展报告、台湾流行音乐产业发展报告、中国电影产业发展报告等，对 2017 年电影产业、音乐产业发展现状进行了深度分析。"热点聚焦篇"关注台湾会展产业、中国人像摄影产业、感性设计思维在工业设计中的应用等热点问题。

本报告指出，2017 年，我国创意产业重点业态、新业态继续保持优先发展势头。数据显示，我国 2017 年数字经济规模达到 27.2 万亿元，同比增长 20.3%，占 GDP 比重达到 32.9%。同时，文化旅游产业在转型升级中得以快速发展，全年实现旅游总收入 5.40 万亿元，增长 15.1%，对 GDP 综合贡献为 9.13 万亿元，占 GDP 总量的 11.04%。文化演艺、影视、艺术品交易、会展广告、游戏与电子竞技等业态亦表现不俗。知识付费、数字阅读、音乐社交、共享经济、人机协同等创意经济领域热点频现。2017 年，我国文化及相关产业增加值为 35462 亿元，占 GDP 的 4.29%，比 2016 年占比4.14% 增加 0.15 个百分点，逐渐成为国民经济支柱性产业。

报告指出，新时代背景下，人民对美好生活的期待与需要将不断激活文化消费，促进创意产业成为国家经济稳定增长新动力。未来几年，文化与相关领域深度融合，尤其是文化创意产业与旅游业深度融合，将是我国创意经济发展的新定位与新走向。方兴未艾的人工智能，将对文化创意产业持续产生重大影响，人工智能＋文化创意产业发展将成为新趋势。

《两岸创意经济研究报告（2018）》由厦门理工学院、福建省社会科学研究基地文化产业研究中心、福建省高校新型特色智库两岸文创研究院、福建省教育厅人文社科研究基地两岸创意经济研究中心联合编撰。

社长致辞

蓦然回首，皮书的专业化历程已经走过了二十年。20年来从一个出版社的学术产品名称到媒体热词再到智库成果研创及传播平台，皮书以专业化为主线，进行了系列化、市场化、品牌化、数字化、国际化、平台化的运作，实现了跨越式的发展。特别是在党的十八大以后，以习近平总书记为核心的党中央高度重视新型智库建设，皮书也迎来了长足的发展，总品种达到600余种，经过专业评审机制、淘汰机制遴选，目前，每年稳定出版近400个品种。"皮书"已经成为中国新型智库建设的抓手，成为国际国内社会各界快速、便捷地了解真实中国的最佳窗口。

20年孜孜以求，"皮书"始终将自己的研究视野与经济社会发展中的前沿热点问题紧密相连。600个研究领域，3万多位分布于800余个研究机构的专家学者参与了研创写作。皮书数据库中共收录了15万篇专业报告、50余万张数据图表，合计30亿字，每年报告下载量近80万次。皮书为中国学术与社会发展实践的结合提供了一个激荡智力、传播思想的入口，皮书作者们用学术的话语、客观翔实的数据谱写出了中国故事壮丽的篇章。

20年跬步千里，"皮书"始终将自己的发展与时代赋予的使命与责任紧紧相连。每年百余场新闻发布会，10万余次中外媒体报道，中、英、俄、日、韩等12个语种共同出版。皮书所具有的凝聚力正在形成一种无形的力量，吸引着社会各界关注中国的发展，参与中国的发展，它是我们向世界传递中国声音、总结中国经验、争取中国国际话语权最主要的平台。

皮书这一系列成就的取得，得益于中国改革开放的伟大时代，离不开来自中国社会科学院、新闻出版广电总局、全国哲学社会科学规划办公室等主管部门的大力支持和帮助，也离不开皮书研创者和出版者的共同努力。他们与皮书的故事创造了皮书的历史，他们对皮书的拳拳之心将继续谱写皮书的未来！

现在，"皮书"品牌已经进入了快速成长的青壮年时期。全方位进行规范化管理，树立中国的学术出版标准；不断提升皮书的内容质量和影响力，搭建起中国智库产品和智库建设的交流服务平台和国际传播平台；发布各类皮书指数，并使之成为中国指数，让中国智库的声音响彻世界舞台，为人类的发展做出中国的贡献——这是皮书未来发展的图景。作为"皮书"这个概念的提出者，"皮书"从一般图书到系列图书和品牌图书，最终成为智库研究和社会科学应用对策研究的知识服务和成果推广平台这整个过程的操盘者，我相信，这也是每一位皮书人执着追求的目标。

"当代中国正经历着我国历史上最为广泛而深刻的社会变革，也正在进行着人类历史上最为宏大而独特的实践创新。这种前无古人的伟大实践，必将给理论创造、学术繁荣提供强大动力和广阔空间。"

在这个需要思想而且一定能够产生思想的时代，皮书的研创出版一定能创造出新的更大的辉煌！

社会科学文献出版社社长
中国社会学会秘书长

2017年11月

社会科学文献出版社简介

社会科学文献出版社（以下简称"社科文献出版社"）成立于1985年，是直属于中国社会科学院的人文社会科学学术出版机构。成立至今，社科文献出版社始终依托中国社会科学院和国内外人文社会科学界丰厚的学术出版和专家学者资源，坚持"创社科经典，出传世文献"的出版理念、"权威、前沿、原创"的产品定位以及学术成果和智库成果出版的专业化、数字化、国际化、市场化的经营道路。

社科文献出版社是中国新闻出版业转型与文化体制改革的先行者。积极探索文化体制改革的先进方向和现代企业经营决策机制，社科文献出版社先后荣获"全国文化体制改革工作先进单位"、中国出版政府奖·先进出版单位奖，中国社会科学院先进集体、全国科普工作先进集体等荣誉称号。多人次荣获"第十届韬奋出版奖""全国新闻出版行业领军人才""数字出版先进人物""北京市新闻出版广电行业领军人才"等称号。

社科文献出版社是中国人文社会科学学术出版的大社名社，也是以皮书为代表的智库成果出版的专业强社。年出版图书2000余种，其中皮书400余种，出版新书字数5.5亿字，承印与发行中国社科院院属期刊72种，先后创立了皮书系列、列国志、中国史话、社科文献学术译库、社科文献学术文库、甲骨文书系等一大批既有学术影响又有市场价值的品牌，确立了在社会学、近代史、苏东问题研究等专业学科及领域出版的领先地位。图书多次荣获中国出版政府奖、"三个一百"原创图书出版工程、"五个'一'工程奖"、"大众喜爱的50种图书"等奖项，在中央国家机关"强素质·做表率"读书活动中，入选图书品种数位居各大出版社之首。

社科文献出版社是中国学术出版规范与标准的倡议者与制定者，代表全国50多家出版社发起实施学术著作出版规范的倡议，承担学术著作规范国家标准的起草工作，率先编撰完成《皮书手册》对皮书品牌进行规范化管理，并在此基础上推出中国版芝加哥手册——《社科文献出版社学术出版手册》。

社科文献出版社是中国数字出版的引领者，拥有皮书数据库、列国志数据库、"一带一路"数据库、减贫数据库、集刊数据库等4大产品线11个数据库产品，机构用户达1300余家，海外用户百余家，荣获"数字出版转型示范单位""新闻出版标准化先进单位""专业数字内容资源知识服务模式试点企业标准化示范单位"等称号。

社科文献出版社是中国学术出版走出去的践行者。社科文献出版社海外图书出版与学术合作业务遍及全球40余个国家和地区，并于2016年成立俄罗斯分社，累计输出图书500余种，涉及近20个语种，累计获得国家社科基金中华学术外译项目资助76种、"丝路书香工程"项目资助60种、中国图书对外推广计划项目资助71种以及经典中国国际出版工程资助28种，被五部委联合认定为"2015-2016年度国家文化出口重点企业"。

如今，社科文献出版社完全靠自身积累拥有固定资产3.6亿元，年收入3亿元，设置了七大出版分社、六大专业部门，成立了皮书研究院和博士后科研工作站，培养了一支近400人的高素质与高效率的编辑、出版、营销和国际推广队伍，为未来成为学术出版的大社、名社、强社，成为文化体制改革与文化企业转型发展的排头兵奠定了坚实的基础。

宏观经济类

经济蓝皮书

2018年中国经济形势分析与预测

李平/主编　2017年12月出版　定价：89.00元

◆　本书为总理基金项目，由著名经济学家李扬领衔，联合中国社会科学院等数十家科研机构、国家部委和高等院校的专家共同撰写，系统分析了2017年的中国经济形势并预测2018年中国经济运行情况。

城市蓝皮书

中国城市发展报告 No.11

潘家华　单菁菁/主编　2018年9月出版　估价：99.00元

◆　本书是由中国社会科学院城市发展与环境研究中心编著的，多角度、全方位地立体展示了中国城市的发展状况，并对中国城市的未来发展提出了许多建议。该书有强烈的时代感，对中国城市发展实践有重要的参考价值。

人口与劳动绿皮书

中国人口与劳动问题报告 No.19

张车伟/主编　2018年10月出版　估价：99.00元

◆　本书为中国社会科学院人口与劳动经济研究所主编的年度报告，对当前中国人口与劳动形势做了比较全面和系统的深入讨论，为研究中国人口与劳动问题提供了一个专业性的视角。

中国省域竞争力蓝皮书

中国省域经济综合竞争力发展报告（2017 ～ 2018）

李建平　李闽榕　高燕京/主编　2018年5月出版　估价：198.00元

◆　本书融多学科的理论为一体，深入追踪研究了省域经济发展与中国国家竞争力的内在关系，为提升中国省域经济综合竞争力提供有价值的决策依据。

金融蓝皮书

中国金融发展报告（2018）

王国刚/主编　2018年6月出版　估价：99.00元

◆　本书由中国社会科学院金融研究所组织编写，概括和分析了2017年中国金融发展和运行中的各方面情况，研讨和评论了2017年发生的主要金融事件，有利于读者了解掌握2017年中国的金融状况，把握2018年中国金融的走势。

区 域 经 济 类

京津冀蓝皮书

京津冀发展报告（2018）

祝合良　叶堂林　张贵祥/等著　2018年6月出版　估价：99.00元

◆　本书遵循问题导向与目标导向相结合、统计数据分析与大数据分析相结合、纵向分析和长期监测与结构分析和综合监测相结合等原则，对京津冀协同发展新形势与新进展进行测度与评价。

社会政法类

社会蓝皮书

2018 年中国社会形势分析与预测

李培林　陈光金　张翼 / 主编　2017 年 12 月出版　定价：89.00 元

◆　本书由中国社会科学院社会学研究所组织研究机构专家、高校学者和政府研究人员撰写，聚焦当下社会热点，对 2017 年中国社会发展的各个方面内容进行了权威解读，同时对 2018 年社会形势发展趋势进行了预测。

法治蓝皮书

中国法治发展报告 No.16（2018）

李林　田禾 / 主编　2018 年 3 月出版　定价：128.00 元

◆　本年度法治蓝皮书回顾总结了 2017 年度中国法治发展取得的成就和存在的不足，对中国政府、司法、检务透明度进行了跟踪调研，并对 2018 年中国法治发展形势进行了预测和展望。

教育蓝皮书

中国教育发展报告（2018）

杨东平 / 主编　2018 年 3 月出版　定价：89.00 元

◆　本书重点关注了 2017 年教育领域的热点，资料翔实，分析有据，既有专题研究，又有实践案例，从多角度对 2017 年教育改革和实践进行了分析和研究。

社会体制蓝皮书

中国社会体制改革报告 No.6（2018）

龚维斌 / 主编　2018 年 3 月出版　定价：98.00 元

◆　本书由国家行政学院社会治理研究中心和北京师范大学中国社会管理研究院共同组织编写，主要对 2017 年社会体制改革情况进行回顾和总结，对 2018 年的改革走向进行分析，提出相关政策建议。

社会心态蓝皮书

中国社会心态研究报告（2018）

王俊秀　杨宜音 / 主编　2018 年 12 月出版　估价：99.00 元

◆　本书是中国社会科学院社会学研究所社会心理研究中心"社会心态蓝皮书课题组"的年度研究成果，运用社会心理学、社会学、经济学、传播学等多种学科的方法进行了调查和研究，对于目前中国社会心态状况有较广泛和深入的揭示。

华侨华人蓝皮书

华侨华人研究报告（2018）

贾益民 / 主编　2017 年 12 月出版　估价：139.00 元

◆　本书关注华侨华人生产与生活的方方面面。华侨华人是中国建设 21 世纪海上丝绸之路的重要中介者、推动者和参与者。本书旨在全面调研华侨华人，提供最新涉侨动态、理论研究成果和政策建议。

民族发展蓝皮书

中国民族发展报告（2018）

王延中 / 主编　2018 年 10 月出版　估价：188.00 元

◆　本书从民族学人类学视角，研究近年来少数民族和民族地区的发展情况，展示民族地区经济、政治、文化、社会和生态文明"五位一体"建设取得的辉煌成就和面临的困难挑战，为深刻理解中央民族工作会议精神、加快民族地区全面建成小康社会进程提供了实证材料。

产 业 经 济 类

房地产蓝皮书

中国房地产发展报告 No.15（2018）

李春华　王业强 / 主编　2018 年 5 月出版　估价：99.00 元

◆　2018 年《房地产蓝皮书》持续追踪中国房地产市场最新动态，深度剖析市场热点，展望 2018 年发展趋势，积极谋划应对策略。对 2017 年房地产市场的发展态势进行全面、综合的分析。

新能源汽车蓝皮书

中国新能源汽车产业发展报告（2018）

中国汽车技术研究中心　日产（中国）投资有限公司

东风汽车有限公司 / 编著　2018 年 8 月出版　估价：99.00 元

◆　本书对中国 2017 年新能源汽车产业发展进行了全面系统的分析，并介绍了国外的发展经验。有助于相关机构、行业和社会公众等了解中国新能源汽车产业发展的最新动态，为政府部门出台新能源汽车产业相关政策法规、企业制定相关战略规划，提供必要的借鉴和参考。

行 业 及 其 他 类

旅游绿皮书

2017 ~ 2018 年中国旅游发展分析与预测

中国社会科学院旅游研究中心 / 编　2018 年 1 月出版　定价：99.00 元

◆　本书从政策、产业、市场、社会等多个角度勾画出 2017 年中国旅游发展全貌，剖析了其中的热点和核心问题，并就未来发展作出预测。

民营医院蓝皮书

中国民营医院发展报告（2018）

薛晓林/主编　2018 年 11 月出版　估价：99.00 元

◆　本书在梳理国家对社会办医的各种利好政策的前提下，对我国民营医疗发展现状、我国民营医院竞争力进行了分析，并结合我国医疗体制改革对民营医院的发展趋势、发展策略、战略规划等方面进行了预估。

会展蓝皮书

中外会展业动态评估研究报告（2018）

张敏/主编　　2018 年 12 月出版　估价：99.00 元

◆　本书回顾了 2017 年的会展业发展动态，结合"供给侧改革"、"互联网＋"、"绿色经济"的新形势分析了我国展会的行业现状，并介绍了国外的发展经验，有助于行业和社会了解最新的展会业动态。

中国上市公司蓝皮书

中国上市公司发展报告（2018）

张平　王宏淼/主编　　2018 年 9 月出版　　估价：99.00 元

◆　本书由中国社会科学院上市公司研究中心组织编写的，着力于全面、真实、客观反映当前中国上市公司财务状况和价值评估的综合性年度报告。本书详尽分析了 2017 年中国上市公司情况，特别是现实中暴露出的制度性、基础性问题，并对资本市场改革进行了探讨。

工业和信息化蓝皮书

人工智能发展报告（2017 ～ 2018）

尹丽波/主编　　2018 年 6 月出版　　估价：99.00 元

◆　本书国家工业信息安全发展研究中心在对 2017 年全球人工智能技术和产业进行全面跟踪研究基础上形成的研究报告。该报告内容翔实、视角独特，具有较强的产业发展前瞻性和预测性，可为相关主管部门、行业协会、企业等全面了解人工智能发展形势以及进行科学决策提供参考。

国际问题与全球治理类

世界经济黄皮书

2018 年世界经济形势分析与预测

张宇燕 / 主编　2018 年 1 月出版　定价：99.00 元

◆　本书由中国社会科学院世界经济与政治研究所的研究团队撰写，分总论、国别与地区、专题、热点、世界经济统计与预测等五个部分，对 2018 年世界经济形势进行了分析。

国际城市蓝皮书

国际城市发展报告（2018）

屠启宇 / 主编　2018 年 2 月出版　定价：89.00 元

◆　本书作者以上海社会科学院从事国际城市研究的学者团队为核心，汇集同济大学、华东师范大学、复旦大学、上海交通大学、南京大学、浙江大学相关城市研究专业学者。立足动态跟踪介绍国际城市发展时间中，最新出现的重大战略、重大理念、重大项目、重大报告和最佳案例。

非洲黄皮书

非洲发展报告 No.20（2017 ~ 2018）

张宏明 / 主编　2018 年 7 月出版　估价：99.00 元

◆　本书是由中国社会科学院西亚非洲研究所组织编撰的非洲形势年度报告，比较全面、系统地分析了 2017 年非洲政治形势和热点问题，探讨了非洲经济形势和市场走向，剖析了大国对非洲关系的新动向；此外，还介绍了国内非洲研究的新成果。

国别类

美国蓝皮书

美国研究报告（2018）

郑秉文　黄平 / 主编　2018 年 5 月出版　估价：99.00 元

◆　本书是由中国社会科学院美国研究所主持完成的研究成果，它回顾了美国 2017 年的经济、政治形势与外交战略，对美国内政外交发生的重大事件及重要政策进行了较为全面的回顾和梳理。

德国蓝皮书

德国发展报告（2018）

郑春荣 / 主编　2018 年 6 月出版　估价：99.00 元

◆　本报告由同济大学德国研究所组织编撰，由该领域的专家学者对德国的政治、经济、社会文化、外交等方面的形势发展情况，进行全面的阐述与分析。

俄罗斯黄皮书

俄罗斯发展报告（2018）

李永全 / 编著　2018 年 6 月出版　估价：99.00 元

◆　本书系统介绍了 2017 年俄罗斯经济政治情况，并对 2016 年该地区发生的焦点、热点问题进行了分析与回顾；在此基础上，对该地区 2018 年的发展前景进行了预测。

文化传媒类

新媒体蓝皮书

中国新媒体发展报告 No.9（2018）

唐绪军／主编　2018 年 6 月出版　估价：99.00 元

◆　本书是由中国社会科学院新闻与传播研究所组织编写的关于新媒体发展的最新年度报告，旨在全面分析中国新媒体的发展现状，解读新媒体的发展趋势，探析新媒体的深刻影响。

移动互联网蓝皮书

中国移动互联网发展报告（2018）

余清楚／主编　　2018 年 6 月出版　估价：99.00 元

◆　本书着眼于对 2017 年度中国移动互联网的发展情况做深入解析，对未来发展趋势进行预测，力求从不同视角、不同层面全面剖析中国移动互联网发展的现状、年度突破及热点趋势等。

文化蓝皮书

中国文化消费需求景气评价报告（2018）

王亚南／主编　2018 年 3 月出版　定价：99.00 元

◆　本书首创全国文化发展量化检测评价体系，也是至今全国唯一的文化民生量化检测评价体系，对于检验全国及各地 " 以人民为中心 " 的文化发展具有首创意义。

地方发展类

北京蓝皮书

北京经济发展报告（2017～2018）

杨松/主编　2018年6月出版　估价：99.00元

◆　本书对2017年北京市经济发展的整体形势进行了系统性的分析与回顾，并对2018年经济形势走势进行了预测与研判，聚焦北京市经济社会发展中的全局性、战略性和关键领域的重点问题，运用定量和定性分析相结合的方法，对北京市经济社会发展的现状、问题、成因进行了深入分析，提出了可操作性的对策建议。

温州蓝皮书

2018年温州经济社会形势分析与预测

蒋儒标　王春光　金浩/主编　2018年6月出版　估价：99.00元

◆　本书是中共温州市委党校和中国社会科学院社会学研究所合作推出的第十一本温州蓝皮书，由来自党校、政府部门、科研机构、高校的专家、学者共同撰写的2017年温州区域发展形势的最新研究成果。

黑龙江蓝皮书

黑龙江社会发展报告（2018）

王爱丽/主编　2018年1月出版　定价：89.00元

◆　本书以千份随机抽样问卷调查和专题研究为依据，运用社会学理论框架和分析方法，从专家和学者的独特视角，对2017年黑龙江省关系民生的问题进行广泛的调研与分析，并对2017年黑龙江省诸多社会热点和焦点问题进行了有益的探索。这些研究不仅可以为政府部门更加全面深入了解省情、科学制定决策提供智力支持，同时也可以为广大读者认识、了解、关注黑龙江社会发展提供理性思考。

宏观经济类

城市蓝皮书
中国城市发展报告（No.11）
著(编)者：潘家华 单菁菁
2018年9月出版 / 估价：99.00元
PSN B-2007-091-1/1

城乡一体化蓝皮书
中国城乡一体化发展报告（2018）
著(编)者：付崇兰
2018年9月出版 / 估价：99.00元
PSN B-2011-226-1/2

城镇化蓝皮书
中国新型城镇化健康发展报告（2018）
著(编)者：张占斌
2018年8月出版 / 估价：99.00元
PSN B-2014-396-1/1

创新蓝皮书
创新型国家建设报告（2018~2019）
著(编)者：詹正茂
2018年12月出版 / 估价：99.00元
PSN B-2009-140-1/1

低碳发展蓝皮书
中国低碳发展报告（2018）
著(编)者：张希良 齐晔
2018年6月出版 / 估价：99.00元
PSN B-2011-223-1/1

低碳经济蓝皮书
中国低碳经济发展报告（2018）
著(编)者：薛进军 赵忠秀
2018年11月出版 / 估价：99.00元
PSN B-2011-194-1/1

发展和改革蓝皮书
中国经济发展和体制改革报告No.9
著(编)者：邹东涛 王冉文
2018年1月出版 / 估价：99.00元
PSN B-2008-122-1/1

国家创新蓝皮书
中国创新发展报告（2017）
著(编)者：陈劲 2018年5月出版 / 估价：99.00元
PSN B-2014-370-1/1

金融蓝皮书
中国金融发展报告（2018）
著(编)者：王国刚
2018年6月出版 / 估价：99.00元
PSN B-2004-031-1/7

经济蓝皮书
2018年中国经济形势分析与预测
著(编)者：李平 2017年12月出版 / 定价：89.00元
PSN B-1996-001-1/1

经济蓝皮书春季号
2018年中国经济前景分析
著(编)者：李扬 2018年5月出版 / 估价：99.00元
PSN B-1999-008-1/1

经济蓝皮书夏季号
中国经济增长报告（2017~2018）
著(编)者：李扬 2018年9月出版 / 估价：99.00元
PSN B-2010-176-1/1

农村绿皮书
中国农村经济形势分析与预测（2017~2018）
著(编)者：魏后凯 黄秉信
2018年4月出版 / 估价：99.00元
PSN G-1998-003-1/1

人口与劳动绿皮书
中国人口与劳动问题报告No.19
著(编)者：张车伟 2018年11月出版 / 估价：99.00元
PSN G-2000-012-1/1

新型城镇化蓝皮书
新型城镇化发展报告（2017）
著(编)者：李伟 宋敏
2018年3月出版 / 定价：98.00元
PSN B-2005-038-1/1

中国省域竞争力蓝皮书
中国省域经济综合竞争力发展报告（2016~2017）
著(编)者：李建平 李闽榕
2018年2月出版 / 定价：198.00元
PSN B-2007-088-1/1

中小城市绿皮书
中国中小城市发展报告（2018）
著(编)者：中国城市经济学会中小城市经济发展委员会
中国城镇化促进会中小城市发展委员会
《中国中小城市发展报告》编纂委员会
中小城市发展战略研究院
2018年11月出版 / 估价：128.00元
PSN G-2010-161-1/1

区域经济类

东北蓝皮书
中国东北地区发展报告（2018）
著(编)者: 姜晓秋 2018年11月出版 / 估价: 99.00元
PSN B-2006-067-1/1

金融蓝皮书
中国金融中心发展报告（2017~2018）
著(编)者: 王力 黄育华 2018年11月出版 / 估价: 99.00元
PSN B-2011-186-6/7

京津冀蓝皮书
京津冀发展报告（2018）
著(编)者: 祝合良 叶堂林 张贵祥
2018年6月出版 / 估价: 99.00元
PSN B-2012-262-1/1

西北蓝皮书
中国西北发展报告（2018）
著(编)者: 王福生 马廷旭 董秋生
2018年1月出版 / 定价: 99.00元
PSN B-2012-261-1/1

西部蓝皮书
中国西部发展报告（2018）
著(编)者: 璋男 任保平 2018年8月出版 / 估价: 99.00元
PSN B-2005-039-1/1

长江经济带产业蓝皮书
长江经济带产业发展报告（2018）
著(编)者: 吴传清 2018年11月出版 / 估价: 128.00元
PSN B-2017-666-1/1

长江经济带蓝皮书
长江经济带发展报告（2017~2018）
著(编)者: 王振 2018年11月出版 / 估价: 99.00元
PSN B-2016-575-1/1

长江中游城市群蓝皮书
长江中游城市群新型城镇化与产业协同发展报告（2018）
著(编)者: 杨刚强 2018年11月出版 / 估价: 99.00元
PSN B-2016-578-1/1

长三角蓝皮书
2017年创新融合发展的长三角
著(编)者: 刘飞跃 2018年5月出版 / 估价: 99.00元
PSN B-2005-038-1/1

长株潭城市群蓝皮书
长株潭城市群发展报告（2017）
著(编)者: 张萍 朱有志 2018年6月出版 / 估价: 99.00元
PSN B-2008-109-1/1

特色小镇蓝皮书
特色小镇智慧运营报告（2018）：顶层设计与智慧架构标准
著(编)者: 陈劲 2018年1月出版 / 定价: 79.00元
PSN B-2018-692-1/1

中部竞争力蓝皮书
中国中部经济社会竞争力报告（2018）
著(编)者: 教育部人文社会科学重点研究基地南昌大学中国
中部经济社会发展研究中心
2018年12月出版 / 估价: 99.00元
PSN B-2012-276-1/1

中部蓝皮书
中国中部地区发展报告（2018）
著(编)者: 宋亚平 2018年12月出版 / 估价: 99.00元
PSN B-2007-089-1/1

区域蓝皮书
中国区域经济发展报告（2017~2018）
著(编)者: 赵弘 2018年5月出版 / 估价: 99.00元
PSN B-2004-034-1/1

中三角蓝皮书
长江中游城市群发展报告（2018）
著(编)者: 秦尊文 2018年9月出版 / 估价: 99.00元
PSN B-2014-417-1/1

中原蓝皮书
中原经济区发展报告（2018）
著(编)者: 李英杰 2018年6月出版 / 估价: 99.00元
PSN B-2011-192-1/1

珠三角流通蓝皮书
珠三角商圈发展研究报告（2018）
著(编)者: 王先庆 林至颖 2018年7月出版 / 估价: 99.00元
PSN B-2012-292-1/1

社会政法类

北京蓝皮书
中国社区发展报告（2017~2018）
著(编)者: 于燕燕 2018年9月出版 / 估价: 99.00元
PSN B-2007-083-5/8

殡葬绿皮书
中国殡葬事业发展报告（2017~2018）
著(编)者: 李伯森 2018年6月出版 / 估价: 158.00元
PSN G-2010-180-1/1

城市管理蓝皮书
中国城市管理报告（2017-2018）
著(编)者: 刘林 刘承水 2018年5月出版 / 估价: 158.00元
PSN B-2013-336-1/1

城市生活质量蓝皮书
中国城市生活质量报告（2017）
著(编)者: 张连城 张平 杨春学 郎丽华
2017年12月出版 / 定价: 89.00元
PSN B-2013-326-1/1

城市政府能力蓝皮书
中国城市政府公共服务能力评估报告（2018）
著(编)者：何艳玲　2018年5月出版 / 估价：99.00元
PSN B-2013-338-1/1

创业蓝皮书
中国创业发展研究报告（2017～2018）
著(编)者：黄群慧 赵卫星 钟宏武
2018年11月出版 / 估价：99.00元
PSN B-2016-577-1/1

慈善蓝皮书
中国慈善发展报告（2018）
著(编)者：杨团　2018年6月出版 / 估价：99.00元
PSN B-2009-142-1/1

党建蓝皮书
党的建设研究报告No.2（2018）
著(编)者：崔建民 陈东平　2018年6月出版 / 估价：99.00元
PSN B-2016-523-1/1

地方法治蓝皮书
中国地方法治发展报告No.3（2018）
著(编)者：李林 田禾　2018年6月出版 / 估价：118.00元
PSN B-2015-442-1/1

电子政务蓝皮书
中国电子政务发展报告（2018）
著(编)者：李季　2018年8月出版 / 估价：99.00元
PSN B-2003-022-1/1

儿童蓝皮书
中国儿童参与状况报告（2017）
著(编)者：苑立新　2017年12月出版 / 定价：89.00元
PSN B-2017-682-1/1

法治蓝皮书
中国法治发展报告No.16（2018）
著(编)者：李林 田禾　2018年3月出版 / 定价：128.00元
PSN B-2004-027-1/3

法治蓝皮书
中国法院信息化发展报告No.2（2018）
著(编)者：李林 田禾　2018年2月出版 / 定价：118.00元
PSN B-2017-604-3/3

法治政府蓝皮书
中国法治政府发展报告（2017）
著(编)者：中国政法大学法治政府研究院
2018年3月出版 / 估价：158.00元
PSN B-2015-502-1/2

法治政府蓝皮书
中国法治政府评估报告（2018）
著(编)者：中国政法大学法治政府研究院
2018年9月出版 / 估价：168.00元
PSN B-2016-576-2/2

反腐倡廉蓝皮书
中国反腐倡廉建设报告No.8
著(编)者：张英伟　2018年12月出版 / 估价：99.00元
PSN B-2012-259-1/1

扶贫蓝皮书
中国扶贫开发报告（2018）
著(编)者：李培林 魏后凯　2018年12月出版 / 估价：128.00元
PSN B-2016-599-1/1

妇女发展蓝皮书
中国妇女发展报告 No.6
著(编)者：王金玲　2018年9月出版 / 估价：158.00元
PSN B-2006-069-1/1

妇女教育蓝皮书
中国妇女教育发展报告 No.3
著(编)者：张李玺　2018年10月出版 / 估价：99.00元
PSN B-2008-121-1/1

妇女绿皮书
2018年：中国性别平等与妇女发展报告
著(编)者：谭琳　2018年12月出版 / 估价：99.00元
PSN G-2006-073-1/1

公共安全蓝皮书
中国城市公共安全发展报告（2017～2018）
著(编)者：黄育华 杨文明 赵建辉
2018年6月出版 / 估价：99.00元
PSN B-2017-628-1/1

公共服务蓝皮书
中国城市基本公共服务力评价（2018）
著(编)者：钟君 刘志昌 吴正杲
2018年12月出版 / 估价：99.00元
PSN B-2011-214-1/1

公民科学素质蓝皮书
中国公民科学素质报告（2017～2018）
著(编)者：李群 陈雄 马宗文
2017年12月出版 / 定价：89.00元
PSN B-2014-379-1/1

公益蓝皮书
中国公益慈善发展报告（2016）
著(编)者：朱健刚 胡小军　2018年6月出版 / 估价：99.00元
PSN B-2012-283-1/1

国际人才蓝皮书
中国国际移民报告（2018）
著(编)者：王辉耀　2018年6月出版 / 估价：99.00元
PSN B-2012-304-3/4

国际人才蓝皮书
中国留学发展报告（2018）No.7
著(编)者：王辉耀 苗绿　2018年12月出版 / 估价：99.00元
PSN B-2012-244-2/4

海洋社会蓝皮书
中国海洋社会发展报告（2017）
著(编)者：崔凤 宋宁而　2018年3月出版 / 定价：99.00元
PSN B-2015-478-1/1

行政改革蓝皮书
中国行政体制改革报告No.7（2018）
著(编)者：魏礼群　2018年6月出版 / 估价：99.00元
PSN B-2011-231-1/1

华侨华人蓝皮书
华侨华人研究报告（2017）
著(编)者：张禹东 庄国土　2017年12月出版 / 定价：148.00元
PSN B-2011-204-1/1

互联网与国家治理蓝皮书
互联网与国家治理发展报告（2017）
著(编)者：张志安　2018年1月出版 / 定价：98.00元
PSN B-2017-671-1/1

环境管理蓝皮书
中国环境管理发展报告（2017）
著(编)者：李金惠　2017年12月出版 / 定价：98.00元
PSN B-2017-678-1/1

环境竞争力绿皮书
中国省域环境竞争力发展报告（2018）
著(编)者：李建平 李闽榕 王金南
2018年11月出版 / 估价：198.00元
PSN G-2010-165-1/1

环境绿皮书
中国环境发展报告（2017～2018）
著(编)者：李波　2018年6月出版 / 估价：99.00元
PSN G-2006-048-1/1

家庭蓝皮书
中国"创建幸福家庭活动"评估报告（2018）
著(编)者：国务院发展研究中心"创建幸福家庭活动评估"课题组
2018年12月出版 / 估价：99.00元
PSN B-2015-508-1/1

健康城市蓝皮书
中国健康城市建设研究报告（2018）
著(编)者：王鸿春 盛继洪　2018年12月出版 / 估价：99.00元
PSN B-2016-564-2/2

健康中国蓝皮书
社区首诊与健康中国分析报告（2018）
著(编)者：高和荣 杨叔禹 姜杰
2018年6月出版 / 估价：99.00元
PSN B-2017-611-1/1

教师蓝皮书
中国中小学教师发展报告（2017）
著(编)者：曾晓东 鱼霞
2018年6月出版 / 估价：99.00元
PSN B-2012-289-1/1

教育扶贫蓝皮书
中国教育扶贫报告（2018）
著(编)者：司树杰 王文静 李兴洲
2018年12月出版 / 估价：99.00元
PSN B-2016-590-1/1

教育蓝皮书
中国教育发展报告（2018）
著(编)者：杨东平　2018年3月出版 / 定价：89.00元
PSN B-2006-047-1/1

金融法治建设蓝皮书
中国金融法治建设年度报告（2015～2016）
著(编)者：朱小黄　2018年6月出版 / 估价：99.00元
PSN B-2017-633-1/1

京津冀教育蓝皮书
京津冀教育发展研究报告（2017～2018）
著(编)者：方中雄　2018年6月出版 / 估价：99.00元
PSN B-2017-608-1/1

就业蓝皮书
2018年中国本科生就业报告
著(编)者：麦可思研究院　2018年6月出版 / 估价：99.00元
PSN B-2009-146-1/2

就业蓝皮书
2018年中国高职高专生就业报告
著(编)者：麦可思研究院　2018年6月出版 / 估价：99.00元
PSN B-2015-472-2/2

科学教育蓝皮书
中国科学教育发展报告（2018）
著(编)者：王康友　2018年10月出版 / 估价：99.00元
PSN B-2015-487-1/1

劳动保障蓝皮书
中国劳动保障发展报告（2018）
著(编)者：刘燕斌　2018年9月出版 / 估价：158.00元
PSN B-2014-415-1/1

老龄蓝皮书
中国老年宜居环境发展报告（2017）
著(编)者：党俊武 周燕珉　2018年6月出版 / 估价：99.00元
PSN B-2013-320-1/1

连片特困区蓝皮书
中国连片特困区发展报告（2017～2018）
著(编)者：游俊 冷志明 丁建军
2018年6月出版 / 估价：99.00元
PSN B-2013-321-1/1

流动儿童蓝皮书
中国流动儿童教育发展报告（2017）
著(编)者：杨东平　2018年6月出版 / 估价：99.00元
PSN B-2017-600-1/1

民调蓝皮书
中国民生调查报告（2018）
著(编)者：谢耘耕　2018年12月出版 / 估价：99.00元
PSN B-2014-398-1/1

民族发展蓝皮书
中国民族发展报告（2018）
著(编)者：王延中　2018年10月出版 / 估价：188.00元
PSN B-2006 070-1/1

女性生活蓝皮书
中国女性生活状况报告No.12（2018）
著(编)者：高博燕　2018年7月出版 / 估价：99.00元
PSN B-2006-071-1/1

汽车社会蓝皮书
中国汽车社会发展报告（2017～2018）
著(编)者：王俊秀　2018年6月出版 / 估价：99.00元
PSN B-2011-224-1/1

青年蓝皮书
中国青年发展报告（2018）No.3
著(编)者：廉思　2018年6月出版 / 估价：99.00元
PSN B-2013-333-1/1

青少年蓝皮书
中国未成年人互联网运用报告（2017～2018）
著(编)者：季为民 李文革 沈杰
2018年11月出版 / 估价：99.00元
PSN B-2010-156-1/1

人权蓝皮书
中国人权事业发展报告No.8（2018）
著(编)者：李君如　2018年9月出版 / 估价：99.00元
PSN B-2011-215-1/1

社会保障绿皮书
中国社会保障发展报告No.9（2018）
著(编)者：王延中　2018年6月出版 / 估价：99.00元
PSN G-2001-014-1/1

社会风险评估蓝皮书
风险评估与危机预警报告（2017～2018）
著(编)者：唐钧　2018年8月出版 / 估价：99.00元
PSN B-2012-293-1/1

社会工作蓝皮书
中国社会工作发展报告（2016~2017）
著(编)者：民政部社会工作研究中心
2018年8月出版 / 估价：99.00元
PSN B-2009-141-1/1

社会管理蓝皮书
中国社会管理创新报告No.6
著(编)者：连玉明　2018年11月出版 / 估价：99.00元
PSN B-2012-300-1/1

社会蓝皮书
2018年中国社会形势分析与预测
著(编)者：李培林 陈光金 张翼
2017年12月出版 / 定价：89.00元
PSN B-1998-002-1/1

社会体制蓝皮书
中国社会体制改革报告No.6（2018）
著(编)者：龚维斌　2018年3月出版 / 定价：98.00元
PSN B-2013-330-1/1

社会心态蓝皮书
中国社会心态研究报告（2018）
著(编)者：王俊秀　2018年12月出版 / 估价：99.00元
PSN B-2011-199-1/1

社会组织蓝皮书
中国社会组织报告（2017-2018）
著(编)者：黄晓勇　2018年6月出版 / 估价：99.00元
PSN B-2008-118-1/2

社会组织蓝皮书
中国社会组织评估发展报告（2018）
著(编)者：徐家良　2018年12月出版 / 估价：99.00元
PSN B-2013-366-2/2

生态城市绿皮书
中国生态城市建设发展报告（2018）
著(编)者：刘举科 孙伟平 胡文臻
2018年9月出版 / 估价：158.00元
PSN G-2012-269-1/1

生态文明绿皮书
中国省域生态文明建设评价报告（ECI 2018）
著(编)者：严耕　2018年12月出版 / 估价：99.00元
PSN G-2010-170-1/1

退休生活蓝皮书
中国城市居民退休生活质量指数报告（2017）
著(编)者：杨一帆　2018年6月出版 / 估价：99.00元
PSN B-2017-618-1/1

危机管理蓝皮书
中国危机管理报告（2018）
著(编)者：文学国 范正青
2018年8月出版 / 估价：99.00元
PSN B-2010-171-1/1

学会蓝皮书
2018年中国学会发展报告
著(编)者：麦可思研究院　2018年12月出版 / 估价：99.00元
PSN B-2016-597-1/1

医改蓝皮书
中国医药卫生体制改革报告（2017～2018）
著(编)者：文学国 房志武
2018年11月出版 / 估价：99.00元
PSN B-2014-432-1/1

应急管理蓝皮书
中国应急管理报告（2018）
著(编)者：宋英华　2018年9月出版 / 估价：99.00元
PSN B-2016-562-1/1

政府绩效评估蓝皮书
中国地方政府绩效评估报告 No.2
著(编)者：贠杰　2018年12月出版 / 估价：99.00元
PSN B-2017-672-1/1

政治参与蓝皮书
中国政治参与报告（2018）
著(编)者：房宁　2018年8月出版 / 估价：128.00元
PSN B-2011-200-1/1

政治文化蓝皮书
中国政治文化报告（2018）
著(编)者：邢元敏 魏大鹏 龚克
2018年8月出版 / 估价：128.00元
PSN B-2017-615-1/1

中国传统村落蓝皮书
中国传统村落保护现状报告（2018）
著(编)者：胡彬彬 李向军 王晓波
2018年12月出版 / 估价：99.00元
PSN B-2017-663-1/1

中国农村妇女发展蓝皮书
农村流动女性城市生活发展报告（2018）
著(编)者：谢丽华　2018年12月出版／估价：99.00元
PSN B-2014-434-1/1

宗教蓝皮书
中国宗教报告（2017）
著(编)者：邱永辉　2018年8月出版／估价：99.00元
PSN B-2008-117-1/1

产业经济类

保健蓝皮书
中国保健服务产业发展报告 No.2
著(编)者：中国保健协会　中共中央党校
2018年7月出版／估价：198.00元
PSN B-2012-272-3/3

保健蓝皮书
中国保健食品产业发展报告 No.2
著(编)者：中国保健协会
　　　　中国社会科学院食品药品产业发展与监管研究中心
2018年8月出版／估价：198.00元
PSN B-2012-271-2/3

保健蓝皮书
中国保健用品产业发展报告 No.2
著(编)者：中国保健协会
　　　　国务院国有资产监督管理委员会研究中心
2018年6月出版／估价：198.00元
PSN B-2012-270-1/3

保险蓝皮书
中国保险业竞争力报告（2018）
著(编)者：保监会　2018年12月出版／估价：99.00元
PSN B-2013-311-1/1

冰雪蓝皮书
中国冰上运动产业发展报告（2018）
著(编)者：孙承华 杨占武 刘戈 张鸿俊
2018年9月出版／估价：99.00元
PSN B-2017-648-3/3

冰雪蓝皮书
中国滑雪产业发展报告（2018）
著(编)者：孙承华 伍斌 魏庆华 张鸿俊
2018年9月出版／估价：99.00元
PSN B-2016-559-1/3

餐饮产业蓝皮书
中国餐饮产业发展报告（2018）
著(编)者：邢颖
2018年6月出版／估价：99.00元
PSN B-2009-151-1/1

茶业蓝皮书
中国茶产业发展报告（2018）
著(编)者：杨江帆 李闽榕
2018年10月出版／估价：99.00元
PSN B-2010-164-1/1

产业安全蓝皮书
中国文化产业安全报告（2018）
著(编)者：北京印刷学院文化产业安全研究院
2018年12月出版／估价：99.00元
PSN B-2014-378-12/14

产业安全蓝皮书
中国新媒体产业安全报告（2016～2017）
著(编)者：肖丽　2018年6月出版／估价：99.00元
PSN B-2015-500-14/14

产业安全蓝皮书
中国出版传媒产业安全报告（2017～2018）
著(编)者：北京印刷学院文化产业安全研究院
2018年6月出版／估价：99.00元
PSN B-2014-384-13/14

产业蓝皮书
中国产业竞争力报告（2018）No.8
著(编)者：张其仔　2018年12月出版／估价：168.00元
PSN B-2010-175-1/1

动力电池蓝皮书
中国新能源汽车动力电池产业发展报告（2018）
著(编)者：中国汽车技术研究中心
2018年8月出版／估价：99.00元
PSN B-2017-639-1/1

杜仲产业绿皮书
中国杜仲橡胶资源与产业发展报告（2017～2018）
著(编)者：杜红岩 胡文臻 俞锐
2018年6月出版／估价：99.00元
PSN G-2013-350-1/1

房地产蓝皮书
中国房地产发展报告No.15（2018）
著(编)者：李春华 王业强
2018年5月出版／估价：99.00元
PSN B-2004-028-1/1

服务外包蓝皮书
中国服务外包产业发展报告（2017～2018）
著(编)者：王晓红 刘德军
2018年6月出版／估价：99.00元
PSN B-2013-331-2/2

服务外包蓝皮书
中国服务外包竞争力报告（2017～2018）
著(编)者：刘春生 王力 黄育华
2018年12月出版／估价：99.00元
PSN B-2011-216-1/2

工业和信息化蓝皮书
世界信息技术产业发展报告（2017～2018）
著(编)者：尹丽波　2018年6月出版 / 估价：99.00元
PSN B-2015-449-2/6

工业和信息化蓝皮书
战略性新兴产业发展报告（2017～2018）
著(编)者：尹丽波　2018年6月出版 / 估价：99.00元
PSN B-2015-450-3/6

海洋经济蓝皮书
中国海洋经济发展报告（2015～2018）
著(编)者：殷克东 高金田 方胜民
2018年3月出版 / 定价：128.00元
PSN B-2018-697-1/1

康养蓝皮书
中国康养产业发展报告（2017）
著(编)者：何莽　2017年12月出版 / 定价：88.00元
PSN B-2017-685-1/1

客车蓝皮书
中国客车产业发展报告（2017～2018）
著(编)者：姚蔚　2018年10月出版 / 估价：99.00元
PSN B-2013-361-1/1

流通蓝皮书
中国商业发展报告（2018～2019）
著(编)者：王雪峰 林诗慧
2018年7月出版 / 估价：99.00元
PSN B-2009-152-1/2

能源蓝皮书
中国能源发展报告（2018）
著(编)者：崔民选 王军生 陈义和
2018年12月出版 / 估价：99.00元
PSN B-2006-049-1/1

农产品流通蓝皮书
中国农产品流通产业发展报告（2017）
著(编)者：贾敬敦 张东科 张玉玺 张鹏毅 周伟
2018年6月出版 / 估价：99.00元
PSN B-2012-288-1/1

汽车工业蓝皮书
中国汽车工业发展年度报告（2018）
著(编)者：中国汽车工业协会
　　　　　中国汽车技术研究中心
　　　　　丰田汽车公司
2018年5月出版 / 估价：168.00元
PSN B-2015-463-1/2

汽车工业蓝皮书
中国汽车零部件产业发展报告（2017－2018）
著(编)者：中国汽车工业协会
　　　　　中国汽车工程研究院深圳市沃特玛电池有限公司
2018年9月出版 / 估价：99.00元
PSN B-2016-515-2/2

汽车蓝皮书
中国汽车产业发展报告（2018）
著(编)者：中国汽车工程学会
　　　　　大众汽车集团（中国）
2018年11月出版 / 估价：99.00元
PSN B-2008-124-1/1

世界茶业蓝皮书
世界茶业发展报告（2018）
著(编)者：李闽榕 冯廷佺
2018年5月出版 / 估价：168.00元
PSN B-2017-619-1/1

世界能源蓝皮书
世界能源发展报告（2018）
著(编)者：黄晓勇　2018年6月出版 / 估价：168.00元
PSN B-2013-349-1/1

石油蓝皮书
中国石油产业发展报告（2018）
著(编)者：中国石油化工集团公司经济技术研究院
　　　　　中国国际石油化工联合有限责任公司
　　　　　中国社会科学院数量经济与技术经济研究所
2018年2月出版 / 定价：98.00元
PSN B-2018-690-1/1

体育蓝皮书
国家体育产业基地发展报告（2016～2017）
著(编)者：李颖川　2018年6月出版 / 估价：168.00元
PSN B-2017-609-5/5

体育蓝皮书
中国体育产业发展报告（2018）
著(编)者：阮伟 钟秉枢
2018年12月出版 / 估价：99.00元
PSN B-2010-179-1/5

文化金融蓝皮书
中国文化金融发展报告（2018）
著(编)者：杨涛 金巍
2018年6月出版 / 估价：99.00元
PSN B-2017-610-1/1

新能源汽车蓝皮书
中国新能源汽车产业发展报告（2018）
著(编)者：中国汽车技术研究中心
　　　　　日产（中国）投资有限公司
　　　　　东风汽车有限公司
2018年8月出版 / 估价：99.00元
PSN B-2013-347-1/1

薏仁米产业蓝皮书
中国薏仁米产业发展报告No.2（2018）
著(编)者：李发耀 石明 秦礼康
2018年8月出版 / 估价：99.00元
PSN B-2017-645-1/1

邮轮绿皮书
中国邮轮产业发展报告（2018）
著(编)者：汪泓　2018年10月出版 / 估价：99.00元
PSN G-2014-419-1/1

智能养老蓝皮书
中国智能养老产业发展报告（2018）
著(编)者：朱勇　2018年10月出版 / 估价：99.00元
PSN B-2015-488-1/1

中国节能汽车蓝皮书
中国节能汽车发展报告（2017～2018）
著(编)者：中国汽车工程研究院股份有限公司
2018年9月出版 / 估价：99.00元
PSN B-2016-565-1/1

中国陶瓷产业蓝皮书
中国陶瓷产业发展报告（2018）
著(编)者：左和平 黄速建
2018年10月出版 / 估价：99.00元
PSN B-2016-573-1/1

装备制造业蓝皮书
中国装备制造业发展报告（2018）
著(编)者：徐东华
2018年12月出版 / 估价：118.00元
PSN B-2015-505-1/1

行业及其他类

"三农"互联网金融蓝皮书
中国"三农"互联网金融发展报告（2018）
著(编)者：李勇坚 王弢
2018年8月出版 / 估价：99.00元
PSN B-2016-560-1/1

SUV蓝皮书
中国SUV市场发展报告（2017~2018）
著(编)者：靳军 2018年9月出版 / 估价：99.00元
PSN B-2016-571-1/1

冰雪蓝皮书
中国冬季奥运会发展报告（2018）
著(编)者：孙承华 伍斌 魏庆华 张鸿俊
2018年9月出版 / 估价：99.00元
PSN B-2017-647-2/3

彩票蓝皮书
中国彩票发展报告（2018）
著(编)者：益彩基金 2018年6月出版 / 估价：99.00元
PSN B-2015-462-1/1

测绘地理信息蓝皮书
测绘地理信息供给侧结构性改革研究报告（2018）
著(编)者：库热西·买合苏提
2018年12月出版 / 估价：168.00元
PSN B-2009-145-1/1

产权市场蓝皮书
中国产权市场发展报告（2017）
著(编)者：曹和平
2018年5月出版 / 估价：99.00元
PSN B-2009-147-1/1

城投蓝皮书
中国城投行业发展报告（2018）
著(编)者：华景斌
2018年11月出版 / 估价：300.00元
PSN B-2016-514-1/1

城市轨道交通蓝皮书
中国城市轨道交通运营发展报告（2017~2018）
著(编)者：崔学忠 贾文峥
2018年3月出版 / 定价：89.00元
PSN B-2018-694-1/1

大数据蓝皮书
中国大数据发展报告（No.2）
著(编)者：连玉明 2018年5月出版 / 估价：99.00元
PSN B-2017-620-1/1

大数据应用蓝皮书
中国大数据应用发展报告No.2（2018）
著(编)者：陈军君 2018年8月出版 / 估价：99.00元
PSN B-2017-644-1/1

对外投资与风险蓝皮书
中国对外直接投资与国家风险报告（2018）
著(编)者：中债资信评估有限责任公司
　　　　　中国社会科学院世界经济与政治研究所
2018年6月出版 / 估价：189.00元
PSN B-2017-606-1/1

工业和信息化蓝皮书
人工智能发展报告（2017~2018）
著(编)者：尹丽波 2018年6月出版 / 估价：99.00元
PSN B-2015-448-1/6

工业和信息化蓝皮书
世界智慧城市发展报告（2017~2018）
著(编)者：尹丽波 2018年6月出版 / 估价：99.00元
PSN B-2017-624-6/6

工业和信息化蓝皮书
世界网络安全发展报告（2017~2018）
著(编)者：尹丽波 2018年6月出版 / 估价：99.00元
PSN B-2015-452-5/6

工业和信息化蓝皮书
世界信息化发展报告（2017~2018）
著(编)者：尹丽波 2018年6月出版 / 估价：99.00元
PSN B-2015-451-4/6

工业设计蓝皮书
中国工业设计发展报告（2018）
著(编)者：王晓红 于炜 张立群 2018年9月出版 / 估价：168.00元
PSN B-2014-420-1/1

公共关系蓝皮书
中国公共关系发展报告（2017）
著(编)者：柳斌杰 2018年1月出版 / 定价：89.00元
PSN B-2016-579-1/1

公共关系蓝皮书
中国公共关系发展报告（2018）
著（编）者：柳斌杰　2018年11月出版／估价：99.00元
PSN B-2016-579-1/1

管理蓝皮书
中国管理发展报告（2018）
著（编）者：张晓东　2018年10月出版／估价：99.00元
PSN B-2014-416-1/1

轨道交通蓝皮书
中国轨道交通行业发展报告（2017）
著（编）者：仲建华　李闽榕
2017年12月出版／定价：98.00元
PSN B-2017-674-1/1

海关发展蓝皮书
中国海关发展前沿报告（2018）
著（编）者：干春晖　2018年6月出版／估价：99.00元
PSN B-2017-616-1/1

互联网医疗蓝皮书
中国互联网健康医疗发展报告（2018）
著（编）者：芮晓武　2018年6月出版／估价：99.00元
PSN B-2016-567-1/1

黄金市场蓝皮书
中国商业银行黄金业务发展报告（2017～2018）
著（编）者：平安银行　2018年6月出版／估价：99.00元
PSN B-2016-524-1/1

会展蓝皮书
中外会展业动态评估研究报告（2018）
著（编）者：张敏　任中峰　聂鑫焱　牛盼强
2018年12月出版／估价：99.00元
PSN B-2013-327-1/1

基金会蓝皮书
中国基金会发展报告（2017~2018）
著（编）者：中国基金会发展报告课题组
2018年6月出版／估价：99.00元
PSN B-2013-368-1/1

基金会绿皮书
中国基金会发展独立研究报告（2018）
著（编）者：基金会中心网　中央民族大学基金会研究中心
2018年6月出版／估价：99.00元
PSN G-2011-213-1/1

基金会透明度蓝皮书
中国基金会透明度发展研究报告（2018）
著（编）者：基金会中心网
　　　　　清华大学廉政与治理研究中心
2018年9月出版／估价：99.00元
PSN B-2013-339-1/1

建筑装饰蓝皮书
中国建筑装饰行业发展报告（2018）
著（编）者：葛道顺　刘晓一
2018年10月出版／估价：198.00元
PSN B-2016-553-1/1

金融监管蓝皮书
中国金融监管报告（2018）
著（编）者：胡滨　2018年3月出版／定价：98.00元
PSN B-2012-281-1/1

金融蓝皮书
中国互联网金融行业分析与评估（2018～2019）
著（编）者：黄国平　伍旭川　2018年12月出版／估价：99.00元
PSN B-2016-585-7/7

金融科技蓝皮书
中国金融科技发展报告（2018）
著（编）者：李扬　孙国峰　2018年10月出版／估价：99.00元
PSN B-2014-374-1/1

金融信息服务蓝皮书
中国金融信息服务发展报告（2018）
著（编）者：李平　2018年5月出版／估价：99.00元
PSN B-2017-621-1/1

金蜜蜂企业社会责任蓝皮书
金蜜蜂中国企业社会责任报告研究（2017）
著（编）者：殷格非　于志宏　管竹笋
2018年1月出版／定价：99.00元
PSN B-2018-693-1/1

京津冀金融蓝皮书
京津冀金融发展报告（2018）
著（编）者：王爱俭　王璟怡　2018年10月出版／估价：99.00元
PSN B-2016-527-1/1

科普蓝皮书
国家科普能力发展报告（2018）
著（编）者：王康友　2018年5月出版／估价：138.00元
PSN B-2017-632-4/4

科普蓝皮书
中国基层科普发展报告（2017～2018）
著（编）者：赵立新　陈玲　2018年9月出版／估价：99.00元
PSN B-2016-568-3/4

科普蓝皮书
中国科普基础设施发展报告（2017～2018）
著（编）者：任福君　2018年6月出版／估价：99.00元
PSN B-2010-174-1/3

科普蓝皮书
中国科普人才发展报告（2017～2018）
著（编）者：郑念　任嵘嵘　2018年7月出版／估价：99.00元
PSN B-2016-512-2/4

科普能力蓝皮书
中国科普能力评价报告（2018～2019）
著（编）者：李富强　李群　2018年8月出版／估价：99.00元
PSN B-2016-555-1/1

临空经济蓝皮书
中国临空经济发展报告（2018）
著（编）者：连玉明　2018年9月出版／估价：99.00元
PSN B-2014-421-1/1

旅游安全蓝皮书
中国旅游安全报告（2018）
著(编)者：郑向敏　谢朝武　　2018年5月出版 / 估价：158.00元
PSN B-2012-280-1/1

旅游绿皮书
2017～2018年中国旅游发展分析与预测
著(编)者：宋瑞　　2018年1月出版 / 定价：99.00元
PSN G-2002-018-1/1

煤炭蓝皮书
中国煤炭工业发展报告（2018）
著(编)者：岳福斌　　2018年12月出版 / 估价：99.00元
PSN B-2008-123-1/1

民营企业社会责任蓝皮书
中国民营企业社会责任报告（2018）
著(编)者：中华全国工商业联合会
2018年12月出版 / 估价：99.00元
PSN B-2015-510-1/1

民营医院蓝皮书
中国民营医院发展报告（2017）
著(编)者：薛晓林　　2017年12月出版 / 定价：89.00元
PSN B-2012-299-1/1

闽商蓝皮书
闽商发展报告（2018）
著(编)者：李闽榕　王日根　林琛
2018年12月出版 / 估价：99.00元
PSN B-2012-298-1/1

农业应对气候变化蓝皮书
中国农业气象灾害及其灾损评估报告（No.3）
著(编)者：矫梅燕　　2018年6月出版 / 估价：118.00元
PSN B-2014-413-1/1

品牌蓝皮书
中国品牌战略发展报告（2018）
著(编)者：汪同三　　2018年10月出版 / 估价：99.00元
PSN B-2016-580-1/1

企业扶贫蓝皮书
中国企业扶贫研究报告（2018）
著(编)者：钟宏武　　2018年12月出版 / 估价：99.00元
PSN B-2016-593-1/1

企业公益蓝皮书
中国企业公益研究报告（2018）
著(编)者：钟宏武　汪杰　黄晓娟
2018年12月出版 / 估价：99.00元
PSN B-2015-501-1/1

企业国际化蓝皮书
中国企业全球化报告（2018）
著(编)者：王辉耀　苗绿　　2018年11月出版 / 估价：99.00元
PSN B-2014-427-1/1

企业蓝皮书
中国企业绿色发展报告No.2（2018）
著(编)者：李红玉　朱光辉
2018年8月出版 / 估价：99.00元
PSN B-2015-481-2/2

企业社会责任蓝皮书
中资企业海外社会责任研究报告（2017～2018）
著(编)者：钟宏武　叶柳红　张蒽
2018年6月出版 / 估价：99.00元
PSN B-2017-603-2/2

企业社会责任蓝皮书
中国企业社会责任研究报告（2018）
著(编)者：黄群慧　钟宏武　张蒽　汪杰
2018年11月出版 / 估价：99.00元
PSN B-2009-149-1/2

汽车安全蓝皮书
中国汽车安全发展报告（2018）
著(编)者：中国汽车技术研究中心
2018年8月出版 / 估价：99.00元
PSN B-2014-385-1/1

汽车电子商务蓝皮书
中国汽车电子商务发展报告（2018）
著(编)者：中华全国工商业联合会汽车经销商商会
　　　　　北方工业大学
　　　　　北京易观智库网络科技有限公司
2018年10月出版 / 估价：158.00元
PSN B-2015-485-1/1

汽车知识产权蓝皮书
中国汽车产业知识产权发展报告（2018）
著(编)者：中国汽车工程研究院股份有限公司
　　　　　中国汽车工程学会
　　　　　重庆长安汽车股份有限公司
2018年12月出版 / 估价：99.00元
PSN B-2016-594-1/1

青少年体育蓝皮书
中国青少年体育发展报告（2017）
著(编)者：刘扶民　杨桦　　2018年6月出版 / 估价：99.00元
PSN B-2015-482-1/1

区块链蓝皮书
中国区块链发展报告（2018）
著(编)者：李伟　　2018年9月出版 / 估价：99.00元
PSN B-2017-649-1/1

群众体育蓝皮书
中国群众体育发展报告（2017）
著(编)者：刘国永　戴健　　2018年5月出版 / 估价：99.00元
PSN B-2014-411-1/3

群众体育蓝皮书
中国社会体育指导员发展报告（2018）
著(编)者：刘国永　王欢　　2018年6月出版 / 估价：99.00元
PSN B-2016-520-3/3

人力资源蓝皮书
中国人力资源发展报告（2018）
著(编)者：余兴安　　2018年11月出版 / 估价：99.00元
PSN B-2012-287-1/1

融资租赁蓝皮书
中国融资租赁业发展报告（2017～2018）
著(编)者：李光荣　王力　　2018年8月出版 / 估价：99.00元
PSN B-2015-443-1/1

商会蓝皮书
中国商会发展报告No.5（2017）
著(编)者：王钦敏　2018年7月出版 / 估价：99.00元
PSN B-2008-125-1/1

商务中心区蓝皮书
中国商务中心区发展报告No.4（2017~2018）
著(编)者：李国红 单菁菁　2018年9月出版 / 估价：99.00元
PSN B-2015-444-1/1

设计产业蓝皮书
中国创新设计发展报告（2018）
著(编)者：王晓红 张立群 于炜
2018年11月出版 / 估价：99.00元
PSN B-2016-581-2/2

社会责任管理蓝皮书
中国上市公司社会责任能力成熟度报告No.4（2018）
著(编)者：肖红军 王晓光 李伟阳
2018年12月出版 / 估价：99.00元
PSN B-2015-507-2/2

社会责任管理蓝皮书
中国企业公众透明度报告No.4（2017~2018）
著(编)者：黄速建 熊梦 王晓光 肖红军
2018年6月出版 / 估价：99.00元
PSN B-2015-440-1/2

食品药品蓝皮书
食品药品安全与监管政策研究报告（2016~2017）
著(编)者：唐民皓　2018年6月出版 / 估价：99.00元
PSN B-2009-129-1/1

输血服务蓝皮书
中国输血行业发展报告（2018）
著(编)者：孙俊　2018年12月出版 / 估价：99.00元
PSN B-2016-582-1/1

水利风景区蓝皮书
中国水利风景区发展报告（2018）
著(编)者：董建文 兰思仁
2018年10月出版 / 估价：99.00元
PSN B-2015-480-1/1

数字经济蓝皮书
全球数字经济竞争力发展报告（2017）
著(编)者：王振　2017年12月出版 / 定价：79.00元
PSN B-2017-673-1/1

私募市场蓝皮书
中国私募股权市场发展报告（2017~2018）
著(编)者：曹和平　2018年12月出版 / 估价：99.00元
PSN B-2010-162-1/1

碳排放权交易蓝皮书
中国碳排放权交易报告（2018）
著(编)者：孙永平　2018年11月出版 / 估价：99.00元
PSN B-2017-652-1/1

碳市场蓝皮书
中国碳市场报告（2018）
著(编)者：定金彪　2018年11月出版 / 估价：99.00元
PSN B-2014-430-1/1

体育蓝皮书
中国公共体育服务发展报告（2018）
著(编)者：戴健　2018年12月出版 / 估价：99.00元
PSN B-2013-367-2/5

土地市场蓝皮书
中国农村土地市场发展报告（2017~2018）
著(编)者：李光荣　2018年6月出版 / 估价：99.00元
PSN B-2016-526-1/1

土地整治蓝皮书
中国土地整治发展研究报告（No.5）
著(编)者：国土资源部土地整治中心
2018年7月出版 / 估价：99.00元
PSN B-2014-401-1/1

土地政策蓝皮书
中国土地政策研究报告（2018）
著(编)者：高延利 张建平 吴次芳
2018年1月出版 / 定价：98.00元
PSN B-2015-506-1/1

网络空间安全蓝皮书
中国网络空间安全发展报告（2018）
著(编)者：惠志斌 覃庆玲
2018年11月出版 / 估价：99.00元
PSN B-2015-466-1/1

文化志愿服务蓝皮书
中国文化志愿服务发展报告（2018）
著(编)者：张永新 良警宇　2018年11月出版 / 估价：128.00元
PSN B-2016-596-1/1

西部金融蓝皮书
中国西部金融发展报告（2017~2018）
著(编)者：李忠民　2018年8月出版 / 估价：99.00元
PSN B-2010-160-1/1

协会商会蓝皮书
中国行业协会商会发展报告（2017）
著(编)者：景朝阳 李勇　2018年6月出版 / 估价：99.00元
PSN B-2015-461-1/1

新三板蓝皮书
中国新三板市场发展报告（2018）
著(编)者：王力　2018年8月出版 / 估价：99.00元
PSN B-2016-533-1/1

信托市场蓝皮书
中国信托业市场报告（2017~2018）
著(编)者：用益金融信托研究院
2018年6月出版 / 估价：198.00元
PSN B-2014-371-1/1

信息化蓝皮书
中国信息化形势分析与预测（2017~2018）
著(编)者：周宏仁　2018年8月出版 / 估价：99.00元
PSN B-2010-168-1/1

信用蓝皮书
中国信用发展报告（2017~2018）
著(编)者：章政 田侃　2018年6月出版 / 估价：99.00元
PSN B-2013-328-1/1

休闲绿皮书
2017～2018年中国休闲发展报告
著(编)者：宋瑞　2018年7月出版 / 估价：99.00元
PSN G-2010-158-1/1

休闲体育蓝皮书
中国休闲体育发展报告（2017～2018）
著(编)者：李相如 钟秉枢
2018年10月出版 / 估价：99.00元
PSN B-2016-516-1/1

养老金融蓝皮书
中国养老金融发展报告（2018）
著(编)者：董克用 姚余栋
2018年9月出版 / 估价：99.00元
PSN B-2016-583-1/1

遥感监测绿皮书
中国可持续发展遥感监测报告（2017）
著(编)者：顾行发 汪克强 潘教峰 李闽榕 徐东华 王琦安
2018年6月出版 / 估价：298.00元
PSN B-2017-629-1/1

药品流通蓝皮书
中国药品流通行业发展报告（2018）
著(编)者：佘鲁林 温再兴
2018年7月出版 / 估价：198.00元
PSN B-2014-429-1/1

医疗器械蓝皮书
中国医疗器械行业发展报告（2018）
著(编)者：王宝亭 耿鸿武
2018年10月出版 / 估价：99.00元
PSN B-2017-661-1/1

医院蓝皮书
中国医院竞争力报告（2017~2018）
著(编)者：庄一强　2018年3月出版 / 定价：108.00元
PSN B-2016-528-1/1

瑜伽蓝皮书
中国瑜伽业发展报告（2017~2018）
著(编)者：张永建 徐华锋 朱泰余
2018年6月出版 / 估价：198.00元
PSN B-2017-625-1/1

债券市场蓝皮书
中国债券市场发展报告（2017～2018）
著(编)者：杨农　2018年10月出版 / 估价：99.00元
PSN B-2016-572-1/1

志愿服务蓝皮书
中国志愿服务发展报告（2018）
著(编)者：中国志愿服务联合会
2018年11月出版 / 估价：99.00元
PSN B-2017-664-1/1

中国上市公司蓝皮书
中国上市公司发展报告（2018）
著(编)者：张鹏 张平 黄胤英
2018年9月出版 / 估价：99.00元
PSN B-2014-414-1/1

中国新三板蓝皮书
中国新三板创新与发展报告（2018）
著(编)者：刘平安 闻召林
2018年8月出版 / 估价：158.00元
PSN B-2017-638-1/1

中国汽车品牌蓝皮书
中国乘用车品牌发展报告（2017）
著(编)者：《中国汽车报》社有限公司
　　　　　博世（中国）投资有限公司
　　　　　中国汽车技术研究中心数据资源中心
2018年1月出版 / 定价：89.00元
PSN B-2017-679-1/1

中医文化蓝皮书
北京中医药文化传播发展报告（2018）
著(编)者：毛嘉陵　2018年6月出版 / 估价：99.00元
PSN B-2015-468-1/2

中医文化蓝皮书
中国中医药文化传播发展报告（2018）
著(编)者：毛嘉陵　2018年7月出版 / 估价：99.00元
PSN B-2016-584-2/2

中医药蓝皮书
北京中医药知识产权发展报告No.2
著(编)者：汪洪 屠志涛　2018年6月出版 / 估价：168.00元
PSN B-2017-602-1/1

资本市场蓝皮书
中国场外交易市场发展报告（2016～2017）
著(编)者：高峦　2018年6月出版 / 估价：99.00元
PSN B-2009-153-1/1

资产管理蓝皮书
中国资产管理行业发展报告（2018）
著(编)者：郑智　2018年7月出版 / 估价：99.00元
PSN B-2014-407-2/2

资产证券化蓝皮书
中国资产证券化发展报告（2018）
著(编)者：沈炳熙 曹彤 李哲平
2018年4月出版 / 估价：98.00元
PSN B-2017-660-1/1

自贸区蓝皮书
中国自贸区发展报告（2018）
著(编)者：王力 黄育华
2018年6月出版 / 估价：99.00元
PSN B-2016-558-1/1

国际问题与全球治理类

"一带一路"跨境通道蓝皮书
"一带一路"跨境通道建设研究报（2017～2018）
著(编)者：余鑫 张秋生   2018年1月出版 / 定价：89.00元
PSN B-2016-557-1/1

"一带一路"蓝皮书
"一带一路"建设发展报告（2018）
著(编)者：李永全   2018年3月出版 / 定价：98.00元
PSN B-2016-552-1/1

"一带一路"投资安全蓝皮书
中国"一带一路"投资与安全研究报告（2018）
著(编)者：邹统钎 梁昊光   2018年4月出版 / 定价：98.00元
PSN B-2016-612-1/1

"一带一路"文化交流蓝皮书
中阿文化交流发展报告（2017）
著(编)者：王辉   2017年12月出版 / 定价：89.00元
PSN B-2017-655-1/1

G20国家创新竞争力黄皮书
二十国集团（G20）国家创新竞争力发展报告（2017～2018）
著(编)者：李建平 李闽榕 赵新力 周天勇
2018年7月出版 / 定价：168.00元
PSN Y-2011-229-1/1

阿拉伯黄皮书
阿拉伯发展报告（2016～2017）
著(编)者：罗林   2018年6月出版 / 估价：99.00元
PSN Y-2014-381-1/1

北部湾蓝皮书
泛北部湾合作发展报告（2017～2018）
著(编)者：吕余生   2018年12月出版 / 估价：99.00元
PSN B-2008-114-1/1

北极蓝皮书
北极地区发展报告（2017）
著(编)者：刘惠荣   2018年7月出版 / 估价：99.00元
PSN B-2017-634-1/1

大洋洲蓝皮书
大洋洲发展报告（2017～2018）
著(编)者：喻常森   2018年10月出版 / 估价：99.00元
PSN B-2013-341-1/1

东北亚区域合作蓝皮书
2017年"一带一路"倡议与东北亚区域合作
著(编)者：刘亚政 金美花
2018年5月出版 / 估价：99.00元
PSN B-2017-631-1/1

东盟黄皮书
东盟发展报告（2017）
著(编)者：杨静林 庄国土   2018年6月出版 / 估价：99.00元
PSN Y-2012-303-1/1

东南亚蓝皮书
东南亚地区发展报告（2017～2018）
著(编)者：王勤   2018年12月出版 / 估价：99.00元
PSN B-2012-240-1/1

非洲黄皮书
非洲发展报告No.20（2017～2018）
著(编)者：张宏明   2018年7月出版 / 估价：99.00元
PSN Y-2012-239-1/1

非传统安全蓝皮书
中国非传统安全研究报告（2017～2018）
著(编)者：潇枫 罗中枢   2018年8月出版 / 估价：99.00元
PSN B-2012-273-1/1

国际安全蓝皮书
中国国际安全研究报告（2018）
著(编)者：刘慧   2018年7月出版 / 估价：99.00元
PSN B-2016-521-1/1

国际城市蓝皮书
国际城市发展报告（2018）
著(编)者：屠启宇   2018年2月出版 / 定价：89.00元
PSN B-2012-260-1/1

国际形势黄皮书
全球政治与安全报告（2018）
著(编)者：张宇燕   2018年1月出版 / 定价：99.00元
PSN Y-2001-016-1/1

公共外交蓝皮书
中国公共外交发展报告（2018）
著(编)者：赵启正 雷蔚真   2018年6月出版 / 估价：99.00元
PSN B-2015-457-1/1

海丝蓝皮书
21世纪海上丝绸之路研究报告（2017）
著(编)者：华侨大学海上丝绸之路研究院
2017年出版 / 定价：89.00元
PSN B-2017-684-1/1

金砖国家黄皮书
金砖国家综合创新竞争力发展报告（2018）
著(编)者：赵新力 李闽榕 黄茂兴
2018年8月出版 / 估价：128.00元
PSN Y-2017-643-1/1

拉美黄皮书
拉丁美洲和加勒比发展报告（2017～2018）
著(编)者：袁东振   2018年6月出版 / 估价：99.00元
PSN Y-1999-007 1/1

澜湄合作蓝皮书
澜沧江-湄公河合作发展报告（2018）
著(编)者：刘稚   2018年9月出版 / 估价：99.00元
PSN B-2011-196-1/1

欧洲蓝皮书
欧洲发展报告（2017～2018）
著(编)者：黄平 周弘 程卫东
2018年6月出版 / 估价：99.00元
PSN B-1999-009-1/1

葡语国家蓝皮书
葡语国家发展报告（2016～2017）
著(编)者：王成安 张敏 刘金兰
2018年6月出版 / 估价：99.00元
PSN B-2015-503-1/2

葡语国家蓝皮书
中国与葡语国家关系发展报告·巴西（2016）
著(编)者：张曙光
2018年8月出版 / 估价：99.00元
PSN B-2016-563-2/2

气候变化绿皮书
应对气候变化报告（2018）
著(编)者：王伟光 郑国光
2018年11月出版 / 估价：99.00元
PSN G-2009-144-1/1

全球环境竞争力绿皮书
全球环境竞争力报告（2018）
著(编)者：李建平 李闽榕 王金南
2018年12月出版 / 估价：198.00元
PSN G-2013-363-1/1

全球信息社会蓝皮书
全球信息社会发展报告（2018）
著(编)者：丁波涛 唐涛　2018年10月出版 / 估价：99.00元
PSN B-2017-665-1/1

日本经济蓝皮书
日本经济与中日经贸关系研究报告（2018）
著(编)者：张季风　2018年6月出版 / 估价：99.00元
PSN B-2008-102-1/1

上海合作组织黄皮书
上海合作组织发展报告（2018）
著(编)者：李进峰　2018年6月出版 / 估价：99.00元
PSN Y-2009-130-1/1

世界创新竞争力黄皮书
世界创新竞争力发展报告（2017）
著(编)者：李建平 李闽榕 赵新力
2018年6月出版 / 估价：168.00元
PSN Y-2013-318-1/1

世界经济黄皮书
2018年世界经济形势分析与预测
著(编)者：张宇燕　2018年1月出版 / 定价：99.00元
PSN Y-1999-006-1/1

世界能源互联互通蓝皮书
世界能源清洁发展与互联互通评估报告（2017）：欧洲篇
著(编)者：国网能源研究院
2018年1月出版 / 定价：128.00元
PSN B-2018-695-1/1

丝绸之路蓝皮书
丝绸之路经济带发展报告（2018）
著(编)者：任宗哲 白宽犁 谷孟宾
2018年1月出版 / 定价：89.00元
PSN B-2014-410-1/1

新兴经济体蓝皮书
金砖国家发展报告（2018）
著(编)者：林跃勤 周文
2018年8月出版 / 估价：99.00元
PSN B-2011-195-1/1

亚太蓝皮书
亚太地区发展报告（2018）
著(编)者：李向阳　2018年5月出版 / 估价：99.00元
PSN B-2001-015-1/1

印度洋地区蓝皮书
印度洋地区发展报告（2018）
著(编)者：汪戎　2018年6月出版 / 估价：99.00元
PSN B-2013-334-1/1

印度尼西亚经济蓝皮书
印度尼西亚经济发展报告（2017）：增长与机会
著(编)者：左志刚　2017年11月出版 / 定价：89.00元
PSN B-2017-675-1/1

渝新欧蓝皮书
渝新欧沿线国家发展报告（2018）
著(编)者：杨柏 黄森
2018年6月出版 / 估价：99.00元
PSN B-2017-626-1/1

中阿蓝皮书
中国-阿拉伯国家经贸发展报告（2018）
著(编)者：张廉 段庆林 王林聪 杨巧红
2018年12月出版 / 估价：99.00元
PSN B-2016-598-1/1

中东黄皮书
中东发展报告No.20（2017～2018）
著(编)者：杨光　2018年10月出版 / 估价：99.00元
PSN Y-1998-004-1/1

中亚黄皮书
中亚国家发展报告（2018）
著(编)者：孙力
2018年3月出版 / 定价：98.00元
PSN Y-2012-238-1/1

国别类

澳大利亚蓝皮书
澳大利亚发展报告（2017-2018）
著(编)者：孙有中 韩锋　2018年12月出版 / 估价：99.00元
PSN B-2016-587-1/1

巴西黄皮书
巴西发展报告（2017）
著(编)者：刘国枝　2018年5月出版 / 估价：99.00元
PSN Y-2017-614-1/1

德国蓝皮书
德国发展报告（2018）
著(编)者：郑春荣　2018年6月出版 / 估价：99.00元
PSN B-2012-278-1/1

俄罗斯黄皮书
俄罗斯发展报告（2018）
著(编)者：李永全　2018年6月出版 / 估价：99.00元
PSN Y-2006-061-1/1

韩国蓝皮书
韩国发展报告（2017）
著(编)者：牛林杰 刘宝全　2018年6月出版 / 估价：99.00元
PSN B-2010-155-1/1

加拿大蓝皮书
加拿大发展报告（2018）
著(编)者：唐小松　2018年9月出版 / 估价：99.00元
PSN B-2014-389-1/1

美国蓝皮书
美国研究报告（2018）
著(编)者：郑秉文 黄平　2018年5月出版 / 估价：99.00元
PSN B-2011-210-1/1

缅甸蓝皮书
缅甸国情报告（2017）
著(编)者：祝湘辉
2017年11月出版 / 定价：98.00元
PSN B-2013-343-1/1

日本蓝皮书
日本研究报告（2018）
著(编)者：杨伯江　2018年4月出版 / 定价：99.00元
PSN B-2002-020-1/1

土耳其蓝皮书
土耳其发展报告（2018）
著(编)者：郭长刚 刘义　2018年9月出版 / 估价：99.00元
PSN B-2014-412-1/1

伊朗蓝皮书
伊朗发展报告（2017~2018）
著(编)者：冀开运　2018年10月 / 估价：99.00元
PSN B-2016-574-1/1

以色列蓝皮书
以色列发展报告（2018）
著(编)者：张倩红　2018年8月出版 / 估价：99.00元
PSN B-2015-483-1/1

印度蓝皮书
印度国情报告（2017）
著(编)者：吕昭义　2018年6月出版 / 估价：99.00元
PSN B-2012-241-1/1

英国蓝皮书
英国发展报告（2017~2018）
著(编)者：王展鹏　2018年12月出版 / 估价：99.00元
PSN B-2015-486-1/1

越南蓝皮书
越南国情报告（2018）
著(编)者：谢林城　2018年11月出版 / 估价：99.00元
PSN B-2006-056-1/1

泰国蓝皮书
泰国研究报告（2018）
著(编)者：庄国土 张禹东 刘文正
2018年10月出版 / 估价：99.00元
PSN B-2016-556-1/1

文化传媒类

"三农"舆情蓝皮书
中国"三农"网络舆情报告（2017~2018）
著(编)者：农业部信息中心
2018年6月出版 / 估价：99.00元
PSN B-2017-640-1/1

传媒竞争力蓝皮书
中国传媒国际竞争力研究报告（2018）
著(编)者：李本乾 刘强 王大可
2018年8月出版 / 估价：99.00元
PSN B-2013-356-1/1

传媒蓝皮书
中国传媒产业发展报告（2018）
著(编)者：崔保国
2018年5月出版 / 估价：99.00元
PSN B-2005-035-1/1

传媒投资蓝皮书
中国传媒投资发展报告（2018）
著(编)者：张向东 谭云明
2018年6月出版 / 估价：148.00元
PSN B-2015-474-1/1

非物质文化遗产蓝皮书
中国非物质文化遗产发展报告（2018）
著(编)者：陈平　2018年6月出版 / 估价：128.00元
PSN B-2015-469-1/2

非物质文化遗产蓝皮书
中国非物质文化遗产保护发展报告（2018）
著(编)者：宋俊华　2018年10月出版 / 估价：128.00元
PSN B-2016-586-2/2

广电蓝皮书
中国广播电影电视发展报告（2018）
著(编)者：国家新闻出版广电总局发展研究中心
2018年7月出版 / 估价：99.00元
PSN B-2006-072-1/1

广告主蓝皮书
中国广告主营销传播趋势报告No.9
著(编)者：黄升民 杜国清 邵华冬 等
2018年10月出版 / 估价：158.00元
PSN B-2005-041-1/1

国际传播蓝皮书
中国国际传播发展报告（2018）
著(编)者：胡正荣 李继东 姬德强
2018年12月出版 / 估价：99.00元
PSN B-2014-408-1/1

国家形象蓝皮书
中国国家形象传播报告（2017）
著(编)者：张昆　2018年6月出版 / 估价：128.00元
PSN B-2017-605-1/1

互联网治理蓝皮书
中国网络社会治理研究报告（2018）
著(编)者：罗昕 支庭荣
2018年9月出版 / 估价：118.00元
PSN B-2017-653-1/1

纪录片蓝皮书
中国纪录片发展报告（2018）
著(编)者：何苏六　2018年10月出版 / 估价：99.00元
PSN B-2011-222-1/1

科学传播蓝皮书
中国科学传播报告（2016~2017）
著(编)者：詹正茂　2018年6月出版 / 估价：99.00元
PSN B-2008-120-1/1

两岸创意经济蓝皮书
两岸创意经济研究报告（2018）
著(编)者：罗昌智 董泽平
2018年10月出版 / 估价：99.00元
PSN B-2014-437-1/1

媒介与女性蓝皮书
中国媒介与女性发展报告（2017~2018）
著(编)者：刘利群　2018年5月出版 / 估价：99.00元
PSN B-2013-345-1/1

媒体融合蓝皮书
中国媒体融合发展报告（2017~2018）
著(编)者：梅宁华 支庭荣
2017年12月出版 / 定价：98.00元
PSN B-2015-479-1/1

全球传媒蓝皮书
全球传媒发展报告（2017~2018）
著(编)者：胡正荣 李继东　2018年6月出版 / 估价：99.00元
PSN B-2012-237-1/1

少数民族非遗蓝皮书
中国少数民族非物质文化遗产发展报告（2018）
著(编)者：肖远平（彝）柴立（满）
2018年10月出版 / 估价：118.00元
PSN B-2015-467-1/1

视听新媒体蓝皮书
中国视听新媒体发展报告（2018）
著(编)者：国家新闻出版广电总局发展研究中心
2018年7月出版 / 估价：118.00元
PSN B-2011-184-1/1

数字娱乐产业蓝皮书
中国动画产业发展报告（2018）
著(编)者：孙立军 孙平 牛兴侦
2018年10月出版 / 估价：99.00元
PSN B-2011-198-1/2

数字娱乐产业蓝皮书
中国游戏产业发展报告（2018）
著(编)者：孙立军 刘跃军　2018年10月出版 / 估价：99.00元
PSN B-2017-662-2/2

网络视听蓝皮书
中国互联网视听行业发展报告（2018）
著(编)者：陈鹏　2018年2月出版 / 定价：148.00元
PSN B-2018-688-1/1

文化创新蓝皮书
中国文化创新报告（2017·No.8）
著(编)者：傅才武　2018年6月出版 / 估价：99.00元
PSN B-2009-143-1/1

文化建设蓝皮书
中国文化发展报告（2018）
著(编)者：江畅 孙伟平 戴茂堂
2018年5月出版 / 估价：99.00元
PSN B-2014-392-1/1

文化科技蓝皮书
文化科技创新发展报告（2018）
著(编)者：于平 李凤亮　2018年10月出版 / 估价：99.00元
PSN B-2013-342-1/1

文化蓝皮书
中国公共文化服务发展报告（2017~2018）
著(编)者：刘新成 张永新 张旭
2018年12月出版 / 估价：99.00元
PSN B-2007-093-2/10

文化蓝皮书
中国少数民族文化发展报告（2017~2018）
著(编)者：武翠英 张晓明 任乌晶
2018年9月出版 / 估价：99.00元
PSN B-2013-369-9/10

文化蓝皮书
中国文化产业供需协调检测报告（2018）
著(编)者：王亚南　2018年3月出版 / 定价：99.00元
PSN B-2013-323-8/10

文化蓝皮书
中国文化消费需求景气评价报告（2018）
著（编）者：王亚南　2018年3月出版 / 定价：99.00元
PSN B-2011-236-4/10

文化蓝皮书
中国公共文化投入增长测评报告（2018）
著（编）者：王亚南　2018年3月出版 / 定价：99.00元
PSN B-2014-435-10/10

文化品牌蓝皮书
中国文化品牌发展报告（2018）
著（编）者：欧阳友权　2018年5月出版 / 估价：99.00元
PSN B-2012-277-1/1

文化遗产蓝皮书
中国文化遗产事业发展报告（2017~2018）
著（编）者：苏杨 张颖岚 卓杰 白海峰 陈晨 陈叙图
2018年8月出版 / 估价：99.00元
PSN B-2008-119-1/1

文学蓝皮书
中国文情报告（2017~2018）
著（编）者：白烨　2018年5月出版 / 估价：99.00元
PSN B-2011-221-1/1

新媒体蓝皮书
中国新媒体发展报告No.9（2018）
著（编）者：唐绪军　2018年7月出版 / 估价：99.00元
PSN B-2010-169-1/1

新媒体社会责任蓝皮书
中国新媒体社会责任研究报告（2018）
著（编）者：钟瑛　2018年12月出版 / 估价：99.00元
PSN B-2014-423-1/1

移动互联网蓝皮书
中国移动互联网发展报告（2018）
著（编）者：余清楚　2018年6月出版 / 估价：99.00元
PSN B-2012-282-1/1

影视蓝皮书
中国影视产业发展报告（2018）
著（编）者：司若 陈鹏 陈锐
2018年6月出版 / 估价：99.00元
PSN B-2016-529-1/1

舆情蓝皮书
中国社会舆情与危机管理报告（2018）
著（编）者：谢耘耕
2018年9月出版 / 估价：138.00元
PSN B-2011-235-1/1

中国大运河蓝皮书
中国大运河发展报告（2018）
著（编）者：吴欣　2018年2月出版 / 估价：128.00元
PSN B-2018-691-1/1

地方发展类-经济

澳门蓝皮书
澳门经济社会发展报告（2017~2018）
著（编）者：吴志良 郝雨凡
2018年7月出版 / 估价：99.00元
PSN B-2009-138-1/1

澳门绿皮书
澳门旅游休闲发展报告（2017~2018）
著（编）者：郝雨凡 林广志
2018年5月出版 / 估价：99.00元
PSN G-2017-617-1/1

北京蓝皮书
北京经济发展报告（2017~2018）
著（编）者：杨松　2018年6月出版 / 估价：99.00元
PSN B-2006-054-2/8

北京旅游绿皮书
北京旅游发展报告（2018）
著（编）者：北京旅游学会
2018年7月出版 / 估价：99.00元
PSN G-2012-301-1/1

北京体育蓝皮书
北京体育产业发展报告（2017~2018）
著（编）者：钟秉枢 陈杰 杨铁黎
2018年9月出版 / 估价：99.00元
PSN B-2015-475-1/1

滨海金融蓝皮书
滨海新区金融发展报告（2017）
著（编）者：王爱俭 李向前　2018年4月出版 / 估价：99.00元
PSN B-2014-424-1/1

城乡一体化蓝皮书
北京城乡一体化发展报告（2017~2018）
著（编）者：吴宝新 张宝秀 黄序
2018年5月出版 / 估价：99.00元
PSN B-2012-258-2/2

非公有制企业社会责任蓝皮书
北京非公有制企业社会责任报告（2018）
著（编）者：宋贵伦 冯培
2018年6月出版 / 估价：99.00元
PSN B-2017-613-1/1

福建旅游蓝皮书
福建省旅游产业发展现状研究（2017~2018）
著(编)者：陈敏华 黄远水　2018年12月出版 / 估价：128.00元
PSN B-2016-591-1/1

福建自贸区蓝皮书
中国(福建)自由贸易试验区发展报告(2017~2018)
著(编)者：黄茂兴　2018年6月出版 / 估价：118.00元
PSN B-2016-531-1/1

甘肃蓝皮书
甘肃经济发展分析与预测（2018）
著(编)者：安文华 罗哲　2018年1月出版 / 定价：99.00元
PSN B-2013-312-1/6

甘肃蓝皮书
甘肃商贸流通发展报告（2018）
著(编)者：张应华 王福生 王晓芳
2018年1月出版 / 定价：99.00元
PSN B-2016-522-6/6

甘肃蓝皮书
甘肃县域和农村发展报告（2018）
著(编)者：包东红 朱智文 王建兵
2018年1月出版 / 定价：99.00元
PSN B-2013-316-5/6

甘肃农业科技绿皮书
甘肃农业科技发展研究报告（2018）
著(编)者：魏胜文 乔德华 张东伟
2018年12月出版 / 估价：198.00元
PSN B-2016-592-1/1

甘肃气象保障蓝皮书
甘肃农业对气候变化的适应与风险评估报告（No.1）
著(编)者：鲍文中 周广胜
2017年12月出版 / 定价：108.00元
PSN B-2017-677-1/1

巩义蓝皮书
巩义经济社会发展报告（2018）
著(编)者：丁同民 朱军　2018年6月出版 / 估价：99.00元
PSN B-2016-532-1/1

广东外经贸蓝皮书
广东对外经济贸易发展研究报告（2017~2018）
著(编)者：陈万灵　2018年6月出版 / 估价：99.00元
PSN B-2012-286-1/1

广西北部湾经济区蓝皮书
广西北部湾经济区开放开发报告（2017~2018）
著(编)者：广西壮族自治区北部湾经济区和东盟开放合作办公室
　　　　　广西社会科学院
　　　　　广西北部湾发展研究院
2018年5月出版 / 估价：99.00元
PSN B-2010-181-1/1

广州蓝皮书
广州城市国际化发展报告（2018）
著(编)者：张跃国　2018年8月出版 / 估价：99.00元
PSN B-2012-246-11/14

广州蓝皮书
中国广州城市建设与管理发展报告（2018）
著(编)者：张其学 陈小钢 王宏伟　2018年8月出版 / 估价：99.00元
PSN B-2007-087-4/14

广州蓝皮书
广州创新型城市发展报告（2018）
著(编)者：尹涛　2018年6月出版 / 估价：99.00元
PSN B-2012-247-12/14

广州蓝皮书
广州经济发展报告（2018）
著(编)者：张跃国 尹涛　2018年7月出版 / 估价：99.00元
PSN B-2005-040-1/14

广州蓝皮书
2018年中国广州经济形势分析与预测
著(编)者：魏明海 谢博能 李华
2018年6月出版 / 估价：99.00元
PSN B-2011-185-9/14

广州蓝皮书
中国广州科技创新发展报告（2018）
著(编)者：于欣伟 陈爽 邓佑满　2018年8月出版 / 估价：99.00元
PSN B-2006-065-2/14

广州蓝皮书
广州农村发展报告（2018）
著(编)者：朱名宏　2018年7月出版 / 估价：99.00元
PSN B-2010-167-8/14

广州蓝皮书
广州汽车产业发展报告（2018）
著(编)者：杨再高 冯兴亚　2018年7月出版 / 估价：99.00元
PSN B-2006-066-3/14

广州蓝皮书
广州商贸业发展报告（2018）
著(编)者：张跃国 陈杰 荀振英
2018年7月出版 / 估价：99.00元
PSN B-2012-245-10/14

贵阳蓝皮书
贵阳城市创新发展报告No.3（白云篇）
著(编)者：连玉明　2018年5月出版 / 估价：99.00元
PSN B-2015-491-3/10

贵阳蓝皮书
贵阳城市创新发展报告No.3（观山湖篇）
著(编)者：连玉明　2018年5月出版 / 估价：99.00元
PSN B-2015-497-9/10

贵阳蓝皮书
贵阳城市创新发展报告No.3（花溪篇）
著(编)者：连玉明　2018年5月出版 / 估价：99.00元
PSN B-2015-490-2/10

贵阳蓝皮书
贵阳城市创新发展报告No.3（开阳篇）
著(编)者：连玉明　2018年5月出版 / 估价：99.00元
PSN B-2015-492-4/10

贵阳蓝皮书
贵阳城市创新发展报告No.3（南明篇）
著(编)者：连玉明　2018年5月出版 / 估价：99.00元
PSN B-2015-496-8/10

贵阳蓝皮书
贵阳城市创新发展报告No.3（清镇篇）
著(编)者：连玉明　2018年5月出版 / 估价：99.00元
PSN B-2015-489-1/10

贵阳蓝皮书
贵阳城市创新发展报告No.3（乌当篇）
著(编)者：连玉明　2018年5月出版 / 估价：99.00元
PSN B-2015-495-7/10

贵阳蓝皮书
贵阳城市创新发展报告No.3（息烽篇）
著(编)者：连玉明　2018年5月出版 / 估价：99.00元
PSN B-2015-493-5/10

贵阳蓝皮书
贵阳城市创新发展报告No.3（修文篇）
著(编)者：连玉明　2018年5月出版 / 估价：99.00元
PSN B-2015-494-6/10

贵阳蓝皮书
贵阳城市创新发展报告No.3（云岩篇）
著(编)者：连玉明　2018年5月出版 / 估价：99.00元
PSN B-2015-498-10/10

贵州房地产蓝皮书
贵州房地产发展报告No.5（2018）
著(编)者：武廷方　2018年7月出版 / 估价：99.00元
PSN B-2014-426-1/1

贵州蓝皮书
贵州册亨经济社会发展报告（2018）
著(编)者：黄德林　2018年6月出版 / 估价：99.00元
PSN B-2016-525-8/9

贵州蓝皮书
贵州地理标志产业发展报告（2018）
著(编)者：李发耀 黄其松　2018年8月出版 / 估价：99.00元
PSN B-2017-646-10/10

贵州蓝皮书
贵安新区发展报告（2017~2018）
著(编)者：马长青 吴大华　2018年6月出版 / 估价：99.00元
PSN B-2015-459-4/10

贵州蓝皮书
贵州国家级开放创新平台发展报告（2017~2018）
著(编)者：申晓庆 吴大华 李泓
2018年11月出版 / 估价：99.00元
PSN B-2016-518-7/10

贵州蓝皮书
贵州国有企业社会责任发展报告（2017~2018）
著(编)者：郭丽　2018年12月出版 / 估价：99.00元
PSN B-2015-511-6/10

贵州蓝皮书
贵州民航业发展报告（2017）
著(编)者：申振东 吴大华　2018年6月出版 / 估价：99.00元
PSN B-2015-471-5/10

贵州蓝皮书
贵州民营经济发展报告（2017）
著(编)者：杨静 吴大华　2018年6月出版 / 估价：99.00元
PSN B-2016-530-9/9

杭州都市圈蓝皮书
杭州都市圈发展报告（2018）
著(编)者：洪庆华 沈翔　2018年4月出版 / 定价：98.00元
PSN B-2012-302-1/1

河北经济蓝皮书
河北省经济发展报告（2018）
著(编)者：马树强 金浩 张贵　2018年6月出版 / 估价：99.00元
PSN B-2014-380-1/1

河北蓝皮书
河北经济社会发展报告（2018）
著(编)者：康振海　2018年1月出版 / 定价：99.00元
PSN B-2014-372-1/3

河北蓝皮书
京津冀协同发展报告（2018）
著(编)者：陈璐　2017年12月出版 / 定价：79.00元
PSN B-2017-601-2/3

河南经济蓝皮书
2018年河南经济形势分析与预测
著(编)者：王世炎　2018年3月出版 / 定价：89.00元
PSN B-2007-086-1/1

河南蓝皮书
河南城市发展报告（2018）
著(编)者：张占仓 王建国　2018年5月出版 / 估价：99.00元
PSN B-2009-131-3/9

河南蓝皮书
河南工业发展报告（2018）
著(编)者：张占仓　2018年5月出版 / 估价：99.00元
PSN B-2013-317-5/9

河南蓝皮书
河南金融发展报告（2018）
著(编)者：喻新安 谷建全
2018年6月出版 / 估价：99.00元
PSN B-2014-390-7/9

河南蓝皮书
河南经济发展报告（2018）
著(编)者：张占仓 完世伟
2018年6月出版 / 估价：99.00元
PSN B-2010-157-4/9

河南蓝皮书
河南能源发展报告（2018）
著(编)者：国网河南省电力公司经济技术研究院
　　　　　河南省社会科学院
2018年6月出版 / 估价：99.00元
PSN B-2017-607-9/9

河南商务蓝皮书
河南商务发展报告（2018）
著(编)者：焦锦淼 穆荣国　2018年5月出版 / 估价：99.00元
PSN B-2014-399-1/1

河南双创蓝皮书
河南创新创业发展报告（2018）
著(编)者：喻新安 杨雪梅
2018年8月出版 / 估价：99.00元
PSN B-2017-641-1/1

黑龙江蓝皮书
黑龙江经济发展报告（2018）
著(编)者：朱宇　2018年1月出版 / 定价：89.00元
PSN B-2011-190-2/2

湖南城市蓝皮书
区域城市群整合
著(编)者：童中贤 韩未名　2018年12月出版 / 估价：99.00元
PSN B-2006-064-1/1

湖南蓝皮书
湖南城乡一体化发展报告（2018）
著(编)者：陈文胜 王文强 陆福兴
2018年8月出版 / 估价：99.00元
PSN B-2015-477-8/8

湖南蓝皮书
2018年湖南电子政务发展报告
著(编)者：梁志峰　2018年5月出版 / 估价：128.00元
PSN B-2014-394-6/8

湖南蓝皮书
2018年湖南经济发展报告
著(编)者：卞鹰　2018年5月出版 / 估价：128.00元
PSN B-2011-207-2/8

湖南蓝皮书
2016年湖南经济展望
著(编)者：梁志峰　2018年5月出版 / 估价：128.00元
PSN B-2011-206-1/8

湖南蓝皮书
2018年湖南县域经济社会发展报告
著(编)者：梁志峰　2018年5月出版 / 估价：128.00元
PSN B-2014-395-7/8

湖南县域绿皮书
湖南县域发展报告（No.5）
著(编)者：袁准 周小毛 黎仁寅
2018年6月出版 / 估价：99.00元
PSN G-2012-274-1/1

沪港蓝皮书
沪港发展报告（2018）
著(编)者：尤安山　2018年9月出版 / 估价：99.00元
PSN B-2013-362-1/1

吉林蓝皮书
2018年吉林经济社会形势分析与预测
著(编)者：邵汉明　2017年12月出版 / 定价：89.00元
PSN B-2013-319-1/1

吉林省城市竞争力蓝皮书
吉林省城市竞争力报告（2017~2018）
著(编)者：崔岳春 张磊
2018年3月出版 / 定价：89.00元
PSN B-2016-513-1/1

济源蓝皮书
济源经济社会发展报告（2018）
著(编)者：喻新安　2018年6月出版 / 估价：99.00元
PSN B-2014-387-1/1

江苏蓝皮书
2018年江苏经济发展分析与展望
著(编)者：王庆五 吴先满
2018年7月出版 / 估价：128.00元
PSN B-2017-635-1/3

江西蓝皮书
江西经济社会发展报告（2018）
著(编)者：陈石俊 龚建文　2018年10月出版 / 估价：128.00元
PSN B-2015-484-1/2

江西蓝皮书
江西设区市发展报告（2018）
著(编)者：姜玮 梁勇
2018年10月出版 / 估价：99.00元
PSN B-2016-517-2/2

经济特区蓝皮书
中国经济特区发展报告（2017）
著(编)者：陶一桃　2018年1月出版 / 估价：99.00元
PSN B-2009-139-1/1

辽宁蓝皮书
2018年辽宁经济社会形势分析与预测
著(编)者：梁启东 魏红江　2018年6月出版 / 估价：99.00元
PSN B-2006-053-1/1

民族经济蓝皮书
中国民族地区经济发展报告（2018）
著(编)者：李曦辉　2018年7月出版 / 估价：99.00元
PSN B-2017-630-1/1

南宁蓝皮书
南宁经济发展报告（2018）
著(编)者：胡建华　2018年9月出版 / 估价：99.00元
PSN B-2016-569-2/3

内蒙古蓝皮书
内蒙古精准扶贫研究报告（2018）
著(编)者：张志华　2018年1月出版 / 定价：89.00元
PSN B-2017-681-2/2

浦东新区蓝皮书
上海浦东经济发展报告（2018）
著(编)者：周小平 徐美芳
2018年1月出版 / 定价：89.00元
PSN B-2011-225-1/1

青海蓝皮书
2018年青海经济社会形势分析与预测
著(编)者：陈玮　2018年1月出版 / 定价：98.00元
PSN B-2012-275-1/2

青海科技绿皮书
青海科技发展报告（2017）
著(编)者：青海省科学技术信息研究所
2018年3月出版 / 定价：98.00元
PSN G-2018-701-1/1

山东蓝皮书
山东经济形势分析与预测（2018）
著(编)者：李广杰　2018年7月出版 / 估价：99.00元
PSN B-2014-404-1/5

山东蓝皮书
山东省普惠金融发展报告（2018）
著(编)者：齐鲁财富网
2018年9月出版 / 估价：99.00元
PSN B2017-676-5/5

山西蓝皮书
山西资源型经济转型发展报告（2018）
著(编)者：李志强　2018年7月出版 / 估价：99.00元
PSN B-2011-197-1/1

陕西蓝皮书
陕西经济发展报告（2018）
著(编)者：任宗哲 白宽犁 裴成荣
2018年1月出版 / 定价：89.00元
PSN B-2009-135-1/6

陕西蓝皮书
陕西精准脱贫研究报告（2018）
著(编)者：任宗哲 白宽犁 王建康
2018年4月出版 / 定价：89.00元
PSN B-2017-623-6/6

上海蓝皮书
上海经济发展报告（2018）
著(编)者：沈开艳　2018年2月出版 / 定价：89.00元
PSN B-2006-057-1/7

上海蓝皮书
上海资源环境发展报告（2018）
著(编)者：周冯琦 胡静　2018年2月出版 / 定价：89.00元
PSN B-2006-060-4/7

上海蓝皮书
上海奉贤经济发展分析与研判（2017～2018）
著(编)者：张兆安 朱平芳　2018年3月出版 / 定价：99.00元
PSN B-2018-698-8/8

上饶蓝皮书
上饶发展报告（2016～2017）
著(编)者：廖其志　2018年6月出版 / 估价：128.00元
PSN B-2014-377-1/1

深圳蓝皮书
深圳经济发展报告（2018）
著(编)者：张骁儒　2018年6月出版 / 估价：99.00元
PSN B-2008-112-3/7

四川蓝皮书
四川城镇化发展报告（2018）
著(编)者：侯水平 陈炜　2018年6月出版 / 估价：99.00元
PSN B-2015-456-7/7

四川蓝皮书
2018年四川经济形势分析与预测
著(编)者：杨钢　2018年1月出版 / 定价：158.00元
PSN B-2007-098-2/7

四川蓝皮书
四川企业社会责任研究报告（2017～2018）
著(编)者：侯水平 盛毅　2018年5月出版 / 估价：99.00元
PSN B-2014-386-4/7

四川蓝皮书
四川生态建设报告（2018）
著(编)者：李晟之　2018年5月出版 / 估价：99.00元
PSN B-2015-455-6/7

四川蓝皮书
四川特色小镇发展报告（2017）
著(编)者：吴志强　2017年11月出版 / 定价：89.00元
PSN B-2017-670-8/8

体育蓝皮书
上海体育产业发展报告（2017~2018）
著(编)者：张林 黄海燕
2018年10月出版 / 估价：99.00元
PSN B-2015-454-4/5

体育蓝皮书
长三角地区体育产业发展报（2017～2018）
著(编)者：张林　2018年6月出版 / 估价：99.00元
PSN B-2015-453-3/5

天津金融蓝皮书
天津金融发展报告（2018）
著(编)者：王爱俭 孔德昌
2018年5月出版 / 估价：99.00元
PSN B-2014-418-1/1

图们江区域合作蓝皮书
图们江区域合作发展报告（2018）
著(编)者：李铁　2018年6月出版 / 估价：99.00元
PSN B-2015-464-1/1

温州蓝皮书
2018年温州经济社会形势分析与预测
著(编)者：蒋儒标 王春光 金浩
2018年6月出版 / 估价：99.00元
PSN B-2008-105-1/1

西咸新区蓝皮书
西咸新区发展报告（2018）
著(编)者：李扬 王军
2018年6月出版 / 估价：99.00元
PSN B-2016-534-1/1

修武蓝皮书
修武经济社会发展报告（2018）
著(编)者：张占仓 袁凯声
2018年10月出版 / 估价：99.00元
PSN B-2017-651-1/1

偃师蓝皮书
偃师经济社会发展报告（2018）
著(编)者：张占仓 袁凯声 何武周
2018年7月出版 / 估价：99.00元
PSN B-2017-627-1/1

扬州蓝皮书
扬州经济社会发展报告（2018）
著(编)者：陈扬
2018年12月出版 / 估价：108.00元
PSN B-2011-191-1/1

长垣蓝皮书
长垣经济社会发展报告（2018）
著(编)者：张占仓 袁凯声 秦保建
2018年10月出版 / 估价：99.00元
PSN B-2017-654-1/1

遵义蓝皮书
遵义发展报告（2018）
著(编)者：邓彦 曾征 龚永育
2018年9月出版 / 估价：99.00元
PSN B-2014-433-1/1

地方发展类-社会

安徽蓝皮书
安徽社会发展报告（2018）
著（编）者：程桦　2018年6月出版 / 估价：99.00元
PSN B-2013-325-1/1

安徽社会建设蓝皮书
安徽社会建设分析报告（2017~2018）
著（编）者：黄家海　蔡宪
2018年11月出版 / 估价：99.00元
PSN B-2013-322-1/1

北京蓝皮书
北京公共服务发展报告（2017~2018）
著（编）者：施昌奎　2018年6月出版 / 估价：99.00元
PSN B-2008-103-7/8

北京蓝皮书
北京社会发展报告（2017~2018）
著（编）者：李伟东
2018年7月出版 / 估价：99.00元
PSN B-2006-055-3/8

北京蓝皮书
北京社会治理发展报告（2017~2018）
著（编）者：殷星辰　2018年7月出版 / 估价：99.00元
PSN B-2014-391-8/8

北京律师蓝皮书
北京律师发展报告No.4（2018）
著（编）者：王隽　2018年12月出版 / 估价：99.00元
PSN B-2011-217-1/1

北京人才蓝皮书
北京人才发展报告（2018）
著（编）者：敏华　2018年12月出版 / 估价：128.00元
PSN B-2011-201-1/1

北京社会心态蓝皮书
北京社会心态分析报告（2017~2018）
北京市社会心理服务促进中心
2018年10月出版 / 估价：99.00元
PSN B-2014-422-1/1

北京社会组织管理蓝皮书
北京社会组织发展与管理（2018）
著（编）者：黄江松
2018年6月出版 / 估价：99.00元
PSN B-2015-446-1/1

北京养老产业蓝皮书
北京居家养老发展报告（2018）
著（编）者：陆杰华　周明明
2018年8月出版 / 估价：99.00元
PSN B-2015-465-1/1

法治蓝皮书
四川依法治省年度报告No.4（2018）
著（编）者：李林　杨天宗　田禾
2018年3月出版 / 定价：118.00元
PSN B-2015-447-2/3

福建妇女发展蓝皮书
福建省妇女发展报告（2018）
著（编）者：刘群英　2018年11月出版 / 估价：99.00元
PSN B-2011-220-1/1

甘肃蓝皮书
甘肃社会发展分析与预测（2018）
著（编）者：安文华　谢增虎　包晓霞
2018年1月出版 / 定价：99.00元
PSN B-2013-313-2/6

广东蓝皮书
广东全面深化改革研究报告（2018）
著（编）者：周林生　涂成林
2018年12月出版 / 估价：99.00元
PSN B-2015-504-3/3

广东蓝皮书
广东社会工作发展报告（2018）
著（编）者：罗观翠　2018年6月出版 / 估价：99.00元
PSN B-2014-402-2/3

广州蓝皮书
广州青年发展报告（2018）
著（编）者：徐柳　张强
2018年8月出版 / 估价：99.00元
PSN B-2013-352-13/14

广州蓝皮书
广州社会保障发展报告（2018）
著（编）者：张跃国　2018年8月出版 / 估价：99.00元
PSN B-2014-425-14/14

广州蓝皮书
2018年中国广州社会形势分析与预测
著（编）者：张强　郭志勇　何镜清
2018年6月出版 / 估价：99.00元
PSN B-2008-110-5/14

贵州蓝皮书
贵州法治发展报告（2018）
著（编）者：吴大华　2018年5月出版 / 估价：99.00元
PSN B-2012-254-2/10

贵州蓝皮书
贵州人才发展报告（2017）
著（编）者：于杰　吴大华
2018年9月出版 / 估价：99.00元
PSN B-2014-382-3/10

贵州蓝皮书
贵州社会发展报告（2018）
著（编）者：王兴骥　2018年6月出版 / 估价：99.00元
PSN B-2010-166-1/10

杭州蓝皮书
杭州妇女发展报告（2018）
著（编）者：魏颖
2018年10月出版 / 估价：99.00元
PSN B-2014-403-1/1

河北蓝皮书
河北法治发展报告（2018）
著(编)者：康振海　2018年6月出版 / 估价：99.00元
PSN B-2017-622-3/3

河北食品药品安全蓝皮书
河北食品药品安全研究报告（2018）
著(编)者：丁锦霞
2018年10月出版 / 估价：99.00元
PSN B-2015-473-1/1

河南蓝皮书
河南法治发展报告（2018）
著(编)者：张林海　2018年7月出版 / 估价：99.00元
PSN B-2014-376-6/9

河南蓝皮书
2018年河南社会形势分析与预测
著(编)者：牛苏林　2018年5月出版 / 估价：99.00元
PSN B-2005-043-1/9

河南民办教育蓝皮书
河南民办教育发展报告（2018）
著(编)者：胡大白　2018年9月出版 / 估价：99.00元
PSN B-2017-642-1/1

黑龙江蓝皮书
黑龙江社会发展报告（2018）
著(编)者：王爱丽　2018年1月出版 / 定价：89.00元
PSN B-2011-189-1/2

湖南蓝皮书
2018年湖南两型社会与生态文明建设报告
著(编)者：卞鹰　2018年5月出版 / 估价：128.00元
PSN B-2011-208-3/8

湖南蓝皮书
2018年湖南社会发展报告
著(编)者：卞鹰　2018年5月出版 / 估价：128.00元
PSN B-2014-393-5/8

健康城市蓝皮书
北京健康城市建设研究报告（2018）
著(编)者：王鸿春　盛继洪
2018年9月出版 / 估价：99.00元
PSN B-2015-460-1/2

江苏法治蓝皮书
江苏法治发展报告No.6（2017）
著(编)者：蔡道通　龚廷泰
2018年8月出版 / 估价：99.00元
PSN B-2012-290-1/1

江苏蓝皮书
2018年江苏社会发展分析与展望
著(编)者：王庆五　刘旺洪
2018年8月出版 / 估价：128.00元
PSN B-2017-636-2/3

民族教育蓝皮书
中国民族教育发展报告（2017·内蒙古卷）
著(编)者：陈中永
2017年12月出版 / 定价：198.00元
PSN B-2017-669-1/1

南宁蓝皮书
南宁法治发展报告（2018）
著(编)者：杨维超　2018年12月出版 / 估价：99.00元
PSN B-2015-509-1/3

南宁蓝皮书
南宁社会发展报告（2018）
著(编)者：胡建华　2018年10月出版 / 估价：99.00元
PSN B-2016-570-3/3

内蒙古蓝皮书
内蒙古反腐倡廉建设报告 No.2
著(编)者：张志华　2018年6月出版 / 估价：99.00元
PSN B-2013-365-1/1

青海蓝皮书
2018年青海人才发展报告
著(编)者：王宇燕　2018年9月出版 / 估价：99.00元
PSN B-2017-650-2/2

青海生态文明建设蓝皮书
青海生态文明建设报告（2018）
著(编)者：张西明　高华　2018年12月出版 / 估价：99.00元
PSN B-2016-595-1/1

人口与健康蓝皮书
深圳人口与健康发展报告（2018）
著(编)者：陆杰华　傅崇辉
2018年11月出版 / 估价：99.00元
PSN B-2011-228-1/1

山东蓝皮书
山东社会形势分析与预测（2018）
著(编)者：李善峰　2018年6月出版 / 估价：99.00元
PSN B-2014-405-2/5

陕西蓝皮书
陕西社会发展报告（2018）
著(编)者：任宗哲　白宽犁　牛昉
2018年1月出版 / 估价：89.00元
PSN B-2009-136-2/6

上海蓝皮书
上海法治发展报告（2018）
著(编)者：叶必丰　2018年9月出版 / 估价：99.00元
PSN B-2012-296-6/7

上海蓝皮书
上海社会发展报告（2018）
著(编)者：杨雄　周海旺
2018年2月出版 / 定价：89.00元
PSN B-2006-058-2/7

社会建设蓝皮书
2018年北京社会建设分析报告
著(编)者: 宋贵伦 冯虹　2018年9月出版 / 估价: 99.00元
PSN B-2010-173-1/1

深圳蓝皮书
深圳法治发展报告（2018）
著(编)者: 张骁儒　2018年6月出版 / 估价: 99.00元
PSN B-2015-470-6/7

深圳蓝皮书
深圳劳动关系发展报告（2018）
著(编)者: 汤庭芬　2018年8月出版 / 估价: 99.00元
PSN B-2007-097-2/7

深圳蓝皮书
深圳社会治理与发展报告（2018）
著(编)者: 张骁儒　2018年6月出版 / 估价: 99.00元
PSN B-2008-113-4/7

生态安全绿皮书
甘肃国家生态安全屏障建设发展报告（2018）
著(编)者: 刘举科 喜文华
2018年10月出版 / 估价: 99.00元
PSN G-2017-659-1/1

顺义社会建设蓝皮书
北京市顺义区社会建设发展报告（2018）
著(编)者: 王学武　2018年9月出版 / 估价: 99.00元
PSN B-2017-658-1/1

四川蓝皮书
四川法治发展报告（2018）
著(编)者: 郑泰安　2018年6月出版 / 估价: 99.00元
PSN B-2015-441-5/7

四川蓝皮书
四川社会发展报告（2018）
著(编)者: 李羚　2018年6月出版 / 估价: 99.00元
PSN B-2008-127-3/7

四川社会工作与管理蓝皮书
四川省社会工作人力资源发展报告（2017）
著(编)者: 边慧敏　2017年12月出版 / 定价: 89.00元
PSN B-2017-683-1/1

云南社会治理蓝皮书
云南社会治理年度报告（2017）
著(编)者: 晏雄 韩全芳
2018年5月出版 / 估价: 99.00元
PSN B-2017-667-1/1

地方发展类-文化

北京传媒蓝皮书
北京新闻出版广电发展报告（2017~2018）
著(编)者: 王志　2018年11月出版 / 估价: 99.00元
PSN B-2016-588-1/1

北京蓝皮书
北京文化发展报告（2017~2018）
著(编)者: 李建盛　2018年5月出版 / 估价: 99.00元
PSN B-2007-082-4/8

创意城市蓝皮书
北京文化创意产业发展报告（2018）
著(编)者: 郭万超 张京成　2018年12月出版 / 估价: 99.00元
PSN B-2012-263-1/7

创意城市蓝皮书
天津文化创意产业发展报告（2017~2018）
著(编)者: 谢思全　2018年6月出版 / 估价: 99.00元
PSN B-2016-536-7/7

创意城市蓝皮书
武汉文化创意产业发展报告（2018）
著(编)者: 黄永林 陈汉桥　2018年12月出版 / 估价: 99.00元
PSN B-2013-354-4/7

创意上海蓝皮书
上海文化创意产业发展报告（2017~2018）
著(编)者: 王慧敏 王兴全　2018年8月出版 / 估价: 99.00元
PSN B-2016-561-1/1

非物质文化遗产蓝皮书
广州市非物质文化遗产保护发展报告（2018）
著(编)者: 宋俊华　2018年12月出版 / 估价: 99.00元
PSN B-2016-589-1/1

甘肃蓝皮书
甘肃文化发展分析与预测（2018）
著(编)者: 马廷旭 戚晓萍　2018年1月出版 / 定价: 99.00元
PSN B-2013-314-3/6

甘肃蓝皮书
甘肃舆情分析与预测（2018）
著(编)者: 王俊莲 张谦元　2018年1月出版 / 定价: 99.00元
PSN B-2013-315-4/6

广州蓝皮书
中国广州文化发展报告（2018）
著(编)者: 屈哨兵 陆志强　2018年6月出版 / 估价: 99.00元
PSN B-2009-134-7/14

广州蓝皮书
广州文化创意产业发展报告（2018）
著(编)者: 徐咏虹　2018年7月出版 / 估价: 99.00元
PSN B-2008-111-6/14

海淀蓝皮书
海淀区文化和科技融合发展报告（2018）
著(编)者: 陈名杰 孟景伟　2018年5月出版 / 估价: 99.00元
PSN B-2013-329-1/1

河南蓝皮书
河南文化发展报告（2018）
著(编)者：卫绍生　2018年7月出版 / 估价：99.00元
PSN B-2008-106-2/9

湖北文化产业蓝皮书
湖北省文化产业发展报告（2018）
著(编)者：黄晓华　2018年9月出版 / 估价：99.00元
PSN B-2017-656-1/1

湖北文化蓝皮书
湖北文化发展报告（2017~2018）
著(编)者：湖北大学高等人文研究院
　　　　　中华文化发展湖北省协同创新中心
2018年10月出版 / 估价：99.00元
PSN B-2016-566-1/1

江苏蓝皮书
2018年江苏文化发展分析与展望
著(编)者：王庆五 樊和平　2018年9月出版 / 估价：128.00元
PSN B-2017-637-3/3

江西文化蓝皮书
江西非物质文化遗产发展报告（2018）
著(编)者：张圣才 傅安平　2018年12月出版 / 估价：128.00元
PSN B-2015-499-1/1

洛阳蓝皮书
洛阳文化发展报告（2018）
著(编)者：刘福兴 陈启明　2018年7月出版 / 估价：99.00元
PSN B-2015-476-1/1

南京蓝皮书
南京文化发展报告（2018）
著(编)者：中共南京市委宣传部
2018年12月出版 / 估价：99.00元
PSN B-2014-439-1/1

宁波文化蓝皮书
宁波"一人一艺"全民艺术普及发展报告（2017）
著(编)者：张爱琴　2018年11月出版 / 估价：128.00元
PSN B-2017-668-1/1

山东蓝皮书
山东文化发展报告（2018）
著(编)者：涂可国　2018年5月出版 / 估价：99.00元
PSN B-2014-406-3/5

陕西蓝皮书
陕西文化发展报告（2018）
著(编)者：任宗哲 白宽犁 王长寿
2018年1月出版 / 定价：89.00元
PSN B-2009-137-3/6

上海蓝皮书
上海传媒发展报告（2018）
著(编)者：强荧 焦雨虹　2018年2月出版 / 定价：89.00元
PSN B-2012-295-5/7

上海蓝皮书
上海文学发展报告（2018）
著(编)者：陈圣来　2018年6月出版 / 估价：99.00元
PSN B-2012-297-7/7

上海蓝皮书
上海文化发展报告（2018）
著(编)者：荣跃明　2018年6月出版 / 估价：99.00元
PSN B-2006-059-3/7

深圳蓝皮书
深圳文化发展报告（2018）
著(编)者：张骁儒　2018年7月出版 / 估价：99.00元
PSN B-2016-554-7/7

四川蓝皮书
四川文化产业发展报告（2018）
著(编)者：向宝云 张立伟　2018年6月出版 / 估价：99.00元
PSN B-2006-074-1/7

郑州蓝皮书
2018年郑州文化发展报告
著(编)者：王哲　2018年9月出版 / 估价：99.00元
PSN B-2008-107-1/1

✦ 皮书起源 ✦

"皮书"起源于十七、十八世纪的英国，主要指官方或社会组织正式发表的重要文件或报告，多以"白皮书"命名。在中国，"皮书"这一概念被社会广泛接受，并被成功运作、发展成为一种全新的出版形态，则源于中国社会科学院社会科学文献出版社。

✦ 皮书定义 ✦

皮书是对中国与世界发展状况和热点问题进行年度监测，以专业的角度、专家的视野和实证研究方法，针对某一领域或区域现状与发展态势展开分析和预测，具备原创性、实证性、专业性、连续性、前沿性、时效性等特点的公开出版物，由一系列权威研究报告组成。

✦ 皮书作者 ✦

皮书系列的作者以中国社会科学院、著名高校、地方社会科学院的研究人员为主，多为国内一流研究机构的权威专家学者，他们的看法和观点代表了学界对中国与世界的现实和未来最高水平的解读与分析。

✦ 皮书荣誉 ✦

皮书系列已成为社会科学文献出版社的著名图书品牌和中国社会科学院的知名学术品牌。2016年，皮书系列正式列入"十三五"国家重点出版规划项目；2013~2018年，重点皮书列入中国社会科学院承担的国家哲学社会科学创新工程项目；2018年，59种院外皮书使用"中国社会科学院创新工程学术出版项目"标识。

中国皮书网

（网址：www.pishu.cn）

发布皮书研创资讯，传播皮书精彩内容
引领皮书出版潮流，打造皮书服务平台

栏目设置

关于皮书：何谓皮书、皮书分类、皮书大事记、皮书荣誉、
　　　　　皮书出版第一人、皮书编辑部

最新资讯：通知公告、新闻动态、媒体聚焦、网站专题、视频直播、下载专区

皮书研创：皮书规范、皮书选题、皮书出版、皮书研究、研创团队

皮书评奖评价：指标体系、皮书评价、皮书评奖

互动专区：皮书说、社科数托邦、皮书微博、留言板

所获荣誉

　　2008年、2011年，中国皮书网均在全国新闻出版业网站荣誉评选中获得"最具商业价值网站"称号；

　　2012年，获得"出版业网站百强"称号。

网库合一

　　2014年，中国皮书网与皮书数据库端口合一，实现资源共享。

权威报告·一手数据·特色资源

皮书数据库
ANNUAL REPORT(YEARBOOK)
DATABASE

当代中国经济与社会发展高端智库平台

所获荣誉

● 2016年，入选"'十三五'国家重点电子出版物出版规划骨干工程"

● 2015年，荣获"搜索中国正能量 点赞2015""创新中国科技创新奖"

● 2013年，荣获"中国出版政府奖·网络出版物奖"提名奖

● 连续多年荣获中国数字出版博览会"数字出版·优秀品牌"奖

成为会员

通过网址www.pishu.com.cn或使用手机扫描二维码进入皮书数据库网站，进行手机号码验证或邮箱验证即可成为皮书数据库会员（建议通过手机号码快速验证注册）。

会员福利

● 使用手机号码首次注册的会员，账号自动充值100元体验金，可直接购买和查看数据库内容（仅限使用手机号码快速注册）。

● 已注册用户购书后可免费获赠100元皮书数据库充值卡。刮开充值卡涂层获取充值密码，登录并进入"会员中心"—"在线充值"—"充值卡充值"，充值成功后即可购买和查看数据库内容。

数据库服务热线：400-008-6695
数据库服务QQ：2475522410
数据库服务邮箱：database@ssap.cn

图书销售热线：010-59367070/7028
图书服务QQ：1265056568
图书服务邮箱：duzhe@ssap.cn

Abstract

Annual Research Report on Cross-Strait Creative Economy (2018) consists of five parts: General Report, Digital Creativity, Creative Countryside, Film and Television Entertainment, and Hot Topic. Digital Creativity presents an in-depth analysis on the development status of China's network homemade drama, network literature, network videos, network comics, Internet advertising, VR/AR industry, digital publishing, new media industry, and among others in 2017. It also focuses on the key issues of the digital creative field such as the platform mode of the Internet cultural industry and the industrial chain of artificial intelligence. Creative Countryside puts emphasis on such hot topics as the practice of creative agriculture in China, the path of integration between culture and tourism under the goals of rural vitalization, and the cultural space and community building in constructing characteristic towns. Both the Development Report of Rural Tourism in China and the Development Report of Leisure Agriculture in Taiwan contain comprehensive discussions on the development of rural tourism in China and of leisure agriculture in Taiwan, respectively, in 2017. The research on Film and TV Entertainment is of high academic value and practical guiding significance to the operational models of Cross-Strait film and TV industrial parks. The Development Report of Music and Performing Arts Industry in China, the Development Report of Pop Music Industry in Taiwan and the Development Report of Film Industry in China provide an in-depth analysis on the development status of Cross-Strait film and music industry in 2017. Hot Topic focuses on China's portrait photography industry, Taiwan's conference and exhibition industry, the application of perceptual design thinking to industrial design, media evolution and new ecology of popular culture creativity, and the intellectual property protection of network audio-visual program platform, and other hot issues.

The Report points out that the key industries and new businesses of China's

creative industries continued to give priority to development in 2017. Data shows that the scale of China's digital economy reached 27. 2 trillion yuan in 2017, an increase of 20. 3% over the same period the year before, accounting for 32. 9% of GDP share. At the same time, cultural tourism industry showed rapid development in the transformation and upgrading with a total tourism revenue of 5. 4 trillion yuan, an increase of 15. 1% over 2016. This figure represents a comprehensive contribution of 9. 13 trillion yuan, accounting for 11. 04% of the country's total GDP. Performing arts, film and television industry, art trade, exhibition advertising, games and E-sports were also performing well. Pay-for-knowledge, digital reading, music social-networking, sharing economy, human-machine cooperation, and among other hot spots appeared frequently in the field of creative economy. In 2017, the added value of cultural and related industries in China was 3546. 2 billion yuan, accounting for 4. 29% of GDP, an increase of 0. 15% as compared to 4. 14% in 2016, and continuing to emerge as the pillar industry of the national economy.

According to the Report, people's needs and yearning for a better life in the new era will bring constant stimulation to the cultural consumption and will promote the cultural and creative industries to become a new driver for stable economic growth in China. In the upcoming years, the new positioning and direction of China's cultural economy development will encourage full integration between the cultural and creative industries and tourism. AI, which is on the rise, will exert a substantial effect on the cultural and creative industries. "AI + the cultural and creative industries" is going to become a new trend.

Annual Research Report on Cross-Strait Creative Economy (2018) is jointly compiled by Xiamen University of Technology, Culture Industry Research Center of Fujian Provincial Social Sciences Research Base, The Academy of Cross-Strait Cultural Creativity of Fujian Colleges and Universities New Characteristic Think Tank, and Cross-Strait Creative Economy Research Center of Fujian Education Department Research Base of Humanities and Social Sciences.

目　录

皮书数据库阅读**使用指南**

CONTENTS

I General Report

II Digital Creativity

Ⅲ   Creative Countryside

IV Film and Television Entertainment

V Hot Topic

总 报 告

General Report

B.1

数字创意产业凸显优势
文化旅游融合开辟新局

罗昌智*

摘　要：　2017 年，我国创意产业重点业态、新业态继续保持优先发
展。数字产业领跑技术进步和产业创新，数字经济成为国家
经济增长新动力。数据显示，2017 年我国数字经济规模达到
27.2 万亿元，同比增长 20.3%，占 GDP 的比重达到 32.9%。
同时，文化旅游产业在转型升级中得以快速发展，全年实现
旅游总收入 5.40 万亿元，增长 15.1%，对 GDP 综合贡献为
9.13 万亿元，占 GDP 总量的 11.04%。文化演艺、影视、艺
术品交易、会展广告、游戏与电子竞技等业态亦表现不俗。

* 罗昌智，文学博士，教授，厦门理工学院文化产业与旅游学院院长，福建省社会科学研究基
地文化产业研究中心主任，福建省高校特色新型智库两岸文创研究院负责人，福建省高校人
文社科研究基地两岸创意经济研究中心主任，主要研究方向为文化资源、创意经济。

知识付费、数字阅读、音乐社交、共享经济、人机协同等创意经济领域热点频现。2017 年，我国文化及相关产业增加值为 35462 亿元，占 GDP 的 4.29%，比 2016 年占比 4.14% 增加 0.15 个百分点，逐步发展为国民经济支柱性产业。未来几年，数字文化产业将持续保持快速增长势头，文化创意产业与旅游业深度融合是大势所趋，人工智能 + 文化创意产业将是我国创意经济发展的又一片蓝海。

关键词： 新时代　创意产业　数字经济　文化旅游

2017 年，我国创意产业继续保持快速增长势头，整体规模实力特别是文化核心领域竞争力影响力进一步提升。全年文化及相关产业增加值为 35462 亿元，占 GDP 的 4.29%，比 2016 年占比 4.14% 增加 0.15 个百分点，逐步成为国民经济支柱性产业。[①] 新时代背景下，人民对美好生活的期待与需要不断激活文化消费，促进文化创意产业重点业态、新业态持续保持增长。尤其是数字产业，成为推动技术进步、产业创新的重要力量，数字经济正成为国家经济稳定增长的新动力。未来几年，促进文化与相关领域深度融合，尤其是加快推进文化创意产业与旅游业深度融合，将是我国创意经济发展的新定位与新走向。方兴未艾的人工智能，将持续对文化创意产业产生重大影响，人工智能 + 文化创意产业将成为新趋势。

一　文化创意产业发展新战略与新布局

党的十八大以来，我国文化创意产业在国家战略导引下快速发展。尤其是在国家全面推进文化体制改革、进一步优化文化创意产业发展环境的背景

---

① 张玉玲：《2017 年中国文化产业最新"成绩单"》，《光明日报》2018 年 5 月 30 日。

下，文化创意产业在模式上有了新的探索，在路径上有了新的方向，对经济增长的贡献显著提升。这与国家文化发展战略、"十三五"规划对文化创意产业的全面布局密不可分。

（一）"十三五"规划指导下文化创意产业新布局

在《国民经济和社会发展"十三五"规划纲要》指导下，2017 年 4 月，文化部发布《"十三五"时期文化产业发展规划》，明确了"十三五"时期我国文化产业发展的总体要求、主要任务、重点行业和保障措施。接着，文化部又发布了《"十三五"时期文化科技创新规划》，提出了建设文化科技创新体系的基本思路。5 月，国务院办公厅颁发《国家"十三五"时期文化发展改革规划纲要》，提出要在"十三五"末期把文化创意产业打造成国民经济支柱性产业，必须加快文化体制机制改革创新，尤其是加大供给侧结构性改革力度，进一步提升公共文化消费供给水平。为此，文化部、财政部共同发布《关于开展引导城乡居民扩大文化消费试点工作的通知》予以积极引导，并先后分两次确定了 45 个国家文化消费试点城市，旨在发挥典型示范和辐射作用，全面促进文化消费优化与增长。截至 2017 年底，45 个试点城市累计参与人次超过 3 亿，拉动文化消费规模超过 900 亿元。全国154 家文物试点单位文创产品全年经营收入近 15 亿元，同比增长 20%。[1]

2016 年底，《"十三五"国家战略性新兴产业发展规划》明确了信息技术、高端制造、生物、绿色低碳、数字创意等五个新兴产业的发展目标，提出要"以数字技术和先进理念推动文化创意与创新设计等产业加快发展，促进文化科技深度融合、相关产业相互渗透。到 2020 年，形成文化引领、技术先进、链条完整的数字创意产业发展格局，相关行业产值规模达到 8 万亿元"。[2] 2017 年 4 月，文化部《关于推动数字文化产业创新发展的指导意

---

[1] 《中华人民共和国文化和旅游部 2017 年文化发展统计公报》，中国经济网，2018 年 6 月 1 日。
[2] 《"十三五"国家战略性新兴产业发展规划》，中华人民共和国中央人民政府网，2016 年 12 月 19 日。

见》也提出"以文化创意内容为核心，依托数字技术进行创作、生产、传播和服务，呈现技术更迭快、生产数字化、传播网络化、消费个性化等特点，有利于培育新供给，促进新消费"的明确要求。[1] 数字创意产业国家战略性新兴产业地位的确立，对促进数字创意产业突飞猛进发展意义重大。

同时，国家积极推进文化产业示范园区的创建和管理，公布了第一批共10家国家级文化产业示范园区创建单位名单，并完成了对现有国家级文化产业园区的专项检查。截至2017年底，全国共有1个国家文化产业创新实验区、1个国家动漫产业园、10个国家级文化产业示范园区、10个国家级文化产业试验园区和335个国家文化产业示范基地。[2]

党的十九大报告对文化体制和文化创意产业又提出了新的发展要求："健全现代文化产业体系和市场体系，创新生产经营机制，完善文化经济政策，培育新型文化业态。"[3] 加强文化体制改革、完善文化产业政策、培育新型文化业态、打造现代文化产业体系是未来我国文化产业发展面临的重要任务。

（二）"走出去"战略推动文化贸易实现市场互利双赢

文化"走出去"是国家文化发展战略的重要步骤。2017年1月，《文化部"一带一路"文化发展行动计划（2016～2020年）》公布。该行动计划提出："建立和完善文化创意产业国际合作机制，加快国内'丝绸之路文化产业带'建设。以文化旅游、演艺娱乐、工艺美术、创意设计、数字文化为重点领域，支持'一带一路'沿线地区根据地域特色和民族特点实施特色文化产业项目，加强与'一带一路'国家在文化资源数字化保护与开发中的合作，积极利用'一带一路'文化交流合作平台推介文化创意产品，

---

[1]　文化部：《关于推动数字文化产业创新发展的指导意见》，2017年4月。

[2]　《中华人民共和国文化和旅游部2017年文化发展统计公报》，《经济日报》2018年6月1日。

[3]　习近平：《决胜全面建成小康社会，夺取新时代中国特色社会主义伟大胜利——在中国共产党第十九次全国代表大会上的报告》，中国共产党新闻网，2017年10月28日。

推动动漫游戏产业面向'一带一路'国家发展。"随着"一带一路"建设的加快,我国文化贸易发展迎来黄金时代。2016年,我国文化产品进出口总额为885.2亿美元,其中出口786.6亿美元,实现顺差688亿美元。2017年,我国文化产品和服务进出口总额1265.1亿美元,同比增长11.1%。其中,文化产品进出口总额971.2亿美元,同比增长10.2%;文化服务进出口总额293.9亿美元,同比增长14.4%。文化产品出口881.9亿美元,同比增长12.4%;文化产品进口89.3亿美元,同比下降7.6%。顺差792.6亿美元,规模较2016年同期扩大15.2%。文化服务进口232.2亿美元,同比增长20.5%。文化服务出口61.7亿美元,其中,文化和娱乐服务、研发成果使用费、视听及相关产品许可费等三项核心服务产品出口15.4亿美元,同比增长25%。文化服务出口在结构上明显优化。[1] 这表明我国文化贸易"走出去"步伐不断加快,我国文化企业正逐步扩大全球影响力和竞争力,在推动文化贸易主体地位的过程中正逐步实现国内、国外市场互利双赢。

(三)"乡村振兴战略"助推农业农村新产业新业态发展

随着我国经济发展水平和城乡居民收入不断提高,文化消费、旅游消费日益成为经济发展新的增长点。文化旅游作为一项具有潜力的智慧产业成为朝阳产业。2017年3月,国家旅游局印发《"十三五"全国旅游公共服务规划》,借此推动全国旅游公共服务发展;国家发改委等相关部门制定了《"十三五"时期文化旅游提升工程实施方案》,推动我国文化繁荣发展和旅游业提档升级。2018年2月,《中共中央国务院关于实施乡村振兴战略的意见》颁布,这是改革开放40年来第20个指导"三农"工作的中央一号文件。该文件以经济、生态、文化、政治、社会"五位一体"总布局为支撑,在对今后3年,乃至2035年以及2050年乡村振兴进行全面部署的同时,也对农业农村新产业新业态诉求下,以乡村旅游、创意农业为核心的文化创意产业发展提出了新思路和新目标。

---

[1] 《商务部通报2017年我国对外文化贸易情况》,《中经文化产业》2018年2月8日。

"乡村振兴战略"是党的十九大报告确立的七大战略之一。中央明确提出，乡村振兴，就是要坚持农业农村优先发展，按照"产业兴旺、生态宜居、乡风文明、治理有效、生活富裕"的总要求，"建立健全城乡融合发展体制机制和政策体系，加快推进农业农村现代化"。同时，党的十九大报告还明确强调："要构建现代农业产业体系、生产体系、经营体系，完善农业支持保护制度，发展多种形式适度规模经营，促进农村一二三产业融合发展。"要支持和鼓励农民就业创业，积极拓宽农民增收渠道。如今，"互联网+"、休闲观光旅游等新产业、新业态，正在乡村处处开花、树树新花、活力喷发。据农业部最新统计，2017 年，"互联网+"相关产业增加值占到农业增加值的 14%，乡村旅游产业占到 8.9%，新产业、新业态对农业农村社会总产值的贡献率超过 20%。①

（四）"美好生活"新期待促进文化消费继续较快增长

党的十九大做出了"我国社会主要矛盾已经转化为人民日益增长的美好生活需要和不平衡不充分的发展之间的矛盾"重大论断，美好生活也成为全民热议话题。在新时代背景下，人民对美好生活的期待与需要，不断激活文化消费，促进文化创意产业重点业态、新业态持续保持稳定增长。

据国家发改委《2017 年中国居民消费发展报告》数据，2017 年，全国居民人均可支配收入 25974 元，实际增长 7.3%，高于经济增长速度。2017 中国文化消费指数表明，我国文化消费综合指数持续增长，由 2013 年的 73.7 增至 2017 年的 81.6，年平均增长 2.6%。② 统计数据显示，2017 年，全国 5.5 万家规模以上的文化及相关企业实现营业收入 91950 亿元，比上年增长 10.8%，增速提高 3.3 个百分点。其中，以"互联网+"为主要形式的文化信息传输服务业营业收入 7990 亿元，增长 34.6%；文化艺术服务业

---

① 《中央一号文件公布，乡村产业要兴旺》，中国新闻网，2018 年 2 月 4 日。
② 《研究机构发布"2017 中国文化消费指数"》，中国新闻网，2018 年 1 月 19 日。

434 亿元，增长 17.1%；文化休闲娱乐服务业 1545 亿元，增长 14.7%；文化用品生产 33665 亿元，增长 11.4%。[1]

文化和旅游部《2017 年文化发展统计公报》数据显示，截至 2017 年末，全国共有艺术表演团体 15752 个，比上年增加 3451 个，从业人员 40.32 万人，增加 7.03 万人；全年全国艺术表演团体共演出 293.77 万场，比上年增长 27.4%，国内观众 12.49 亿人次，比上年增长 5.7%；全年全国艺术表演团体共组织政府采购公益演出 16.07 万场，观众 1.32 亿人次，分别比上年增长 12.9% 和 10.2%；全国共有艺术表演场馆 2455 个，比上年末增加 170 个；全国群众文化机构共有馆办文艺团体 8241 个，演出 15.82 万场，观众 8229 万人次。[2] 2017 年，演出市场票房达 138 亿元，同比增长 9%。其中旅游演艺与演唱会高速增长，儿童剧市场最大，话剧市场收入最高。[3]

截至 2017 年底，全国新增银幕 9597 块，银幕总数已达到 50776 块。[4] 全年上映影片数量 536 部，其中国产影片数量 429 部，占 80.04%，进口数量 107 部，占 19.96%。新上映影片票房破亿元的共有 95 部，其中国产片 54 部，进口片 41 部，破亿元影片的票房总和占年度总票房的比重高达 92%，其余 441 部影片共同创造剩余票房。[5] 2017 年全年总票房达到 559.11 亿元，其中国产片票房为 301.04 亿元，占 53.84%，进口片票房为 258.07 亿元，占 46.16%。

《2018 中国电视剧产业发展报告》数据显示，2017 年，国内生产完成并获准发行国产电视剧 313 部，共计 13475 集。全年新增网络剧 295 部，且高口碑网络剧频频出现。2017 年上半年全网视频点击总量为 6317.3 亿次，其中电视剧类点击量达到 4232.6 亿次，占近 70%。2017 年，电视台高收视

① 张翼：《2017 年文化产业保持较快增长》，《光明日报》2018 年 2 月 1 日。
② 《2017 年文化发展统计公报》，文化和旅游部官网，2018 年 5 月 31 日。
③ 道略演艺产业研究中心：《中国演艺产业六大趋势》，2018 年 5 月 31 日。
④ 刘正山：《2017 年中国电影市场回顾》，《中国电影市场》2018 年 1 月 2 日。
⑤ 猫眼电影：《2017 中国电影市场数据观察》，搜狐网，2017 年 12 月 30 日。

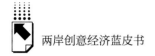

率和网络高播放量作品出现高度重合，如《人民的名义》《那年花开月正圆》《因为遇见你》《我的前半生》等多部电视剧在不同端口走红，代表优质剧作正在打破媒介屏障和观众收看群体限制。①

2017 年，中国展览业市场规模稳中有升，从高速增长步入高质量发展轨道，展览业规模继续稳居全球首位。数据显示，2017 年，国内举办的展览总数为 10358 场，展览总面积为 14285 万平方米，较 2016 年分别增长 4.7% 和 9.3%，全年净增展览 466 场，净增展览总面积 1210 万平方米。其中在专业展览场馆举办各类展览共 5604 场，展览总面积达 10642 万平方米，分别较 2016 年增长 1% 和 12.3%。2017 年，全国展览会营业收入达 872 亿元；展览行业利润率总体水平达 21.6%，较 2016 年提升 9.7 个百分点；成本费用利润率为 25.3%，同比提高 12.8 个百分点。②《2018 中国会展业年度发展报告》数据显示，2017 年全国共举办 50 人以上专业会议约 110 万场，万人以上节庆活动约 12 万场，出国境展览面积 84.98 万平方米，提供社会就业岗位 1990 万人次，直接产值约 5991 亿元，综合贡献为：增加 GDP 约 5.1 万亿元，约占国内生产总值的 6.2%，约占全国第三产业产值的 12%，对社会经济拉动作用相应加大。③

国家工商行政管理总局公布的最新数据显示：2017 年，中国广告经营额为 6896.41 亿元，占国内生产总值的 0.84%，较上年小幅增长 6.28%，与同期 GDP 6.9% 的增长基本持平。最新数据显示：2017 年，中国广告行业经营单位首次突破百万户大关，达到 112.3059 万户，较上年增长 28.33%。数据还显示，广告行业从业人员的规模达到 438.1795 万人，较上年增长 12.34%。值得关注的是，继 2016 年一举超过电视、广播电台、报社、期刊社四大传统媒体广告经营额总和后，2017 年，中国互联网广告继续承担起全面拉升中国广告行业的重任。来自互动广告实验室的最新数据显

---

① 王筱丽：《2018 电视剧产业发展报告发布，总产量在减少是好现象》，《文汇报》2018 年 4 月 18 日。
② 中华人民共和国商务部：《中国展览业发展统计分析报告（2017）》，2018 年 5 月。
③ 《2018 中国会展业年度发展报告》，新华网，2018 年 5 月 12 日。

示，2017 年，中国互联网广告经营额合计为 2975.15 亿元，比上年增长 29.06%。①

二　数字经济成为国家经济稳定增长新动力

"互联网＋"战略实施三年来，以互联网融合创新为核心的新技术、新业态层出不穷。截至 2017 年 12 月，我国网民 7.72 亿，互联网普及率为 55.8%，手机网民 7.53 亿，其中使用手机上网人群占 97.5%。共享经济规模 3.5 万亿元，移动支付规模超过 158 万亿元。数字产品、服务、模式迭代极快，拉动数字经济快速增长。统计数据显示，2017 年，我国数字经济规模达 27.2 万亿元，同比增长 20.3%，占 GDP 比重达 32.9%。数字经济规模位居全球第二。② 数字经济已然成为国家经济稳定增长的新动力，成为推动技术进步、产业创新的重要力量。

（一）数字经济成为驱动经济转型升级重要引擎

在世界经济加速向以网络信息技术产业为重要内容的经济活动发生转变的大背景下，十九大报告首次明确提出"数字中国"的重大发展战略。以云计算、大数据、移动互联为代表的数字技术应用不再局限于经济领域，而是广泛渗透进入公共服务、社会发展、人民生活的方方面面。研究表明："数字化程度每提高 10%，人均 GDP 增长 0.5% 至 0.62%。"③ 在全球经济乏力、增长趋缓态势下，数字经济被视为推动经济变革、效率变革和动力变革的加速器，成为撬动经济发展的新杠杆。

2017 年，"互联网＋"指数总和为 348.69 点，较 2016 年增长 126.16 点。全国数字产业指数总和达到 479.65 点，较 2016 年增长 175.50 点，增

---

① 《2017 年中国广告经营额攀升至 6896 亿元》，《现代广告》2018 年第 7 期。
② 国家互联网信息办公室：《数字中国建设发展报告（2017）》，2018 年 4 月。
③ 王萌、卢泽华：《数字经济规模位居全球第二，中国迈向数字大国！》，《人民日报》（海外版）2018 年 4 月 27 日。

速达到 36.59%。① 其中，核心产业与重点业态得到高质量发展。电子信息制造业、软件和信息服务业、通信业持续快速发展，2017 年信息产业收入达 22.1 万亿元，同比增长 14.5%。智能电视产量 9666 万台，同比增长 3.8%。工业机器人产量 13 万台（套），同比增长 81.0%。民用无人机产量 290 万架，同比增长 67.0%。软件业务收入 5.5 万亿元，同比增长 13.9%。随着分享经济、信息消费蓬勃发展，新产品、新服务、新业态大量涌现，我国居民消费结构不断升级。2017 年，我国信息消费规模提升至 4.5 万亿元，同比增长 15.4%，为同期最终消费增速的 2 倍左右，占最终消费的比重达 10%，对 GDP 增长贡献超过 0.4%。电子商务保持迅猛发展，成为拉动消费需求、发展现代服务业的重要引擎。网络零售额达 71751 亿元，同比增长 32.2%。移动支付逐步实现全场景消费，移动支付交易规模超过 200 万亿元，居全球第一。②

《中国数字经济发展和就业白皮书（2018）》指出，数字产业成为拉动我国就业增长重要动力。初步测算表明，2017 年，我国数字经济领域就业人数达 1.71 亿人，占当年总就业人数的 22.1%，同比提升 2.5%。其中，信息通信产业部分就业人数达到 1175 万人，同比增长 11.0%，数字经济融合部分就业人数达到 1.6 亿人，同比增长 13.1%，传统产业数字化转型已成为我国吸纳就业的重要渠道。③

（二）"互联网＋科技"不断引爆数字经济新热点

《2017 中国数字消费者研究》指出，未来几年，中国数字消费者行为演变为五大趋势：线上线下相融合的全渠道购物成为主流消费方式；消费者期待随时随地随性地进行"场景触发式购物"；嵌入 B2C 电商、以社交媒体为中心的消费者互动；超出标准产品和常规服务的需求不断增加；数据驱动的

---

① 腾讯研究院：《2018 中国"互联网＋"指数报告》，搜狐网，2018 年 4 月 12 日。
② 腾讯研究院：《2018 中国"互联网＋"指数报告》，搜狐网，2018 年 4 月 12 日。
③ 中国信息通信研究院：《中国数字经济发展与就业白皮书（2018）》，央广网，2018 年 4 月。

深度个性化。① 我国数字消费者行为的演变，将积极促进以生活信息服务为内容的数字产业加速发展，数字经济新热点将不断引爆。2017 年，知识付费、数字阅读、音乐社交、共享经济、人机协同、《中国有嘻哈》、《王者荣耀》等热词的出现，正是创意产业发展的缩影。创意产业不断创造出新的文化消费增长点，满足人民对美好生活的新期待。

据《中国网络版权产业发展报告（2018）》，2017 年，我国网络版权产业市场规模达 6364.5 亿元，较 2016 年增长 27.2%。其中，中国网络版权产业用户付费规模为 3184 亿元，占总规模比重突破 50%。报告显示，网络版权产业各个细分领域，用户规模和市场增长都有不错的表现，充满了创新与活力。在用户体量增长和会员精细运营的双重拉动下，2017 年，中国网络视频用户付费市场规模为 218 亿元，同比增长接近翻番，预计未来两年仍会保持超 60% 的高速增长。②

在用户付费意愿提升和 IP 改编变现推动下，2017 年，我国数字阅读作者数量达到 780 万人，同比增长 30.2%。数字阅读用户规模达 3.78 亿人，同比增长 17.37%；有声阅读用户规模为 2.3 亿人，同比增长 9.25%。数字阅读用户规模的逐步扩大，使当今世界进入一个数字化阅读的新时代。数据显示，2017 年，数字阅读订阅收入同比增长 2.7%，在总规模中占 88.5%。与此同时，电子阅读器收入同比提高 3.7 倍，主要得益于咪咕的 kindle、掌阅的 iReader 等电子阅读器的多元创新。有声书知识付费崛起，带动数字阅读市场增长。2017 年，以音频为主要传播载体的知识付费服务发展迅猛，成为行业新的增长亮点，与传统的音频类节目、有声书一起推动了数字阅读的创新性发展，其市场规模达到 4.6 亿元。③

根据 IFPI 国际唱片协会《2018 全球音乐报告》统计，中国内地已成为

---

① 麦肯锡：《2017 中国数字消费者研究》，2017 年 6 月 27 日。
② 国家版权局网络版权产业研究基地：《中国网络版权产业发展报告（2018）》，光明网，2018 年 4 月 25 日。
③ 《2017 数字阅读白皮书发布，152 亿规模你贡献了多少》，《出版商务周报》2018 年 4 月 13 日。

全球第十大音乐市场。2017 年，中国音乐市场收益大涨 35.3%，成为全球增长速度最快的音乐市场之一。① 2017 年，中国网络音乐市场规模（不含电信音乐增值业务）已达到 175 亿元，同比增长 22%。"音乐 + 社交""K 歌 + 移动互联网"的模式更好地满足了用户的情感需要，备受市场认可。② 据第 41 次《中国互联网络发展状况统计报告》，截至 2017 年 12 月，我国网络音乐用户规模达 5.48 亿，占全体网民的 71.0%，较 2016 年增加 4496 万，年增长 8.9%。手机网络音乐用户规模达到 5.12 亿，较上年底增加 4381 万，占手机网民的 68.0%。而音乐与社交的融合为我国音乐产业的发展开辟了一条新的发展方向，QQ 音乐、虾米音乐、网易云音乐等 APP 已将音乐和社交高度整合，社交叠加让人轻松的音乐已成为用户喜爱的新社交方式。③

2017 年，全球游戏市场收入规模近 1160 亿美元（不含游戏、游艺机），中国游戏收入规模同比增长 19.9%，游戏市场实际销售收入达到 2036.1 亿元，同比增长 23.0%。2017 年，中国网络游戏市场规模达 2355 亿元，同比增长 32%，其中自主研发的网络游戏市场实际销售收入达到 1386.1 亿元，占到整体市场销售收入的 68%。游戏市场中，移动游戏占 57.0%，占比最大；客户端游戏市场占 31.9%；而网页游戏占 7.6%，家庭游戏机游戏市场占 0.7%，单机游戏仅占 0.1%。数据显示，我国网民中有七成以上是游戏玩家，超过 5 亿人，人均年度游戏消费超过 900 元。④ 2017 年游戏行业"网红"非《王者荣耀》莫属，这款手机游戏一经推出就稳坐游戏 APP 榜单榜首，创下月流水 30 亿元的收入奇迹。同时，《王者荣耀》还不断在不同领域拓展自己的 IP 文化，形成自己完整的泛娱乐生态链，在残酷的市场竞争中屹立不倒，成为 2017 年最受欢迎的"国民级"手游。

数据显示，2017 年，我国网络视频用户规模为 5.65 亿人，用户使用率

---

① 国际唱片业协会：《2018 全球音乐报告》，2018 年 5 月 18 日。
② 国家版权局：《2017 年中国网络版权产业规模为 6365 亿元》，人民网，2018 年 4 月 23 日。
③ 中国互联网络信息中心：第 41 次《中国互联网络发展状况统计报告》，2018 年 1 月 31 日。
④ 《2017 年中国游戏行业发展报告》，新华网，2017 年 11 月 29 日。

为 75.2%。与 2016 年底相比，用户规模增长 2026 万人，增长率为 3.7%，增速超过整体网民，增速明显提升，相当于每天有 11 万新增视频用户。手机视频用户规模达 5.25 亿人，较 2016 年底增长 2536 万人，相当于澳大利亚全国人口；使用率为 72.6%，比 2016 年底增长 0.7 个百分点，相当于每天有 14 万人新增手机视频用户。数据显示，截至 2017 年底，中国短视频用户规模增至 4.1 亿人，同比增长 115%。短视频市场用户流量与广告价值爆发，预计 2020 年短视频市场规模将超 350 亿元。①

2017 年，中国传媒产业总规模达 1.89 万亿元，同比增长 16.6%，并有望在 2020 年突破 3 万亿元。②另据艾瑞咨询中国新媒体营销领域数据报告，2017 年，中国网络广告规模超过 3800 亿元；搜索引擎企业营收市场规模突破 1100 亿元；社交广告规模为 364.2 亿元，同比增速达到 52%。全国各类网络广告中，电商广告占比为 29.8%，信息流广告占比超过 14%。③

2017 年，我国网络零售额达 71751 亿元，同比增长 32.2%，跨境电子商务同比增长超过 30%。农村电商发展势头迅猛，全国农村实现网络零售额 1.24 万亿元，同比增长 39.1%。共享经济市场交易额约 4.9 万亿元，比上年增长 47.2%。2017 年，全国快递业务量累计完成 400.6 亿件，增长 28%，规模连续 4 年稳居世界第一。④

（三）网络文学进入全面发展与盈利期

在移动互联网高速发展的今天，网络文学借技术与资本之力顺水行舟日趋壮大，衍生出影视、游戏、动漫、音乐、周边等泛娱乐领域多种形态，影响、涵盖了公众精神生活的多个领域。截至 2017 年 12 月，通

---

① 赖名芳：《版权产业用户付费规模 3184 亿元，游戏视频直播阅读成主要板块》，《中国新闻出版广电报》2018 年 4 月 25 日。
② 清华大学：《2018 中国传媒产业发展报告》，中国经济网，2018 年 6 月。
③ 艾瑞咨询：《2017 年中国新营销领域数据发布》，2018 年 1 月 19 日。
④ 国家互联网信息办公室：《数字中国建设发展报告（2017 年）》，2017 年 5 月 10 日。

过对当前市场规模较大、影响力较强的 45 家重点网站进行统计，各网站原创作品总量达 1646.7 万种，其中签约作品 132.7 万种，年新增原创作品 233.6 万种。① 而基于艾瑞咨询的监测统计，2017 年，网络文学作者数量已达 784 万人，与 2015 年相比，人数增长了 30.2%。以阅文集团为例，到 2017 年 12 月 31 日，其平台上作者已达 690 万人。掌阅原创作者达到 1.5 万人。在网络文学作者中，20 世纪 90 年代及以后出生的居多，40 岁以上的只占作者总数的 4.9%，网络文学作者的平均年龄是 27 岁。②

速途研究院数据显示，2017 年，我国网络文学市场规模增长至 130 亿元。据中国互联网络信息中心发布的第 41 次《中国互联网络发展状况统计报告》，截至 2017 年 12 月，网络文学用户规模达到 3.78 亿人，较 2016 年增加 4455 万人，占网民总体的 48.9%。手机网络文学用户规模为 3.44 亿人，较 2016 年增加 3975 万人，占手机网民的 45.6%。另据《2016～2017 中国数字出版产业年度报告》，文学网站日更新总字数达 2 亿汉字，文学网页日浏览量达到 15 亿次。与此同时，网络文学在数字阅读中的主流地位日益提高，数据显示，2016 年数字阅读内容总量增长率为 88.2%。其中原创作品占比由 69% 上升至 79.7%。③

2017 年，热门 IP 仍受市场青睐。共出版纸介质网络文学图书 6492 部，根据网络文学改编电影 1195 部，改编电视剧 1232 部，改编游戏 605 部，改编动漫 712 部。④ 网络播放量最高的 10 部影视作品中由网络文学改编的占据半壁江山，包括《楚乔传》《三生三世十里桃花》《择天记》《欢乐颂 2》《孤芳不自赏》。

除影视剧以外，2017 年网络文学 IP 还向娱乐产业各方面进行渗透，例如，动漫领域《斗破苍穹》3D 动画的首季点击量破 10 亿次，《全职高手》

---

① 中国作家协会：《中国网络文学蓝皮书（2017）》，2018 年 6 月。
② 周百义：《网络文学在中国》。
③ 中国互联网络信息中心：第 41 次《中国互联网络发展状况统计报告》，2018 年 1 月 31 日。
④ 中国作家协会：《中国网络文学蓝皮书（2017）》，2018 年 6 月。

动画开播 24 小时全网播放量突破 1 亿次。2017 年游戏领域根据蝴蝶蓝、猫腻、无罪、风青阳同名小说改编的手游《全职高手》《择天记》《剑王朝》《吞天记》先后上线，受到粉丝的广泛关注。

第 41 次《中国互联网络发展状况统计报告》显示："网络文学业务营收进入全面盈利期。公开资料显示，阅文、掌阅、纵横等网络文学企业在 2017 年均已实现盈利。"[1]

三　文化旅游产业在转型升级中快速发展

良好的产业背景与充满活力的消费环境，尤其是文化与旅游融合的逐步加深，使我国文化旅游产业在转型升级中得以快速发展。数据显示，2017 年，全国旅游直接投资超过 1.5 万亿元。[2] 全年国内旅游人数 50.01 亿人次，比上年同期增长 12.8%；入境旅游人数 13948 万人次，比上年同期增长 0.8%；出境旅游人数 13051 万人次，比上年同期增长 7.0%；全年实现旅游总收入 5.40 万亿元，比上年同期增长 15.1%。其中国内旅游收入为 4.57 万亿元，比上年同期增长 15.9%；国际旅游收入 1234 亿美元，比上年同期增长 2.9%。旅游直接和间接就业人数为 7990 万人，占全国就业总人口的 10.28%。[3] 初步测算，文化旅游产业对 GDP 的综合贡献为 9.13 万亿元，占 GDP 总量的 11.04%。

（一）全域旅游优化文化旅游领域消费供给

2017 年 3 月，国务院总理李克强在政府工作报告中明确提出，要"完善旅游设施和服务，大力发展乡村、休闲、全域旅游"。"全域旅游"首次被写入政府工作报告。2018 年 3 月，国务院总理李克强在政府工作报告中再次提出：要创建全域旅游示范区。3 月 22 日，国务院办公厅《关于促进

---

① 中国互联网络信息中心：第 41 次《中国互联网络发展状况统计报告》，2018 年 1 月 31 日。
② 新旅界研究院：《2017 中国旅游投资研究报告》，2018 年 1 月 24 日。
③ 《2017 年全年旅游市场及综合贡献数据报告》，国家旅游数据中心，2018 年 2 月 6 日。

全域旅游发展的指导意见》对全域旅游提出了"四个融合发展"要求：推动旅游与城镇化、工业化和商贸业融合发展；推动旅游与农业、林业、水利融合发展；推动旅游与交通、环保、国土、海洋、气象融合发展；推动旅游与科技、教育、文化、卫生、体育融合发展。① 全域旅游成为文化旅游产业转型升级的新机遇。

全域旅游在本质上就是旅游产业的转型，是升级版的"旅游+"。当下，我国旅游产业正由产业链发展走向跨界融合发展，呈现投资规模化、业态集聚化、项目主题化、建设生态化、运营专业化总体趋势。"旅游+"使旅游产业与其他相关产业深度融合，形成了新的生产力、竞争力和新业态。"旅游+研学""旅游+购物""旅游+交通""旅游+金融""旅游+养生、养老"，旅游产品的不断延伸，催生出新的经济增长点。在全国各地，通过"旅游+城镇化、工业化和商贸"，形成了美丽乡村、旅游小镇、森林小镇、文化街区以及城市绿道、骑行公园、慢行系统，支持旅游综合体、主题功能区、中央游憩区等新型城乡旅游产品，形成了旅游用品、户外休闲用品和旅游装备等新型旅游制造业态；通过"旅游+农业、林业和水利"，形成了现代农业庄园、共享农庄、田园综合体、家庭农场、家庭牧场、精品民宿等新兴旅游产品，形成了定制农业、会展农业、众筹农业等新型农业业态；通过"旅游+科技、教育、文化、卫生和体育"，形成了科技旅游、研学旅游、医疗健康旅游、中医药旅游、养生养老旅游等健康旅游产品与业态，形成了大型演艺、文创园、音乐公园、艺术中心等文创产业和冰雪运动、山地户外、水上运动、汽车摩托车运动等体育旅游；通过"旅游+交通、环保和国土"，形成了自由行旅游产品，包括自驾车房车营地、航空旅游小镇、海洋海岛旅游等新型旅游产品与业态；通过"旅游+互联网"，形成了在线旅游产品，如旅游互联网金融、内容创造性产品、分享型旅游产品等。②

---

① 国务院办公厅：《关于促进全域旅游发展的指导意见》，中国政府网，2018 年 3 月 22 日。
② 国家旅游局：《2017 全域旅游发展报告》，2017 年 8 月 22 日。

全域旅游带来文化旅游产业的迅猛发展，文化旅游优势产业开始形成。2016 年，500 家国家全域旅游示范区创建单位共接待国内外游客 18 亿人次，约占全国旅游人数的 40.5%，同比增长 20%，旅游总收入 1.76 万亿元，同比增长 28%。接待过夜的国内外游客 7.3 亿人次，占接待总人数的 40%，同比增长 21%。旅游业增加值占 GDP 比重均值为 21.5%，一些旅游业发达的创建单位甚至高达 40% 以上。

（二）乡村旅游和休闲农业融合发展前景广阔

乡村旅游与休闲农业是以农业生产模式和农村生活方式为要素，以自然资源和地域文化为载体的生产经营活动，涵盖一、二、三产业形态，是农业和旅游服务业相结合的一种新型业态。数据显示，我国乡村旅游市场正逐年扩大，消费规模持续增加，在旅游业中表现突出。2017 年，我国休闲农业和乡村旅游各类经营主体已达 33 万家，比 2016 年增加 3 万多家。全国乡村旅游达 25 亿人次，占同期国内旅游市场 50 亿人次的一半，旅游消费规模超过 1.4 万亿元，相比于 2016 年的 21 亿人次和 1.1 万亿元，增幅明显。同时，农村电子商务迅速覆盖各地的县、乡、村，势头勃发，业态价值突显，前景广阔。2017 年，全国农村网络零售额达 12448.8 亿元，同比增长 39.1%；农村网店达到 985.6 万家，同比增长 20.7%，带动就业人数超过 2800 万人。乡村旅游与休闲农业的加快发展，已成为农业农村发展的新活力与新动能。[①]

2017 年，农业部实施休闲农业和乡村旅游提升行动，召开了全国休闲农业和乡村旅游大会，共推介全国美丽休闲乡村 150 个，认定第四批中国重要农业文化遗产 29 项，发布休闲农业和乡村旅游精品景点 2160 个、精品线路 670 条。国家旅游局会同国家发改委等部门联合出台了《促进乡村旅游发展提质升级行动方案（2017 年）》，会同农业部开展了现代农业庄园创建工作。财政部会同农业部支持创建国家现代农业产业园，共投入 8.3 亿元支持 18 个省份开展田园综合体建设试点。国家旅游局创建 100 家"中国乡村

---

① 国家发改委：《农村一二三产业融合发展年度报告（2017 年）》，2018 年 4 月。

旅游创客示范基地"，组织认定 10 家"中国优秀乡村旅游目的地"。2018 年 4 月 18 日，农业农村部印发《关于开展休闲农业和乡村旅游升级行动的通知》，推动休闲农业和乡村旅游业态升级、设施升级、服务升级、文化升级、管理升级，强调休闲农业和乡村旅游升级行动要体现培育精品品牌促升级、完善公共设施促升级、提升服务水平促升级、传承农耕文化促升级、注重规范管理促升级等"五个升级"，借此实现乡村休闲旅游高质量发展。①可以预见，在经济转型、供给侧结构性改革背景下，旅游领域两个密切关联并正呈现生机与活力的业态——乡村旅游和休闲农业，必然成为朝阳产业，而且也必将带动我国体育旅游、健康旅游、家庭旅游、体验旅游等综合性文化旅游大幅度增长。

（三）文化创意加速旅游产业向文化内涵转变

2015 年 11 月，国务院办公厅在《关于加快发展生活性服务业促进消费结构升级的指导意见》中明确提出："提升旅游文化内涵和附加值"，"加强旅游纪念品在体现民俗、历史、区位等文化内涵方面的创意设计"。"提升旅游文化内涵和附加值"，意味着旅游业内的文化体验越来越重要。② 整合旅游文化资源，提升文化内涵，使人们能够在旅游中体验、理解、领悟到中华文化的独特内涵与魅力，并通过不断创新，将旅游文化资源转变为具有竞争优势的旅游产品，已成为旅游产业发展的不二选择。③ 国务院办公厅《关于促进全域旅游发展的指导意见》也明确强调要"推动剧场、演艺、游乐、动漫等产业与旅游业融合开展文化体验旅游"。

随着创意经济的崛起，旅游业和文化创意产业融合发展的趋势日益凸显。文化元素的深度挖掘和有效利用是促进旅游业转型升级的关键所在，而

---

① 农业农村部：《关于开展休闲农业和乡村旅游升级行动的通知》，农业农村部官网，2018 年 4 月 18 日。

② 国务院办公厅：《关于加快发展生活性服务业促进消费结构升级的指导意见》，国家政府网，2015 年 11 月 22 日。

③ 国务院办公厅：《关于加快发展生活性服务业促进消费结构升级的指导意见》，国家政府网，2015 年 11 月 22 日。

创意不仅能融入现有的旅游要素中，使现有旅游产品品质得到提升，也能作为核心资源，并整合资本、科技等其他要素，形成新的文化旅游主题区。近年来，新兴的文化创意产业园区、主题公园等创意旅游区越来越受到市场欢迎。作为国内主题公园中的佼佼者，长隆主题公园则以野生动物园为起点，吸收全球极致创意，先后开发了长隆大马戏、长隆欢乐世界等无法复制的产品，向世界主题公园发出响亮的"中国声音"。另外，"印象"系列、"山水盛典"系列、"千古情"系列等演艺项目也是集当地特色旅游资源和创意、科技于一身的典范。文化创意不仅能最大限度地激活旅游资源，赋予传统旅游业新的活力，还能有效带动各大城市旅游经济的发展。[1]

在中国的舞台剧中，演出场次最多、观众最多、运营最成功的演出，当属宋城演艺打造的《宋城千古情》。它从1997年上演至今，共计演出20000余场，接待观众6000余万人，相当于将近两个加拿大的人口。2017年全年，宋城演艺旗下的演出数量合计15000余场，观众达5000余万人次，其中"千古情"系列演出8000多场，观众达3500多万人次，创造了世界文化旅游演艺市场的五个第一：剧院数第一、座位数第一、年演出场次第一、年观众人次第一、年演出利润第一。据《宋城演艺2017年年度报告》，2017年，公司实现营业收入30.24亿元，同比增长14.36%；净利润10.68亿元，同比增长18.32%。其中，现场演艺板块在2017年实现营业收入15亿元，占整体营收的49.61%，互联网演艺则实现12.4亿元的营业收入，占比为41.01%，旅游服务业的营业收入则占整体的9.38%，达到2.84亿元。[2] 宋城演艺也在2017年连续八届荣膺"中国文化企业三十强"；杭州宋城景区被全球最大旅游网站TripAdvisor（猫途鹰）评选为2017年"旅行者之选"最佳主题公园奖项，位列亚洲榜单第23、中国榜单第5；六间房荣获"2017年中国互联网企业100强"；三亚千古情景区入选海南省文化产业示范基地。[3]

---

① 祁吟墨：《5年大数据观察，文化旅游或成下一个风口》，2018年3月14日。
② 《宋城演艺发展股份有限公司2017年年度报告》，新浪财经，2018年3月28日。
③ 《一台节目演了20多年，20000余场，〈宋城千古情〉为何越来越火》，《中国基金报》2018年4月18日。

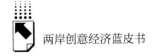
总结宋城演艺成功的经验，根本在于旅游产品文化内涵的深邃与形式的突破和创新。毫无疑问，文化赋予了《宋城千古情》持久的生命力。纵观《宋城千古情》，杭州文化是其文化的根基和魂魄。《良渚之光》里的古越先民、《宋宫宴舞》里的南宋烟云、《金戈铁马》里的慷慨岳飞、《西子传说》里的曼妙爱情等，一段段的杭州历史与典故，一曲曲的宋城幽婉与绝唱，一幅幅的西湖自然与人文景观融进《宋城千古情》，每一个篇章都诠释着杭州的美丽传说与故事。《宋城千古情》其实就是杭州的文化标志和历史承载，传承着这座城市的文脉与底蕴，与这座城市完美融合并成为这座城市的魂。

四　新时代创意经济发展的新定位和新走向

在新时代背景下，进一步促进数字技术、互联网技术等高新技术在文化创作、生产、传播、消费等各环节的应用，加快培育基于大数据、云计算、物联网、人工智能等新技术的新型文化业态，促进文化与相关领域深度融合，推动文化创意产业与国民经济相关产业及城乡建设、生态文明建设等融合发展，尤其是加快推进文化创意产业与旅游业深度融合，将是我国创意经济发展的新定位与新走向。

（一）文化与旅游的多维度融合成为大势所趋

2018 年 3 月 17 日，根据国务院机构改革方案，"文化和旅游部"正式组建。文化和旅游部的组建，从国家组织机构、政策规划，以及产业结构和市场管理等层面明确显示文化与旅游深度融合成为大势所趋。

文化是旅游的重要内涵，旅游是文化的一种传播载体。当下，文化旅游产业已逐步演变为一个多方位、多层面、多维度的综合性大产业。从未来消费需求来看，文化旅游逐渐成为拉动经济转型升级的新动能。与此同时，创意创新推动文化旅游产业不断升级。

随着全球旅游市场的飞速发展，"文化深度游"已经成为越来越多旅行者所追求的目标。中国旅游已经从传统"走马观花"式的观光游向以文化为主题导向的"文化深度游""文化休闲游"转变，并出现了以世界遗产为核心主题的专项旅游产品。随着中国城乡居民人均可支配收入的不断增加，居民的出游能力渐趋增强，"文化体验游"成为游客热衷选择的旅游产品类型，其中迎合现代人越来越强的医疗保健意识和康体养生需求的康体养生游，成为人们广泛关注和备受推崇的文化体验旅游产品类型。作为未来旅游经济创新发展新模式，发展康体养生旅游不仅有助于中国旅游产业的转型升级，还有助于推进中国文化旅游项目投资合作。在中国旅游发展相对成熟的很多旅游地，都出现了相对完善和成熟的康体养生旅游的产品体系。

据《中华人民共和国 2017 年国民经济和社会发展统计公报》数据：2017 年，我国进城落户人口达 1330 万人，中国城镇化率达 58.52%，比上年末提高 1.17 个百分点，新型城镇化加快推进。[①] 根据国务院发展研究中心和世界银行预测：到 2020 年，中国的城镇化率要达到 60%；到 2030 年，中国城镇化率将为 70% 左右，约有 10 亿人生活在城市。[②] 与人口过度集聚，伴生的是用地紧张、环境恶化、交通拥堵、房价高企、生活成本攀升等。"城市病"的日益加剧，成为中国城镇化和可持续发展必须解决的问题。有序引导相关产业和人口向周边中小城镇转移，成为建设"新型城镇化"的必然路径。为此，我国自 2015 年开始推广特色小镇建设。2016 年 10 月，住房城乡建设部公布第一批 127 个全国特色小镇；2017 年 8 月，公布第二批 276 个全国特色小镇。2017 年底，中共十九大和中央经济工作会议，把特色小镇作为推进城乡发展一体化的重要突破口。至今，特色小镇方兴未艾。[③] 大众旅游时代，以特色小镇为载体的乡村旅游正在成为新的生活方式，并受到越来越多人的青睐。"美丽乡村""主题小镇""旅居养生""体

---

① 国家统计局：《中华人民共和国 2017 年国民经济和社会发展统计公报》，《人民日报》2018 年 3 月 1 日。

② 清大文产（北京）规划设计研究院：《特色小镇 2017 年度报告》，搜狐网，2018 年 5 月 4 日。

③ 清大文产（北京）规划设计研究院：《特色小镇 2017 年度报告》，搜狐网，2018 年 5 月 4 日。

育旅游"等新的旅游业态不断走向成熟。

近年来,文化旅游产业与互联网、大数据、人工智能融合发展,协同推进,数字经济成为文化旅游产业转型升级的重要引擎,数字化、智能化也渗透到文化旅游产业的服务、管理、体验、营销等各个环节。大众旅游时代的到来,意味着只有提供个性化的旅游产品和服务才能满足自由行散客化的旅游形态。旅游营销的数字化,早已突破传统的旅游营销模式,融入新媒体的营销理念和方式。利用主流网络媒体、社交媒体在线上推广,与旅游在线服务平台紧密合作,利用大数据分析挖掘,实现精准营销。体验经济的到来更是将文化旅游推向了新高度,其中融合了投影、LED、VR、增强现实、混合现实等技术的旅游演艺热度不减,这些数字技术的应用增加了视听的表现力和震撼性。同时,场景科技这一新技术手段也将在未来为旅游景区、博物馆打造新型游玩互动体验项目。依靠科技营造浸入式体验,也将是未来数字信息技术在文旅行业的重要应用方向。文化旅游、智慧旅游等新型消费业态将是未来数字经济开拓的广阔疆域,"文化 + 旅游 + 科技"的深度融合正在重构文旅产业链,这也将是文化旅游产业从浅层观光到深度体验转型升级的必由之路。[①]

(二)互联网时代短视频与粉丝经济将强势增长

当今社会,无网不在,视频网站对传统媒体攻城略地,且越发强势。无论是剧集还是综艺都强势移向网络,选秀节目更是其中的典型。面对互联网时代成长起来的年轻人,网络是他们的主战场,要想获得更多有效受众,曾经依托电视而火的节目必须转战网络。在网络上我们能看到粉丝告别了无产时代,扮演着"文化守望者"的角色。《中国有嘻哈》不同圈层的粉丝互怼让其关注度暴增,《明日之子》中粉丝围绕"荷兹"的争吵使其热度大涨,粉丝的生产力不容小觑。[②]

2017 年暑期,三家视频网站不约而同地推出选秀节目,《中国有嘻哈》的

---

① 范周:《数字经济开启文化旅游新预期》,《经济日报》2018 年 4 月 24 日。
② 吴畅畅:《网络选秀元年与粉丝经济的再度崛起》,《文化产业评论》2017 年 10 月 29 日。

横空出世、《明日之子》主打的九大厂牌模式，让不少业界和学界人士开始惊呼网络选秀元年的到来。"有嘻哈"的热度、《明日之子》的厂牌创新、快男的偶像选拔，无一不昭示着选秀节目在视频网站找到了延续热度和复苏粉丝经济的平台，更帮助视频网站具备了大型棚内综艺节目的制作实力。

年轻粉丝不是不需要定义，或拒绝贴标签，而是他们的圈层结构，以及与偶像之间主客体关系的形成，基本上是现实社会中阶层生活形态与文化区隔的虚拟镜像。《中国有嘻哈》作为中国第一档 Hip-hop 互联网选秀，以其立体的人物形象、悬念设置和新颖的表现形式，让小众的嘻哈文化在一夜间红遍中国。2017 年全年，《中国有嘻哈》节目视频播放量达到 30 亿次，短视频播放量达到 80 亿次，微博话题阅读量达 75 亿次，成为不折不扣的爆款综艺。《中国有嘻哈》所采用的洗脑式的自黑或互黑营销，实现了不同圈层之间的暂时联盟与冲突，最终成就节目品牌交换价值的提升与资本化。或许，这才是所谓的网综选秀的"互联网思维"，也是当前粉丝经济网络崛起的核心！

2016 年是中国直播行业爆发元年。一时间，上百家直播平台兴起，引领原本小众的直播行业进入"千播大战"。据智研咨询统计数据，2016 年直播市场规模达 208.3 亿元，同比增长 180.1%，其中来自用户付费的营收规模占比超过 90%；2017 年，中国网络直播用户规模达 4.22 亿人，较 2016 年增加 7778 万人，网民渗透率达 54.3%，产业市场规模接近 400 亿元，超过网络视频会员付费的 218 亿元和数字阅读的 100 亿元，成为仅次于游戏用户付费的产业。瑞士信贷测算，直播市场到 2020 年总产值将超过 1000 亿元。并且直播行业日渐呈现社交化、综艺化等多元化趋势。①

2018 年 5 月，有两件事刷屏了，一个是"地狱空荡荡，菊姐在土创"创造 101 的王菊拉票，另一个是斗鱼两大歌姬主播冯提莫和陈一发关于离婚绯闻的互掐。这两件事看似毫无关联，却折射一个共同现象：中国粉丝已经开始利用互联网工具自己造星。毫不夸张地说，冯提莫已经是一个标准的明星了，微博粉丝 736 万人，其 71017 房间突破 1600 万关注，整个斗鱼平台

---

① 刘珊：《传媒产业的六大热点》，《媒介杂志》2018 年 3 月 5 日。

在最新的日活人数这一项达到 3000 万人。这足以证明，互联网带给娱乐圈的冲击使粉丝的话语权达到空前的高度，这种冲击打破了娱乐圈的固有圈层，荡涤了一切传统娱乐圈鄙视链，网络人气从略带偏见的不登大雅之堂，到如今打破媒体舆论垄断，成为主流的舆论导向，是粉丝话语权的巨大胜利。而王菊的爆火，依旧是粉丝话语权另一种胜利。几乎是无法想象的，一时之间从角角落落里突然冒出了王菊无数拥簇，他们把本来根本不符合女团固有标准的王菊送上了各大榜单的榜首。这也足以证明，互联网使粉丝抉择的成本降到了最低，却使他们的声量和选择权放到最大。粉丝被放大的抉择权利和越发多样的诉求，使粉丝经济迎来一个新的高点。①

2017 年是 MCN 的"概念爆发年"，也是 MCN 进入网红经济赛道后发展迅猛的一年。足够大的粉丝量、足够高的粉丝黏性、足够多的自媒体数量等，在中国自媒体发展史中，此前从没出现过一个能够完全服务于自媒体的机构，直到中国开始从美国引进 MCN 这个概念，之前盛行一时的"矩阵"概念才被剔除，取而代之的 MCN 其实更适合商业发展。

2018 年，内容产业垂直领域还会继续细化，二次元、旅游、自媒体、汽车、美妆、搞笑、游戏等，这些领域的网红仍处于成长期，呈规模化、体系化的个体相对较少，用户需求还没有完全被满足，上有自成系统的平台补贴、资源加持，下有自命不凡的草根崛起、机构孵化，这些领域中依旧有很多金矿。

（三）人工智能不断创新升级文化创意服务体验

2015 年以来，我国从国家战略层面开始对人工智能进行相关规划。2016 年 12 月，国务院《"十三五"国家战略性新兴产业发展规划》要求发展人工智能，培育人工智能产业生态，促进人工智能在经济社会重点领域推广应用，打造国际领先的技术体系。2017 年 3 月，"人工智能"首次被写入政府工作报告。7 月，国务院《新一代人工智能发展规划》提出将前瞻布局

---

① 《从冯提莫到王菊，中国粉丝开始用互联网自己造星了》，新浪网，2018 年 5 月 31 日。

新一代人工智能重大科技项目，到2030年，中国人工智能产业竞争力将达到国际领先水平，人工智能核心产业规模将超过1万亿元，带动相关产业规模超过10万亿元。截至2017年6月，全球人工智能初创企业共计2617家。美国有1078家，居首位，亦即美国企业占全球总数的比重逾40%，中国以592家企业排名第二。① 2017年10月，国家公布首批四大国家新一代人工智能开放创新平台名单：自动驾驶国家新一代人工智能开放创新平台（依托百度）；城市大脑国家新一代人工智能开放创新平台（依托阿里云）；医疗影像国家新一代人工智能开放创新平台（依托腾讯）；智能语音国家新一代人工智能开放创新平台（依托科大讯飞）。12月，工信部印发《促进新一代人工智能产业发展三年行动计划（2018～2020年）》，意味着新一轮科技革命和产业变革正在萌发，新一代人工智能产业将得到进一步发展。

2017年被称为人工智能元年。人工智能，尤其是深度学习、图像识别、语音识别等一系列关键技术的质变，结合大数据、云计算等技术水平的进一步提升，开始对各行各业产生深远的影响。数据显示，2017年，我国人工智能市场规模达到152.1亿元，增长率达到51.2%。随着人工智能技术的逐渐成熟，应用场景的不断扩展，2018年，中国人工智能市场规模预计将突破200亿元大关，达到238.2亿元，增长率将达到56.6%。2018年互联网校招已经陆续开展，AI应届生年薪50万元遭哄抢，其中谷歌中国的人工智能岗位以56万元的年薪位居第一，紧随其后的是微软和谷歌的算法工程师岗位。2018年的中国人工智能，注定会经历一段更加深刻长远的发展中的积累。②

人工智能将对文化创意产业产生重大影响，人工智能＋文化创意产业将成趋势。人工智能依靠其三大核心竞争力——数据、计算能力与算法，席卷音乐文学影视传媒。在新闻传媒方面，以今日头条、一点资讯为代表的新媒体平台，基于对信息的数据挖掘和自成一套算法，向用户进行智能化信息服务，以数字化交付手段所产生的数据进行分析，持续优化其服务模式，并为

---

① 《2017年度人工智能企业百强排行榜》，搜狐网，2018年3月22日。
② 《2017年度人工智能企业百强排行榜》，搜狐网，2018年3月22日。

用户带来更多价值。人工智能的发展也促使越来越多的新闻机构使用机器人写作。流行音乐方面，国内涌现出许多服务于数字音乐的科技企业，基于社交媒体和分发平台、搜索引擎等多方面数据分析，扶持唱片公司挖掘新人。出版发行方面，无论是传统出版商还是数字出版平台，纷纷借助大数据技术对出版物的策划、编辑、出版、发行等环节进行全方位提升，数据驱动模式逐渐形成。大型出版机构积极开发国际化发行平台，探索数字化转型。腾讯成功组建阅文集团，成为网络文学的最大内容提供方。亚马逊、当当网等纷纷实现线下实体书店布局。创意服饰方面，人工智能发展助推普通服饰生产工厂向智能化转型，智能服饰成为当下炙热，科技企业与时尚品牌合作开发了大量的智能服饰产品。①

AI 成为 2017 年最重要的关键词，同样，2018 年也离不开 AI。如果说，2017 年，AI 更像是一个美好和拥有无限想象空间的概念，那么，2018 年很可能就是人工智能的落地之年。正如当年互联网深入各个行业，AI 也是如此。任何行业都需要思考，如何与 AI 进行结合。比如"零售 + AI""驾驶 + AI""手机 + AI""社交 + AI""医疗 + AI""金融 + AI""内容分发 + AI"等，都会有很多创造性的机会，" + AI"大潮逐步开启。可以预见，人工智能将是未来十年最具变革性的技术，无处不在的人工智能将成为趋势。从专用智能到通用智能、从机器智能到人机混合智能、从"人工 + 智能"到自主智能系统，学科交叉将成为人工智能创新源泉，人工智能产业将蓬勃发展，人工智能的法律法规将更为健全，人工智能将成为更多国家的战略选择，人工智能教育将会全面普及。②

---

① 何诗涵：《年终盘点 | "数字转变"加速，文化科技共荣共生》，《言之有范》2018 年 2 月 8 日。
② 谭铁牛：《人工智能：天使还是魔鬼》，搜狐网。

数字创意篇

Digital Creativity

B.2
互联网文化产业平台模式

陈少峰　李　源*

摘　要： 在互联网文化产业蓬勃发展的背景下，大批平台类文化企业相继崛起，成为文化产业市场的中流砥柱。平台模式在当前互联网文化产业发展中具有强大的生命力，值得我们对其进行深入分析和探讨。在当前互联网环境下，平台模式要实现良性发展，就要遵循八个方向，即要有规模化的交易收入、持续性的用户黏性、扩展性、多元化经营、技术叠加、多领域跨界、有效的宣传通路和云计算思考。同时，在激烈的平台竞争中，对于缺少资金、技术、资源的小平台来说，通过"垂直化＋频道组合制"和"自有IP＋文创电商"两种商业模式创新，能够有效实现平台增值，获取与大平台和中平台

---

* 陈少峰，北京大学哲学系教授、博士生导师，北京大学文化产业研究院副院长；李源，北京大学哲学系博士研究生。

的竞争优势，是其在互联网上的生存之道。

关键词： 互联网文化产业　平台模式　小平台　模式创新

互联网时代，我国文化产业的发展呈现新的产业形态，即互联网文化产业。互联网文化产业是互联网平台上的文化产业，是以互联网为平台或者是在这个平台上发生的文化产业交易。互联网文化产业的蓬勃发展，颠覆了传统的文化产业发展模式，成为互联网时代文化产业发展的主流模式。值得注意的是，当下在互联网文化产业领域比较成功的公司大多是平台类互联网企业，以 BAT 优势平台为明显的代表，拥有优质内容资源的企业也必须依赖平台才能获得足够的消费市场来进行内容推广。[①] 亚马逊、苹果、阿里巴巴、腾讯等互联网与高科技巨头的快速崛起与壮大，让互联网平台模式备受瞩目。目前全球最大的 15 家上市"平台"企业的总市值已高达 2.6 万亿美元，包括 Google、阿里巴巴、腾讯、亚马逊、苹果、百度、eBay、Facebook等资本市场总是给予平台公司更高的估值。[②] 此外，一些专注于垂直化业务的小平台异军突起，凭借对特定领域的精准把握，也取得了自己的经营优势，并得到人们的广泛关注。互联网平台广泛性、开放性的特点更符合文化多元性特征，因此，平台模式正成为互联网文化产业发展和盈利的主要商业模式，值得我们对其进行深入分析和探讨。

一　平台模式之于互联网文化产业

对于中国文化产业特别是互联网文化产业而言，平台在价值链中处于优

---

① 陈少峰：《"互联网＋文化产业"的价值链思考》，《北京联合大学学报》（人文社会科学版）2015 年第 4 期。

② 陈少峰、王建平等：《中国互联网文化产业报告（2017）》，浙江工商大学出版社，2017，第 36 页。

势地位，平台为王仍是总体格局。从一般意义上讲，平台一词的核心在于"共享"，平台模式的本质自然就是通过共享平台及平台上的内容获取效益。对于互联网文化产业的发展来说，平台模式有助于其打开更加开放的经营模式。通过平台模式获取文化品牌影响力和盈利是最重要的两个因素，但同时，从互联网文化产业的宏观发展来看，平台模式也为内容传播提供了新的、更有效的渠道。从受众的角度来看，平台模式是不同受众群体相互沟通交流的重要媒介。因此，无论是从宏观的互联网文化产业发展，还是从文化企业盈利和受众群体的文化体验角度来看，平台模式对于互联网文化产业都具有重要意义。

从目前国内互联网文化产业的发展现状来看，很少有公司可以通过纯粹制作内容达到特别大的体量，那些大公司的主要经营方式都是做平台或者做传媒，比如，中国最赚钱的游戏公司是腾讯，每年靠游戏可以有规模巨大的收入，而制作开发游戏的公司大部分都是小公司，也就是说，离知识产权越近的内容生产者收入反而越少。随着互联网，特别是移动互联网的快速发展，互联网文化产业平台模式的特征日益凸显。传统的线性单边市场模式已不复存在，取而代之的是由一类可称为平台企业的运营商提供平台服务，两类或多类用户通过平台实现需求协同行为的双边或多边市场。当前，越来越多的互联网文化企业采用平台模式，引领互联网文化产业步入"平台经济"时代。国内最早提出平台经济学的学者徐晋认为，平台经济是指自己本身并不生产商品，却可以借助于一种虚拟或现实的交易空间或场所，引导或促成双方或多方客户间交易，并通过收取恰当的费用而努力吸引交易各方使用该空间或场所，最终追求收益最大化。[1] 平台模式打造的文化产业市场结构，往往不止双边，而是三边、四边，甚至更多边的结构。这是因为，互联网不是一种传统媒介，它真的是一种比传统媒介多出一个维度的高维媒介，[2] 可以说，互联网具有发展平台模式的天然优势。因此，借助于互联网而兴起的

---

[1] 徐晋：《平台经济学——平台竞争的理论与实践》，上海交通大学出版社，2007，第1页。

[2] 喻国明：《互联网是一种高维媒介》，《教育传媒研究》2016年第1期。

平台模式，其盈利方式不仅多元，而且可以持续衍生、转化。一般来说，文化内容只有一种渠道的收益是不行的，要对统一内容资源进行多个产业链环节的开发。在互联网平台上，产业链纵横交错，各种内容资源可以互相沟通，网络文学的内容可以制作成电影、电视剧，也可以成为游戏开发的故事背景，而游戏的故事线索也可以被拓展为文学故事，或者拍成网络剧。可见，以平台为核心来发展互联网文化产业，其内容资源可以突破原有的功能特征，在不同的产业链条中发挥市场价值。

此外，随着近期国家加大对文化领域的监管力度及大众审美能力的提高，优质内容的制作难度不断增加，仅靠自己的力量很难保证优质内容产出的持续性，因此建立一个平台来实现内容的收集和资源的整合不失为一种好的选择。随着文化产业相关的一系列政策导向的变化，过去很多人做文化产业都是依靠一些搞怪、低俗的内容来吸引眼球，但随着国家文化监管力度的加大，这样的做法会面临较大的政策风险。换句话说，以前作品如果被勒令下架，通过整改或许还有重新上架的可能，但现在一经查处，则可能被永久封禁。因此，当前我国文化产业的发展要严控过于肤浅和低俗的内容出现，再加上近年来大众审美的个性化需求不断提高，这就为内容生产者提出了更为严格的要求。到目前为止，我国文化产业的一个最大症结就是缺少好的内容，无论是动漫、电视剧还是电影，与满足大众文化需求还有一定距离。在这种环境下，平台模式利用其连接多方不同市场的优势，可以为优质内容的制作提供强大支持。若按传统的方式，仅由内容编辑决定什么样的故事、什么样的主题可以为市场所接受，并依此将所有资源投入在少数作品上，这样会不可避免地出现两个问题：第一，未被选中的作者，完全得不到机会；第二，大众也别无选择，只能接触到一小部分作品。然而，由少数人主观判断的结果，不一定就能够反映出市场的真正需求。甚至可以说，这种由少数人决定的内容生产方式会成为市场发展瓶颈，由于内容选择较少，从而陷入过于高雅而难以为大众接受或过于低俗而违反文化政策的被动局面中。只有通过细分市场机制达到的供需配对，才可能有效满足各方需求。通过线上平台将作品进行细分，即便是再冷门的题材，也会有作者尝试撰写；同样，也会有读者尝试阅读甚至追捧。平台成为一个开放的媒介，将数以万计的作品进行分类，让所有读者都能迅速找到他们感兴趣的故事。所有类别的文化内容都将通过平台的多边连接，实现供需的配对。总之，对于文化内容创作者而言，平台模式使其作品拥有了面世的机会；对于推广者而言，平台模式为其节省了时间、空间和金钱上的成本；对于消费者而言，平台模式增强了其获取文化内容的敏捷性、全面性和选择性。

当然，任何互联网文化企业都不可能只做内容或只做平台。没有平台，内容就会缺乏传播力；没有内容，平台就会缺乏吸引力。但是，就目前互联网文化产业的市场发展来看，做平台可以只做部分自制内容，不过做内容一定要做平台。即使在内容为王的国外，比如迪士尼公司一直靠优质的内容来获得竞争优势，但如果没有自己的电视和网络频道做宣传推广的话，也很难达到如此大的体量。所以，最佳的竞争策略是先建立自己的平台模式，然后凭借自己的优势平台吸引好的内容或自身参与部分内容的创作，如此才能在互联网上实现长远的发展。

二 互联网文化产业平台模式发展方向分析

互联网是无边界的平台，不受时间和空间的限制，包括移动互联网在内的互联网有一个非常广的宽度和一种程式化的高度，互联网上可以做任何我们平时想做的事情。[①] 在互联网上，平台之间的竞争异常激烈，因此互联网文化产业的平台搭建要么非常强大，比如 BAT 这些以覆盖面广、种类多而取胜的平台模式，先做一个垂直的细分领域，为特定的、有针对性的客户提供服务，然后再慢慢做大。很多人的平台模式发展以失败告终，究其原因，是其还不够了解平台模式的发展方向，还没有把握平台模式的发展规律。就目前互联网文化产业的发展现状而言，笔者认为，平台模式主要有以下八个发展方向。

---

① 陈少峰：《当前互联网文化产业发展的新趋势》，《艺术百家》2015 年第 4 期。

（一）平台模式要有规模化的交易收入

在互联网平台上，流量规模固然重要，但更重要的是要具备规模化的交易收入，以保证平台运行的持续性。某些艺术品交易网站，虽然很有规模，网站上的登记卖家很多，也有很多注册的任务书，却缺少真正的用户。换句话说，在这个网站上只有卖方没有买方，并没有形成规模化的交易。真正的用户应该是购买方或使用方，交易提供方并不算用户。所以，互联网文化产业平台模式必须要有规模化的交易收入，要有现金流，只有这样，平台的运行才能保持健康的状态，避免被无休止的烧钱模式所拖垮。

（二）平台模式要始终保持用户黏性

互联网平台模式与传统的门户网站相比有一个非常大的区别，即传统门户网站收入主要依靠广告，因此点击量非常重要，但平台模式不仅要看点击量，还要看用户的黏性，也就是说，不仅要把用户导流进来，还要具备吸引他们的能力。互联网平台必须具备一定的黏性，保证平台跟用户之间有一种持续性关系，不仅要吸引新用户，还要留住老用户，始终保持一个相对固定的活跃用户群体，以此来进行持续性的积累。

（三）平台模式要具备扩展性

互联网文化产业平台模式的扩展性包含两个部分：一是现有业务布局的可扩展性，二是布局的推进方式和速度。比如，腾讯创业之初是一个社交平台，现在是文化产业的一个电商平台，既卖游戏，又卖网络文学，卖各种各样的东西。现在的腾讯类似于一个首长式的企业，核心的部分是自己经营，其他部分都是投资和并购来的。可见，腾讯平台就是不断地在扩展，不断地形成延伸业务。这样的做法有很多好处：第一，投资的对象可以直接带来收入；第二，投资的对象可以提供重要的资源；第三，通过投资和并购可以消灭竞争对手；第四，可以培养未来的用户，比如，腾讯投资 B 站是特别具有战略眼光的，因为 B 站聚集了很多所谓"二次元"的人，这些人都是看网络电影的主流消费者，这就可以为腾讯的网络剧培养大批的未来用户。所以，平台模式的可扩展性对于平台未来的发展具有重要的战略意义。

（四）平台模式要实行多元化经营

多元化经营是互联网文化产业的一个重要趋势，很多中国传统的文化企业都正在转型，比如，浙江报业集团，现在已经转型为文化产业集团，也就是说，它的媒体属性在减弱，其他的业务在增加，比如，游戏、投资等，经营各种各样的业务。互联网是一个无边界的平台，在这个平台上可以做各种各样的交易，包括医疗、教育，甚至包括农业，互联网可以把各种业务进行统一的跨界融合。BAT 的经营形态是真正的多元化，只要有利于自身发展的业务都做，这是互联网平台一个非常重要的特点。对于小平台来说，同样要遵循多元化经营的发展方向，比如，微信公众号就是一个小平台，在这个平台上除了发布内容、做社群交流以外，还可以做电商、做会员、做广告、卖电影票等。假如在互联网平台上只做一种业务，那么很可能会因为某个大平台的加入而被排挤掉。

（五）平台模式要有最新技术的叠加

今后无论是大数据、物联网还是人工智能，所有的技术都要在互联网这个平台上进行叠加。举例来说，以前搜索是一个专业的技术，现在平台必须自带搜索功能，此外还要懂大数据，要跟云计算相结合，要引入更多的人工智能。叠加是互联网文化企业第二次商业的机会，是在现有商业基础上应用的，不能脱离自身基础而存在。此外，未来手机的功能也可能会叠加，只要有语音技术，造型可以千变万化，然后叠加在移动互联网和人工智能的硬件上。

（六）平台模式要进行多领域跨界

未来在互联网平台上，跨界将会很多，无论是知识结构，还是活动边界，或者是公司业务，都会变成一种组合式的产品。互联网上最典型的跨界就是文化科技的跨界，比如，用 AR 技术做游戏，或者用 VR 做城市文化体

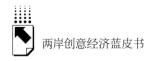

验中心，换句话说，互联网文化产业应结合某种技术服务，由技术来驱动，但不是直接用技术赚钱，技术只是一种手段，真正要赚钱还是要靠人们的生活方式。未来平台之间的竞争压力会很大，要保持自身的附加价值，一定要有自己独家的东西，因此跨界就成为必然选择。

（七）平台模式要建构有效宣传通路

互联网平台的宣传是平台模式发展的重点，但也是难点。一个平台的运营不仅要自己能用，还要让所有人都能用，这样才会起到良好的宣传和推广作用。现在很多公司的微信公众号都存在问题，最大的问题是变成官微，只发布一些自己的业务消息，根本没有吸粉的效果。好的做法是在官微之外再运营一个吸粉的微信公众号，除了不做自己的业务宣传，什么内容都可以做。这两者存在本质上的区别，因为做业务宣传就只有公司的员工在看，而做其他内容可以吸引众多人来看。如果把新媒体当作一个平台的话，就要做一个吸粉的微信公众号，这个微信公众号要发表吸引人的文章，这样消费者才能借助于文章与公司发生联系。因此，互联网平台模式的业务宣传不一定直接用宣传的方式，要学会建构有效的宣传通路，这样才能激发人们关注的欲望。

（八）平台模式要有云计算思考

如果做平台的话，未来的体量会很大，所以一定要学会节约成本。以前视频网站为什么不赚钱？因为除了要购买大量的版权，还要承担巨额的流量费用，甚至接近一半的费用都要花在流量上。流量费通常来说较为昂贵，但是现在如果能把公司的数据库或者运营等方面放在公有的平台上，相关成本就能降下来。所以，互联网平台通过云计算不仅能够提高速度，还能降低成本，这两个好处有很好的平台效果。

三　互联网文化产业小平台的生存之道

当前我国的互联网平台基本上有三种：一是大平台，就是BAT，这种大平台自己能做产业链，要么是对信息集大成，要么是对商品集大成，并且进行持续的投资和并购；二是专业化的中平台，比如，京东专门做购物，今日头条专门做信息推送，中平台有专业水平很高的服务；三是小平台，它们是做小卖场和小传播，其数量是最为庞大的。随着文化产业技术迭代、经营方式迭代、消费群体迭代、生活方式迭代等速度的持续加快，平台之间的竞争也越来越激烈。大平台和中平台凭借其资本以及技术优势占领了绝大部分市场，而对于缺少资金、技术、人才、资源的小平台来说，往往举步维艰，甚至生存都成为问题。因此，对于小平台的发展来说，要坚持未来导向、合作导向，通过商业模式的创新在激烈的市场竞争中寻求自身的生存之道。结合互联网文化产业平台模式的发展方向，主要有以下两种商业模式创新值得小平台创业者关注和借鉴。

（一）"垂直化＋频道组合制"模式

对于大平台而言，其有着中小平台所不具备的优势和特点，其中一个特点就是进行持续的投资和收购，而且范围会越来越广，凡是与互联网有关的业务，都会变成其笼络的对象。目前我国的典型代表就是 BAT 三家公司，它们很少从零开始做一项业务，基本上缺什么就买什么，以此来实现业务的多元化。但是，对于千千万万的小平台来说，由于其整体实力与大平台存在巨大差距，因此不可能通过大规模并购来进行业务的拓展，它们的发展方向是"垂直化＋频道组合制"。具体来说，小平台首先要专注于做垂直化业务，要对自己的领域进行深挖，做透该领域，实现平台的价值增值。比如微信公众号"一条"，一天推送一条短视频，现在估值已达 20 多亿元。将来互联网上会出现千千万万做垂直内容的小平台，这种模式任何人都可以做，任何人都可以组合，组合平台越大，价值越大。比如可以做一个艺术教育的小平台，在这个平台上除了给会员做教育，还可以卖画笔、组织旅游或是满足用户其他方面的需求。要尝试把所有的客户都吃透，把产业链做出来，这就是小平台未来的模式。此外，垂直化的小平台要开发自主产品，有自己的商标，然后可以借助于微信公众号、直播或网红的频道等载体形成自己的一

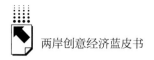
个频道，这个频道一定要慢慢做大，让别人重视，这样价值才会随之变大。

但是，小平台的发展不可避免地会面临一个问题，就是达到一定的体量之后很难再继续做大，即使平台运营者再努力都收效甚微。事实上，小平台之间可以通过频道组合的形式联合起来，以此来增强竞争力，获得与大平台和中平台的竞争优势。比如有 10 个微信公众号，每个公众号都在经营垂直化业务，每年产生各自的收益，但无论怎么做，由于小平台体量的制约，一个公众号带来的收益是有限的。但如果把这些公众号组合在一起，成立一家新媒体集团，可能就达到了一个上市公司的要求，彼此之间可以进行股权互换。未来大平台很难做，但是可以先做若干个垂直化小平台，然后再进行频道组合。频道组合有一个很大的优点，就是可以进行粉丝的转化。不同功能的公众号之间没有任何竞争关系，就可以通过互助营销来实现粉丝的导流，彼此相互增强粉丝。总之，垂直化是未来小平台很重要的一个成长概念，不同的小平台通过垂直化经营形成自身的粉丝群体，然后通过频道组合制实现相互联结，从而突破自身在互联网上的发展瓶颈。

（二）"自有 IP + 文创电商"模式

在互联网平台上，IP（内容版权和改编权）持续火热，一个好的网络文学故事，不仅可以阅读，还可以改编成游戏、电影、漫画、动画，优质的 IP 在当今互联网文化产业发展中极具价值。对于小平台来说，拥有自有 IP 才是根本之道。事实上，在我国主流消费者快速变化的今天，IP 改编越来越难，与其改编别人的 IP 还不如改编自己的。在与大平台竞争的过程中，自有 IP 才是增强小平台市场竞争力的重要砝码，因为如果拥有某个优质 IP，就可以只在自己的平台上播放，可以自主开发衍生产品，从而避免陷入与大中平台的同质化竞争。从内容角度来说，"系列微电影 +" 是开发自有 IP 的最主要创新方式，比院线电影更具有持续性。另外，不同系列的微电影可以形成频道组合制，既可以互相植入品牌产品，也可以形成开展互助营销的新平台。

此外，小平台不仅要拥有自有 IP，还要对 IP 进行价值变现，做互联网平台上的文创电商。当前很多人依托微信公众号等自媒体构建小平台，但是这些小平台发展到今天，却面临了增长的瓶颈，甚至有些人认为自媒体的红利期已经过去。事实上，自媒体传统以广告收入为主的商业模式已经过时，而属于自媒体的第二波红利期却尚未到来。值得注意的是，自媒体不仅具有传统媒体的传播功能，更是一个大卖场，具有电商功能。自媒体的第二波红利期是它作为"卖场"的全新身份，以自媒体的吸粉能力为基础、品牌效应为后盾，开发自主产品、宣传自家广告，形成产品、营销、渠道一体化的基于互联网的新型卖场。但是作为卖场，自媒体在互联网平台上会面临两个问题，一是假货，二是降价竞争。无边界的互联网、规模巨大的各种电商，让产品同质化成为必然的趋势，非独家、没特色的产品一定会陷入困境，从而低价恶性竞争成为趋势。可以预见，将来的电商走独家产品的道路，是根本的生存之道。文创电商模式正好适应时代而且能够满足人们对精神财富的追求。文创电商就是先拥有自己的独家内容，再把内容做成衍生品，最后再变成电商。比如把一件衣服直接放网上卖的是普通电商，但如果把衣服先做成迪士尼动画里主人公穿的衣服，然后再开始卖，这就是文创电商。动画电影《冰雪奇缘》已经让迪士尼公司靠卖服装就赚了 10 亿美元的纯利润，远远超过迪士尼公司作为主题公园的收入，可见文创电商在未来有着巨大的发展前景。文创电商是互联网文化产业平台模式的一个重要组成部分，必须做自有 IP 与电商的结合，才能形成具有特色的独家产品，从而构建一个内容＋网红＋品牌＋植入＋文创电商的产业链。总之，拥有自主 IP 的文创电商会在互联网平台模式的竞争中迅速确立自身优势，是小平台得以生存发展的独特道路，在未来拥有巨大的发展空间。

B.3
中国网络自制剧发展报告（2017）

丁蓉　金星*

摘　要： 伴随着互联网的加速发展和网民娱乐需求的日益增长，网络
自制剧逐渐成为影视剧行业一股不可忽视的力量。本文通过
搜集和整理相关数据、资料，总结2017年我国网络自制剧行
业呈现的特点。一是产量、播放量集中于三大平台，增速明
显；二是资金投入加大，制作成本上升，平台整合资源；三
是喜剧、爱情剧、悬疑推理剧成主要题材；四是受众年轻化，
付费会员占比上升，广告市场潜力巨大；五是精品化佳作频
出，IP改编剧播放量巨大等。以期对相关产业的发展、研究
有所增益。

关键词： 网络自制剧　影视剧产业

伴随着互联网的加速发展和网民娱乐需求的日益增长，各视频网站纷纷
瞄准电视剧市场的利好局面，把其作为市场竞争和业绩发展的方向之一。为
了降低购买电视剧版权费用所造成的财政压力、规避电视剧行业的同质化竞
争，各视频网站开始尝试自己制作电视剧，从而完全享有自制剧的版权而无
须再度购买，在这样的背景下，网络自制剧应运而生。经过十余年的发展，
与传统电视剧相比，网络自制剧已成为一股与之分庭抗礼甚至更胜一筹的影
视力量。

---

* 丁蓉，云南民族大学文学与传媒学院讲师；金星，云南民族大学文学与传媒学院教授。

一　中国网络自制剧的发展进程

检索"中国知网"① 及相关网页，关于"网络自制剧"，学术界和业界给出了不少定义，如"网络自制剧是指，由视频网站独立制作或与影视公司合作，并以互联网为主要传播媒介，以电脑、手机等设备为显示终端，以网络受众为主体的新型电视剧"。② 又如"网络自制剧界定为由视频网站独立或与影视公司联合出品制作，并在视频网站平台以独家播出为主要播出方式的电视剧"。③ 再如"（网络自制剧）是以视频网站为主体，辅以其他制作团队共同策划制作发行，以网站自制剧本或网络小说游戏等改编而成的剧本为主要创作形式，以移动互联网为主要传播渠道，符合网络时代受众观看方式的视听节目形态"。④ 另如"网络自制剧特指优酷土豆、爱奇艺、腾讯视频、乐视网、搜狐视频、芒果 TV 六大平台自主研发并在各自平台以独家播出为主要形式的具有连续性故事情节的剧，也涵盖了各类影视公司、独立工作室为视频平台量身打造的定制剧，以及通过版权采购、广告分成等多种合作模式在视频网站进行非独播的网络自制剧"。⑤

至此，我们可以归纳出关于"网络自制剧"这一概念的几个要点：一是制作主体，网络自制剧主要是由视频网站独立制作，或者由其与制作公司、投资公司合作制作的电视剧；二是播出平台，网络自制剧是以互联网为主要传播平台的电视剧，可以只在网络平台播出，也可以在网络平台和传统媒体（如电视台）等共同播出；三是网络自制剧的根本属性是电视剧，其

---

① 中国知网，http://www.cnki.net/。
② 欧阳文风、谭武军：《中国网络自制剧的勃兴、问题及发展思路》，《湘潭大学学报》（哲学社会科学版）2014 年第 6 期。
③ 尚克娜：《当下网络自制剧制播模式研究——以视频爱奇艺为例》，上海师范大学硕士学位论文，2017。
④ 严娇：《2011 年以来中国网络自制剧发展研究综述》，《东南传播》2017 年第 7 期。
⑤ 艺恩·泛娱乐大数据平台：《大自制时代，网络自制剧的蝶变效应——暨 2015～2016 年中国网络自制剧市场白皮书》，2016 年 10 月。

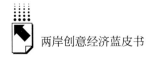

剧集时间可以长短不一，但必须是电视剧，而不是网络综艺节目、微电影等；四是网络自制剧这一概念是与传统电视剧相对而言的，传统电视剧主要是由影视公司、电视台等制作，在电视台播出的电视剧。要同时满足上述四个要点，才是真正意义上的网络自制剧。

与"网络自制剧"这一概念相近的概念有"网络剧""自制剧""网台剧""台网剧""纯网剧"等。为严谨起见，有必要对相关概念进行辨析。

"网络剧"的概念比较宽泛，一般而言，网络剧包含网络自制剧，还包含网友自制的剧目，即 UGC（User Generated Content）用户生产、原创的内容。

"自制剧"的概念也比较宽泛，自制剧包含电视台自制的电视剧，也包含视频网站自制的电视剧。

而"网台剧"和"台网剧"的概念则主要针对电视剧的跨媒介播出方式而言，有的电视剧是先在网络播出，后在电视台播出，称"网台剧"；先在电视台播出、后在网络播出的，称"台网剧"；还有的电视剧是网络和电视台同步播出的。广义的网台剧、台网剧既包含网络自制剧，又包含其他电视剧；而狭义的网台剧、台网剧则特指网络自制剧。

"纯网剧"则特指只在互联网上播出的电视剧，一般而言纯网剧多为网络自制剧，但网络自制剧不一定是纯网剧，如果还在其他媒介播出，那就是网台剧或其他类型了。①

我国网络自制剧的发展，大致经过了以下几个阶段。

1. 萌芽期：2006～2010年

据相关研究，我国的网络自制剧萌芽于 2006 年，当时的网络自制剧尚处于 UGC 阶段，内容多以网民自娱自乐的个人创作为主，以网络为播放平台，剧集多为小短剧，彰显恶搞、草根等网络文化，不具有完整情节，制作粗糙，以《一个馒头引起的血案》为代表。2007 年又有《Mr. 雷》《赵赶驴电梯奇遇记》等代表作。

2008～2010 年，由于购买版权成本过高，网络电视剧盗版盛行，版权

---

① 相关概念辨析参见 https：//www.zhihu.com。

纠纷频发。为此，国家新闻出版广电总局于 2009 年 4 月出台《关于加强互联网视听节目内容管理的通知》和 2010 年 11 月出台《广播影视知识产权战略实施意见》两项规定，对影视剧的网络版权进行了有效保护。各大视频网站为应对版权危机、开拓市场，纷纷加大投入制作自产自销的视频产品。自制剧得到快速发展，产量和质量较之前都有所提高，代表作有《欢迎爱光临》《乌托邦办公室》《钱多多嫁人记》等。此时的网络自制剧已拥有完整剧情，开始了专业化的发展探索。

2. 上升期：2011~2013 年

网络自制剧凭借其在网站中低成本、资源独享、可植入广告、可多重开发等优势，从开始的单纯博点击量变成视频网站的重要战略，开启了"版权购买＋自制"双模式时代。随着视频网站投放的自制剧不断丰富，各大网站纷纷加大对自制剧的投资力度。这一时期出现了《屌丝男士》《女人帮·妞儿》等热播作品。

3. 成熟期：2014 年至今

2014 年被称为网络自制剧元年，2014 年至今，网络自制剧从创作到传播日趋成熟，在题材上进行了多元化的尝试，伴随视频网站投入的加大，制作水平大幅度提高。采用大数据对当前受众进行分析，形成了专业化和品牌化的发展战略，网台联动成为常态。此阶段网络自制剧实现了数量和质量方面的爆炸性增长，代表作有《盗墓笔记》《无心法师》等。[①]

二 我国网络自制剧的发展现状

（一）近十年我国网络自制剧的产量

2008~2017 年，我国传统电视剧及网络自制剧产量不断增加，数据如图 1 所示。

---

① 涂胜芳：《探究中国网络自制剧的问题与发展对策》，《视听》2018 年第 3 期。

图1　2008～2017年传统电视剧与网络自制剧产量对比

资料来源：骨朵传媒，《网络剧的"黄金时代"——2017年网络剧行业趋势报告》，中商产业研究院，中国产业信息研究网等。

从图1可看出，2008～2013年6年间，网络自制剧的产量远远低于传统电视剧。传统电视剧以每年402～506部的产量保持较为平稳的态势，而网络自制剧的年产量则为5～50部，传统电视剧比网络自制剧每年多产出391～497部。至2014年，网络自制剧的年产量出现突破，与2013年相比，2014年网络自制剧年产量递增155部；与传统电视剧年产量的差值递减至224部。故而2014年被称为网络自制剧元年。

2015年网络自制剧年产量已基本持平传统电视剧，两者的差值缩小到16部；与上年相比，网络自制剧增产174部。2016年网络自制剧以349部的年产量，首次赶超传统电视剧330部的年产量，前者比后者多19部。2016～2017年，传统电视剧年产量分别为330部、310部，较为稳定；而网络自制剧为349部、296部，较上一年，年产量分别减少了30部、53部，产量有所下降；传统电视剧的年产量在这两年中，同样有所下降。

（二）近三年我国网络自制剧的播放量

2015～2017年国产网络自制剧的播放总量、单部播放量及各自的增速情况如图2、图3所示。

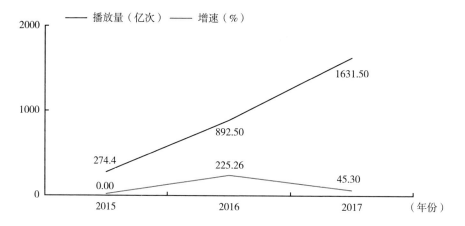

图2　2015～2017年网络自制剧播放总量及增速

资料来源：骨朵传媒。

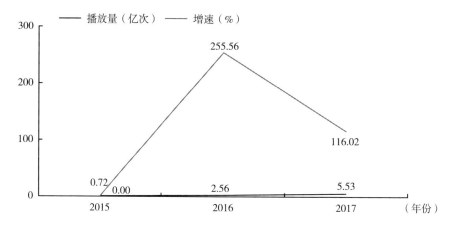

图3　2015～2017年网络自制剧单部播放量及增速

资料来源：骨朵传媒。

　　图2显示，从前台播放总量上看，2015年网络自制剧的前台播放总量为274.4亿次，2016年增至892.5亿次，较上一年增加225.26%；2017年前台播放总量增至1631.5亿次，较上一年增加45.3%。再看单部网络自制剧的前台播放量，2015年为0.72亿次，2016年增至2.56亿次，较上年增加255.56%；2017年单部前台播放量为5.53亿次，较上年增加116.02%。

　　综上，2017年国产网络自制剧共296部，比传统电视剧总部数略低；

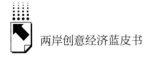

较2016年国产网络自制剧，少产出53部，传统电视剧也较上一年度有所下降。但点击量呈上升趋势，2017年网络自制剧前台播放总量增速为45.3%；单部前台播放量增速为116.02%。

三 我国网络自制剧的产业特征

按照拉斯韦尔5W理论，本文将结合控制分析、内容分析、受众分析、媒介分析、效果分析五个方面，总结2017年国产网络自制剧的产业特征。

（一）产量、播放量集中于三大平台，增速明显

在2017年国产296部网络自制剧中，爱奇艺出品160部，占54%，占比最多；腾讯视频出品64部，占22%，居于第二位；优酷出品26部，占9%，居第三位；其他平台如搜狐视频、乐视视频、芒果TV、PPTV聚力等，共出品46部，占15%（见图4）。

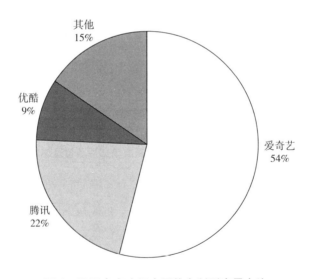

图4 2017年各大平台网络自制剧产量占比

资料来源：骨朵传媒；旷实、杨艾莉《2017年视频网站总结：纯网自制剧带动流量向BAT集中，网综市场芒果TV异军突起》，《证券研报》2018年1月5日。

据统计，2016 年爱奇艺播出的电视剧剧单中显示网络自制剧占比为 16%。[①] 至 2017 年爱奇艺网络自制剧占比为 37.84%，腾讯视频为 33.85%，优酷为 34.48%（见图5）。

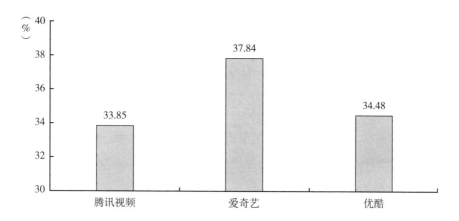

图5　2017 年三大平台的自制剧占比

资料来源：骨朵传媒；旷实、杨艾莉：《2017 年视频网站总结：纯网自制剧带动流量向 BAT 集中，网综市场芒果 TV 异军突起》，《证券研报》2018 年 1 月 5 日。

据骨朵传媒数据，2017 年网络视频平台独播的网络自制剧共 101 部，其中，爱奇艺、腾讯视频、优酷三大平台共 84 部，占比高达 83.2%，前台总播放量为 831.6 亿次，占视频平台独播自制剧前台总播放量的 96.6%。三大网络视频平台处于网络自制剧产量的垄断地位。

从播放量上看，网络自制剧的前台播放量主要流向爱奇艺、腾讯视频、优酷三大平台。以优酷为例，截至 2017 年 12 月 31 日，它产生的前台总播放量高达 350.1 亿次，占全年前台总播放量的 21.45%；网络自制剧的部均前台播放量超过 20 亿次，是全年部均前台播放的 3.62 倍。其中，前台播放总量较高的有：《大军师司马懿之军师联盟》67.7 亿次，《春风十里，不如你》58.7 亿次，《白夜追凶》48.5 亿次，《秦时丽人明月心》40.1 亿次，

---

① 旷实、杨艾莉：《2017 年视频网站总结：纯网自制剧带动流量向 BAT 集中，网综市场芒果 TV 异军突起》，《证券研报》2018 年 1 月 5 日。

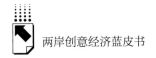

《镇魂街》30.3 亿次，《颤抖吧，阿部》24.1 亿次，《大军师司马懿之虎啸龙吟》18.9 亿次。①

从整体上看，2017 年网络自制剧的产量和播放量均向爱奇艺、腾讯视频和优酷三大平台集中，三大平台自制剧的播出占比增速明显。三大平台处于观看网络自制剧视频渠道的垄断地位。

（二）资金投入加大，制作成本上升，平台整合资源

2017 年，各大平台加大了网络自制剧的资金投入。爱奇艺在版权剧、版权综艺和网络自制剧、网络综艺等方面共投入 100 亿元；腾讯视频的自制内容投入是 2016 年的 9 倍；而阿里巴巴未来三年将投入 500 亿元到以优酷为首的大文娱产业。②

随之而来的是网剧自制剧成本的上升，网络自制剧单集的制作成本逐年上升，逐渐追平甚至赶超传统电视剧的制作成本。如表 1 列举的 2012 年搜狐视频制播的网络自制剧《屌丝男士》，单集制作成本为 10 万元；相比 2011 年传统电视剧《甄嬛传》70 万～80 万元的单集制作成本，网络自制剧成本极低。至 2015 年，网络自制剧《盗墓笔记》的单集成本已跃升至 548 万元；该年度传统电视剧《芈月传》单集制作成本约 200 万元；《芈月传》的单集成本与网络自制剧《无心法师》相对持平。至 2017 年，网络自制剧《择天记》的单集成本上升至 600 万～800 万元。

各大平台在加大资金投入的情况下，加速整合平台资源。如爱奇艺打造"大苹果树模型"，推行泛娱乐生态模型，以 IP（Intellectual Property，英文"知识产权"的缩写）及技术为核心成立文学版权库；腾讯视频则整合旗下的盛大文学、阅文集团，利用庞大的社交用户群，优化网络自制剧资源；优酷则依托阿里巴巴的电商生态，利用 4.4 亿潜在消费用户，渗透网络自制剧

---

① 骨朵传媒：《剧 BANG 来袭！数据炸裂！——〈2017 年网络剧产业发展研究白皮书〉重磅发布》，搜狐娱乐，2018 年 3 月 15 日。
② 品途商业评论：《网络剧的"黄金时代"——2017 年网络剧行业趋势报告》，https://www.pintu360.com/。

的消费；搜狐视频是网生喜剧的发源地，利用大鹏工作室制作了《屌丝男士》《煎饼侠》等剧集。①

表1　网络自制剧单集制作成本举例

单位：万元

上映年份	剧集	单集成本	播放平台
2012	《屌丝男士》	10	搜狐视频
2015	《太子妃升职记》	60	乐视
2015	《无心法师》	160～200	搜狐视频
2015	《盗墓笔记》	548	爱奇艺
2016	《余罪》	100	爱奇艺
2016	《法医秦明》	250	搜狐视频
2016	《老九门》	300～400	爱奇艺
2016	《幻城》	＞500	腾讯视频等
2017	《择天记》	600～800	爱奇艺等

资料来源：品途商业评论。

由上可见，2017年各大网络平台加大了对网络自制剧的资金投入，网络自制剧的单集制作成本显著上升。并且各大网络对现有的平台资源进行了有效整合。

（三）喜剧、爱情剧、悬疑推理剧成主要题材

从题材内容上看，在2017年国产296部网络自制剧中，喜剧题材产量最多，共85部，占28.72%；第二是爱情剧，共48部，占16.22%；第三是悬疑推理剧，共34部，占11.49%；第四是武侠玄幻剧，共32部，占10.81%；青春校园题材的网络自制剧也不少，共25部，占8.45%。

在2017年爱奇艺出品的160部网络自制剧中，65部题材为喜剧，产量最多，占40.63%；其次是爱情剧，共28部，占17.5%；再次是悬疑推理剧，共24部，占15%。腾讯视频产量最多的是爱情剧，共11部，占17.19%；第二是青春校园剧，共10部，占15.63%；第三是喜剧，共8部，

---

① 品途商业评论：《网络剧的"黄金时代"——2017年网络剧行业趋势报告》，https://www.pintu360.com/。

占 12.5%。优酷网络自制剧中，青春校园剧最多，共 8 部，占 30.77%；其
次是喜剧和历史传奇剧，均为 4 部，占 15.38%。其他网络平台武侠玄幻
剧、喜剧、爱情剧、悬疑推理剧产量居前四位。

相比 2014 年，网络自制剧以幽默搞笑剧、都市生活剧为主流，占比分
别约 35% 和 25%。2015 年，以惊悚悬疑剧、幽默搞笑剧、时空穿越剧为
主，占比分别约为 22%、20% 和 15%。2016 年占比最多的是惊悚悬疑剧、
奇妙玄幻剧、都市生活剧、侦探推理和幽默搞笑剧，占比分别约为 20%、
18%、18%、15% 和 5%。①

表 2 2017 年网络自制剧各题材产量及占比

单位：部，%

平台 类型	产量					占比				
	爱奇艺	腾讯	优酷	其他	合计	爱奇艺	腾讯	优酷	其他	合计
喜剧	65	8	4	8	85	40.63	12.50	15.38	17.39	28.72
爱情	28	11	1	8	48	17.50	17.19	3.85	17.39	16.22
悬疑推理	24	3	2	5	34	15.00	4.69	7.69	10.87	11.49
都市职场	12	3	0	1	16	7.50	4.69	0.00	2.17	5.41
武侠玄幻	11	6	2	13	32	6.88	9.38	7.69	28.26	10.81
青春校园	5	10	8	2	25	3.13	15.63	30.77	4.35	8.45
警匪罪案	4	4	2	1	11	2.50	6.25	7.69	2.17	3.72
历史传奇	4	6	4	6	20	2.50	9.38	15.38	13.04	6.76
冒险恐怖	4	1	0	0	5	2.50	1.56	0.00	0.00	1.69
科幻	2	5	3	1	11	1.25	7.81	11.54	2.17	3.72
战争军旅	1	4	0	0	5	0.63	6.25	0.00	0.00	1.69
运动竞技	0	3	0	1	4	0.00	4.69	0.00	2.17	1.35

资料来源：骨朵传媒，《证券研报》。

再来看传统电视剧的题材内容，据时代划分，2015 年和 2016 年的传统
电视剧以当代题材为主，部数分别占 47.21% 和 52.99%；其次是近代题材，
分别占 35.03% 和 29.64%；第三是古代题材，分别占 11.93% 和 11.68%；

---

① 《2017 年网络剧市场分析》，http://www.docin.com/p - 2006448643.html。

第四是现代题材，占 4.06% 和 3.89%；第五是重大革命、历史题材，分别占 1.78% 和 1.8%。

据内容划分，2015 年和 2016 年传统电视剧占比最多的是当代都市题材，分别占 35.28% 和 40.72%；占比第二多的是近代革命题材，分别占 20.81% 和 14.37%；第三是近代传记、传奇题材，分别占 8.88% 和 11.98%；第四是古代传奇，分别占 7.61% 和 4.49%。[①]

综上，喜剧、爱情剧、悬疑推理剧和武侠玄幻剧是网络自制剧主要题材。而都市剧、近代革命题材剧、近代和古代传记、传奇等则是传统电视剧的主流。两者题材上的不同与其针对受众不同有密切联系。网络自制剧的受众以网民为主，以市场化为主要导向；而传统电视剧则肩负着巩固政治意识形态宣传等重任，重大革命、历史题材的电视剧也列入其中。

（四）受众年轻化，付费会员占比上升，广告市场潜力巨大

截至 2016 年，我国网民约 7.31 亿人，非网民约 6.42 亿人，网民占全国总人口的 53.24%。网民中，网络视频用户约 5.45 亿人，非网络视频用户 1.86 亿人，前者占网民总人数的 74.56%，网络视频用户是观看网络自制剧的主力军。[②] 网络视频用户中，66.05% 为男性，33.95% 为女性。从职业上看，55.53% 为学生，44.64% 为其他职业者。从年龄上看，16～25 岁的受众占主流，占比高达 72.01%；其次是 26～35 岁者，占 15.81%；15 岁及以下的占 9.3%；36 岁及以上的占 2.79%。从文化程度上看，大学本科、大专学历的受众占比最多，达 42.02%；研究生及以上者，占比也较多，达 35.29%；初中及以下学历者占 15.13%；高中、中专占 7.56%。[③] 即网络自制剧受众以男性为主，职业以学生居多，年龄层面以 90 后、00 后为主，45

---

① 搜狐新闻：《总局发布权威数据，2016 年获准发行电视剧总量创五年新低》，搜狐新闻，2017 年 3 月 31 日。

② 中国互联网络信息中心：第 39 次《中国互联网络发展状况统计报告》，2017 年 1 月 22 日。

③ 品途商业评论：《网络剧的"黄金时代"——2017 年网络剧行业趋势报告》，https：//www.pintu360.com/。

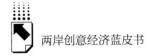
岁以上者基本不看网络自制剧，学历以大学本科及以上学历为主。

据统计，2016 年中国视频网站的付费用户突破 1 亿，其中有效付费会员（不包含各类渠道赠送会员）达 7500 万，增速是美国市场的 9 倍。其中，优酷付费会员人数占 30%，爱奇艺占 20%，腾讯占 20%，乐视视频占 12%，其他占 18%。①

付费会员剧的占比逐年上升，以三大视频网站为例。2015 年爱奇艺付费会员剧约占 5%，2016 年约占 12%，2017 年约占 32%；腾讯视频 2015 年付费会员剧约占 2%，2016 年约占 26%，2017 年约占 34%；优酷 2015 年付费会员剧约占 16%，2016 年约占 19%，2017 年约占 39%。②

从广告市场规模上看，2016 年中国电视广告的市场规模约为 1000 亿元，而同年各类品牌在内容营销广告③上的花费约为 430 亿元，预计 5 年内，内容营销广告的市场规模有可能赶超电视广告。其中，市场规模最大的内容营销广告是贴片视频广告。④ 贴片视频广告的兴起伴随着视频网站的崛起和网络视频播放量的上升。2016 年贴片视频广告的市场规模为 263 亿元；预计 2017 年达到 330 亿元，同比增长 25.5%。⑤ 广告市场规模潜力巨大。

（五）精品化佳作频出，IP 改编剧播放量巨大

2017 年国产网络自制剧呈现精品化趋势，不少剧集得到了受众的广泛好评，将豆瓣网上评分人数 1 万人以上、评分 7.8 分以上的精品网络自制剧进行统计，共 12 部（见表 3）。

---

① 品途商业评论：《网络剧的"黄金时代"——2017 年网络剧行业趋势报告》，https：//www. pintu360. com/。
② 旷实、杨艾莉：《2017 年视频网站总结：纯网自制剧带动流量向 BAT 集中，网综市场芒果TV 异军突起》，《证券研报》2018 年 1 月 5 日。
③ 内容营销广告主要有网络视频贴片广告、品牌冠名、植入广告、信息流营销、品牌联合营销和中插广告等。
④ 贴片视频广告即在视频开始之前插播的广告。
⑤ 《2017 年中国网络剧行业发展趋势分析》，中国产业信息网，2017 年 12 月。

表 3　2017 年国产网络自制精品剧

单位：分，人次

排名	剧名	豆瓣评分	平台	题材	评分人数
1	《白夜追凶》	9.0	优酷	悬疑推理	182052
2	《一起同过窗 2》	8.9	优酷	青春校园	16305
3	《你好，旧时光》	8.6	爱奇艺	青春校园	36717
4	《河神》	8.3	爱奇艺	悬疑推理	75827
4	《琅琊榜之风起长林》	8.3	爱奇艺	古代传奇	24990
6	《杀不死》	8.2	腾讯	悬疑喜剧	16599
6	《无证之罪》	8.2	爱奇艺	罪案	51971
6	《大军师司马懿之虎啸龙吟》	8.2	优酷	历史剧	17856
9	《大军师司马懿之军师联盟》	8.1	优酷	历史剧	61299
10	《花间提壶方大厨 1&2》	8.0	爱奇艺	喜剧	23938
11	《射雕英雄传》	7.9	爱奇艺	古代武侠	43168
12	《盲侠大律师 1&2》	7.8	爱奇艺	都市探案	12017

资料来源：骨朵传媒《2017 年网络剧报告：年度总播放量猛增，口碑剧频出，好故事成制胜关键》，2018 年 1 月 15 日。

表 3 的 12 部网络自制精品剧中，爱奇艺共 7 部，占 58.33%；优酷共 4 部，占 33.33%；腾讯共 1 部，占 8.33%。[①] 从题材内容上看，悬疑推理剧 2 部，青春校园剧 2 部，历史剧 2 部，喜剧及悬疑喜剧 2 部，其余题材各 1 部。评分最高的是优酷网络平台制播的《白夜追凶》，豆瓣评分 9.0 分，剧情编排属近年电视剧的上乘之作。2017 年末，美国著名视频网站 Netflix 买下了《白夜追凶》的播映权，该剧计划在全球 190 多个国家和地区上线。这是中国内地网络自制剧首次向境外输出。[②] 其他网络自制剧如《河神》《大军师司马懿之军师联盟》《无证之罪》等，也获得较好的观众口碑。

2016～2017 年网络自制剧频繁进驻各大电视台卫视播出，反哺传统电视剧。如表 4 所示，2016 年腾讯视频网络自制剧《鬼吹灯之精绝古城》进

[①] 骨朵传媒：《2017 年网络剧报告：年度总播放量猛增，口碑剧频出，好故事成制胜关键》，2018 年 1 月 15 日。

[②] 杨洪涛：《〈白夜追凶〉：网络自制剧的品质之作》，《当代电视》2018 年第 2 期。

驻东方卫视播出；2017 年腾讯视频网络自制剧《择天记》进驻湖南卫视播出等。①

表4 2016～2017 年网络自制剧进驻电视台播出举例

上映年份	剧目	出产平台	进驻卫视
2016	《鬼吹灯之精绝古城》	腾讯视频	东方卫视
2016	《盗墓笔记之云顶天宫》	腾讯视频	北京卫视、安徽卫视
2016	《诛仙青云志2》	腾讯视频	北京卫视、安徽卫视
2016	《极品家丁》	优酷视频	浙江卫视
2017	《择天记》	腾讯视频	湖南卫视
2017	《漂亮的她》	乐视视频	湖南卫视
2017	《轩辕剑之汉之云》	乐视视频	东方卫视
2017	《风声》	腾讯视频	北京卫视
2017	《大唐荣耀》	腾讯视频	北京卫视
2017	《封神之天启》	腾讯视频	北京卫视
2017	《十年一品温如言》	腾讯视频	北京卫视

资料来源：品途商业评论。

按知识产权分类，网络自制剧可分为 IP 网络自制剧（即根据知名小说等改编的网络自制剧）和原创网络自制剧两类。从产量占比上看，2015～2017 年的网络自制剧以原创剧为主，分别占 90.24%、83.95% 和 74.92%，占比逐年下降。IP 剧虽然占比不多，但数量则逐年上升，由 2015 年占 9.76% 升至 2017 年的 25.08%（见表5）。

从播放总量上看，与图2、图3相比，IP 剧播放总量略高于原创剧。如 2017 年 IP 剧的播放量占网络自制剧总播放量的 55.64%；原创剧占比为 44.36%。但就部均播放量而言，IP 剧远超原创剧。2017 年 IP 剧部均播放量是网络自制剧总部均播放量的 2.22 倍，而总部均播放量则是原创剧的 1.68 倍。

① 品途商业评论：《网络剧的"黄金时代"——2017 年网络剧行业趋势报告》，https://www.pintu360.com/。

表5 2015～2017年IP、原创网络自制剧对比

年份	总部数（部）	占比（%）	总播放量（亿次）	占比（%）	部均播放量（亿次）	倍数比
IP网络自制剧						
2015	37	9.76	148.8	54.23	4	5.56
2016	56	16.05	508.5	56.97	9.1	3.55
2017	74	25.08	907.6	55.64	12.3	2.22
原创网络自制剧						
2015	342	90.24	125.6	45.77	0.4	1.80
2016	293	83.95	384	43.03	1.3	1.97
2017	221	74.92	723.7	44.36	3.3	1.68

资料来源：骨朵传媒《2017年网络剧报告：年度总播放量猛增，口碑剧频出，好故事成制胜关键》，2018年1月15日。

从题材上看，IP网络自制剧和原创网络自制剧的分布有所不同（见表6），IP剧题材为青春校园14部，玄幻剧和言情剧均为11部，古代传奇8部；原创剧为悬疑推理11部，言情剧10部，喜剧9部。

表6 2017年IP、原创网络自制剧主要题材及总播放量

单位：部，亿次

题材\类型	IP网络自制剧		原创网络自制剧	
	部数	总播放量	部数	总播放量
古代传奇	8	254.8	6	80.1
青春校园	14	169.8	4	23.4
玄幻	11	150	8	53.2
言情	11	125.1	10	59.7
冒险	3	49.1	0	0
武侠	1	47	3	7.8
软科幻	3	33.3	1	4.1
悬疑推理	3	25	11	172.5
罪案警匪	5	19.3	5	105.9
娱乐圈	2	18.4	2	24.7
喜剧	2	8	9	58.9

续表

题材\类型	IP 网络自制剧		原创网络自制剧	
	部数	总播放量	部数	总播放量
运动竞技	2	4.5	0	0
历史剧	0	0	2	86.6
商战职场	0	0	2	10
军旅	0	0	3	6.5

资料来源：骨朵传媒《2017 年网络剧报告：年度总播放量猛增，口碑剧频出，好故事成制胜关键》，2018 年 1 月 15 日。

综上所述，2017 年国产网络自制剧佳作频出，出现了海外输出的现象，并进驻各大卫视；观众口碑提升，广告市场规模潜力巨大。其中，IP 网络自制剧的产量逐年上升，部均播放量巨大。

通过上述分析，可以看出，2017 年我国网络自制剧行业呈现以下特点：一是产量、播放量集中于三大平台，增速明显；二是资金投入加大，制作成本上升，平台整合资源；三是喜剧、爱情剧、悬疑推理剧成主要题材；四是受众年轻化，付费会员占比上升，广告市场潜力巨大；五是精品化佳作频出，IP 改编剧播放量巨大。经过十余年的孕育和发展，国产网络自制剧已成为一股不可忽视的行业力量；但与国外发展较为成熟的网络自制剧市场相比，国产网络自制剧还有很长的一段路要走。

参考文献

涂胜芳：《探究中国网络自制剧的问题与发展对策》，《视听》2018 年第 3 期。

杨洪涛：《〈白夜追凶〉：网络自制剧的品质之作》，《当代电视》2018 年第 2 期。

严娇：《2011 年以来中国网络自制剧发展研究综述》，《东南传播》2017 年第 7 期。

尚克娜：《当下网络自制剧制播模式研究——以视频爱奇艺为例》，上海师范大学硕士学位论文，2017。

欧阳文风、谭武军：《中国网络自制剧的勃兴、问题及发展思路》，《湘潭大学学报》（哲学社会科学版）2014 年第 6 期。

旷实、杨艾莉：《2017 年视频网站总结：纯网自制剧带动流量向 BAT 集中，网综市场芒果 TV 异军突起》，《证券研报》2018 年 1 月 5 日。

骨朵传媒：《剧 BANG 来袭！数据炸裂！——〈2017 年网络剧产业发展研究白皮书〉重磅发布》，搜狐娱乐，2018 年 3 月 15 日。

品途商业评论：《网络剧的"黄金时代"——2017 年网络剧行业趋势报告》，https：//www.pintu360.com/。

《2017 年中国网络剧行业发展趋势分析》，中国产业信息网，2017 年 12 月。

艺恩·泛娱乐大数据平台：《大自制时代，网络自制剧的蝶变效应——暨 2015～2016 年中国网络自制剧市场白皮书》，2016 年 10 月。

B.4
中国网络文学产业发展报告（2017）

苏晓芳*

摘　要：　2017 年，中国网络文学产业持续增长，IP 开发仍是本年度网
　　　　　络文学产业发展的中心议题，网络文学影视化、游戏化、动
　　　　　漫化是网络文学产业的主要盈利模式；而在数字阅读渠道，
　　　　　网络文学有声阅读成为新的增长点；在内容生产上，幻想性
　　　　　题材仍占据市场主导，现实主义题材逐渐开始呈上升趋势，
　　　　　同时，在网络小说创作中，一种新的网络现实主义形态逐渐
　　　　　成形，亟待理论上的论证与提升；作为国家文化产业的组成
　　　　　部分，网文出海举措频频，中国网络文学产业的海外扩展，
　　　　　彰显了中国文化的软实力；在临近网络文学发展 20 周年的
　　　　　2017 年，一个以资本化、主流化、精品化、规范化为特征的
　　　　　新网文时代正呼之欲出。

关键词：　IP 开发　网络文学　"网络现实主义"　网文出海　新网文
　　　　　时代

　　2017 年的中国网络文学产业仍保持着持续增长的势头，网络文学产业
规模首次突破百亿元，网络文学用户达到 3.78 亿人，占网民总数的
48.9%。据国家新闻出版广电总局数字出版司对当前市场规模较大、影响力
较强的 45 家重点网站发展情况的统计，截至 2017 年 12 月，各网站原创作

---

* 苏晓芳，博士，厦门理工学院文化产业与旅游学院教授，主要研究方向为网络文学。

品总量高达 1646.7 万种，其中签约作品达 132.7 万种，年新增原创作品 233.6 万种，年新增签约作品 22 万种。出版纸质图书 6942 部，改编电影 1195 部，改编电视剧 1232 部，改编游戏 605 部，改编动漫 712 部。①

除了数据上的增长，IP 打造与运营仍是这一年网络文学产业发展的中心议题；网络文学有声阅读成为数字阅读新的增长点；作为内容产业，网络文学的 IP 核心——作家队伍建设也更趋成熟，作品题材创作领域出现一些新的势头，亟待理论的提升。同时，作为国家文化产业的组成部分，网文出海举措频频，中国网络文学产业在海外市场的开拓，正成为整个产业的新的发展动向。2017 年，网络文学发展走完了 20 年的发展历程，即将开始一个新的十年，一个新网文时代正呼之欲出。

一　IP 开发：网络文学产业的中心议题

近年来，IP 一直是网络文学产业发展的关键词，几乎到了一谈起网络文学，言必称 IP 的程度，2017 年度的网络文学产业也是如此，打造 IP 仍是中心议题。区别于传统文学创作，经过 20 年的发展，特别是近年来网络文学产业化探索之后，网络文学的盈利模式已基本明晰，即网络文学的主要利润空间并不仅仅聚焦于小说本身的付费阅读与下网成书，而在全版权运营，也就是所谓的 IP 的充分开发所带来的利润。盘点 2017 年网络文学产业 IP 运营的主要模式，仍是"网络文学 + 影视"　"网络文学 + 游戏""网络文学 + 动漫"等三种。

"网络文学 + 影视"即网络文学的影视化是网文 IP 运营最成功、影响最广泛的方式。艾瑞咨询研究院进行的一项调查显示，签订了作品改编授权的网文作者，19.7% 授权给了电视剧，19.2% 授权给电影，19.6% 授权给漫画，16.4% 授权给游戏，15.5% 授权给动画，其他授权为 9.64%。而

---

① 王莹、王志艳、刘佳佳：《24 部优秀网络文学作品获新闻出版广电总局和中国作协推介》，新华网，2018 年 1 月 23 日。

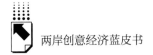

在具有改编意愿的网文作者中，69.7%的作者更倾向于将作品改编成电视剧①，可见网络文学的影视化是网文作者在 IP 转化中的第一选项。

优酷的数据显示，在 2017 年优酷平台播放量前 100 位的电视剧中，IP 类电视剧有 60 部，占比为 60%。其中有很多都是知名大 IP，比如《三生三世十里桃花》《楚乔传》《双世宠妃》《醉玲珑》《九州·海上牧云记》《孤芳不自赏》《大唐荣耀》《欢乐颂》等，其中《三生三世十里桃花》《楚乔传》等想象类题材的电视剧最受欢迎。《三生三世十里桃花》根据唐七公子同名小说改编，于 2017 年 1 月 30 日在东方卫视、浙江卫视首播，在东方卫视以 1.288 的平均收视率位居第二，在浙江卫视则以 1.041 的平均收视率位居收视率第四。该剧的网络播出量成绩更好，上线仅 12 小时全网播放量便达到 6 亿次，全网播放量 15 天即突破 100 亿次大关。至 2017 年一季度结束，《三生三世十里桃花》创下影视剧网络播放新纪录，达到惊人的 363 亿次②。《楚乔传》改编自潇湘冬儿的网络小说《11 处特工皇妃》，于 2017 年 6 月 5 日在湖南卫视播出后，多集取得 CSM52 城市网收视率和全国网收视率第一的佳绩，又于 2017 年 9 月，夺得 2017 微博电视影响力盛典年度剧王桂冠。

2017 年的国产电影也追求大 IP，有不少网络文学作品改编的电影获得成功，如《悟空传》《惊悚小说》《傲娇与偏见》《战狼 2》等，特别是由吴京担任导演兼主演的《战狼 2》成为现象级的巨制，该片改编自伴舞妖姬的网络原创小说《弹痕》，小说 2006 年在起点中文网上连载，电影由小说原作者伴舞妖姬本人（董群）担任主要编剧，上映后，以 56.8 亿元的总票房刷新了中国电影票房的新纪录。2017 年 12 月，该片还获得 2017 中国 – 东盟电影节最佳影片奖和第二届澳门国际影展亚洲人气电影大奖。

网络小说游戏化是网络文学 IP 衍生的主要方向之一，2017 年的游戏市场上，由网络小说改编的影视作品是新品角色扮演游戏的 IP 主要来源之一。

---

① 艾瑞咨询：《2018 中国网络文学作者白皮书》，2018 年 5 月 15 日。
② 《2017 年一季度电视剧网络播放量排行榜 〈三生三世十里桃花〉排名第一》，中商情报网，2017 年 4 月 24 日。

这类作品因有比较完整的世界观，在还原 IP 剧情和提高玩家参与度方面具有明显优势，从而成为 IP 联动的成功之作，如《楚乔传》《军师联盟》《九州天空城 3D》等，游戏开发的类型多样，有的不仅有网页游戏，还有手游开发。

作为"网络文学＋"的三大方向之一，网络小说动漫化的开发也从未止步。2017 年国产动画播放量排名前列的作品大多由网络小说改编而成，如《斗破苍穹》《斗罗大陆》等超级 IP 的动画版都取得了不俗的业绩，由蝴蝶蓝的同名电竞小说改编的动画版《全职高手》是其中评价最好的一部，该片于 2017 年初上线，2017 年第一季度豆瓣评分为 8.1 分，在年底举行的 2017 中国泛娱乐指数盛典上获得 ENAwards 2016～2017 年度最具价值网络剧的殊荣。

对于 IP 热，业界也有不同的声音，有人认为"IP 应该降温了"，有人强调"IP 不是万能的"，还有人戏称 IP 就是"挨批"，其理由是在 2017 年，有些原本被寄予厚望的 IP 影视剧遭遇了收视、票房的滑铁卢。例如，改编自唐七公子同名小说《三生三世十里桃花》的电视剧版创下超高收视率后，电影版《三生三世十里桃花》也在 2017 年 8 月在院线上映，但是，电影并没能复制电视剧的成功，尽管影片以 5.33 亿元的票房位列 2017 年 8 月内地票房榜亚军，但此片的口碑较差，豆瓣电影评分仅为 3.9 分，更有影评人称其为"剧情空无，情感空无，演技空无，了无诚意的'三无'作品"①。还有一些收视率不俗的影视剧也有类似的遭遇，如电视剧《孤芳不自赏》因主要人物抠图而恶评如潮，《大唐荣耀》则不仅评价不高，收视率也惨淡不堪，被观众戏称为"大唐农药"。

然而，从市场总体情况来看，断言 IP 降温或过时显然过于悲观了，目前产业发展的实际表明，IP 开发与运营仍是网络文学产业发展的重心所在。但是，对于 IP 的质疑之声仍提醒我们，网文 IP 的评估必须走向规范化。要建立网文 IP 评价的科学标准和体系，由专业的第三方评估机构依据这个标

---

① 梦里诗书：《除了一件遮羞的华服还有什么？》，豆瓣电影，2017 年 8 月 3 日。

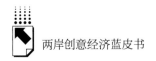

准来进行科学评估，但是，目前因为缺乏标准，评估混乱，个别 IP 价值被高估，从而对市场形成误导，也引发了一些不良竞争的情况。

网文 IP 评估的规范化在 2017 年开始有了实质性的进展，多家机构启动对于 IP 评价标准的研究和探索。2017 年 6 月，在上海举行的 2017 中国 IP 指数盛典上，艺恩针对目前业界在 IP 立项、开发、影视化以及广告招商过程中面临的难点，发布了 IP 指数及内容营销指数两大新产品，以数据驱动＋内容洞察，为影视行业的 IP 评估、交易、孵化等环节提供全链条解决方案，这个解决方案包括在 IP 立项阶段的粉丝转化、改编潜力、题材类型趋势，IP 创作阶段的原著改编、背景设置、角色刻画，IP 影视化阶段的主创团队配置以及营销策略等各项具体指标。方案旨在从前端的 IP 指数发现潜力 IP，中端的 IP 评估体系和数据产品加速 IP 孵化，到后端通过内容营销指数帮助 IP 实现招商变现，为行业提供系统性、标准化的全套 IP 解决方案。另有中国传媒大学受众研究中心的 IP 研究基地通过市场价值、开发价值和社会价值三大维度，从维度的划分、指标设置、指标赋权三方面对网络文学 IP 价值评估体系进行了科学的建构，打造了具有操作性的"IP 价值评估体系"，并发布了《网络文学 IP 价值评估体系研究报告》。这一体系的建立为投资方选择改编网络文学 IP 提供了客观参照，这种评估有利于甄别作品优劣；帮助 IP 产业形成科学、公正、有效的第三方评估体系，有利于网络文学 IP 市场机制的进一步完善，活跃和规范 IP 市场的交易。

二 有声阅读：网络文学数字阅读的增长点

网络文学数字阅读付费模式的形成始于 2003 年，最初是一家名为明扬的网站采用了收费阅读方式，但这家网站不久就倒闭了，后来从 2003 年 10 月起，起点中文网推出在线付费阅读模式，付费阅读便成为网络文学的主要盈利模式。但随着网络文学产业链的延伸，该模式逐步被全产业链运营的新的盈利模式所取代，有些网文平台甚至提出开放版权，推行全免费的数字阅读模式。但近年来，在盈利空间原本几乎被边缘化的数字阅读渠道出现了一个新的增长点，那就是网络文学有声阅读。所谓有声阅读，指的是通过有声方式，如录音带、CD、有声读书机、广播、移动 APP、微信语音等收听图书相关内容的阅读方式。目前，有声阅读增长最明显的是移动 APP 和微信语音等。

中国音像与数字出版协会编著的《2017 年度中国数字阅读白皮书》提供的数据显示：2017 年数字阅读行业市场规模达到 152 亿元，较上年增长 26.7%，其中，有声阅读市场规模达到 40.6 亿元，以音频为主要传播载体的知识付费服务成为推动数字阅读市场增长的一支新的力量。第十五次全国国民阅读调查数据显示，两成以上国民有听书（有声阅读）习惯，中国成年国民的听书率为 22.8%，较 2016 年的平均水平（17.0%），提高了 5.8 个百分点。在未成年人群体中，听书频率也相当高，其中 14～17 周岁青少年的听书率高达 28.4%。

这一方面是因为人们阅读习惯更趋碎片化，人们愿意利用片段的闲暇时间来享受"听"读的快乐，另一方面是受益于移动 APP 的飞速发展。目前有声阅读 APP 种类越来越多，主要包括垂直听书和数字电台。垂直听书平台有懒人听书、酷我听书、氧气听书、掌阅听书等，其中懒人听书位居第一，领先于排名第二和第三的酷我听书和氧气听书。懒人听书是国内使用人数最多、最受欢迎的移动有声阅读 APP，于 2012 年正式上线，平台注册用户达 3.2 亿人，月活、日活用户分别高达 4000 万人、1500 万人，活跃用户每天在线时长超过 120 分钟。懒人听书自 2016 年起尝试精品书籍付费模式，2017 年付费收入超亿元，已实现盈利。数字电台有喜马拉雅、蜻蜓 FM、考拉 FM、荔枝 FM 等，其中喜马拉雅在月度独立设备数、日均独立设备数、月度有效时长三个指标上都处于领先位置。

由于听书业务的拓展，且越来越多的用户愿意付费听书，2017 年蜻蜓 FM、懒人听书等垂直应用，均获得过亿元融资，微信读书也于 7 月发布新版本，宣布全面上线音频内容。

听书的内容包括网络文学、经典文学等，其中网络小说占据非常重要的位置。以懒人听书为例，目前懒人听书产品由有声书城、听吧社区、开放平

台三部分组成，其中有声书城以有声读物收听服务为主，其热门榜单前十为清一色的网络小说，且都是近年来走红的作品。

三 内容生产："网络现实主义"在路上

众所周知，网络文学创作上占据绝对优势的题材是幻想类的，玄幻、修真、穿越等几乎构成了网络小说中最热门的题材，这与网络写手的生活状态有密切联系，网络写手集中在以80后为中心的年轻人群上，他们相对社会经验比较稀少，但长于想象，因此，形成了多年来网络小说以幻想型为主流的作品构成。但在对2017年的网络文学进行盘点时，许多人发现了一个新的变化，那就是虽然从总量上看，幻想型的网络小说仍压倒了多数，但现实题材的网络文学也悄然勃兴，出现了许多精品佳作。

党的十九大报告明确要求：加强现实题材创作，不断推出讴歌党、讴歌祖国、讴歌人民、讴歌英雄的精品力作。以主旋律为基调的"重大题材、重要主题和生活写实"创作开始建立生产引导机制。为响应这一号召，中国作协等文学管理部门也大声呼吁、积极倡导现实题材创作。2017年，中国作协在网络文学排行榜的发布、网络文学优秀作品推介、重点作品扶持以及网络文学评奖上都主动向现实题材作品倾斜，以鲜明的导向性来积极扶持现实题材的网络文学发展。

以2017年中国网络小说排行榜下半年榜（未完结作品）为例，这个榜单评选活动是由中国作协网络文学中心、中国作协网络文学委员会共同主办，中国作家网承办的，上榜的十部作品中，《大国重工》《侯沧海商路笔记》和《罪恶调查局》三部作品属于现实题材的小说。

在国家新闻出版广电总局和中国作家协会联合发布的2017年优秀网络文学原创作品推介名单上，共有24部作品入选，其中半数为现实题材作品。如描写大型国企在困境中改革并寻求振兴的《复兴之路》，直面"80后"情感价值观的《糖婚》，展现当下都市女性生活的《全职妈妈向前冲》等。

表 1　2017 年中国网络小说排行榜下半年榜（未完结作品）

序号	作品名称	作者	推荐网站	时间
1	《未亡日》	藤萍	火星小说	2016 年 5 月 16 日
2	《牧神记》	宅猪	起点中文网	2017 年 6 月 20 日
3	《平天策》	无罪	纵横文学	2017 年 7 月 21 日
4	《大汉光武》	酒徒	网易文学	2017 年 8 月 24 日
5	《古蜀国密码》	月斜影清	火星小说	2016 年 10 月 1 日
6	《大国重工》	齐橙	起点中文网	2016 年 10 月 17 日
7	《侯沧海商路笔记》	小桥老树	网易文学	2017 年 3 月 13 日
8	《剑来》	烽火戏诸侯	纵横文学	2017 年 6 月 1 日
9	《一念永恒》	耳根	起点中文网	2016 年 4 月 28 日
10	《罪恶调查局》	骁骑校	网易文学	2017 年 7 月 18 日

入选中国作协 2017 年度重点作品扶持项目的十部网络小说中，属于现实题材的有齐橙的《大国重工》、尼卡的《忽而至夏》、冷秋语的《眼科医师》、牛莹的《投行风云》、吉祥夜的《听说你喜欢我》等。

入选全国网络文学重点园地工作联席会议重点作品扶持选题的 30 部作品中，就有多部属于现实题材小说，如人参胖娃娃的《二胎之战》、小桥老树的《侯沧海商路笔记》、玄蓝狐的《大国重器》、冷秋语的《眼科医师》、牛莹的《投行风云》等。

入选第二届网络原创文学现实主义题材征文大赛的 14 部获奖作品中，齐橙的《大国重工》、机房里的猪的《重生之跃龙门》、榕之子的《造车》、卓牧闲的《朝阳警事》、舞清影 521 的《明月度关山》等都是现实题材作品。其中获得特等奖的《大国重工》可谓 2017 年度最值得关注的网络小说，该作品聚焦 20 世纪 80 年代以来我国重型装备领域的发展历程，题材厚重，专业知识充分，文笔流畅，故事性强，将改革开放以来的中国重工业发展史描绘得大气磅礴。除了几代开拓者身上的理想气息令人感怀，该作更是以小镇变化切入，具体而细微地展现出大国发展与大国情怀。

由于主流文学界的倡导，"现实"成为 2017 年度网络文学发展的热词。但是，在诸多盘点 2017 年度网络文学的文章中，很多都将"现实题材"和

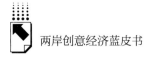

"现实主义"混为一谈，有必要对这个问题做一点辨析。

就现实题材而论，网络文学从来就不缺现实题材，尽管在网络文学题材中，占绝对优势的是玄幻、修真、穿越等想象型的作品，但网络文学中仍然有很多现实题材作品，如都市言情、当代职场、青春校园等题材作品都可被视为现实题材作品。但这些现实题材作品大多充满了作者的浪漫想象，与真实、客观的现实生活有一定的距离，这些现实题材作品中大多缺乏现实主义精神。因此，严格意义上说，呼吁网络作家关注社会现实，不仅是要多创作现实题材的作品，更是要多出具有现实主义倾向的佳作。

然而，从网络文学发展来看，历来它就是以想象力见长的文学样式，网络文学所表现的现实跟传统纯文学所表现的现实是有区别的，用传统的现实主义理论和观念去框范网络文学，似有削足适履之嫌。网络文学体现的现实主义精神是基于作者想象的现实，这种想象来源于客观现实，但又经过了作家的主观想象、加工与再结构化。

从现实主义理论发展的历程来看，它曾经出现过不同形态的现实主义，如写实主义、批判现实主义、革命现实主义、社会主义现实主义、新写实等，因此，现实主义是复数的，而非单一的；是开放的，而非封闭的；是发展的，而非凝固的。网络文学创作中，正在形成一种新型的现实主义，亟待理论上的论证、阐释与提升。20 年来，网络文学发展的一个严重缺陷就是理论建构远远滞后于创作实践，大量地来自传统文学界的学者试着用一套传统的话语来阐释和指导网络文学创作，这对网络文学来说，常常成为一种压抑的力量，而网络文学的"土著理论"① 家所使用的那套话语又无法与主流文学理论话语形成顺畅而平等的对话。长期以来，主流文学理论界对于网络文学的言说未免有些观念陈腐，且有点自说自话，很难为网络文学的创作者、读者所接受。期待理论界能深度介入"网络现实主义"的研究，将这种来源于创作实践的积累且越来越丰富的文学新形态在理论上予以建构与提升。

---

① 崔宰溶：《中国网络文学研究的困境与突破——网络文学的土著理论与网络性》，北京大学博士学位论文，2011。

四 网文出海：网络文学产业的海外战略

近年来流行一种说法：中国的网络文学已经可以和美国好莱坞大片、日本动漫、韩国偶像剧并称为"世界四大文化奇观"[1]。2015 年 1 月，国家新闻出版广电总局印发《关于推动网络文学健康发展的指导意见》，明确提出"开展对外交流，推动'走出去'"，鼓励网络文学作品积极进入国际市场。在国家倡导的"推动中华文化走出去"战略的指引下，许多网文网站平台也将网文出海视为网络文学产业发展的海外战略。

中国网文出海始于 2004 年起点中文网向全世界出售网络小说版权，随后，《鬼吹灯》《诛仙》等作品开始在泰国、越南等东南亚国家打开中国网文的海外市场，再到 2014 年底，北美中国网文翻译网站 Wuxiaworld 和 Gravity Tales 成立，中国网络文学的海外市场逐渐拓展到东南亚、日、韩、美、英、法、俄等 20 多个国家和地区，且影响力还在不断发展和壮大。中国网络文学出海的主要形式是翻译平台、数字出版、实体书出版以及网文改编的影视剧、动画传播等。

目前，我国网络文学市场格局仍是一超多强，阅文以绝对优势成为行业龙头，掌阅、中文在线、百度文学和阿里文学四大网络文学集团跟随其后。作为最大的网文集团，阅文集团在日韩、东南亚、欧美地区均授权了大量网络文学作品的数字出版、实体书出版。2017 年 5 月，起点海外版起点国际正式上线。起点国际依托阅文集团的海量资源，作品总量超过所有独立站点。凭借优质、成熟的运营，起点国际已成为全球领先的全正版中国网文海外门户，目前，以英文为主打，将逐步覆盖泰语、韩语、日语、越南语等多语种阅读服务；以仙侠、玄幻、科幻、都市等题材为主的内容分类。6 月初，起点国际以中英文同步上线的方式推出风凌天下的玄幻小说《我是至

---

① 解辰巽：《中国网文与韩国偶像剧等并称为"世界四大文化奇观"》，《北京晨报》2016 年 12 月 19 日。

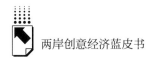

尊》，这成为全球首例。

截至 2017 年底，掌阅已有 100 多部作品授权到海外，翻译成韩、日、泰、英等多种文字，其中，授权泰国版权方 9 本作品；授权韩、日版权方 4 本漫画；授权英语版权方 88 本作品。这些授权作品包括《龙武至尊》《闪婚厚爱》《奥法之王》《最强升级系统》《光》《画骨女仵作》《炮灰女配》《超级红包群》《绝世战魂》等小说，以及《指染成婚》《豪门天价前妻》《星武神诀》《赝品专卖店》等漫画。在合作方式上，主要是由掌阅提供中文作品，授权对方将作品翻译成本地文字，并在其平台上发布。版权方采用收入分成的方式获取利润。在国内拥有超高人气、掌阅平台总点击量超过 3 亿次、全网总点击超过 5 亿次的《指染成婚》等漫画在韩国和日本市场表现不俗。由《指染成婚》小说改编的同名漫画登陆日本、韩国市场后，即获得了巨大的反响，在韩国的 naver 平台上，《指染成婚》位列海外作品第一，2017 年 12 月 16 日，《染指成婚》登陆日本最大的漫画平台 comico，18 日点击总量就上升到女性漫画的第 12 位。

起点中文网作家蝴蝶蓝的电竞题材小说《全职高手》，讲述了网游顶尖高手叶修被俱乐部驱逐，而后在"荣耀"新开的第十区重新投入游戏并再返巅峰的故事。这部高人气小说被推介到海外之后，也备受欢迎，成为 Gravity Tales 平台上最能俘获外国读者心的作品。

艾瑞咨询网发布的《2017 中国网络文学出海白皮书》指出：海外网文用户读者大多是 30 岁以下的未婚男性，这些特征与初期的起点中文网非常类似，表明中国网文的海外市场目前还处于市场起步阶段①。作为北美最主要的网络文学翻译网站 Wuxia World，2017 年的读者增长已趋于平缓，其世界排名甚至有所下降。同时，相对于国内几大网络文学平台海量的作品储备，目前已经译介到海外市场，真正出海成功的网文作品仍是沧海一粟，那么，尚处于发展初期的中国网文海外市场开拓的主要困难来自哪里呢？

首先是翻译问题。目前，海外读者最感兴趣的网络文学作品是武侠、玄

---

① 艾瑞咨询：《2017 中国网络文学出海白皮书》，2017 年 9 月 19 日。

幻、科幻、仙侠等有鲜明中国文化特色的类型小说，但这类小说的翻译有相当的难度，比如"炼丹""杀气"等词语就很难在外语中找到对应的词表达。例如，风清扬的玄幻小说代表作《凌天战尊》在起点国际上的点击量位列前5。作品中涉及不少较难翻译成英文的名词，比如，炼药、炼器、铭纹等。这些作品的翻译对翻译人员提出了较高的要求。理想的翻译人才应是兼具中国文化背景和西方思维模式的人，而这样的人才毕竟有限。但是，缺乏好的译者，网络文学的海外发展就会失去读者。因此，翻译人才的紧缺是网文出海的瓶颈。

其次，文化的选择也影响着网文出海。海外读者喜爱阅读充满中国文化意味的网络小说，但是这种文化意味又不能过于深奥难懂，否则会造成理解的困难而影响交流，当然也不能与西方文化趋同而使作品失去吸引力，对海外读者最具吸引力的作品应该在保持自己的文化个性的同时，还具有能与其他文化进行沟通对话的共性，否则，就会因文化的隔膜而影响网文出海交流。玄幻类作品在海外读者中之所以备受青睐，就是因为中国的网络玄幻小说既有东方文化的元素，又与西方奇幻有一些共同之处，有些玄幻作品更是吸收了西方奇幻文学的有益成分。

最后，版权问题也制约着网文出海。目前，中国网络小说在海外遭遇盗版的情况十分严重，市场亟待进一步规范化。随着起点国际与北美中国网络文学翻译网站 Gravity Tales 在正版作品海量授权等方面达成战略合作，以及其他正版版权拥有方与海外网文翻译平台的积极沟通，中国网络文学出海将进一步打通产业链条，让作者受益、让译者的权益有所保障的同时，也使中国网络文学在海外的传播更加正版化、成熟化。

只有逐步解决这些影响网文出海的问题，才能为中国网文创造更为广阔的海外发展空间，并让海外读者借助网络文学这一窗口，更多地了解中华文化的内涵，感受东方文化的魅力。

五　新网文时代：开启网络文学产业新篇章

经过 20 年的发展，网络文学产业以文学性为内容追求，以资本和技术

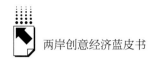

为其两翼，积累了大量的文学创作与产业运营的经验，培养了一大批创作、传播、运营的中坚力量，在网络文学的作品库存中，也留下了许多令一代网民难以忘怀的佳作。如今，网络文学产业已经逐渐走进一个新的发展阶段，这就是所谓新网文时代。新网文时代应该包含以下四个方面的内涵。

第一，网络文学产业正全面走向资本化运营之路。

网络文学区别于传统纯文学的一个鲜明特征是它由技术、资本与文学相互融合而成，技术的进步为网络文学的发展提供了创作手段、载体与传播的渠道，资本则为它的生产、传播提供了资金上的保障，决定了网络文学的市场地位。这一方面可以形成规模效应，另一方面有实力打造和完善产业链条，将内容的市场价值发挥到极致。

2017 年网络文学几大巨头均在资本层面有新的动作。5 月 16 日，百度文学宣布完成由红杉资本和完美世界领投的 8 亿元融资，公司估值达 40 亿元。9 月 21 日，掌阅科技在上海交易所挂牌上市，首日开盘价为每股 5.83 元，市值为 23.38 亿元。11 月 8 日，阅文集团在香港交易所挂牌上市，市值为 816 亿港元，成为名副其实的"网络文学第一股"。加上此前已经上市的中文在线，目前已经有三家网络文学企业独立上市，这预示着资本将继续帮助网络文学 IP 变现，未来网络文学也将进入新一轮的市场开发。

第二，网络文学创作逐步走向主流化。

网络文学发展 20 年，也是网络文学从边缘走向主流、从被否定到轻视最终备受重视的过程。尽管，在网络文学理论上仍有许多重要问题未达成共识，但网络文学逐步走向主流化却是一个不争的事实。近年来，大量网络作家被吸收进入各级作家协会，确立他们与传统作家平等的地位，从 2014 年起，全国各地纷纷成立网络作家协会。在作品评奖方面，除了各类网络文学作品评奖之外，传统文学界级别最高、最受关注的茅盾文学奖、鲁迅文学奖等也向网络文学开放，接受网络文学作品参评。

第三，网络文学各产业链均以精品化为目标。

精品化诉求是新网文时代对于网络文学作品品质上的追求，其理由是：作为内容产业，文学性是网络文学最本质的特征，区别于旧网文时代速食性的文化快餐式的生产，有人提出新网文时代的网络文学应该是精雕细琢，打造文学精品。网络文学将从数量膨胀的规模扩张期开始进入"品质为王"新时代。网络文学的精品化诉求与网络作家主体塑造和责任感、使命感的增强是有密切联系的。

第四，网络文学管理、环境正走向规范化。

2017 年是政府对互联网文艺进一步加强管理的一年，这一年出台了一些行之有效的政策，颁布了包括《网络文学出版服务单位社会效益评估试行办法》在内的一系列法规，对于网络文学创作能写什么、不能写什么，都做了严格规定。在版权保护方面，自 2005 年《互联网著作权行政保护办法》颁布起，有关部门多次颁布相关法律法规，多次开展打击网络侵权盗版"剑网"专项行动，加强对网络文学重点领域的监测监管，及时发现和查处侵权盗版行为。2017 年 2 月，国家版权局出台《版权工作"十三五"规划》，规划从完善版权法律制度体系、完善版权行政管理体系、完善版权社会服务体系、完善版权涉外工作体系 4 个方面提出了 26 项重点任务。

B.5
中国数字出版产业发展报告（2017）

叶玉婷[*]

摘　要： 2017年，我国数字出版在国家全面部署下，产业得以优化升级，规模得到快速发展。人工智能等技术加盟，提高出版业生产管理流程的高效化、融合化和智能化；支付快捷，促使在线教育等知识付费持续火爆；融合发展、多元化经营打通全IP运作。2017年数字出版产业经历了新技术不断形成、新平台不断搭建、新融合不断涌现的新态势。

关键词： 数字出版　融合发展　知识付费　多元开发

2017年，中国互联网平均每秒进入672.5G的信息[①]，这些信息可能是文本、图片、网页、视频、H5动画、直播、网游或者小程序等。这些流动的信息，既为中国的互联网用户带来独具中国特色的数字文化体验，也为中国数字出版产业的蓬勃发展提供了广阔的平台。《2016~2017中国数字出版产业年度报告》显示，由互联网广告、移动出版、网络游戏、在线教育等构成的新兴出版业务已经成为我国提升数字出版产值的支柱性力量，其总产值为8940亿元。

---

* 叶玉婷，厦门理工学院文化产业与旅游学院副教授，主要研究方向为数字出版。
① 《腾讯2018中国"互联网＋"指数报告：医疗、文化娱乐、教育指数增长继续领跑》，https：//www.jiemodui.com/N/93024.html。

一　我国数字出版产业规模快速增长

（一）国家全面部署，促进产业优化升级

2017 年，新出台的《国家"十三五"时期文化发展改革规划纲要》强调：优化出版资源和要素，全力推动传统和新兴出版在内容、技术应用、平台终端等方面共享融通；同时，提出"加快建设数字中国，丰富网络文化内涵"的战略指引，国务院重申营造"逐步完善数字版权公共服务体系，促进数字内容产业健康发展"的新的健康的行业环境的重要性，重视内容价值的回归。在具体实践环节，国务院提出"实施数字内容创新发展工程，加快文化资源的数字化转换及开发利用"[①] 指导方向；在行业认证方面，《2017 年国民经济行业分类》（GB/G4754－2017）正式新设数字出版这一行业分类。

在国家的全面部署下，2017 年数字出版产业得以继续优化升级，快速带动数字出版产业飞速发展。

（二）整体收入快速增长

2017 年，我国数字出版产值再创新高。其中，在线教育收入规模达到 2810 亿元[②]，2017 年成为规模化变现元年，在线教育正在成为数字出版的核心部分，其中，2017 年 K12 在线教育市场规模约为 629 亿元[③]，K12 教育成为在线教育最大市场；网络动漫收入约 1500 亿元[④]，同比增长 867.7%；

[①] 《国务院关于进一步扩大和升级信息消费持续释放内需潜力的指导意见》，2017 年 8 月 24 日。
[②] 2017 年中国在线教育产业简述。
[③] 艾瑞咨询：《2018 年中国 K12 在线教育行业研究报告》，2018 年 5 月 18 日。
[④] 中国音数协游戏工委（GPC）、伽马数据（CNG）、国际数据公司（IDC）：《2017 年中国游戏产业报告》，2017 年 12 月 19 日。

网络游戏收入（包括客户端游戏、手机游戏、网页游戏等）超 1341 亿元[1]，同比增长 62.1%；另外，数字阅读收入达到 152 亿元[2]，在线音乐收入在网络版权进一步完善的政策支持下，高速增长至 180 亿元[3]。可以说，2017 年数字出版各产业收入一路高歌，2017 年成为数字出版快速发展之年。

表 1　数字出版产业收入情况

单位：亿元

数字出版分类	2011 年	2012 年	2013 年	2014 年	2015 年	2016 年	2017 年
数字阅读	27	39	59	81	96	120	152
在线音乐	3.8	18.2	43.6	52.4	55	61	180
移动出版	367.34	472.21	579.6	784.9	1055.9	1399	—
网络游戏	428.5	569.6	718.4	869.4	888.8	827	1341
网络动漫	3.5	5	22	38	44.2	155	1500
在线教育	—	—	—	—	180	251	2810
互联网广告	512.9	753.1	1100	1540	2093.7	2902	2957
合计	1343.04	1857.11	2522.6	3365.7	4413.6	5715	8940

注：数字阅读包括订阅、版权运营、电子硬件、广告等收入。
资料来源：数据来自网络各报告汇总。

（三）用户规模持续扩大

第 41 次《中国互联网络发展状况统计报告》显示，2017 年我国网民规模达 7.72 亿人，普及率达 55.8%。其中，保持高速增长的应用用户类型主要为网络娱乐类应用，该类型中又以网络直播用户规模增长速度为最高，达到 22.6%，接近 4.22 亿人。网络游戏增长率最低，但也达到 5.9%[4]。值得

---

① 中国音数协游戏工委（GPC）、伽马数据（CNG）、国际数据公司（IDC）：《2017 年中国游戏产业报告》，2017 年 12 月 19 日。
② 国家新闻出版广电总局：《2017 年度中国数字阅读白皮书》，2018 年 4 月 13 日。
③ 国家版权局网络版权产业研究基地：《中国网络版权产业发展报告（2018）》，2018 年 4 月 23 日。
④ 中国互联网络信息中心（CNNIC）：第 41 次《中国互联网络发展状况统计报告》，2018 年 1 月 31 日。

一提的是，2017 年我国数字阅读用户规模亦有大的突破，达到 3.78 亿人，同比增长 13.37%[①]。

二 我国数字出版产业发展的显著特征

（一）政策扶持，融合发展成主旋律

2017 年对出版业而言最受关注的热词和新业态当属"出版融合"。推进"互联网＋出版"转型，既是履行国家政策的战略目标，更是顺应时代发展的需要。在这样的背景下，传统出版单位和互联网内容生产商们均努力探索融合发展之路，不断在技术手段、运营模式上推陈出新，2017 年出版业的融合发展呈星火燎原之势。

2017 年，大数据、云计算、二维码识别、虚拟现实等新技术飞速发展，移动 APP、微博、微信、小程序等传播工具推陈出新，大量新技术推动着新一轮出版业生态的重构，加速了出版行业各环节的升级。

以 AR（增强现实）、VR（虚拟现实）为代表的新科技正在推动新闻出版业的持续创新。AR 图书将 AR 技术与传统图书相结合，在传统图书的基础上，加入逼真立体的三维立体图像，通过手机、IPAD、笔记本电脑等移动终端向读者更全面地展示图书内容，实现声光效果，从而获得即时互动的阅读体验，2017 年全国总计出版 AR 类出版物超过 300 种。同时，AR 数字出版系统以及 AR 知识服务系统持续研发，并在部分新闻出版机构中试运营。AR 出版类的创业公司如雨后春笋般不断涌现。新闻出版业在"出版＋科技"的道路上向着"更高质量、更好效益、更可持续"的方向迈进。

人工智能（AI）走进出版业。2017 年 7 月，国务院出台的《新一代人工智能发展规划》正式提出我国人工智能发展顶层国家战略。从 2017 年人工智能的表现看，人工智能在出版流程中的创造、编辑、营销环节中

---

① 国家新闻出版广电总局：《2017 年度中国数字阅读白皮书》，2018 年 4 月 13 日。

均有所突破：人工智能不仅能够自如从事体育财经类新闻的写作，而且在虚构写作方面也有突破，微软人工智能"小冰"可以创作诗歌；自然语言处理中的人工智能编辑方式，如机器翻译、信息抽取与过滤、文本分类与聚类、观点挖掘等方式使选题策划和定位越来越精准；人工智能中的识别技术，如字符识别、二维码识别、图像识别等技术已经直接应用于数字出版内容的识别、分类、审核工作。除此之外，人工智能还能通过语音录入、机器协助校稿、增强用户交互体验等各种智能方式，提高出版业生产管理流程中高效和智能化水平，促进出版业生产管理流程再造和出版业的转型升级。

技术的飞速发展有力地推动着出版内容的多元化发展，传统出版内容被拆分和重构，产业链逐步完善，IP 成为行业热词并备受追捧。以大型文化工程、原创或相关项目为牵引，实现内容的一次出版、多次开发，形成集在线教育、影视制作、游戏动漫于一体的出版融合产业链。

传统出版与新兴出版融合为出版业带来了活力。人民出版社第一次以视频书的方式在全国公开出版发行《2017 全国两会记者会实录》《部长访谈录》《图解 2017 全国两会》等两会系列作品；岳麓书社的"名家演播版"《四大名著》热销；学习出版社的《全民经典朗读范本》首发即超过 60 万册。

网络文学在 IP 产业链中扮演着重要角色。《人民的名义》《欢乐颂》《三生三世十里桃花》《楚乔传》《择天记》《孤芳不自赏》等诸多热门图书 IP 被用于影视开发，收益颇丰。同时，由于影视化改编作品所受关注度增加，又反哺线上线下图书的销售，例如，电视剧《欢乐颂》上线后，同名小说的销售量较上线前增长了 33 倍。

2017 年由动漫和游戏改编的影视剧数量也大幅增长，实现了跨次元协同发展。游戏领域还出现了基于改编后的影视剧再进行二次游戏开发的新模式。这一模式建立起不同内容相互反哺的产业闭环生态。

《2017 年新闻出版业互联网发展报告》显示，2017 年国内知识付费的总体规模有望达到 500 亿元，数字内容消费习惯已经形成，数字内容消费的群体也正从一线城市逐渐扩展至三、四线城市，从"70 后""80 后"为主逐渐扩展至"95 后"①。在线教育、头条、分答、微课、有声书（或听书）等形式多样的线上形式形成了产业链效应，助推数字出版的发展。其中，有声书、互联网知识付费服务等新业态尤其引人注目。

同时，全国期刊出版单位也积极推进融合发展，比如，超星推出"域出版学术平台"，通过"以智带栏"模式，汇集"学者、作者、读者"三者就相关栏目与主题开展交流与碰撞，打造包括专栏出版、文献、图书、音频、视频、论坛和授课等多媒体功能在内的学术交流互动平台。另外，互联网企业纷纷加入互联网知识服务平台市场，不断进行技术更新和产品创新，其中，得到、知乎、分答、钛传媒等平台表现抢眼。2017 年付费社区、音频问答、在线课程等知识付费产品表现极为突出，微信公众号等自媒体开启的打赏模式如火如荼，互联网内容付费模式来势凶猛。

（二）在线教育生态圈基本形成

2017 年 K12 在线教育攀升至 51.8% 的高位，达到 259 亿元的市场规模②。从时代背景上看，教育资源供不应求，课外加餐需求强烈，从小学到大学，各种课外辅导助攻升学战。自 2013 年以来，伴随着云服务的发展，带宽扩容、4G 网络、智能终端的普及，腾讯、YY、百度等巨头进入，资本注入、大额融资频繁，在线直播技术成熟，K12 在线教育的服务和产品渐趋标准化，少儿英语、在线一对多、一对一直播辅导、O2O、探索题库等多种产品让用户感受到比线下更好的效果、更高的效率、更个性化的体验，2017 年，在线教育进入快速发展期。与此同时，传统出版媒体也纷纷加盟在线教育业务。城市传媒开设首个"VR 海洋教室"，主营 VR 教育和 VR 阅读业务；新华文轩开发包括文轩"一起教"、AR 教辅和 AR 妙懂课堂工具箱等产品的融媒教辅，仅就教育信息化和教育装备业务全年就取得 6.11 亿元的销售收入；南方传媒开发的"大嘴鸟幼教课程体系"这一线上教育产品累计与 1300 家幼儿园达成合作；等等。

① 魏玉山：《2017 年新闻出版业互联网发展报告》，搜狐网，2018 年 1 月 18 日。
② 艾瑞咨询：《2018 年中国 K12 在线教育行业研究报告》，2018 年 5 月 18 日。

另外，在人工智能时代，如何形成一条可持续发展的在线教育生态圈成为众多从业者的思考。其中，百度教育旗下开发出百度文库、百度阅读、百度智慧课堂三种主要产品，这三者将教育行业的科技和人文进行了大融合。智慧课堂将人工智能技术与教育学习场景深度融合，打通了内容和教育场景，实现智能教学和学习；同时，通过大数据技术实现校园数据互通、资源多端同步、校园本地资源管理、学情智能分析同步。总而言之，大数据及人工智能等新兴技术正在进一步迭化在线教育的形式，全力推动互联网教育平台向纵深发展，促使其更加高效、智能和个性化。

（三）网络游戏呈移动化、国际化、竞技化发展态势

2017 年中国游戏市场实际销售收入达到 2036.1 亿元，同比增长 23%。其中，移动游戏市场实际销售收入 1161.2 亿元①，超游戏市场收入的一半。2017 年，我国移动游戏产业呈现以下特点。

一是融合形式多样化。游戏产品多以知识产权（IP）为媒介，增加与其他娱乐产业联动。IP 移动游戏市场实际销售收入达到 745.6 亿元，同比增长 36.2%，占移动游戏市场实际销售收入的 64.2%②。

二是自主研发能力提升。自主品牌网络游戏打开海外市场，品牌地位提升。产业布局也从东南亚市场拓展到欧洲、美国、日本、韩国、俄罗斯等一线消费市场。2017 年网络游戏海外市场实际销售收入达 82.8 亿美元，同比增长 14.5%③。

（四）网络文学运营模式多样，文化出海扬帆起航

2017 年，除了网络游戏、网络动漫外，网络文学也走出了国门。目前，

---

① 中国音数协游戏工委（GPC）、伽马数据（CNG）、国际数据公司（IDC）：《2017 年中国游戏产业报告》，2017 年 12 月 19 日。
② 中国音数协游戏工委（GPC）、伽马数据（CNG）、国际数据公司（IDC）：《2017 年中国游戏产业报告》，2017 年 12 月 19 日。
③ 中国音数协游戏工委（GPC）、伽马数据（CNG）、国际数据公司（IDC）：《2017 年中国游戏产业报告》，2017 年 12 月 19 日。

海外英文网文用户超 700 万[1]。网络文学平台通过借助政企项目与各国政府合作，与海外出版社、翻译网站合作，自设海外网站及移动阅读平台等多元模式，覆盖科幻、都市、幻想、仙侠、玄幻、言情、游戏等七大类的内容题材，这些网文被翻译成英、泰、日等十几种语言，遍及国外各大文学网站。随着网文影响力的提升，带动网文改编的影视剧、动画走出国门，网文改编动漫《全职高手》在 YouTube 单集播放量破百万次。

2017 年网文作者数量达 784 万人，增长率达 30.2%[2]，从源头上保障了内容供给，网络原创作品占比提升，其中，都市职场、青春校园、历史军事等现实类题材作品数量最多，占到平台内容的半数以上。

（五）网络直播成数字出版主要收入板块

截至 2017 年底，中国网络直播用户规模达 4.22 亿人，比 2016 年增加 7778 万人，产业市场规模创下近 400 亿元的产值，超过网络视频会员付费的 218 亿元和数字阅读的 152 亿元，成为仅次于游戏用户付费的产业。[3]

随着各大直播平台的火爆，出版社也纷纷加入"随走、随看、随播"的 3.0 移动视频直播时代。比如，《航空知识》杂志社推出"歼 20 首秀直播"，时长仅 1 分钟，仅腾讯视频平台点击量就达到 18.7 万次，据统计，各平台累计点击量达到 30 万次。

网络直播、短视频从 2014 年开始出现，几年来发展迅速，体现了移动互联网与数字内容产业融合的强劲生命力。

（六）有声阅读市场继续扩大

2017 年，有声阅读业务持续增长，市场规模达到 40.6 亿元，同比增长

---

[1] 国家版权局网络版权产业研究基地：《中国网络版权产业发展报告（2018）》，2018 年 4 月 23 日。

[2] 国家版权局网络版权产业研究基地：《中国网络版权产业发展报告（2018）》，2018 年 4 月 23 日。

[3] 国家版权局网络版权产业研究基地：《中国网络版权产业发展报告（2018）》，2018 年 4 月 23 日。

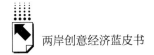

了 39.7%①。当前，我国有 200 多家听书网站以及近 200 款带有听书功能的 APP 应用，其中，影响较大的有喜马拉雅、蜻蜓 FM、懒人听书、熊猫听书、掌阅听书、荔枝听书等。据不完全统计，2017 年全国大约有 3 亿人在听书，我国成年人听书率为 22.8%，未成年人听书率为 22.7%②。

亚马逊语音交互式蓝牙音箱回声、谷歌智能家居设备等智能家居技术的成熟，车载娱乐设备、智能电视等应用软件平台的支持，大大拓展了有声阅读的收听渠道，其中，以音频为主要传播载体的知识付费服务发展迅猛，成为行业增长的中坚力量。

各平台纷纷扩大有声市场开发业务。2017 年 4 月，掌阅 APP 推出"大咖开讲"音频板块；7 月，读信读书推出 2.0 版本，增加读书电台、深度解读、有声书等多个音频板块；10 月，当当读书改名当当云阅读，布局有声书业务。

（七）电子书销售继续增长

2017 年，中国人均阅读电子书达到 10.1 本，愿意为电子书付费的用户从 2016 年的 60.3% 提升到 63.8%③。电子硬件方面，Kindle X 咪咕、掌阅 iReader 等电子阅读器不断优化产品细节及性能，比如，掌阅率先推出 3D 仿真翻页、护眼模式等产品应用，改善用户体验，带动行业电子硬件收入大幅提升，较 2016 年提高 3.7 倍。反之，电子阅读器收入增长的同时也进一步带动了电子书的销售量。

同时，销售方脑门大开大胆开展各种营销策略，例如，咪咕阅读等一些阅读平台与流量方合作，推出各种免费、优惠阅读方案。

行业电子硬件的升级、电子书的普及到营销手段的亲民化，推动了电子书销售的持续增长。

---

① 国家新闻出版广电总局：《2017 年度中国数字阅读白皮书》，2018 年 4 月 13 日。
② 《2017 年民营书业创新发展报告》，http：//www. jinbangyuan. net/index. php？c = article&id = 1189。
③ 国家新闻出版广电总局：《2017 年度中国数字阅读白皮书》，2018 年 4 月 13 日。

三 我国数字出版产业的发展趋势

（一）技术加盟，创造无穷潜能

人工智能技术正在加速进入新闻出版行业。在发行、印刷物流、数据加工等众多领域，人工智能的加入不仅可以提供智能化知识服务、优化数字产品、丰富服务的供给，为新闻出版业的转型升级带来更多的可能；而且，由人工智能技术开发出的各种智能教育机器人、智能教育助理、知识计算与跨领域知识服务又以新产品的形式迅速占领数字出版市场。

与此同时，支付技术的便捷化使支付流程臻于无形，支付的多样化极大地提升了用户的数字付费率。不论是支付宝、微信支付，还是亚马逊 Kindle 的一键下单、苹果 APP Store 的指纹支付、连续包月订阅等技术的运用，都极大地满足了用户的数字付费意愿。

2017 年一批结合 AR/VR 技术、视听融合的新形态图书不断涌现，已经在教育、少儿类图书方面取得不俗的成绩，例如，中信出版社 AR 图书"科学跑出来"系列创造了百万册的销售量。《出版业 AR 技术应用规范》行业标准正式出台，可以预见，AR/VR 技术将给出版社带来更多的发展空间和市场机会，AR 技术将逐渐扩展到职业教育、高等教育、人文社科以及大众读物等领域，同时"VR + 图书""VR + 书店""VR + 游戏""VR + 衍生品""VR + 知识服务"等行业应用预计将全面展开。

2017 年，阿里巴巴、谷歌、苹果、亚马逊、喜马拉雅等实力企业纷纷推出了属于自己品牌的智能音箱，同时，随着谷歌智能家居设备等智能家居技术的成熟，车载娱乐设备、智能电视等应用软件平台的支持，5G 时代即将到来等，种种智能硬件的升级标示着有声阅读的市场竞争力将显著增强。

（二）关注内容，创造多元新价值

越来越多的出版企业参与到网络社交平台的建设中，比如"三联中读"

就汇集杂志、自媒体、书籍等内容数据，成为新兴的知识服务平台的代表之一。借助互联网的发展和普及，越来越多的社交APP、微信公众号或相关知识服务平台已经成为网民重要的阅读交流和讨论场所，互动模式即先由社交平台推荐，通过分享书籍，从而激发用户了解、阅读的兴趣；再通过提交平台各阅读者的笔记分享，起到交流图书阅读体会、观点和发现的作用；最后通过社交平台，阅读者进行相关讨论，使阅读得到延展，提升阅读带来的收获。

交流和讨论的内容、用户的活跃度，又反过来成为数字阅读平台提升用户黏性的竞争力。数据服务公司 QuestMobile 的《2017 年数字阅读报告》显示："2017 年中国数字阅读独立 APP 行业月活跃用户规模达到 2.53 亿，比年初增加 1392.5 万。"① 其中，掌阅科技开发的数字阅读平台"掌阅 APP"的平均月活跃用户数达到 1.04 亿，用户规模在持续增长。用户基数的提升意味着用户对科研、娱乐、创作、发现等的需求将更为迫切。

有声内容将成为数字出版的重要发展方向。随着移动网络的普及化、高速化和低廉化，有声书诉诸听觉的"伴随性"，让受众随时随地在与其他场景共存中无限制地进行阅读，有声书让阅读方式更加灵活自由，提升了阅读的效率；同时，有声书的情感化的演绎比起文字阅读有效地增强了受众的沉浸感及代入感，提升了阅读的现场感。总之，有声书（听书）成为看书的重要补充，越来越成为人们喜爱的阅读方式。

目前，越来越多的媒体公众号和自媒体正在克隆喜马拉雅、懒人听书、博雅小学堂等听书模式，可以预见，通过改进型创新和应用型创新，该模式将成为数字出版业的新的重要的传播形式。

出版的意义在于满足人们的精神需求。基于信息链的 3 种服务形态如图 1 所示。

过去，传统出版社大多致力于信息服务，利用已有的内容策划打造图

---

① 国家新闻出版广电总局：《2017 年度中国数字阅读白皮书》，2018 年 4 月 13 日。

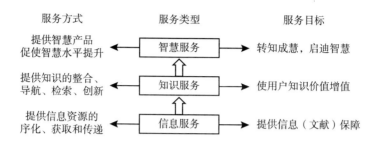

图 1　基于信息链的 3 种服务形态

书，从而提供不同类别的信息资源，保障信息（文献）的有序传递。今天，知识服务不仅包含原有的出版形式，还包括各种借助互联网不断产生的新出版形式。知识服务使用户知识价值增值，读者正在获得越来越多的印刷版图书之外的"福利"。今天，杂志付费订阅用户可以无限次地访问庞大的内容档案库。以"名刊会 APP"为例，只要在该 APP 上开通 VIP 会员，即可获得"150 种热门杂志、查看杂志往期、听名刊音频、独家专栏推荐及快捷搜索"功能，各种新旧内容档案正在进一步被广泛、有效地反复阅读、运用。当内容以前所未有的海量涌向读者，读者如何在海量信息中精准找到自己关心的有用的内容档案呢？如何关注读者的需求，不断找到与他们互动的新办法，以更有效的方式开发产品？在广泛的技术运用引发的出版行业变革中，如何强化数字读者的忠诚度，鼓励读者反复访问的在线体验等？这些问题都是数字出版发展过程中始终不变的探索方向。

可以预见，知识服务将逐渐向智慧服务迈进。更多的微博、微信公众号、小程序、APP、在线教育等数字平台将以知识服务为基础，通过知识付费这扇窗口，从用户需求的角度出发，不断提升自我更新、服务的能力，升级为智慧服务。智慧服务将把人类知识史的知识重新生产一次，打破学科界线，重组"通识"。

全 IP 运作发展将成为数字出版未来主要发展方向，数字出版将由内容创造向多元开发和多元增值转型。

首先，投拍影视剧、网络游戏、网络动漫。多元开发将是 2018 年最重

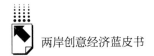

要的开发业态，该业态将建立起不同内容相互反哺的产业闭环生态。未来将有更多的出版企业加入开展影视剧剧本创作、IP 改编、动漫产品开发的运作中。

其次，建设专业学科知识库。读者传媒正在全力投入开发"'一带一路'背景下的敦煌学和丝绸之路研究数据库与知识服务"；"科学智库""中国植物志数据库""中国动物志数据库"等多个专业学科知识库也在建设过程中。内容为王，真正的高效、实用、专业的知识服务是市场最根本的需求。

最后，开发教育线。2018 年 1 月，教育部公布《普通高中课程方案和语文等学科课程标准》，第一次将人工智能、物联网、大数据处理正式划入新课标。2018 年 5 月，教育部发布《教育信息化 2.0 行动计划》，指出，"要建成国家教育资源公共服务体系，使国家枢纽和国家教育资源公共服务平台、32 个省级体系全部连通，构建网络化、数字化、智能化、个性化、终身化的教育体系，建设人人皆学、处处能学、时时可学的学习型社会"①。在政策支持下，智慧教育将有望成为在线教育行业发展的新风向标，在教育消费升级的背景下，智慧教育的未来可期。

---

① 《教育信息化 2.0 行动计划》，2018 年 4 月 13 日。

B.6
中国 VR/AR 产业发展报告（2017）

吴 静*

摘　要： 作为公认的"下一代交互方式"，VR/AR 产业浪潮正席卷全球。近几年在资本推动和各大科技巨头的纷纷介入情势下，VR/AR 技术在不同领域应用愈加普及。经历了 2016 年、2017 年行业整体动荡，一批经历了初创期洗礼的 VR/AR 厂商和研发机构得以幸存，且以更加迅猛的速度发展。在这一趋势下，我国各级政府纷纷推出针对各个领域、不同力度的扶持政策，以缓解当前国内 VR/AR 核心技术缺失、明星企业匮乏等困境。

关键词： VR/AR　产业发展　投资趋势　政策环境

近年来，科技发展速度呈指数级增长，曾经仅作为影视作品场景的虚拟现实技术，正以普通消费品的形式进入一般家庭。随着 VR/AR 技术的不断发展，全世界范围内完整的产业链体系已逐渐形成。除了基础的硬件开发与内容生产外，这些技术还渗透进娱乐、教育、医疗、零售等不同领域，行业规模均稳定增长。它们正如曾经的互联网产业一样，渗透且改变着社会生活的方方面面。

---

* 吴静，博士，厦门理工学院文化产业与旅游学院讲师，研究方向为中国美术史、艺术公共服务。

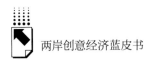
一 VR/AR 产业的基本概念与技术沿革

虚拟现实（VR，Virtual Reality）是利用计算机模拟技术，在三维空间中创建虚拟世界，为用户提供视觉、听觉和触觉的模拟，允许用户及时、无限地观察第三维中的事物。增强现实（AR，Augmented Reality）则是通过计算机技术将虚拟信息应用于现实世界，使真实环境和虚拟物体同时叠加在相同的场景或空间中。

此二者区别在于，VR 技术的使用者看到的场景和人物全是虚拟的，需要用不透明的设备完成在虚拟世界里的沉浸式体验，AR 所看到的场景和人物则是真假的混合物。

表 1   VR/AR 差异体现

分类	AR	VR
相同	结合计算机图形学、人机交互技术、人机接口技术、多媒体技术、传感技术、网络技术、人工智能等，借助计算机图像模拟环境欺骗多感知（包括视觉、听觉、触觉、味觉、嗅觉等），使虚拟现实化或现实增强化	
差异	将计算机生成的虚拟的电子物体或其他电子信息叠加到所处的现实场景中，从而实现对现实的"增强"效果	创造隔绝于现实的虚拟世界，该环境与现实环境无关；通过欺骗大脑，达到"虚拟即现实"的效果
	现实场景 + 虚拟电子物体及信息。人处于现实环境中，虚拟物体及信息叠加展现	100% 虚拟物体及信息。让人进入并不存在的虚拟环境中，且该环境与现实无关
	环境是开放的，所有人均可见。目前需要佩戴 AR 类眼镜，未来发展极致体验为裸眼可见	环境是封闭的，只有佩戴设备的人才能看到

严格意义上的 VR/AR 技术，起源于 20 世纪 60 年代美国由飞歌（Philco）公司研发的头戴式显示器（HMD），其技术原理与现代的 AR 和 VR 产品非常相似——将摄像机放置在一个房间中，佩戴着显示设备的用户身处另一个房间。当用户的头部转动时，系统能够相应地调整摄像机的位置和角度。同一年代，美国空军阿姆斯特朗实验室的路易斯·罗森伯格开发了虚拟夹具系统，以实现机器的远程操作。罗森伯格又逐渐将研究重点转至

AR 技术，VR 与 AR 的发展也自此开始相互独立[1]。

20 世纪 90 年代，基于 3D 技术的视频游戏及平台陆续上市，如 Virtuality 公司于 1996 年发布的 VR 版吃豆人，任天堂亦在 1995 年推出了 VR 游戏机 Virtual Boy。但由于 3D 呈像技术在当时近乎惨不忍睹的视觉表现以及高昂的成本，该时期的产品尚未得到市场普遍认可。基层技术的欠缺，导致这波 VR 浪潮很快便随着消费者热情的消退而沉寂下去。

受限于普及型硬件技术的发展进程，直到 20 世纪 90 年代末期，AR 技术才出现在商业化情境中。2005 年，日本奈良先端科学技术学院（Nara Institute of Science and Technology）技术人员开发的 ARToolKit 可为早期的基于塞班系统智能手机提供服务，开发者可以使用视频追踪功能来计算手机摄像头与实时环境中特定目标的相对位置，该产品至今仍被应用。

在 VR 技术的发展历程中，Oculus 的重要地位是毋庸置疑的。早在 20 世纪 90 年代，Oculus 创始人帕尔默·拉奇（Palmer Luckey）开发出的几个头戴式设备原型机就得到视频游戏开发行业的普遍关注。2012 年，Oculus 通过众筹方式募集了 243 万美元资金，使 Oculus Rift 能够将原型头戴式显示器转换为消费级产品。2014 年 3 月，Facebook 以 20 亿美元的价格收购了 Oculus VR，以确保其在 VR 相关硬件和软件方面保持高水平。该收购事件被业界普遍认可为 VR 复兴的开端。

另一家科技巨头谷歌在 2013 年 4 月发布了谷歌眼镜，基于 AR 技术的头戴式设备将智能手机上的信息投影到用户的视野中。谷歌眼镜重燃了公众对 AR 技术的兴趣。但由于耗电量大、生态链不成熟等问题，谷歌于 2015 年 1 月宣布停止生产谷歌眼镜，但谷歌表示仍将致力于新一代产品的开发。

2015 年 1 月，微软发布了增强现实眼镜 HoloLens，HoloLens 本质上是基于混合现实（MR）技术的衍生设备，它将增强现实与虚拟现实结合，通过现实与虚拟世界相结合来创造新的视觉环境，并可实现实时互动，这是之前

---

[1] 《现实与技术的融合：回顾 AR/VR 发展史》，网易，2016 年 4 月 20 日。

Oculus 设备和谷歌眼镜所无法实现的。在工业设计、在线教育、游戏娱乐、医疗等领域，混合现实将会有更加广阔的应用空间。

二 我国 VR/AR 产业的投资趋势

（一）2016年：虚拟现实元年与行业洗牌

2016 年，既被称为虚拟现实的元年，同时也是行业的"寒冬"之年。这一年，VR/AR 行业经历了剧变，许多知名创业企业被迫大幅裁员、转行甚至宣布倒闭。此中有自身战略定位偏误的原因，也有基础技术的实际发展进程与投资期望脱节等原因。如成立于 2014 年的美国 EnvelopVR 公司和 Vrideo 公司，均因为过早进入并不成熟的细分市场，在微软、谷歌、索尼等科技巨头的涌入之下反而丧失优势、被迫关停；成立于 2013 年的 Skully 公司，由于所提供产品的关键电子元件无法批量生产，难以形成成熟而稳定的消费品，最终于 2016 年倒闭。另一些企业，如德国的游戏开发公司 Crytek，尽管逃离了倒闭的命运，同样因资金短缺而失去了过半的核心员工，元气大伤。

在国内，一度成为明星创业企业的奥图科技、众景视界、暴风魔镜，也先后纷纷传出融资遇阻、拖欠工资、大规模裁员等负面新闻。除了基础核心技术发展进程的不平衡外，更重要的原因在于，相当比例的创业公司仅从事低技术含量的硬件制造，无法触及高端智性开发领域，这是国内 VR/AR 行业陷入困境的关键因素。

但在行业"寒冬论"甚嚣尘上之时，多数主流厂商及媒体仍然坚信，经过 2016 年的投资"退烧"、市场"洗牌"后，原有热钱与投机者的退场对于行业整体健康发展更为有利，立身于核心技术与原创内容生产的厂商方在这一轮技术浪潮中能够脱颖而出。

（二）2017年：行业整体依然疲软，投资结构悄然改变

2017 年 VR/AR 产业全球范围内投资总额创下约 32 亿美元的新高，相

比 2016 年（约 23 亿美元）增幅达 37%。但对于规模基数较小的新兴科技产业而言，这个增幅并不理想。同时，部分市场人士分析认为，总投资的增加主要是由于部分产业资本关注到潜力更大的移动 AR 技术领域，但并不意味着 VR 市场的同时复苏。且超过一半的资金被已经成功的大公司所吸附，集中度日趋加大。如 Magic Leap 公司筹集 10 亿美元；英国公司 Improbable 筹集了 5.02 亿美元；著名 AR 游戏 Pokémon Go 开发商 Niantic 获得 2 亿美元；Unity 获得 4 亿美元，这几家公司获得共计 21 亿美元的市场融资，占 VR/AR 总融资额的一半以上。在国内，2017 年的投融资案例的数量（71 例）不足 2016 年（178 例）的一半，行业整体的疲软可见一斑。

在行业整体扩容背景之下，新增投资的配置方向已悄然发生变化。根据 2018 年虚拟现实风投联盟（VRVCA）与另外两家媒体发布的《VR/AR 全球投资回顾与 2018 年展望报告》① 的统计分析，在行业维度上，工具、基础技术和硬件项目的投资额，占到总投资额度的 75%。从融资项目数量看，企业/垂直行业融资项目在近两年翻了五倍，成为投资者最关注的领域。而在游戏和娱乐等内容产业中，投资者的态度变得更为谨慎，资金也集中在各种类型的顶尖工作室上。资金物理空间分布不均现象仍十分明显，美国仍是 VR/AR 投资的主要目的地（约占 45%），其次是中国（约 25%）。而在全球 VR/AR 行业资金来源方面，亚洲地区仍是最主要的贡献者。

单就 VR 市场而言，之前具有绝对规模优势的无屏幕 VR 头戴式显示设备的出货量下降，主要原因是测试期后，无屏幕头显已不再与智能手机捆绑销售，消费者通常没有兴趣单独购买无屏幕头显。IDC 预测②，2018 年，无屏幕 VR 装置仍将占据市场 34.9% 的份额，到 2022 年将缩减至仅剩 8.8%；与此同时，VR 一体机（Standalone VR）的市场份额将从 11.7% 成长至 29.8%。尽管无屏幕 VR 头显市场在萎缩，但联想的 Mirage 在 2017 年第四

---

① 《VR/AR 全球投资回顾与 2018 年展望报告》，2018 年 3 月。
② 《新产品出现、内容成熟，IDC：VR 与 AR 市场今年将大幅回温》，《天天快报》2018 年 4 月 3 日。

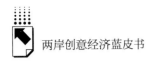
季度的成功销售表明，如果厂商能匹配合适的内容，无屏头戴设备仍然会有特定市场需求。

（三）未来：行业整体加速发展，细分市场差距拉大

展望未来，VR/AR 行业将会在深度调整后整体加速发展，主要表现为三个方面。

首先，具备不同功能和不同价位的新设备将陆续上市，即便是 2017 年萎缩的 VR 头显市场，也将出现一定反弹。市场研究机构 Digi-Capital 于 2018 年 1 月发布报告称，AR 设备将在未来 5 年达到 35 亿安装基数，并且实现近 900 亿美元的营业收入。同时，VR 设备（包括移动 VR、一体机、主机 VR 和 PC VR）的安装量可能为 5000 万 ~ 6000 万台，收入可达 100 亿 ~ 150 亿美元。比较 2017 年及此前 VR 头戴式设备的销量（776 万台）和 AR 头戴式设备（60 万台）的压倒性市场规模优势，两者发展速度的差距十分巨大，其原因主要与 AR 具有更广阔的消费群、更灵活的应用场景有关。特别是在苹果、谷歌、Facebook 等巨头企业的战略推动下，移动 AR（苹果 ARKit、谷歌 ARCore、Facebook Camera Effects、Snap Lens Studio）到 2018 年底极有可能达到 9 亿安装基数，而 2022 年预计将达到 35 亿，从而在可预见的未来主导 VR/AR 市场。[①]

其次，手机制造商和开发商逐渐将注意力集中到移动增强现实技术上，这将对移动 VR/VR 一体机（Samsung Gear VR、谷歌 Daydream View、Oculus Go）市场产生负面影响，主要影响来自其安装基数的持续增长。但另外，随着软硬件基数的发展与价格的下跌，高端 VR 一体机（如 Vive Focus 和 Oculus Santa Cruz 原型机）的销售极可能在 2019 ~ 2020 年加速。

最后，从整体来看，智能眼镜（Magic Leap、微软 HoloLens、ODG、Meta、Vuzix）仍然是 VR/AR 市场的未来发展热点。如果苹果在 2020 年推

---

① 《Digi-Capital：未来五年 AR 市场达 900 亿美元，VR 达 150 亿美元》，映维网，2018 年 1 月 27 日。

出更加实用、基于智能手机的智能眼镜，那么智能眼镜市场可能从 2017 年的数十万家企业用户增长到 2022 年的千万级大众消费者。

三　VR/AR 产业链分布及应用内容

当前，VR/AR 产业已经逐步形成包括硬件、工具、底层技术、内容开发等在内的较完整产业链，并延伸至教育、零售、医疗等不同行业领域①。

（一）硬件/实现

头戴设备是 VR/AR 市场中最为普及的产品，制造厂商数量庞大。其中，最知名的企业莫过于 Magic Leap、ODG 等。Magic Leap 作为一家成立于 2011 年、完成多轮融资后估值达到 60 亿美元的美国公司，直到 2018 年一季度才发布了第一款基于 AR 的头戴式设备 Magic Leap One。ODG（Osterhout 设计集团）则致力于智能眼镜的开发，先后为飞行员、军队、采矿、石油化工等行业设计特殊用途的产品。

位置、眼球和手势跟踪设备开发，即开发嵌入在 VR/AR 头戴式设备或移动设备中的跟踪设备。基于眼球活动相对于手势、语音等沟通方式的特殊优势，眼球追踪技术对 VR/AR 的发展至关重要。此领域有成立于 2001 年的瑞典企业 Tobbii、被谷歌于 2016 年收购的 Eyefluence、Oculus 在 2016 年收购的丹麦的新创公司 The Eye Tribe、苹果在 2017 年收购的德国公司 Senso Motoric Instruments 等，科技巨头的纷纷介入彰显了该技术领域在 VR/AR 产业的卓然地位。

（二）开发

开发主要是指支持和帮助开发者制作各类应用程序、内容生产的场景技术，包括视频处理和引擎、开发工具、相机和捕捉等领域。在视频处理和引

---

① 《VR/AR 完整产业链什么面貌？》，36KR 网，2017 年 3 月 10 日。

擎方面，如游戏引擎公司 Unity、图像处理公司 OTOY 等；开发工具主要是指帮助 VR/AR 应用程序开发和计算的工具，如 Fish Bowl VR 和 Sixa，亚马逊也在 2017 年发布了一套名为 Sumerian 的软件工具，希望简化 VR 和 AR 应用制作的过程；由于 VR/AR 对场景和捕获技术的依赖，Lytro、Emergent VR 等专注于光场相机开发，移动 360 度视频拍摄捕获的公司亦得到市场的深度关注。

（三）应用程序

根据市场研究机构 Digi-Capital 发表于 2018 年初的报告[①]，2017 年该行业的投资总额中，约 30% 用于发展基础技术，30% 用于硬件设备的研发，30% 用于游戏制作，最后一部分用于包括导航、医疗、教育、音乐等在内的诸多领域。

游戏及相关内容的生产一直是 VR/AR 技术应用的重要领域。作为过去 30 多年世界上最成功的游戏机厂商，任天堂尽管早在 20 世纪 90 年代就涉足 VR 产品，但直到 2016 年，任天堂才联合其他厂商推出真正被市场接受的、基于地理位置信息的 AR 游戏 "Pokémon GO"，"Pokémon GO" 上市的当天便登顶美国 App Store 免费应用榜，同时将任天堂公司重新推向市场热议的中心。其他的老牌游戏制作公司，如 EA DICE、SEGA、Crytek、YJM GAMES 等，也纷纷将自己的经典产品进行 VR/AR 再开发。

在社交、广告、教育、商业零售、医疗、工业等领域，VR/AR 也正得到更加广泛的重视。以教育为例，由于沉浸式场景能让线上教育更加丰富生动，还能够实现在虚拟场景中给学员提供 "实操" 机会，最大限度地还原三维立体形象进而提供更直观的教学内容，VR/AR 教育被高盛认为是最有发展前景的九个 VR/AR 行业之一。在中国，百度、网易等科技巨头早已介入相关领域，VR/AR 技术公司（如黑晶科技、网龙华费雪、宇雨科技）及

---

① 《过去一年 VR/AR 创纪录获得 226 亿融资，三成用于游戏制作》，Gamelook 网，2018 年 4 月 4 日。

教育公司（如泛美教育、新东方、智课网）分别从技术供给与需求端，不断推进传统教育与 VR/AR 的结合，以期发现新的市场增长点。

在医疗方面，手术相关应用以及医疗教育等领域中 VR/AR 的应用更加成熟。瑞士 VR 神经科学公司 MindMaze 除了试图使用脑波来控制 VR 头部外，还开发了一个 MASK 插件，能够读取和模拟用户的面部表情，甚至是通过神经科学和 VR 的结合来帮助中风患者和幻肢痛患者进行恢复。在中国，与手术相关的 VR 技术应用主要是术前规划和手术导航，VR 能够对三维体积、距离、角度和血管直径进行实时交互的定量分析，便于进行术前全面 3D 精确评估，完成虚拟手术模拟和手术风险评估等。2017 年 10 月，掌网科技与南方科技大学第三附属医院联合成立了 VR 医学实验室，共同开发高水平的 VR 医疗产品；EDDA 则运用 AR 技术，对各类个性化人体器官三维解剖及各组织、病灶从各种不同角度，进行与临床实际需要相符的身临其境的操作。

除了上述硬件/实现开发与应用程序，在内容分发上，VR/AR 被主要用于商场购物或者娱乐体验，如已经获得了米高梅、21 世纪福克斯、IMAX 和斯皮尔伯格等好莱坞主流投资的 Dreamscape Immersive，旨在为使用者提供更加多样化 VR 体验。

四　我国 VR/AR 产业市场展望

IDC 指出，基于亚太地区（不含日本）VR/AR 产业投入在 2018 年初开始出现的强劲增长，预计未来 5 年内行业投入复合年增长率将达到 68.5%[①]。根据应用场景划分，消费行业的产品与服务将在 2018 年占总市场规模的 51.3%，其中基于 AR 与 VR 的游戏消费在未来 5 年的复合增长率将分别达到 90.9%、54.7%。在地域上，中国不出意外地成为 VR/AR 市场

---

① 《IDC：今年亚太地区 AR/VR 市值达 111 亿美元，中国占比超九成》，映维网，2018 年 5 月 24 日。

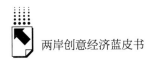
规模最大的国家/地区，在 2018 年占亚太地区（不含日本）总市场规模的 91.3%，市场规模在未来 5 年复合年增长率有望达到 70.5%①。

从地域分布维度来看，VR/AR 投资基本上仍集中于北京、上海和深圳三地——2017 年京沪深三地获得国内总投资的比例分别达到 39%、22% 和 14%，该趋势预计短期内较难改变②。

从产业链主要环节来看：硬件/配件方面，到 2022 年，配件市场的规模将从 2018 年的 8670 万美元增长到 13.58 亿美元，其中消费端将贡献总规模的 52%，另外 48% 则来自商业环境；内容消费方面，报告预测 2018 年中国大众消费用户将产生 1.72 亿美元产值，其中游戏内容占据 90% 的份额，而到 2022 年，预计中国内容消费市场将达到 8.167 亿美元③。

① 《IDC：今年亚太地区 AR/VR 市值达 111 亿美元，中国占比超九成》，映维网，2018 年 5 月 24 日。
② 《联手映维网，Greenlight 发布〈2018 年中国 VR 市场报告〉》，映维网，2018 年 5 月 28 日。
③ 《联手映维网，Greenlight 发布〈2018 年中国 VR 市场报告〉》，映维网，2018 年 5 月 28 日。

B.7

中国互联网广告市场发展报告（2017）

胡 丹[*]

摘　要： 2017 年互联网广告市场步入成熟发展期，中国互联网广告经营额合计为 2975.15 亿元，接近广告市场总额的一半。市场格局初定，形成了以 BAT 为第一军团、TMD 引领第二军团的局面。人工智能推动广告创新，信息流广告成为热点，短视频、游戏直播、网络直播等传播新形态异军突起，诉诸人性重内容会讲故事的一批广告成为年度现象级作品。

关键词： 信息流广告　AI 赋能　短视频　情绪营销

受移动设备使用量增长、网民人数增加、数字媒体使用时长增长、网络视听业务快速增长、广告形式及数据驱动等定位功能不断升级等因素推动，中国互联网广告继 2016 年首度广告营业额超过传统四大媒体广告后，2017 年继续保持较快增长速度。2017 年，中国互联网广告经营额合计为 2975.15 亿元，比上年增长了 29.06%，增速有所放缓，近 3000 亿元的数字已经接近广告行业 2017 年全部广告经营额的半数。[①]

科技的发展进步、智能手机的普及和上网流量价格的合理化帮助移动终端取代了传统电脑的主导地位成为消费者接触信息最重要的媒介，中国互联网广告格局由 PC 端向移动端倾斜标志着新发展阶段的启幕。百度在 PC 时

---

* 胡丹，厦门理工学院文化产业与旅游学院副教授，主要研究方向为广告创意。

① 《2017 年中国广告经营额攀升至 6896 亿元》，《现代广告》2018 年第 7 期。

代的互联网广告霸主地位已于 2016 年被阿里巴巴超越，2017 年阿里巴巴广告经营额破亿元，继续保持领先优势。BAT 三大巨头在广告领域此消彼长，后起之秀的今日头条 2017 年的广告收入也已超过任一单一电视频道。

网络环境不断改善，使视频成为人们接收信息更习惯的形式，借此东风，2017 年移动视频广告增长迅速。同时，人工智能在广告营销领域得到落地，为行业注入新的机会点。科技快速迭代，人性亘古不变，洞察到消费者情绪痛点才能创造出现象级刷屏广告。

一　互联网广告市场格局初定

（一）BAT 三大巨头占据半壁江山

中国互联网公司三大巨头腾讯、阿里巴巴和百度的广告经营总额已占互联网广告的半壁江山（见表 1），引领了当下数字广告市场的走势。

表 1　2015～2017 年中国互联网公司三大巨头广告收入表现

单位：亿元，%

	2015 年			2016 年			2017 年		
	营收	广告	占比	营收	广告	占比	营收	广告	占比
腾讯	1029.0	174.7	17.0	1519.0	269.0	17.7	2377.6	404.4	17.0
阿里	762.0	567.0	74.4	1011.0	852.5	84.3	1582.7	1030.7	65.1
百度	664.0	640.4	96.4	705.5	645.25	91.5	848.0	731.5	86.2

资料来源：根据相关公开资料整理。

如表 1 所示，在营业收入中广告收入占比最高的是百度。百度搜索经过长期的发展和用户积累，稳居中国搜索行业首位，是占据中国搜索引擎市场份额超过 80% 的超级巨无霸，据比达咨询（BDR）数据中心监测数据，2017 年中国移动搜索流量市场份额分布中，百度搜索占比为 64.3%。目前百度的主要业务和营收在搜索广告和信息流广告上。2017 年，信息流广告对于搜索广告起到了重要的补充作用，搜索引擎企业的新业务信息流广告增长迅速，成为搜索企业营收规模新的驱动力量。信息流广告基于算法向用户定向推荐，现已成为继搜索和社交之后新型信息传播方式。2017 年 2 月，百度董事长兼 CEO 李彦宏曾在一封内部公开信谈到"过去传统的搜索是人在找信息，现在要逐渐演进到信息找人"。

阿里巴巴的占比次之，其运营范围和广告运作方式有不同的侧重点。阿里巴巴是居于商品购物网站内的广告信息收费平台，据估计，在阿里巴巴购物平台消耗掉的广告支出额平均为销售额的 10% ~ 13%，包括活动、直通车、展现等各渠道推广收入。阿里巴巴运营着全国最大的电子商务平台"天猫"和"淘宝"，收集了海量数据并通过广告收费来赚取大部分收入。2016 年，在互联网广告市场中电商广告占比为 30.0%，首次超过搜索广告位列第一。一直保持领先地位的搜索广告由于政策和魏则西事件的负面影响，份额出现了较大程度的下滑，首次跌破 30%。2017 年阿里巴巴广告经营额破亿元，移动用户增长、商家数量上升、营销技术提升这三个显著因素帮助阿里巴巴巩固了在中国互联网广告领域的主导地位。

腾讯是中国互联网企业用户规模最大的公司，其营业收入主要由网络游戏收入、社交网络收入、网络广告收入及支付、云服务收入构成，在 BAT 三大巨头中，网络广告收入在营收中占比最小。腾讯在 2017 年的整体营收已经超过 2000 亿元，但其主要业务收入来自游戏。2017 年的广告收入同比增长 50%，规模达到 404 亿元，缩小了和阿里和百度的差距。值得一提的是，腾讯 2017 年财报首次将微信广告和媒体广告拆开，这表明未来广告营收体量已经大到足够分类解释。

（二）BAT 巨头和广告集团结盟

互联网行业巨头拥有大流量平台，因此有全面而真实的数据，能够更好地解读消费者，这使 BAT 能够快速进入广告业，成为广告主们的选择。BAT 凭借各自的，搜索原生流量优势，为实现精准投放提供庞大的数据支持和技术支撑，吸引了越来越多广告主进行营销投放。互联网公司正在逐渐成长为营销产业链条中强势一环，但这不意味着互联网公司能够替代广告公

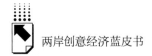

司，传统广告公司在营销方法论体系上有较为丰厚的积累，长于对信息和数据的分析解读，在内容创意上得天独厚的优势也是技术无法取代的。互联网公司和传播集团存在竞合关系，两者间的战略合作能够为营销行业带来更为深刻的变革与进步。[1]

2017年夏天，WPP传媒集团与阿里巴巴达成全面的战略合作关系。2017年6月，在戛纳创意节，腾讯和电通安吉斯宣布达成全球战略合作。同月，阿里巴巴与阳狮集团也成为重要战略合作伙伴。9月，阿里巴巴公布了包括群邑在内的8家首批品牌数据银行认证合作伙伴。

掌握着最先进的科学技术，拥有无边无际的版面资源和海量用户与数据，加上与传统媒介集团的合作及传播营销人才的加盟，互联网公司集媒介、广告公司角色于一体，正逐步演变成广告和营销行业的巨无霸。

（三）三大巨头外的若干黑马

在互联网行业，今日头条、美团、滴滴打车所形成的TMD组合被视为目前对BAT带来最大冲击的挑战者，这三家后起之秀中目前除了今日头条靠数字广告业务不那么烧钱，另外两家的广告模式还在摸索中。

以新闻资讯、社交、视频等为载体的信息流广告成为2017年互联网广告市场的热点和爆发点。第三方市场调研机构艾瑞咨询发布的《中国信息流广告用户洞察报告》的数据显示，2017年中国网络广告市场信息流广告规模为557亿元。今日头条利用人工智能推荐算法提升了信息分发效率，是信息流广告最大的受益者之一。作为国内最大的信息分发平台，今日头条自2012年成立以来将"你关心的才是头条"这条广告口号沿用至今。个性化推荐机制在其快速崛起中扮演着至关重要的角色，智能算法会根据用户的安装、订阅、搜索、点击等行为优化用户画像，后台通过分析人的特征和信息特征，将两者进行匹配，实现个性化精准推荐，越来越多的内容提供商和合作伙伴使信息的推荐更加全面而精确。今日头条与京东商城在2016年9月

---

[1] 友盟全域数据：《2017数字营销盘点》，http://www.tmtpost.com/3037995.htm。

达成全面战略合作，共同推出的"京条计划"打通了两者的用户体系，使今日头条用户能无须转出阅读场景就可根据推送的入口，自由切换到京东提供的消费场景。这项流量入口与电商的合作第一次将海量的阅读流量和消费流量汇集到一起，消解了场景间原有的障碍，实质上像是两者共同构成了一个庞大的广告生态。正因为对不同用户的阅读内容偏好有深刻了解，今日头条对包括广告在内的信息内容才能实现精准分发。基于用户兴趣的智能化推荐模式，今日头条从 2014 年不到 2 亿元的收入增长至 2016 年的 80 亿元，2017 年广告收入达到 150 亿元。[1]

二 新技术赋能与新载体助力

数字技术的变革和进步为中国互联网广告提供了强劲驱动力，2017 年，人工智能在指导广告精准投放上发挥了无可比拟的作用，大数据挖掘技术促成信息流广告的快速成长，大量迅速崛起的新形式社交媒体拓宽了互联网广告投放平台。

（一）人工智能赋能提高精准度和转化率

2017 年被称为 AI 元年，通过深度的机器学习和优化的算法，人工智能在营销领域的数据分析和洞察、营销预测与基于数据的决策等方面有着不可比拟的优势，在人工智能的赋能下，大规模地进行个性化市场营销变成可能。"没有讨厌的广告，只有时机和内容不对的广告"，在广告行业的运作流程里，在人工智能的帮助下可实现更合理的程序化购买、实时个性化推荐，从而满足广告主对精准性和转化率越来越高的要求，使得广告主不再为"我知道有一半广告费是浪费了，但不知道浪费在哪儿"而烦恼。

2017 年，百度提出了"夯实移动基础，决胜 AI 时代"的新战略，用 AI 赋能的核心业务，在 AI 技术驱动下催生出以"搜索 + 信息流"作为双引

---

① 易观智库：《中国信息流广告市场专题分析》，2017 年 12 月。

擎的商业新模式。阿里巴巴的电商平台运用人工智能为自己的平台及商城入驻品牌实现精确化推广，嵌在搜索内的推荐系统具备自动补全功能，可帮助用户找到可能需要的产品或服务。此外，阿里巴巴还根据用户之前的浏览历史和购物行为推送定制化个性广告。阿里的人工智能设计师"鲁班"于 2016 年首次服务"双十一"制作了 1.7 亿张商品展示广告，2017 年鲁班的设计速度和水平显著提升，"双十一"期间，可每秒制作 8000 张不同尺寸和内容的旗帜广告，平均每天 4000 万张，共计完成约 4 亿张。如果全靠设计师人工完成，假设每张图需要耗时 20 分钟，需要 100 个设计师连续做 300 年。

通过每天在微信上发生的百万级别的包括语音信息在内的对话类信息，腾讯获得 AI 所需的充足数据来不断改进它的对话识别算法，而微信支付据说也可以根据分析用户的消费习惯来预测消费和金融市场发展趋势。

（二）短视频为行业注入生长剂

如果说 2016 年是直播的风口，2017 年则是短视频的红海。这一年，中国短视频行业呈爆发式增长，快手拿了腾讯的 D 轮，抖音、火山小视频走入人们视野，至今保持着令人惊叹的增长势头。短视频成为深受大众欢迎的信息传播方式，成为大多数人手机必备的 APP 之一，越来越多的人从观众变身成为内容创作者。

短视频并不是新鲜事物，2013 年 8 月，新浪发布的微博 4.0 版本客户端内设"秒拍"功能，可以在手机微博发布框实时分享长度为 10 秒的短视频，但其偏向资讯类视频的定位导致其缺乏社交内容。2017 年短视频迅速成为比肩甚至优于文字、图片的主要内容载体的背后，是这一时期智能手机普及和移动网络条件的提升及大众高涨的碎片化娱乐与社交需求。

人在哪里，传播就在哪里。离消费者越近，与消费者的接触点越多，品牌的竞争力就越强。依托时间碎片化大潮，用户注意力和内容消费习惯发生不可逆的转移，短视频内容灵活、使用场景表现直观、互动性高，成为最容易占领消费者手机屏幕的内容载体。广告主敏锐地意识到了这一点，纷纷增加相关预算以期抓住这一波增长红利。据 IAB 统计，与 2016 年相比，2017年移动视频广告同比增长 67%。[①]

目前短视频广告的形式和传统广告形式类似，主要也有硬性广告和软性广告两大类。按照广告的目的划分，短视频硬性广告包括产品广告和品牌形象广告。产品广告通常以冠名或短视频播放前后插播的方式呈现产品的名称或主要特征；品牌形象广告往往由品牌定制而成，以传达品牌文化和价值，通常以信息流广告方式向受众推送。短视频软性广告是将产品、品牌名称或品牌符号等具有代表性的品牌视听觉介质等融入短视频内容中的一种广告方式，主要包括以下几种植入方式：一是场景植入，即把品牌融合进短视频场景背景中，通过故事的演进使品牌自然而然地出现在观众面前；二是台词植入，指通过主持人或演员的台词把产品的名称、特征等直白地传达给观众，如美拍上的达人们凭借高人气直接在视频中向大家介绍产品以增加品牌曝光度，Papi 酱经常用脑洞大开的方式口播广告；三是道具植入，即将需要植入的商品以道具的方式呈现在观众面前；四是奖品植入，这种方式通过发送优惠券、代金券或礼品来吸引消费者关注、转发和评论。

三 情绪营销的现象级互联网广告创意

分众化、程序化、IP 化等快速的科技迭代使得整个内容生产逻辑变得工业化、流水线化，传统营销法则的效用正逐渐减弱，技术公司、咨询公司、创业公司甚至是甲方纷纷涌入广告领域，只要渠道得利，数据充足，就算是素材的堆积也会取得不错效果，广告似乎变为渠道数据第一而非创意为首。但是这样的效果真的是正向的吗？消费者即使注意到、观看到，但并不

---

① 友盟全域数据：《2017 数字营销盘点》，http://www.tmtpost.com/3037995.htm。

是记得住、想得起、喜欢上。人性永远都不可能被冰冷的数字琢磨通透，过度专注于形式和流程，违背了广告沟通消费者的本旨。让消费者记得住愿意转发谈论成为现象级的互联网广告，无一不是让消费者产生共识，心灵产生共鸣。

（一）情绪泪点式

2017年的感恩节，999感冒灵《总有人偷偷爱着你》被大规模刷屏。这则视频广告改编自微博、论坛和知乎上网友分享的六则真实故事，讲述的是平凡生活中陌生人带来的温暖，契合了999感冒灵一贯的广告诉求"暖暖的，更贴心"。网络上素昧平生的人，会对一个有自杀倾向的姑娘温言软语；交警拦下司机，只是想提醒他油箱盖没关；看似不耐烦的报刊亭大叔，默默保护了姑娘的钱包……这个世界并不那么好，但也没那么坏，有黑暗也会有光，这支广告片把矛盾和真实都展现，先抑后扬最后点亮了光，让你相信这个世界也没有想象得那么糟糕，因为总有人在偷偷爱着你。

招商银行Visa留学生信用卡推出的《世界再大，大不过一盘番茄炒蛋》广告讲述的是一个有关亲情的故事。孩子刚到美国留学，为了参加朋友间的DIY聚餐需要做道菜，可连最简单的家常菜番茄炒蛋也不会，情急之下男孩发微信向母亲求助，语音说不明白，父母立刻到厨房为他录制炒蛋教学视频，教完了后也没回去睡觉而是在厨房等待孩子的回复，收到孩子成功做出了番茄炒蛋的留言后，父母方才悉心一笑。"想留你在身边，更想你拥有全世界"，这支广告以国人都熟悉的番茄炒蛋为线索，串起一个隔着时差隔着大洋的亲情故事，虽没有惊心动魄的情节，片中父母点滴举动却像把小钥匙，打开每个人自己的记忆闸门。

从999感冒灵《总有人偷偷爱着你》到招商银行的《番茄炒蛋》等虽都是在互联网上投放的广告，却更多以温暖、动人的视角切入。被现象级刷屏，触发人们的正是情感因素，番茄炒蛋运用情感的温柔一刀，切中的是太多漂泊离人对家的感受，相对于亲朋好友的关怀，来自陌生人释放的善意同样让人动容。

（二）情感共鸣式

网易自营的海购平台考拉海购系列 H5《入职第一天，网易爸爸教我做人》《入职半个月，网易爸爸让我怀疑人生》等以新入职网易考拉海购市场部的 Julia 为主角，以职场人关注的员工故事为创意点，以人们最为熟悉的微信聊天界面为载体，内容上运用了表情包、快闪文字等形式，一出炉就获得了较高的关注度。

这些 H5 能成为爆款的原因之一是精准的目标受众定位，Julia 的故事并不是一个大众化的传播内容，最初要打动的一级目标受众就是营销人这样一群小众群体，这群人既是社交圈最活跃人群，同时也是网易考拉海购的目标消费者，而且这个小众群体往往会成为传播链条中的"扩音器"，可以发起向海购群体的潜在消费者的更广泛的传播。另一个最为重要的因素是创意内容引起了目标受众的情感共鸣。抛开市场部岗位特质，故事更深层的职场特征有更广泛的普适性，不管年轻人有着怎样多元化个性化的兴趣，职场人是绝大部分年轻人的一个共同社会角色，职场是生活中的主要场景，也是情绪制造场，工作的压力及人际关系的复杂性让这个场域从不缺乏谈资和话题。第一支 H5 中 Julia 入职网易考拉海购市场部后接到的第一个任务就是"找 500 个网红"，充满了移动公司互联时代感的槽点让营销人看到了自己的影子，在第二支 H5《入职半个月，网易爸爸让我怀疑人生》中，误会了总监意图的 Julia 费尽周折做了一份 56 页的"双十二"好物清单，影射的是上司与被"压榨"小职员的职场故事，各个故事涉及的人物关系和精准化的真实场景还原让目标受众产生了极大的共鸣。

（三）情绪痛点式

2017 年五一期间仅仅营业 4 天的丧茶快闪店主打丧到爆的产品，如你不是一无所有你还有病啊乌龙茶、加油你是最胖的红茶拿铁、加班不止加薪无望绿茶、前男友过得比我好红茶等茶饮产品，无数人愿意为一杯"丧茶"排几个小时。这个饿了么开设的快闪店精准地洞察了这一代年轻人身上反鸡汤式的"丧"，获得足够话题热度和品牌曝光，是一次成功的事件营销。在广告圈里，年度最丧的广告非蚂蚁财富《年纪越大，越没人原谅你的穷》系列海报莫属。该海报由16句扎破心的文案结合动图构成，一经发布，在各大公众号微博的助力下迅速蹿红。署名为各大公募基金公司的海报上显眼地写着"你每天都很困，只因为你被生活所困""每天都在用六位数的密码保护着两位数的存款""只有在请假扣工资的时候才会觉得自己工资高"等带来了刷屏级的效果，但同时也伴随着市场上的一片骂声，网友评论道"这种隐含倡导金钱至上、金钱唯一的文案，除了刺激穷人确认神经和自尊心、制造阶级对立、使社会更加浮躁之外，毫无益处"，紧接着是支付宝以"支付宝品牌从未参与任何策划、制作、发布"快速撇清关系，随即该官方账号将这组作品删除，并正式发布致歉公告。

这两个营销案例都围绕"丧文化"做文章，但效果截然不同。在"葛优躺"废柴式的形象从2016年夏天开始席卷网络，和马男波杰克、pepe蛙等自带"丧""负能量"表情包一起，展现出"丧文化"的潮流趋向。它是年轻人温和对抗现实社会压力通过网络渠道自我表达的一种体现，追求上进的愿望和激烈竞争的现实之间的矛盾化作以对抗焦虑所自嘲的"丧"，抱怨里夹杂着对生活的期许，以自我矮化的方式拉低期望，有几分"黑色幽默"的味道。品牌在做内容营销时，要做的是同意顺遂年轻人的认知，理解他们的情绪，而不是像蚂蚁财富硬生生刺激人们的尊严和隐私。

营销机遇产生于重大的历史变迁导致产品的传统文化意义彻底重塑，如1990年代美国人口结构发生巨大变化，出现了文化资本群体，星巴克咖啡的兴起正是源于发起了向占据主导地位的工业化的食品行业意识形态的挑战，提供了易于接近的精致品位，激起了这些追求文化品位群体消费者的共鸣，香烟品牌万宝路的成功在于倡导了一种与现代的他人导向的组织人完全相反的意识形态，顺应了人们对自然和自由的向往。[①] 目前，中国社会正处在人口结构变迁、消费转型、产业升级的过程中，在不同行业、不同群体及不同层面存在大量的有别于传统的、主流文化表述之外的需求亟待满足，譬如丧、猪猪女生、贱萌等走红网络概念体现的是年轻群体中调侃现实压力的心态，网易考拉海购、世界知名品牌入驻天猫折射的是人们对商品品质与附加值更高的要求，这为营销提供了大量机遇。

---

① 〔美〕道格拉斯·霍尔特、〔美〕道格拉斯·卡梅隆：《文化战略：以创新的意识形态构建独特的文化品牌》（第一版），商务印书局，2013。

B.8
中国新媒体产业发展报告（2017）

马培红*

摘　要： 随着新媒体技术的发展，以新媒体为基础形成了不同的新兴产业，而且新媒体逐步渗透到交通、住宿、医疗等多个领域，传统媒体与新媒体不断深度融合，促进了资源整合，催生了共享经济。2017年，新媒体产业迅猛发展，其中电子商务产业、网络广告产业、网络游戏产业、互联网视频产业表现出强劲的发展势头。同时，新媒体产业也面临诸多问题，如内容内涵不足，内容的越轨和失控，新媒体技术应用中的漏洞等。对此，应以内容为王价值引领，倡导工匠精神；加强对新媒体行业的监管，净化网络环境；理性开发、应用新媒体技术。

关键词： 新媒体　产业特征　媒体融合　理性发展

　　新媒体是相对于传统媒体而言的，是利用数字技术、网络技术，通过互联网、无线通信网、卫星等渠道，以及电脑、手机、数字电视机等终端，向用户提供信息和娱乐服务的传播形态。新媒体顾问、资深媒体分析师 Vin Crosbie 认为，新媒体就是"能对大众同时提供个性化的内容的媒体，使传播者和接受者融合成对等的交流者，而无数的交流者相互间可以同时进行个

---

* 马培红，厦门大学嘉庚学院教师，主要研究方向为文化产业管理。

性化交流的媒体"。① 新媒体技术所带来的全新的传播形态和全新的个性化交流极大地改变了人们的思维方式和生活方式。

一 我国新媒体产业的基本特征

随着我国经济结构的转型优化，新媒体行业正在融入社会的各个领域，已成为经济发展的新动能。新媒体产业在发展中，主要表现出以下几个特征。

（一）媒体融合不断深化

数字技术是各类新媒体产生和发展的原动力，促进了媒体融合，效果显著。随着时代的发展，新媒体迸发出强劲的活力，媒体融合上升为国家战略发展规划，以传统主流媒体为首，在各方力量的推动下，媒体融合成为媒体全行业发展自觉，并步入深度融合发展阶段。在媒体融合环境下，可以实现"一个内容、多种创意、多次开发；一个产品、多种形态、多次传播"，让传统媒体在新媒体技术的强劲驱动下，释放出更多的能量。

事实上，移动互联时代，人人都是信息的传播者。在媒体融合过程中，许多媒体在立体化传播过程中进行了大量尝试与实验，不断利用自身资源优势探索新型的经营模式，构建可视化、移动化、互动化的立体传播体系。例如，《人民日报》不仅有传统的纸质出版物，还有微信、微博、APP 等线上平台，配合进行线上线下内容的传播。在内容制作上，使用新媒体技术，如 H5、视频、直播等方式丰富了人民日报的内容形式。而新华社新媒体中心对新闻更是进行了全媒体实验，"运用社交软件合作导流、微信社群导流和 WiFi 环境导流等技术渠道，新华社微信公众号的粉丝量从 60 万激增到 1500 万，创造了业内奇迹"。同时，新华社还"对各类原创资源进行再加工、再整合，使其进一步融合化、移动化、成品化，生产包括文字、图表、漫画、

---

① 张基温、张展赫：《新媒体导论》，清华大学出版社，2017，第 76 页。

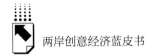

H5、视频、动新闻、虚拟现实、无人机视频、数据新闻等在内的多种形态融合新闻产品"①，努力打造全媒体专线。

（二）资源整合，催生共享经济

共享经济的发展得益于新媒体技术的迅速发展，是整合社会资源的新型经济发展形式。共享经济通过分享自己闲置的资源，正逐步改造着传统社会各个领域，如交通、短租住宿、智慧医疗、二手交易等。"2017年中国共享经济市场规模约为52850亿元，较2016年的36750亿元增长了43.81%"②，增速明显。

近几年，共享交通、共享住宿在共享经济领域快速发展。共享单车已经成为2017年下半年用户规模增长最为显著的互联网应用类型。截至2017年12月，共享单车国内用户规模已达2.21亿人，占网民总体的28.6%，用户规模半年增加1.15亿人，增长率达到108.1%。2017年我国共享住宿市场交易规模约145亿元，比上年增长70.6%③，共享单车在国内表现出了巨大的市场空间。

（三）新媒体的个性化与交互性

与传统媒体不同的是，新媒体能够为用户提供个性化的服务。当前，微信、微博、QQ等，都给用户提供了可以根据自己喜好自行装饰页面的权利，并且用户可以根据自己的喜好改变信息的传播方式。如今，不仅信息接收者可以随时随地获取信息，信息发布者也可以随时随地上传信息。这样，新媒体可以在短时间内迅速吸收大量人群，传播内容与传播形式等完全是我的地盘我做主，渐渐地改变了人们的思想观念和生活方式。短视频、网络直

---

① 杜一娜：《新华社新媒体中心2017交出优异成绩单》，中国新闻出版广电网，2018年2月13日。

② 电子商务研究中心：《2017年度中国"共享经济"发展报告》，2018年3月27日。

③ 国家信息中心分享经济研究中心：《共享住宿发展报告2018》，中国国际电子商务网，2018年5月。

播、微博、微信、QQ 等已经成为网民表达情绪、记录生活的重要途径。

互联网的普及降低了信息发布门槛，受众不再是被动地接收信息，而是可以随时、随地自主地选择各类媒体，并参与到信息生产中。抖音短视频在运营中强调"去中心化"，一直鼓励普通用户制作短视频，充分发挥用户的主观能动性，截至目前，"抖音国内的日活用户突破 1.5 亿，月活用户超过3 亿"①。新媒体的传播方式是双向的，传统的发布者和受众都可以是信息的发布者，而且可以进行互动。"在信息传播过程中，新媒体的交互性不断推动传受双方交流的增强，原本媒体与受众之间的失衡关系重新得到平衡，网络上不再有信息传播控制者，取而代之的是信息传播参与者。"②

二 我国新媒体产业的发展现状

新媒体行业以新媒体为基础，通过网站、网络广播等形式，并以此形成了不同的新兴产业，而且逐步渗透到人们生活的多个领域。本文选择以下几个具有代表性的行业进行概述。

（一）电子商务产业

随着互联网技术的发展，电子商务产业在中国迅猛发展。相较于传统销售渠道，电商模式能够提供不受时空限制、更加便捷的购买体验，扩大了可供消费者选择的品类范围，便于消费者挑选出更物美价廉的产品。

电子商务的快速发展在零售端不断驱动消费格局重建，促使用户形成新的网络消费习惯。2017 年我国互联网经济环境继续向好，电子商务保持快速发展。截至 2017 年，我国网络购物用户规模达到 5.33 亿人，较 2016 年增长 14.3%，占网民总体的 69.1%，网上零售额达到 7.18 万亿元，呈持续增长态势。网络购物平台更加多样化，除了传统的综合电商如淘宝、京东

---

① 《抖音日活用户超过 1.5 亿，吸引 500 余政务媒体号入驻》，《经济日报》2018 年 6 月12 日。

② 张基温、张展赫：《新媒体导论》，清华大学出版社，2017，第 9～10 页。

等，同时催生了垂直类电商如美妆电商聚美优品，折扣电商如返利网、折800和跨境电商如网易考拉等不同类型的电商，新入局的电商加剧了市场竞争。

电商平台在线上发展的同时，开始线上线下融合发展，线上向线下渗透更为明显。截至 2017 年 12 月，网络购物用户规模达到 5.33 亿人，虽然使用人数很多，但是仍没有覆盖全部人群。基于此，2017 年，京东建立多个线下京东之家体验店和专卖店，小米之家在深圳开设第一家线下旗舰店，电商企业加速走向线下。同时，随着移动支付手段的逐步完善，电商模式能够为用户提供不受时间和空间限制的便捷消费体验，对社会生活服务各领域的渗透进一步加强，与日常消费的结合更加紧密。当前微信支付功能已相对完善，利用微信发展电商行业的潜力大大增加，唯品会、京东等电商平台也开始关注微信平台，进行精细化运营。

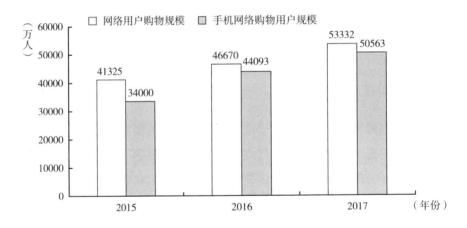

图 1　网络用户购物规模

资料来源：国家互联网信息办公室《中国互联网络发展状况统计报告》，2018 年 5 月。

（二）网络广告产业

信息渠道的多元化和电子商务的蓬勃兴起，为网络广告产业提供了广阔的发展空间。"网络广告是通过互联网进行发布或传播的商业广告，即基于

图 2　中国网络零售额

资料来源：电子商务研究中心《2016 年（上）中国网络零售市场数据监测报告》，http：//www. 100ec. cn/zt/16wllsjcbg/。

互联网并且其制作和发布是通过数字技术的广告。"[1] 2016 年中国移动广告市场规模为 1750 亿元，同比增长率达 75.4%，远远高于网络广告市场增速。2017 年，中国网络广告市场进一步成熟，市场结构趋于稳定。

图 3　2012 ~ 2017 年网络广告市场规模

资料来源：国家互联网信息办公室《中国互联网络发展状况统计报告》，2018 年 5 月。

---

[1]　Eighmey, J. & Mc Cord, L. , "Adding Value in the Information Age：Uses and Gratifications of Sites on the World Wide Web", *Journal of Business Research*, 1998, 41（3）：187 – 194.

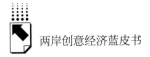
随着互联网的快速发展，目前互联网广告正从 PC 端向移动端快速转移，移动网络广告比重不断上升。2016 年，移动广告市场规模为 1750 亿元，网络广告市场规模为 2285 亿元，移动广告市场规模占网络广告市场规模的比重为 76.58%，移动广告市场成为网络广告市场中不可忽视的重要力量。随着用户使用习惯的转移，未来几年移动广告在网络广告中的占比将持续增大。

（三）网络游戏产业

随着社会现代化、电子化程度的不断推进，在物质层面日益得到满足的基础上，人们对于精神娱乐层面的需求不断提高，网络游戏基于其故事性、社会性和交流特性，已经成为当代人群休闲娱乐的主要方式之一。"我国网络游戏产业发展迅速，年均增长近 30%。2017 年，国内游戏市场总营收达到 2036.1 亿元，占全球市场的三分之一，同比增长 23%。其中，国产网络游戏收入 1397.4 亿元，同比增长 18.2%。"[1]

2017 年，网络游戏产业呈现移动化、国际化、竞技化发展态势。网络游戏收入迅速增加，从 2016 年的 1656 亿元增长到 2017 年的 2031 亿元，增长 22.6%。其中，移动网络游戏在网络游戏收入中增长迅速，成为网络游戏产业中新的驱动力量。在快速发展过程中，"移动网络游戏市场竞争演化为游戏作品、用户资源、知识产权（IP）、渠道等产业链整合综合竞争"[2]。同时，网络游戏产业的国际影响力提升，浙江省杭州市计划建设全球第一个网游小镇，电子竞技首次列入 2022 年中国杭州亚运会正式比赛项目。

网络游戏行业监管力度加大。第 41 次《中国互联网络发展状况统计报告》显示，我国 19 岁以下青少年网民约占全体网民的 22.9%，人数众多，对未成年人进行网络保护成为当前重要任务。相关主管部门和游戏厂商在 2017 年共同致力于规范网络游戏市场经营行为，在一定程度上降低了不良

---

① 江志全：《成绩引人瞩目 困局亟待破解——二〇一七年网络游戏产业评析》，《光明日报》2018 年 1 月 27 日。
② 国家互联网信息办公室：第 41 次《中国互联网络发展状况统计报告》，2018 年 5 月。

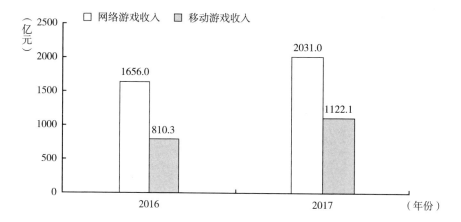

图4 2016～2017年中国网络游戏市场规模变化趋势

资料来源：《2018年中国网络游戏行业市场前景研究报告》，http：//game. people. com. cn/n1/2018/0118/c48662－29771975. html。

网络游戏内容可能对未成年用户身心健康造成的危害。2017年1月，国务院法制办公室发布了《未成年人网络保护条例（送审稿)》，征求各界意见。2017年2月，腾讯在文化部指导下推出未成年人家长监控体系和健康游戏防沉迷系统，协助家长对未成年子女的游戏账号进行监护，并限制了低龄群体的游戏时长。2017年10月，国家新闻出版广电总局认为《绝地求生》类游戏中的血腥暴力内容不利于青少年的健康成长，推动国内游戏厂商对于类似游戏内容进行改进，避免了可能产生的不良社会影响。

（四）互联网视频产业

随着移动宽带的发展和基础网络环境的进一步优化，互联网视频产业呈现强劲发展势头，视频直播产业的市场前景将更为广阔，具有巨大的商业价值。截至2017年12月，网络视频用户规模达5.79亿人，较上年底增加3437万人，占网民总体的75.0%。网络直播用户规模达到4.22亿人，较2016年增长22.6%。

2017年，网络视频行业移动化、精品化持续推进。网络视频移动化发展趋势比2016年更加明显。从终端设备的使用情况来看，随着大屏手机的

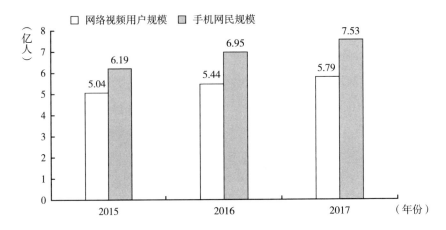

图5 2015～2017年网络视频用户规模

资料来源：国家互联网信息办公室《中国互联网络发展状况统计报告》，2018年5月。

普及，手机与电脑、电视等设备收看视频的体验差距明显减小，同时由于手机在私人化、碎片化等方面存在明显优势，用户越发倾向于使用手机收看网络视频。从视频类应用的发展情况来看，以快手、抖音为代表的移动端短视频应用在2017年迅猛发展，短视频"用户规模突破4.1亿人，同比增长115%"[1]。

同时，内容自制开始凸显。阿里巴巴、聚美优品、唯品会、蘑菇街、蜜芽等大小电商平台纷纷投身网络直播内容自制领域。根据淘宝直播的数据，目前已经有超过千万的用户观看过直播内容，内容涵盖化妆品、母婴、农产品、体育健身等多个品类。在观看直播的用户中，超过一半是90后，其中女性用户比重高达80%。六间房孵化的And2girls安菟女团是首个实现网络直播通过真人动捕实时互动的媒体偶像女团企划。[2]

2017年网络视频行业保持良性发展。网络直播的监管力度持续加大。4月，国家网信办首次根据《互联网直播服务管理规定》依法关停了18款传

---

[1] 李苑：《〈中国网络版权产业发展报告（2018）〉发布》，光明网，2018年4月25日。
[2] 《2017中国网络直播行业发展报告：全年营收304.5亿，生态链逐渐成型》，36氪快讯，2018年1月18日。

播违法违规内容的网络直播类应用。2017 年 6 月，龙珠直播、火猫直播、秒拍等 30 家内容违规的网络表演平台被查处，12 家网络表演平台被关停，各网络直播平台的违法违规内容已经明显减少，行业内容规范已基本形成。"根据各网络直播平台 2017 年第三季度财报数据，陌陌当季的直播业务营收同比增长高达 178.6%；欢聚时代（YY）当季的直播业务营收同比增长也达到 60.4%。"①

三　我国新媒体产业发展面临的主要问题

新媒体的发展拓宽了信息传播的渠道，媒体融合更加紧密，改变了人们的生活方式。但是，新媒体技术的过快发展，致使一些安全漏洞尚未被识别，技术风险加大，给社会带来了相当大的冲击，并产生了新的社会问题。"2017 年中国互联网违法和不良信息举报中心（12377）共受理网民有效举报 5263.9 万件，较 2016 年的 3022.7 万件增长 74.1%。"②

（一）内容的内涵欠缺

随着新媒体快速发展，新媒体作为载体所带来的内容过载带来了劣质信息泛滥和真相的缺失等问题。在新时代、新现象、新业态下，媒体内容生态也需要不断升级，而高品质、认同感、社会价值成为用户内容消费的新趋向。

内容同质化现象严重。在新媒体产业中，客户需求多样化，要求产品具有高度差异化。然而我国新媒体更多的还是发布平台和信息处理平台，很大程度上依赖传统媒体提供的"原材料"，就目前的情况来看，存在信息泛滥和同质化严重的现象。伪原创在新媒体发展中已经屡见不鲜了。只是在别人

---

① 国家互联网信息办公室：第 41 次《中国互联网络发展状况统计报告》，2018 年 5 月。
② 国家互联网信息办公室：第 41 次《中国互联网络发展状况统计报告》，2018 年 5 月。

原有文章的基础上进行删改转而变成自己的原创文章，这样智能搜索引擎就会认为是原创文章了。我国网络游戏产业的发展同样面临着同质化、原创不足的现象。"仅在 2017 年就有网易游戏直播侵权案、网易《梦幻西游》著作权侵权案、《魔兽世界》著作权侵权案、《王者荣耀》商标之争等多起知名知识产权侵权案件。"①

（二）内容中的越轨和失控

新媒体技术的发展促使人们可以通过网络直播、短视频等方式将生活状态呈现出来，大多数直播平台都以生活化、娱乐化内容为主。各平台之间竞争激烈，为博取眼球、吸引大众注意力，日常直播内容已经出现了越轨和失控的问题。诸如快手、抖音短视频平台上少女妈妈炫耀怀孕晒娃、直播吸毒、直播性行为等层出不穷，有的短视频甚至有上百万次的点击量。"截至 2017 年底，全国共产生了 200 家直播平台，11 岁至 16 岁的网络主播占到总数的 12%。"② 一些尚缺乏辨别力的未成年被裹挟到互联网的浪潮中，过早地接触这个年龄不该接触的人和事，这种行为经过媒体的传送逐渐被更多的未成年人认知、效仿，而未成年人甄别信息的能力不足，影响了青少年身心健康，使其容易形成错误的价值观。

（三）新媒体技术发展致安全问题频出

随着新媒体技术、运营和服务方式所带来的一系列变革，新媒体领域出现了许多新问题，尽管我国对新媒体类产业管制较为严格，但新媒体管理中仍然存在政策措施滞后、过时现象。2017 年，我国网络安全整体保持平稳态势，但用户信息泄露、网络黑客勒索和通信信息诈骗等问题仍频繁出现。2017 年，我国网民在上网过程中遇到安全问题的比重明显下降。"其中，遭

---

① 江志全：《成绩引人瞩目 困局亟待破解——二〇一七年网络游戏产业评析》，《光明日报》2018 年 1 月 27 日。
② 蒲晓磊：《未成年人直播存攀比等诸多乱象 各地探索规范方法》，《法制日报》2018 年 2 月 13 日。

遇个人信息泄露问题占比最高，达到 27.1%，但依然比 2016 年下降 5.7 个百分点；遭遇账号或密码被盗的网民占比仅为 18.8%，较 2016 年下降最多。"[1]

在共享经济各新生业态蓬勃发展的同时，其问题也逐渐暴露出来。一些企业存在创新能力不足、服务水平较差、运营监管不严等问题，不仅给行业健康发展带来了不利影响，更有可能给用户的人身和财产安全带来损失，如郑州滴滴顺风车案，虽然已经有实名验证、人脸识别技术的保障，但是其安全保护机制仍然存在漏洞，致使惨剧发生。

四 关于我国新媒体产业发展的思考

新媒体产业的发展改变了经济发展模式，催生了新的业态，对人们的生活产生了重要影响。在看到新媒体产业带来便利的同时，我们也应该有一些理性思考。

（一）内容为王，价值引领，倡导工匠精神

新媒体的发展要以内容为王，方能引领技术更好地发展。对于新媒体的受众而言，共同的需求就是，读到既有价值又有新意的原创作品内容。这样就要以人文价值作为引领，不能伪原创，更不能内容粗制滥造。越来越多的传统媒体将"既有观赏价值又有人文味道"的优势，不断注入、融化到自主创办的新媒体中，这样不仅能够有个性，而且还实现了传统媒体与现代媒体的融合。新媒体的传播速度快，但是一味图快而随意发表内容，忽视质量的话就会影响到观者的体验。只有以匠人精神在内容上精耕细作，才能确保发布内容的品质，才会拥有忠诚度较高的用户。

（二）新媒体技术理性应用

2017 年，《中国制造 2025》《"互联网＋"行动指导意见》《"十三五"

---

① 国家互联网信息办公室：第 41 次《中国互联网络发展状况统计报告》，2018 年 5 月。

国家科技创新规划》等文件相继发布,推动了新媒体技术的快速发展。新媒体技术为人们的生活带来便利的同时,也给人们的生活带来了威胁,使人们的隐私更加透明。"在流量就是收益的互联网盈利模式下,网络平台靠增加点击量、传播率来博取关注的冲动可以理解,不过千万不能忘却技术无罪、监管有责的基本原则。"① 在发展新媒体技术的时候应该恰当地将技术融入生活各领域,正确引导公众合理使用新媒体。

(三)加强网络环境的管理

互联网信息内容管理政策逐步健全。新媒体技术使得网民可以自制内容进行传播,色情淫秽、违法犯罪等内容频出,各种短视频、网络直播平台的内容一度处于野蛮生长阶段。为净化网络舆论空间环境,2017年国家互联网信息办公室先后发布《互联网新闻信息服务管理规定》《互联网信息内容管理行政执法程序规定》等相关管理办法和规定,对于形成积极健康的网络文化氛围具有重要意义。2017年6月1日,《网络安全法》正式实施,标志着网络空间治理、网络信息传播秩序规范、网络犯罪惩治等方面的法制化管理基础更加坚实。但是应该看到,新媒体覆盖范围广泛,应推动不同行业的法治化进程,形成互联网治理"常态化"与"长期化"。

(四)整合社会资源,理性发展共享经济

共享经济是一种全新的经济模式,其蓬勃发展有效盘活了社会闲置资源,提升了社会资源利用的效率和便捷性。网约车、共享单车在国内发展迅速,"网约车和共享单车业务在网民中的渗透率分别达到30.6%和28.6%;共享民宿、共享汽车仍属于较为小众的业务,渗透率仅为2.8%和2.2%"②。未来共享经济将会有更大的发展空间。目前,共享经济各业态发展中出现的新问题,需要更好地管理。一方面,共享经济的发展离不开行业

---

① 史洪举:《"邪典"背后是平台法律责任缺失》,《法制日报》2018年2月13日。
② 国家互联网信息办公室:第41次《中国互联网络发展状况统计报告》,2018年5月。

自律，另一方面，政府监管部门需要与时俱进，针对新业务的实际问题进行管理创新。2017 年 8 月，在住宿行业，国家旅游局就提出了旅游民宿的标准和等级，有利于对民宿进行有效管理。

新媒体产业是以人为本、以技术为支撑发展起来的，正在逐步渗透到不同行业，满足人们多样化的需求。新媒体技术发展迅速，从微信、微博的使用到智能家居、移动支付等，带来的不仅是一轮又一轮的技术革命，还是行业的重大变革，改变了经济发展的模式。在新媒体环境下，人的自主性提高，可以通过自主制作内容、自主选择内容来增强对世界的了解。未来，新媒体技术将会渗透到更多的行业中，改变人们的思维方式和消费方式。当然，必须正确看待新媒体技术的价值，始终以人为中心，理性地把握技术开发的边界。

B.9
我国网络漫画发展现状与趋势分析

陈莹洁*

摘　要： 2015 年至今，在国家相关政策的扶持下，网络漫画产业迎来高速发展期，市场规模呈增长趋势，资本快速涌入国内网络漫画市场，在数字网络与技术的支持下，以快看漫画、腾讯动漫、有妖气漫画为代表的各大网络漫画平台努力布局泛娱乐产业链接，开拓出更多具有商业化性质的网络漫画。同时网络漫画呈现以流量为主的免费漫画偏向男性向市场，以订阅为主的收费漫画偏向女性向市场的情况，公司化的团队创作成为趋势，漫画平台将网络漫画作为泛娱乐产业源头的测试产品，进行多方面的产业布局。现阶段网络漫画需要解决作品内容不成熟、知识产权保护不到位等问题。

关键词： 网络漫画　公司化　团队创作

网络漫画是指以经过有意识排列的并置图画及其他图像，用来传达信息、进行叙事[1]，并且通过网络进行传播，以电子产品（包括个人电脑、平板电脑、智能手机等）为接收终端的作品。2008 年以前国内与漫画有关的产值主要由漫画杂志带动。自 2009 年开始，以《漫友》《知音漫画》为代表，纸质漫画的销量进入巅峰时期。同年 3 月"纵横动漫"作为国内独立

---

　* 陈莹洁，硕士，厦门理工学院文化产业与旅游学院教师，主要研究方向为数字媒体艺术。
　[1] 〔美〕斯科特·麦克劳德：《理解漫画》，万旻译，人民邮电出版社，2010。

原创的网络漫画平台先锋上线，10 月"有妖气漫画"网站上线，这两个网络漫画平台的出现代表了国内原创网络漫画开始起步。2012 年，作为国内互联网三巨头之一的腾讯公司宣布布局泛娱乐产业，成立腾讯动漫平台。2014 年快看漫画建立，这标志着国内原创网络漫画进入发展期。2015 年至今，更多资本进入此领域，网络漫画迎来高速发展期。

一 我国网络漫画市场规模与运营情况

（一）市场规模

据国家统计局统计，游戏、动漫和影视三个行业共同构成中国文娱产业的顶梁柱（见图1）。国内动漫产业发展迅速，2017 年，动漫总产值为 1500 亿元，与 2016 年相比增长了 13.2%（见图2）。

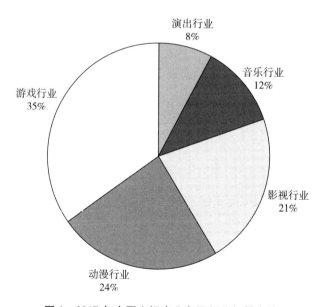

图1 2017 年中国文娱产业各子行业规模占比

资料来源：根据艺恩《中国动漫行业 IP 价值研究报告》，前瞻产业研究院，艾瑞咨询，中金公司研究部，中国演出行业协会，《中国音乐产业报告》等公开数据整理。

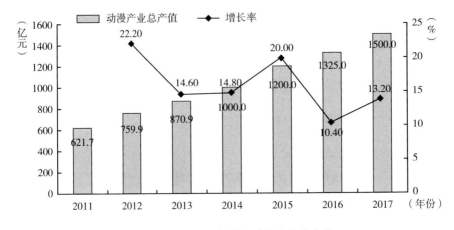

图2　2011～2017年国内动漫产业总产值

资料来源：比达咨询（BDR）数据中心。

截至2018年4月，35家新三板挂牌动漫公司发布了其2017年年度报告（见表1）。有八成动漫公司营收出现增长。从年报中可以发现，营业收入过亿元的公司有6家，但其主营业务都不是动漫产业链上游的动画与漫画，而是通过产业链下游变现层——发行、品牌授权及衍生品销售（包括主题公园、玩具、书籍等）取得收益。而以动画漫画制作为主业的公司面临着生存发展问题。这说明动漫产业单靠内容制作无法取得巨大产值，而作为动漫产业链的上游内容，公司需要进一步探索其商业盈利模式。

表1　35家新三板挂牌动漫公司营收情况

单位：万元，%

序号	公司简称	2017年全年收入	2016年全年收入	营收增持比例	2017年全年净利润	2016年全年净利润	净利润增减比例
1	博润通	4196.52	2479.58	69.24	703.55	534.86	32.28
2	大千阳光	2083.37	1224.56	70.13	108.81	100.53	8.23
3	风炫动漫	3321.15	2499.94	32.85	528.39	374.57	41.07
4	光远文化	2059.20	1234.61	66.79	-177.40	147.47	-220.30
5	华强方特	386294.33	335987.98	14.97	74831.94	71084.01	5.27
6	华映星球	2947.11	1062.38	177.41	-172.02	-627.08	72.57
7	杰外动漫	17087.54	13540.02	36.20	3987.32	2996.29	33.08

序号	公司简称	2017年全年收入	2016年全年收入	营收增持比例	2017年全年净利润	2016年全年净利润	净利润增减比例
8	金正动画	1049.09	879.03	19.35	54.98	2.98	1746.72
9	梦之城	3827.07	4510.14	-15.15	-1018.39	-1032.38	-1.35
10	千年传说	380.42	247.03	54.00	88.50	122.52	-27.77
11	如意通	491.15	269.22	82.43	133.31	337.88	-60.55
12	维真视界	1572.19	1533.74	-1.72	-12.38	60.48	-120.47
13	舞之动画	4098.41	3532.71	16.01	-434.86	-357.69	-21.57
14	星原文化	5024.80	5810.28	-13.52	36.38	445.17	-91.76
15	约克动漫	10809.84	11710.07	-7.69	1443.17	2023.84	-28.69
16	云图动漫	4506.86	4021.68	12.06	341.59	-105.26	424.53
17	欢乐动漫	8360.22	7549.57	10.74	1543.12	2830.04	-45.47
18	金添动漫	26899.06	19131.64	40.60	1083.18	729.85	48.41
19	妙音动漫	1940.00	1074.97	80.47	497.94	-36.07	1480.31
20	盛天彩	224.64	1194.87	2.49	-967.88	-791.15	-22.34
21	童石网络	13027.78	10863.38	19.92	1417.60	1931.14	-26.59
22	智高文创	5226.89	9929.41	-47.36	381.33	90.92	319.39
23	蓝桃文化	1531.34	1103.73	38.74	31.73	-65.57	148.39
24	每日视界	2315.26	1868.46	23.91	102.79	-392.72	126.17
25	小白龙	18294.89	17180.63	6.49	920.69	1802.95	-48.93
26	中科动漫	6795.27	5999.60	13.26	315.17	-511.00	161.68
27	盈富通	1331.77	1621.39	-17.86	-256.99	22.22	-1256.49
28	河马动画	5586.92	3777.70	47.89	-2642.65	-3108.11	14.98
29	阿法贝	78.23	42.54	83.91	-194.72	-178.41	-9.14
30	喜悦娱乐	5453.95	2973.74	83.40	1094.18	1068.87	2.37
31	山猫传媒	2309.78	1969.29	17.29	165.09	264.52	-37.59
32	金诺科技	2668.85	2455.81	8.68	76.48	258.79	-70.45
33	精英动漫	8961.08	3671.68	144.06	719.76	172.37	317.57
34	花火文化	5120.08	3593.87	42.47	1280.35	1164.56	9.94
35	漫界文化	775.77	1566.27	-50.47	-87.88	-18.48	375.54

注：此表格为扣除非经常性损益后的净利润。

资料来源：各大公司官方年报。

在文化娱乐产业发展的大趋势下，动漫产业的飞速发展显示了整个产业链上游作为内容源头的漫画行业发展潜力巨大。因此资本快速涌入国内漫画市场，并且以网络漫画平台投资为主。截至 2017 年 12 月，漫画行业内有 12 家漫画公司获得千万元级别以上融资金额，共计 18 亿元左右（见表 2）。其中 2017 年 12 月 1 日国内网络漫画平台之一"快看漫画"宣布完成 D 轮融资，融资金额为 1.77 亿美元。"麦萌漫画"完成了 B 轮融资，累计近 1 亿元；"漫漫漫画"于 2017 年初分别获得 Pre - A 轮与 A 轮融资，累计融资金额近 4000 万元；"暴走漫画"在 2017 年获得 1 亿元的 D 轮融资。

表 2　2017 年部分漫画平台与漫画公司融资情况

融资公司	融资时间	融资金额	融资进程	公司性质
漫漫漫画	2017 年 1 月 1 日	千万元级	Pre - A 轮	平台
	2017 年 3 月 24 日	千万级（两轮总和将近 4000 万元）	A 轮	
旷盛文化	2017 年 3 月 6 日	2500 万元	A 轮	CP
飒飒动漫	2017 年 5 月 8 日	2 亿元		平台
漫行文化	2017 年 7 月 13 日	500 万元	Pre - A 轮	CP
有鹿文化	2017 年 8 月 5 日	150 万元	天使轮	CP
杭州幼牙	2017 年 8 月 7 日	未透露	种子轮	CP
开源互娱	2017 年 9 月 1 日	未透露	天使轮	CP
徒子文化	2017 年 9 月 1 日	千万级	A 轮	CP
触漫 APP	2017 年 9 月 17 日	未透露	A 轮	平台
糖人动漫	2017 年 10 月 1 日	千万级	A 轮	CP
	2017 年 11 月 20 日	700 万元	战略投资	
日更计划	2017 年 10 月 12 日	近 4000 万元	A 轮	CP
神北克	2017 年 11 月 13 日	数百万元	天使轮	CP
十字星	2017 年 11 月 22 日	数百万元	Pre - A 轮	CP
快看漫画	2017 年 12 月 1 日	1.771 亿美元	D 轮	平台
麦萌漫画	2017 年 1 月	近亿元	B 轮	平台
暴走漫画	2017 年 8 月 1 日	1 亿元	D 轮	CP

资料来源：根据公开资料整理。

根据三文娱公司统计，2016 年我国网络漫画付费市场的收入约为 2 亿元[1]，2017 年达到 7 亿元[2]。与网络文学相比，国内的网络漫画付费市场不

---

[1] 《国内付费漫画市场》，http：//www.3wyu.com/17453.html。
[2] 《国产漫画的 2017》，http：//www.3wyu.com/15831.html。

够成熟，用户付费习惯仍然在培养中。而作为网络漫画先锋的韩国网络漫画，韩国文化产业振兴院发布的报告数据显示，2017 年韩国的漫画产业销售额为 1 万亿韩元（约 60 亿元）（见图 3），漫画出口金额与 2016 年相比有较大幅度增加，达到 4000 万美元（约 2.5 亿元）的规模。其中网络漫画市场的规模达到 7240 亿韩元（约 43 亿元），占韩国漫画行业销售额的 71%，网络漫画的付费规模达到 20 亿元，占网络漫画市场规模的 46.5%，为推动韩国漫画事业的发展起到了重要作用。参考韩国网络漫画的付费规模增长情况，到 2020 年左右，国内的网络漫画付费市场则有望达到 30 亿～35 亿元的规模。

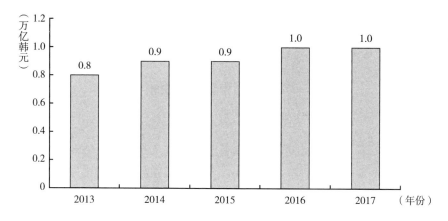

图 3　2013～2017 年韩国漫画行业销售额

资料来源：韩国文化产业振兴院。

（二）供需情况

2017 年，中国网络动漫行业用户规模达 3.1 亿人，同比增长 14.8%，94% 的用户愿意为网络动漫作品付费，30 岁以下年轻人是动漫的消费主力，占比达到 60%[1]。

根据公开资料统计，我国网络漫画用户规模呈增长趋势，2013 年

---

[1]　艺恩咨询：《2017 中国在线动漫市场白皮书》，http：//www.entgroup.cn/Views/45475.shtml。

2257.6 万人，2014 年 2741.2 万人，增长 21.42%，2015 年 4014.6 万人，增长 46.45%，2016 年 7074.7 万人，增长率达到 76.22%，2017 年我国网络漫画用户规模为 9725.3 万人，约增长 37.47%（见图 4）。

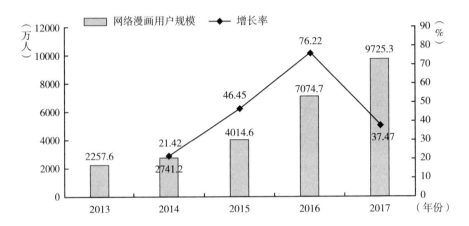

图 4　2013～2017 年国内网络漫画用户规模

资料来源：公开资料整理。

由此可以看出互联网时代的漫画行业已经进入高速发展时期。不断扩大的用户规模拥有强大的消费潜力，为国内网络漫画的发展提供了巨大的成长空间。

2016 年各大网络平台的漫画作品共计将近 15 万部，网络漫画的作者 9 万余人，漫画点击量共计约 2000 亿次①。截至 2017 年 12 月，网络漫画公司之一快看公司公布其漫画全平台总用户量 1.3 亿人，月活跃用户近 4000 万人，签约作品近 2000 部②；腾讯动漫则宣布旗下网络漫画全平台月活跃用户 1.2 亿人，签约漫画作品 888 部③。

从网络漫画作品的开发情况看，由于漫画、动画、游戏受众的重合度

---

① 国家新闻出版广电总局规划发展司：《中国网络漫画出版发展报告》，社会科学文献出版社，2017。

② 快看世界（北京）科技有限公司，http：//www.kuaikanmanhua.com/web/about/us。

③ 《2017 腾讯动漫创作者大会"脱贫致富"助国漫创作者增值》，http：//comic.qq.com/a/20171206/023679.htm。

高，因此漫画改编动画是第一步。截至2018年4月，2017～2018年已有多家公司宣布展开共94部动画作品的制作，其中31部原创动画，29部小说改编动画，27部漫画改编动画，7部游戏改编动画。漫画改编作品占28.7%，其中24部为网络漫画改编，网络漫画改编作品占总数的25.5%（见表3）。接下来是游戏改编，比如《雏蜂》《狐妖小红娘》《一人之下》等，但是目前来看漫画改手游收益并不明显。漫画作品改编成真人电视剧与电影是向更广大受众的拓展过程，首先是因为国内游戏动漫的受众与电视电影受众仍未深度融合，其次是漫画改编影视项目目前市场风险大，处于开发的早期阶段，开发难度大。2017～2018年已立项公示的漫画改真人电视剧将近40部，其中除了改编自国产漫画作品的真人剧立项外，还包括日本、韩国等优秀漫画作品（见表4），网络漫画改编作品比重达到50%。但是目前多数漫画改编项目都还处在宣传阶段，真正进入拍摄阶段的不到1/3，大部分真人改编计划处于停滞状态。

表3　2018年漫画改编动画作品一览

	公司	作品	计划上线时间	题材
1	天工艺彩	《嘻哈派》	2018年1月	青春都市
2	震雷文化	《迷域行者》	2018年2月	推理
3	绘梦动画	《灵契第二季》	2018年3月	战斗
4	—	《小绿和小蓝》	2018年	搞笑
5	—	《秦侠》	2018年	玄幻
6	剧象漫画	《我家大师兄脑子有坑》	2018年3月	搞笑
7	烤鸡鸡	《实验品家庭》	2018年4月	治愈
8		《按摩工》	2018年	热血
9	Fanworks（日本）	《快把我哥带走》	2018年2月	日常
10	爱奇艺	《狐狸之声》（杂志连载）	2018年	爱情
11	声影动漫	《控妹狂战记》	2019年	游戏
12	—	《妹力无穷》	2019年	日常
13	—	《花悸》	2019年	爱情
14	米粒影业	《神契幻奇谭第二季》（杂志连载）	2018年第四季	玄幻、热血
15	堃动漫	《幻界王》	2018年	奇幻
16	分子映画	《非人哉》	2018年	搞笑

续表

	公司	作品	计划上线时间	题材
17	七灵石动画	《铁鸥》	2018 年	科幻
18	—	《白夜玲珑》	2019 年	魔幻
19	—	《天章奇谭》	2019 年	奇幻
20	娃娃鱼动画	《蜀山奇仙录》	2018 年	奇幻
21	—	《恶魔的书架》	2018 年	恐怖
22	艾尔平方	《镇魂街2》	2019 年初	奇幻
23	屹立互娱	《白鹤三绝》	2019 年	历史
24	茗一动画	《艾华》	2019 年	悬疑
25	央视动画	《围棋少年第三季》(杂志连载)	2019 年	体育
26	好传动画	《大理寺日志》	未定	悬疑
27	百漫文化	《西行纪》	未定	奇幻

资料来源：公开资料整理。

表4　2017～2018 年已立项漫画改真人剧一览

	公司	改编作品	开发载体	题材
1	中汇影视/锋芒文化	《19 天》(网络漫画)	电视剧/网剧	校园
2	厚海文化/小糖人传媒	《棋魂》(日本)	未定	体育、奇幻
3	中汇影视	《长安幻夜》	电视剧/网剧	奇幻
4	中汇影视/青春你好	《艳势番》	电视剧/网剧	奇幻
5	万达影业/中汇影视/企鹅影视	《快把我哥带走》(网络漫画)	电视剧/网剧	日常
6	娱跃影视/完美星空	《减肥侠》	电影	搞笑
7	花儿影视	《阎王不高兴》(网络漫画)	网剧	战斗
8	芒果 TV	《天是红河岸》(日本)	网剧	奇幻、历史
9	—	《狂野少女》(韩国网络漫画)	网剧	
10	—	《火王》(中国台湾)	电视剧	奇幻
11	新圣堂影业	《怪医黑杰克》(日本)	网剧	奇幻
12	蓝港影业	《雪姬》(韩国)	网剧	爱情
13	时代众乐影视/完美世界	《整容液》(韩国网络漫画)	网剧	恐怖
14	优酷	《虎×鹤 妖师录》(网络漫画)	网剧	奇幻热血
15	盛世柏林	《偃师》	电视剧/网剧	悬疑奇幻
16	搜狐视频	《拜见女皇殿下》(网络漫画)	网剧	搞笑校园
17	华策克顿	《尸兄》(网络漫画)	网剧	恐怖
18	柠萌影业	《中国惊奇先生》(网络漫画)	网剧	奇幻

续表

	公司	改编作品	开发载体	题材
19	腾讯影业	《通职者》（网络漫画）	网剧	奇幻
20	奥飞影业/有妖气/乐视	《桃花缘》（网络漫画）	网剧	爱情
21	奥飞影业	《开封奇谈》（杂志连载后转网络连载）	网剧	搞笑
22	华策影视	《长歌行》	电视剧/网剧	历史
23	《盛世德合》	《大唐玄笔录》（网络漫画）	网剧/电影	玄幻
24	利欧元力影业	《蔚蓝50米》	电视剧/网剧	体育
25	巨魔影视/奥飞影业/有妖气影业	《镇魂街》（网络漫画）	网剧/电影	奇幻
26	搜狐视频	《端脑》（网络漫画）	网剧/电影	推理
27	剧合影视	《南烟斋笔录》	电视剧	奇幻
28	果派联合	《狐妖小红娘》（杂志连载后转网络连载）	网剧	爱情奇幻
29	中汇影视	《头条都是他》（网络漫画）	网剧	偶像
30	剧魔影业/有妖气影业/奥飞影业	《雏蜂》（网络漫画）	网剧	科幻
31	腾讯影业/北京十放文化	《拓星者》（网络漫画）	电影	科幻
32	光线影业	《一条狗》（网络漫画）	网剧	搞笑
33	光线影业	《昨日青空》	网剧/电影	校园
34	华视娱乐	《秒速五厘米》（日本）	网剧	科幻
35	伤害艺言堂影视文化公司	《彩云国物语》（日本）	网剧	玄幻
36	上海儒意影视	《赌博默示录》（日本）	网剧	热血
37	海宁真合时代文化	《交响情人梦》（日本）	网剧	音乐

资料来源：公开资料整理。

（三）国内竞争环境

根据易观千帆的移动数据，截至2018年3月，在全网络常用的APP中，与网络动漫相关的APP达到137个，指数排名前十的APP分别为哔哩哔哩动画、快看漫画、腾讯动漫、看漫画、咪咕圈圈、网易漫画、第一弹、漫画岛、漫漫漫画、动漫之家。除了哔哩哔哩动画、第一弹与动漫之家外，其他APP皆以网络漫画为主要内容，所占比重为70%。

而在个人电脑端上，腾讯动漫、有妖气、快看漫画这三个网络漫画平台的点击数量和作品数量远远领先于其他漫画网站。从百度指数上看，2013～2014 年，有妖气总指数排名第一。2015 年腾讯动漫崛起。2016 年，快看漫画凭借在移动 APP 上的崛起带动了其个人电脑端的流量，在有妖气与腾讯动漫之中争取到了一席之地。

有妖气漫画平台于 2009 年成立，2015 年奥飞公司 9 亿元全资收购。2016 年有妖气付费漫画规模逾千万元。2017 年有妖气上线的漫画改网剧作品有 4 部，分别为《镇魂街》、《开封奇谈》、《端脑》、《学院传说之三生三世桃花缘》（漫画原作《桃花缘》）。其中，《镇魂街》网剧截至 2018 年 4 月播放量已经突破 32 亿次①。2018 年有妖气宣布重新制作《雏蜂》动画，并于同期启动多部网络漫画作品的动画化。

腾讯动漫平台于 2012 年成立，2017 年腾讯公司表示旗下腾讯动漫平台投资了超过 10 家的漫画工作室，网络漫画总收益 1.4 亿元，其中总计 8000万元来自付费阅读，付费阅读规模比 2016 年增长了 166%。同时开发的《一人之下》《狐妖小红娘》等共计 10 款动漫 IP 的游戏改编；国内发行 10部动画，覆盖 12 个视频平台；港澳台及海外发行 19 部漫画、17 部动画；18 部影视授权，14 家企业周边授权②。经过几年的不断发展和创新，腾讯公司逐步构建了一个实现版权多元开发和运营的互联网文化产业商业模式，在网络漫画领域处于国内领先地位。

快看漫画于 2014 年成立，2017 年融资总金额达到 1.77 亿美元，累积总用户量达到 9000 多万人，日均活跃用户（DAU）近 1000 万人。旗下网络漫画《甜美的咬痕》截至 2018 年 4 月已累计收获 200 亿热度，约有1.34 亿的读者订阅，一度打破全网漫画的订阅纪录。2018 年快看漫画宣布未来三年的漫画扶持计划，将投入 5 亿元，打造动漫产业链上游的精品网络漫画内容。

① 根据公开资料整理。
② 《2017 腾讯动漫创作者大会"脱贫致富"助国漫创作者增值》，http://comic.qq.com/a/20171206/023679.htm。

腾讯动漫和有妖气平台上的网络漫画作品数量最多，但是快看漫画用户的黏性高，带来了较高的网络流量。目前网络漫画行业已经形成了有妖气、腾讯动漫、快看漫画三足鼎立的局面。

二　我国网络漫画产业的发展趋势

由于发展环境等诸多因素的影响，我国网络漫画在产品内容、知识产权等方面依然面临一些不可忽略的问题。这些问题是目前网络漫画产业快速健康发展的障碍。

一是作品内容问题。由于互联网审核机制较为宽松，因此许多网络漫画作品打着色情、暴力等擦边球以便吸引更多寻求刺激的读者。而各大网络漫画平台的数据显示，其读者多为25岁以下的学生，这其中一部分低龄读者的人生观、价值观、世界观还未成形，如果不加以正确引导，不良的漫画内容很大可能会对这部分读者产生不利的影响。因此可以借鉴韩国网络漫画的经验，对漫画内容进行分级，对漫画读者进行年龄认证，未达到能够自主分辨漫画内容年龄的读者禁止阅读一部分带有成人色彩的漫画。这样既保护了未成年读者，又满足了有相应阅读需要的成年人。

二是知识产权保护问题。与其他文化娱乐产业一样，网络漫画也面临着知识产权保护的难题。网络漫画作品融合了各种艺术形式的表现方法，因此给版权的界定带来了困难。同时涉及网络漫画的知识产权问题不仅包括著作权法、商标法、专利法，有一些案例还涉及不正当竞争法，以及信息网络传播权的问题。网络漫画知识产权的复杂情况使得其侵权成本低、维权成本高，目前大多数网络漫画遭遇侵权时，创作者与规模小的漫画发布平台不会选择进行维权，使得盗版和抄袭的问题更加突出。因此在知识产权问题上需要业界代表的大公司努力帮助漫画作者维权，为行业做出良好的示范，这样才能带动知识产权的良好循环。同时网络漫画作者自身做好知识产权维护，读者也需要尊重和保护作品的知识产权。只有人人遵法守法，营造良好的环境，才能促进网络漫画产业的蓬勃发展。

随着时代的发展、技术的进步，在各种相关政策的扶持下，各大公司的努力运作下，网络漫画作为泛娱乐产业链的源头部分，其付费阅读、动画化、影视化等各环节正在逐渐打通，规模与产值都在高速增长中，依托于更多优秀作品的产生以及更成熟的产业化运作，未来网络漫画将成为文化娱乐产业不可或缺的一部分。总体上，我国网络漫画产业近年将呈现以下发展趋势。

从漫画市场上看，由于国内网络漫画的受众目前仍然以相对低龄的中学生为主，因此，以热血、战斗、玄幻、魔幻为内容的男性向作品更加受欢迎，同时漫画作为娱乐消费的一种形式，轻松搞笑的漫画也有很多受众。从漫画的付费市场情况来看，又有所不同。免费漫画依靠漫画平台的稿费维持稳定，付费漫画则依靠订阅分成。根据各大平台上位居付费榜前列的作品可以发现，女性向网络漫画作品占据绝对优势，尤其是主打"总裁"内容的女性向漫画，占比达到1/4。以流量为主的免费漫画偏向男性向市场，以订阅为主的收费漫画偏向女性向市场，这个现象将会维持一段时间。但是随着网络漫画的发展，用户付费习惯的培养，高质量作品的出现，这种现象会逐渐被打破，优秀的网络漫画不论是在流量还是在订阅收费上，都会有出色表现。

从网络漫画创作者看，公司化创作的团队优势更加明显，目前各大网络漫画平台排名前十的作品基本上都是漫画团队创作的，新的个人作者已经很难出位。同时，随着漫画在泛娱乐产业链中源头作用的不断放大，漫画创作公司与漫画创作团队将会越来越受到资本青睐。

从网络漫画平台上看，各大网络漫画平台仍在努力探索网络漫画的盈利模式。目前平台主要有三种盈利模式：①内容付费，类似于网络文学的用户付费观看，不同平台制定了不同的收费标准与优惠政策，或者依靠读者主动打赏作品；②广告和游戏的联运，给同名网络漫画带来新的流量，增加读者，让读者为内容付费；③版权增值，通过授权影视剧和游戏或其他商业形式取得授权金，其中衍生产品授权收入是网络漫画主要的盈利来源。

对于漫画平台来说，漫画内容是平台盈利的核心，随着网络漫画用户规模的扩大，用户付费习惯的养成，行业的不断进步，网络漫画最终会像网络文学、网络视频等一样向精品化作品付费的方向发展。但是仅仅靠用户付费漫画来实现盈利，能够获取的商业价值终究是有限的，因此，我国网络漫画作为泛娱乐产业 IP 源头的测试价值，远大于其作为产品本身的价值。未来漫画平台将通过围绕优质漫画来进行多方面的产业布局是必然的趋势。

B.10
人工智能的产业链构成与发展前景

摘 要: 人工智能技术的发展使万物互联、万物皆媒,重构并催生了新的生产方式和传播方式。本文首先从人工智能产业发展的政策环境分析出发,梳理并探讨了国际和国内所出台的人工智能战略文件及政策。其次,从产业链的角度对人工智能产业进行全景分析。再次,从人工智能产业应用的角度分析了目前人工智能技术与医疗、金融、安防、家居等产业的融合应用现状。最后,提出人工智能将创造出巨大商机和更多价值的发展趋势。

关键词: 人工智能 产业链 融合应用

人工智能(Artificial Intelligence, AI)是用人工方法做出的类人类智能,不仅可以理解人类的思维及意识,甚至在某些领域还可以超越人的智能。当前人工智能正在形成不断迭代的"试验-验证-学习"的正循环,全面应用于人们的工作、生活的各个领域中。

一 人工智能产业发展的环境

引领未来发展的第四次产业革命受到的全球关注度正在逐渐升温,其中

---

* 贺莹,博士,厦门理工学院文化产业与旅游学院副教授,主要研究方向为东北亚文化创意产业。

最具冲击性的高新技术产业就是人工智能。事实上，AI 的发展与神经网络学的发展有着紧密关系，第一次 AI 热潮是在 20 世纪 50 年代基于神经网络相关基础理论而提出的；第二次 AI 热潮是在 20 世纪 80 年代初伴随着算法应用升级而提出的；第三次 AI 热潮是 2006 年深度学习（深度神经网络）基本框架得到了验证，相关技术崛起而带动提出的；第四次 AI 热潮是 2016 年生成对抗网络（GANs）让人类距离自主学习机器又近了一步而提出的。

AI 是第四次产业革命的主角，因此引发了各国人工智能研发的热潮，使各国纷纷出台国家 AI 发展战略，以达到抢占战略制高点的目的。全球首份人工智能发展战略由美国白宫于 2016 年 10 月发布的《国家人工智能研究和发展战略计划》而开启。随后美国又连续发布两份关于对人工智能的政府报告，且推出了"神经技术脑计划"和"人脑计划"。与此同时，欧盟启动全球民间资助机器人创新计划"SPARC 计划"，旨在扩大欧洲的领导地位并确保欧洲在全球的影响力。被称为"机器人超级大国"的日本不仅启动了大脑研究计划，还制定了《日本机器人战略：愿景、战略、行动计划》，希望推动日本的工业生产力的提高。英国为了要成为第四次产业革命的领导者也推出了"Robotics and Autonomous Systems"（RAS）计划。韩国未来创造科学部牵头启动 Exobrain 计划，发布了 STAR Lab 软件等研发项目。

我国也将人工智能提到了国家战略的高度，2017 年 3 月，"人工智能"首次被写入政府工作报告，7 月我国又提出人工智能三步走战略目标，明确要积极推动人工智能的发展。目前全国已经有 20 多个省市把机器人作为重点产业来培育，建成及在建的机器人园区有 40 多个。

表 1　我国人工智能相关政策一览

时间	发布单位	战略、规划
2015 年 5 月	国务院	《中国制造 2025》
2015 年 7 月	国务院	《国务院关于积极推进"互联网＋"行动的指导意见》
2016 年 3 月	国务院	《国民经济和社会发展第十三个五年规划纲要（草案）》
2016 年 4 月	三部委联合	《机器人产业发展规划（2016～2020）》
2016 年 5 月	国家发改委等四部委联合	《"互联网＋"人工智能三年行动实施方案》

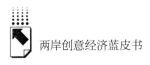
时间	发布单位	战略、规划
2016 年 8 月	国务院	《"十三五"国家科技创新规划》
2017 年 1 月	国务院	《关于促进移动互联网健康有序发展的意见》
2017 年 3 月	国务院	政府工作报告
2017 年 7 月	国务院	《新一代人工智能发展规划》
2017 年 12 月	工信部	《促进新一代人工智能产业发展三年行动计划(2018~2020)》

资料来源：依据中商产业研究院及新智元 AI 报告整理加工而成。

二 人工智能的产业链构成

从人工智能产业链的角度来看，人工智能可以分成基础层、技术层及应用层，如图 1 所示。

基础层包含数据服务、云计算、传感系统、计算力平台等内容。传感器负责收集数据，云计算及计算力平台（CPU[①]，GPU[②]，FPGA[③]，NPU[④]，ASIC[⑤] 等）负责运算，算法模型负责训练数据，数据的训练集和测试集要求数据分布均匀。

技术层包含感知技术、深度学习、智能交互技术等内容。其中感知技术通过看懂、听懂、读懂世界来让机器完成对外部世界的掌握。感知技术是所有类人工智能产品和服务的根本，只有感知正确并做出识别才能让机器在面临复杂问题或关系需要进行智慧决策时做出自主决策和行动。

应用层包含智能家居、智能医疗、智能旅游、智能农业、智能金融、

---

① CPU 的全称为 Central Processing Unit，即中央处理器，是一块超大规模的集成电路，是一台计算机的运算核心（Core）和控制核心（Control Unit）。

② GPU 的全称为 Graphics Processing Unit，即图形处理器，又称显示核心、视觉处理器、显示芯片。

③ FPGA 的全称为 Field Programmable Gate Array，即可编辑门阵列，它是一种通用型的芯片。

④ NPU 的全称为 Neural-network Processing Unit，即嵌入式神经网络处理器。

⑤ ASIC 的全称为 Application Specific Integrated Circuits，即专用集成电路，是对应特定应用场景，针对特定用户需求的专用类芯片。

智能交通、智能安防等内容。目前各个行业积极应用人工智能技术，从本质上是为人们的生活与学习提供更便捷的交通、更贴心的服务、更美好的产品。

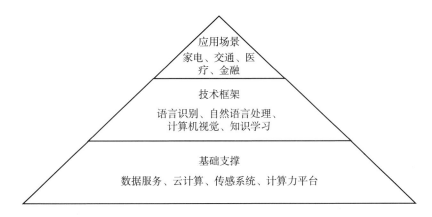

图1 人工智能产业链

资料来源：笔者根据中国电子学会资料整理而成。

人工智能产业链上游的基础设施建设（AI 开源平台、AI 芯片等）一直是全球科技巨头们竞相追逐的战略要地。AI 芯片是人工智能的重要支撑，因此，全球科技巨头纷纷建设这一重要的战略工程。IBM 早在 2015 年 10 月就推出了 TrueNorth 芯片，NVIDIA 2016 年 4 月推出了 Tesla P100 GPU 芯片，Google 于 2016 年 5 月推出了 TPU 芯片，中国科学院于 2016 年 11 月推出了寒武纪 -1A 深度神经网络处理器芯片。

大量 AI 创业公司在使用开源平台时，会通过试错验证来优化算法并不断迭代算法，开源平台同时又可以获得用户行为的数据，获取市场对应用场景的热度反馈，进而确认并提前布局将来有发展潜力的应用场景，因此科技巨头也纷纷开发 AI 开源平台。Google 公司 2015 年 11 月开创 Tensor flow 平台，IBM 2015 年 11 月开创 Systenm ML 平台，Microsoft 2015 年 11 月开创 DMTK 平台，Facebook 2015 年 12 月开创 Torch net 平台，Tesla 2016 年 4 月开创 Open-AI 平台，Amazon 2016 年 5 月开创 DSSTNE 平台，百度 2016 年 9 月开创 Paddle-Paddle 平台。

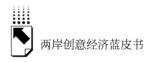
三　人工智能在产业领域的应用

1. 机器人

第四次产业革命爆发、社会需求的变化、技术革新迭代驱动了全球机器人革命的爆发，未来机器人作为我国数字化转型的关键技术之一，将成为经济转型升级的新驱动力量。机器人的技术逐渐向自然语音处理、机器视觉及深度学习等方向演进，应用领域也从工业领域向商用、家用等领域扩散。

我国 2015 年提出《中国制造 2025》战略规划时就将机器人列入重点突破领域之一；2016 年又出台《机器人产业发展规划（2016～2020）》，目前已有20 多个省市将机器人作为重点产业进行培育。《中国机器人产业发展报告2017》数据显示，2017 年中国机器人市场达 62.8 亿美元，具体如图 2 所示。

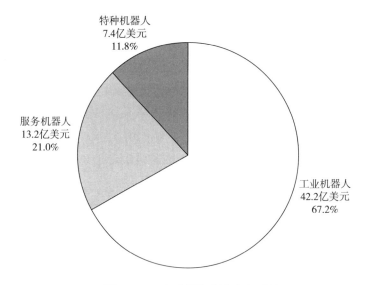

图 2　2017 年中国机器人市场现状

资料来源：中国电子学会《中国机器人产业发展报告 2017》，2017。

从当前产业格局来看，我国呈现出机器人与汽车、信息技术及数字媒体等多行业/企业协同发展的态势。区域上也呈现东南西北四大产业集聚区：

东部地区以阿里巴巴、商汤科技、科沃斯、钛米、科大讯飞等为代表显示出机器人领域实力相对雄厚；南部地区以广州数控、固高、嘉腾、欧凯、拓斯达、汇川等为代表显示出工业机器人的市场应用空间较大；西部地区以华中数控、湖南瑞森可、成都英博格、四川乐博士为代表在技术应用场景表现活跃；北部地区以沈阳新松、速感科技、旷世、哈工大机器人集团、纳恩博、歌尔为代表呈现出良好的科研实力及形成了良好的产学研合作机制。

机器人写作目前已成为新闻传播发展的新热点。其本质是大数据时代对于信息抓取进而按照一定的程序自动生成稿件的技术，现阶段是充当新闻工作者在稿件写作方面的助手。人类记者需要针对不同的传播平台，发布具有不同特点的新闻稿件，以适应不同读者的阅读习惯。然而，这些工作的背后，是满足算法统计、数据新闻和自动化生成的要求，以指数增长的工作量使新闻工作者越发需要智能机器人的辅助。从 2006 年美国汤姆森公司开始运用机器人记者撰写经济和金融方面的新闻稿到 2014 年自动机器写作软件开启了新闻生产新模式，新闻产出的数量和质量都超乎预期。在中国，继腾讯财经用 Dreamwriter 推出了国内第一篇"机器人新闻"后，如今日头条新闻机器人"张小明"和新华社的"快笔小新"等国内写作机器人也蓬勃发展起来。

2. AI + 金融

人工智能技术与金融行业的融合，将会重构现有金融行业的格局，可以实现在前端为用户提供便利性、个性化、安全性的服务；在中端支持授信、各类金融交易的决策；在后端用于金融风险的监督与管理。人工智能主要采用机器学习、生物体征识别等技术，在金融的应用场景主要有智能投顾、征信、身份验证、智能客服及风控等。

智能投顾（Robo-Advisor）是人工智能技术与金融服务深度融合的一项产品及服务。可以理解为通过结合智能化算法、投资者的财务状况、风险承受水平、预期收益目标进行综合分析计算后向用户提供的一种定制化的投资组合。国外以 Betterment 和 Wealthfront 为代表的智能投顾服务模式最早于 2008 年诞生。随后又出现了 Future Advisor、Personal Capital、Schwab

Intelligent Portfolio、SigFig 等平台。我国的智能投顾平台主要有弥财、财鲸、理财魔方、钱景、雪球和金贝塔等。其中理财魔方于 2015 年 9 月正式上线，是我国首款智能投顾 APP，该产品依据获诺贝尔奖的资产配置模型，根据中国市场进行相关优化，专门为客户提供量化投资分析建议。

征信、风控领域的平台，国外主要以 Zest finance、Experian、Wolfram Alpha 等为代表。国内的启信宝于 2015 年 5 月上线，目前是全国最全的企业征信数据库之一，汇聚国内近万家企业的实时动态运营数据。国内金融搜索引擎的平台主要有资信客、融 360、91 金融等；身份验证的平台主要有旷世、商汤科技、依图、格灵深瞳等；智能客服主要有智齿客服、网易七鱼等；智能诊疗的平台有拍医拍、康夫子等；智能影像平台有推想科技及 Deep Care 等。

3. AI + 医疗

人工智能在医疗领域的应用场景主要包括医疗机器人、医疗影像、远程问诊、药物挖掘、辅助医疗诊查等内容。这一领域主要基于图像识别、语音语义识别技术、深度学习、知识图谱、可穿戴设备等人工智能技术。机器通过深度学习医疗案例及经验数据可以显著提高医疗人员及机构的工作效率，更多触达用户及降低医疗成本。同时越来越多的医疗数据及生命体征数据通过人工智能技术也能及时传达给患者，使患者做到自觉自查、及早发现并管理好潜在的疾病。

经济越发达，物质越丰富，就会有越多的人将健康长寿定为最强的意愿表达，因此，智能健康管理产品就在人们的日常生活中突显出来了。健康有益平台于 2014 年创建，是国内较早的 AI 精准健康管理开放平台。其自主研发的 EGO - AI 精准健康管理系统，可以对上千种的中国菜品进行图像识别，识别准确率达 90%，提高了用户对健康食物的认知和传播。同时平台通过自然语音处理技术、人机交互技术可以精准理解用户在健康方面的真实需求和目的。健康有益这一平台实现了通过不断采集、学习、分析用户的行为数据，实时、动态、智能地对用户的行为进行引导，使其个人生活习惯达到基于精准医学的健康管理。

4. AI +安防

传统安防领域主要以安防监控设备、VMS 系统和安防人员为主，但是往往存在对图像视频识别度低、精准度低、安防人员的培训成本高但流失率高的问题。加之，恐怖分子事件频出，各国都将治安反恐提到了国家首要任务中。针对传统安防的不足，人工智能技术应用于安防领域主要基于计算机视觉、深度学习、语音识别、人机交互等技术，通过人脸识别、行为识别和安防机器人来提供更精准、更高效、更全面的安防服务。

随着智慧城市、平安城市的建设，传统安防系统从过去的被动防御升级为主动预警与判断。城市的监控点迅速扩展到几十万路的规模，凭借着视频及卡口产生海量数据不仅可以做到实时分析视频内容、探测异常情况，还可以将安防系统做到事前预警防范、事中防范响应、事后追查的全周期安防。

从产业链的角度来看，目前主要由人工智能芯片、平台及软件算法、硬件和系统集成、其他下游厂商构成。人工智能芯片的 DSP 芯片方面，Ambarella、Hisilicon、三星、英伟达和英特尔等公司占有较高市场份额；图像传感器芯片方面，索尼、三星、东芝、Ambarella 和 hynix 等公司占有较高份额。平台及软件算法以旷视科技、商汤科技及云从科技等公司为代表专注于技术的创新和研发。硬件及系统集成方面，海康威视和大华集团占据市场主要份额。其他下游厂商以电信运营商、经销及代理商和设计施工为主。

5. AI +家居

随着社会经济不断向前发展，人们的消费需求变得越来越需要更安全、更舒适、更环保、更智能化。智能家居系统通过搜集、分析用户数据，让人们实现了借助科技手段来精细化管理自己的生活方式及生存环境质量，进而得到高质量的个性化服务。人工智能技术在家居领域的应用场景主要有智能照明、智能家电、智能硬件、智能音箱、智能摄像头、智能门禁、智能遮阳、防盗监控、能源管控、门窗控制、自动抄表、地板采暖、卫生防疫等内容。智能家居的目标是能够为人们提供一种环境（设备）控制、智能监测、信息交互等全方位感知的家居环境。

从产业链的角度来分析，芯片是上游的核心环节，目前由英特尔、高

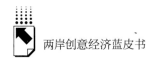

通、英伟达等公司占有主要市场。上游的语义控制环节的公司以科大讯飞和百度公司为代表；网络通信环节以上海庆科和东软载波为代表。中游的家电厂商环节主要以美的、格力、海尔公司为代表；智能硬件环节以小米、小鱼在家为代表；代工厂环节以富士康和日月光为代表。下游的云平台环节以阿里云、京东云为代表；开发者平台以腾讯和三星为代表；供应链服务以京东和硬蛋网为代表。整体来看，产业链的行业参与者众多，上游的芯片开发依然是技术门槛，国内形势不容乐观；中游的成本比上游高，如何向"产品＋"转型是关键；下游面临垂直整合，如何快速做到规模产业化是关键。

四 人工智能产业的发展前景

1. 服务机器人的发展将呈现上升态势，尤其在家政服务、医疗机器人、物流机器人等方向上将继续发力

由于家政服务的机器人技术含量较低，产业发展已较为成熟，随着家政服务机器人逐步向市场渗透，预期其市场规模将持续增长。医疗机器人的技术含量高，且市场前景十分广阔，相信未来完全有能力重塑医疗产业的结构。物流机器人未来将大量代替人力，且在节省仓库面积、提高物流效率方面也表现出突出的优势。

2. 各大科技巨头将积极构建人工智能生态系统

国外 Google 的 TensorFlow、Facebook 的 BigSur、Amazon 的 DSSTNE 都在通过开源深度学习平台和开放 API 接口的模式来构建生态圈，国内的百度也通过全面开放的语音生态 2.0、UNIT 语义交互平台、DuMix 的 AR 技术平台及 PaddlePaddle 平台，来积极构建自己的 AI 生态系统。科技巨头通过构建新的 AI 生态能够帮助企业吸引更多的开发者和潜在用户、快速迭代自己的产品，进而迅速整合技术与应用成为行业的标准，以此来实现在 AI 领域的持续获利。

3. 人工智能的技术将重构各行业现有产业格局

未来人工智能技术继续取得边际进步，通过搜集数据、感知数据、识别

数据、正确理解、深度学习、智能决策来实现对人们提供的实时循环智能服务。人工智能技术的边际突破将进一步催生新的商业及个人生活模式，从而带来更大的商业价值。

4. 人工智能将创造出巨大商机和更多价值

人工智能技术已经渗透至各行各业，成为传统行业转型升级的最重要的动力和引擎，今后人工智能的基础支撑层、技术框架层和应用场景层都将有着良好的发展前景和市场机遇。未来通过海量多维的数据，结合精尖的算法与计算力，以场景为流量入口，人工智能技术将会构建全新的商业模式，进而创造更多的附加价值。

创意乡村篇

Creative Countryside

B.11
中国创意农业实践的得失与展望

张振鹏*

摘　要： 创意农业作为一种新兴业态，具有高融合性、高创意性、高附加值、高集聚化特征，主要有农业产业化、文化资源利用、生态资源开发、城郊集约化、休闲旅游几种发展模式，有利于活化利用农村文化资源、满足和释放文化消费、创新农业经济增长方式、承接城市产业梯度转移、促进对外文化交流，但也存在文化生态面临威胁、文化消费观念尚未成熟、农村人力资源匮乏、新兴产业形式不完善、利益协调机制缺失的问题。未来创意农业发展，需要文化创意奠定发展基础，政策引导产业规范发展，产业融合提升产业价值，树立品牌引领消费。

关键词： 乡村振兴　创意产业　创意农业　产业融合

* 张振鹏，博士，济南大学商学院教授，硕士生导师，山东省文化资产评估研究中心主任，主要研究方向为文化创意产业。

十九大报告提出乡村振兴战略，实现"产业兴旺、生态宜居、乡风文明、治理有效、生活富裕"。农业是国民经济发展的基础产业，是乡村振兴的重要经济支撑。当人类社会发展进入创意经济时代，伴随着消费需求升级，人文和科技要素融入农业生产，创意与农业相结合，成为发展实践的必然选择和趋势。

一 创意农业的缘起

创意农业的原始形式是农产品创新，农业生产方式和技术创新以及农业生产和农村生活场景改造都是创意农业早期的基本形式，但创意农业真正成为一个被广泛关注的现象并作为一个概念被正式提出，则源于创意产业的兴起。

（一）理论溯源与概念内涵

创意农业的概念源于创意产业，但又不能混同于创意产业。很多学者通常使用1998年英国发布的政府工作报告中的概念来界定创意产业，即源于个体创意、技能和天赋，通过知识产权的产业化运营，从而创造财富和就业机会的行业，主要包括广告、建筑艺术、艺术和古董市场、手工艺品、时尚设计、电影、互动休闲软件、音乐、表演艺术、出版、电视和广播等行业[①]。从行业划分上看，创意农业显然不属于创意产业的范畴；从生产方式上看，创意农业不属于传统农业，是现代农业的特殊形式。由此可见，创意农业是将创意与农业生产、农产品、农村文化、自然资源以及市场需求相结合，通过创意产业与现代农业的融合，拓展农业功能，提升附加值，形成的一种新兴业态。如图1所示。

创意农业并非创意产业与现代农业的简单叠加，而是二者的有机融合，

---

① DCMS（Department for Culture，Media and Sport），Creative Industries Mapping Document 1998 - 2001，http：//www. culture. gov. uk.

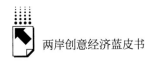
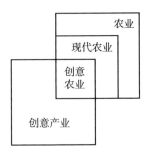

图1 创意农业概念示意

集合了创意产业和现代农业的特点，还有其自身的独特性。

1. 高融合性

创意农业不是单一的产业形式，其产品或服务是创意融入农业生产过程所出现的创新性成果，比如，北京市大兴区的玻璃西瓜、平谷区的刻字寿桃，不仅是现代农业生产技术的应用，也是文化创意的表现形式，是将农业生产、文化传播、科技应用、旅游、消费等功能以创意进行连接，形成的多元融合的成果。

2. 高创意性

创意赋予农业新的资源要素组合，创新农产品和农业生产方式，诸如创意农产品、生态农庄、田园综合体等形式，大大提高了农业生产成果的艺术性、体验性和价值创造能力，以满足人们精神与物质的多重享受和不同群体的多样化需求。

3. 高附加值

传统的农业生产通常要消耗大量的自然资源，而创意农业生产的关键要素是人的创意，摆脱了传统农业生产方式对物质资源的过度依赖，借助创意提高农产品或服务的特色化与个性化，显著提升农产品与服务的附加值和农业综合效益，延伸农业产业链，拓展新兴消费市场空间。

4. 高集群化

创意农业是农村文化、农业技术、农业生产、现代管理运营理念的综合创新，集聚了创意产业、科技创新以及服务行业等多种不同行业的资源要素，也需要生产和消费在相对固定空间里的互动，形成产业集群化发展的环境，是具有高集群化特征的产业形式。

（二）创意农业实践的模式

创意农业的理论研究尚未形成完善的体系。创意农业在实践中有效地将人文、科技、时尚等多元化主题与人们的生活与休闲方式紧密连接，赋予农村和农业勃勃生机。在实践领域，创意农业主要有以下几种模式。

1. 农业产业化模式

农业产业化模式主要出现在我国东部沿海经济发达地区，其特点是农民专业合作社、龙头企业发展基础好，产业化水平高，实现了农业生产聚集，农业规模经营，产业链条不断延伸，产业带动效果明显。比如，江苏省张家港市南丰镇永联村是全国首批"美丽乡村"试点村，村民集体兴办了水泥预制品厂、家具厂、枕套厂、轧钢厂等企业，通过壮大集体经济实力，以工业反哺农业，以企业带动农村，实现了农业产业化经营。在产业发展基础上，村民又创办了"永联苗木公司"，在村里大面积种植苗木，将全村4700亩耕地全部实行流转，对土地进行集约化经营，既获得了巨大的经济效益，又带来良好的生态效益。近年来，永联村开始规划建设3000亩高效农业示范区，专门设立农业发展基金，以产业化方式促进高效农业发展。

2. 文化资源利用模式

文化资源利用模式出现在拥有古村落、古建筑、古民居、古民俗等特色人文景观和资源的地区，其特点是乡村文化资源丰富、民俗和非物质文化特色鲜明、文化展示和传承的潜力大。比如，河南省孟津县平乐村地处汉魏故城遗址，文化积淀深厚，以农民牡丹画而闻名全国。近年来，平乐村按照"有名气、有特色、有依托、有基础"的"四有"标准，重点发展农民牡丹画产业，村民作品远销西安、上海、香港、日本、新加坡等地；在此基础上，扩大乡村旅游产业规模，探索出"一幅画、一亩粮、小牡丹、大产业"的乡村发展模式，被文化部、民政部命名为"文化艺术之乡"。

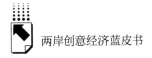
3. 生态资源开发模式

生态资源开发模式主要出现在生态环境优势明显的地区，其特点是自然资源丰富，具有传统的田园风光和乡村特色，生态环境优势具有转化为经济优势的潜力。比如，浙江省湖州市山川乡高家堂村是一个竹林资源丰富、自然环境保护良好的山区村，通过树立"生态立村—生态经济村"的发展理念，充分利用环境优势，向经济优势转化，把发展重点放在笋竹产业，开发竹围廊、竹地板、竹层面、竹灯罩、竹栏栅等产品，形成特色鲜明、功能突出的高效生态农业产业布局，现如今，高家堂村生态经济快速发展，以生态农业、生态旅游为特色的生态经济呈现良好的发展势头。同时，村里建设了休闲健身公园、观景亭、生态文化长廊，鼓励村民将竹林培育、生态养殖、农家乐相结合，全村已形成生态型竹产业、生态型观光竹林基地、竹林鸡养殖基地等多样化的农家生态经济发展模式。

4. 城郊集约化模式

城郊集约化模式主要出现在大中城市郊区，其特点是交通便捷，基础设施完善，农业集约化、规模化经营水平高，农民收入水平相对较高，是大中城市重要的生活保障基地和休闲目的地。比如，上海市松江区泖港镇依托"气净、水净、土净"的资源优势，以创建高产田为抓手，大力发展环保农业，基本实现了家庭农场的专业化、规模化经营；同时，充分整合生态农业、生态食品、农业观光、农业养殖、村落文化、会务培训、疗养度假、农家餐饮等乡村旅游资源，实现了农村休闲产业的功能集聚，泖港镇因此成为周边大城市不可或缺的"菜篮子"和"后花园"。

5. 休闲旅游模式

休闲旅游模式主要出现在适宜发展乡村旅游的地区，其特点是旅游资源丰富，具有交通区位优势，餐饮、住宿、休闲娱乐等设施完善，适合休闲度假。比如，地处浙、皖、赣三省交界的国家特色旅游景观名镇江湾，聚集了梦里江湾5A级旅游景区、古埠名祠汪口4A级旅游景区、5A级标准的梯云人家篁岭、生态家园晓起等品牌景区，着力建设了梨园古镇景区、莲花谷度假区，依托丰富的文化生态旅游资源，促进了乡村旅游与农业、农民和农村发展有机结合，使乡村旅游参与主体的农民成为受益主体，使江湾成为"国家乡村旅游度假试验区"的典范。

二 创意农业的实践功能

创意农业不仅为人们提供文化含量较高的产品和服务，满足人们精神需求，形成新的消费市场，更为重要的是实现了多种产业形式的融合，促进产业创新和结构升级，推动区域经济社会发展。

（一）活化利用农村文化资源

创意农业发展在很大程度上依赖于农村文化资源。中国是历史悠久的农业大国，农村文化资源丰厚。农村文化资源主要有民间工艺、民间表演艺术、民风民俗、农村传统饮食文化四种形式。民间工艺包括农村编织、花灯、雕刻、剪纸、陶瓷、漆器等工艺品制作与生产技术；民间表演艺术包括杂技、武术、戏曲、舞龙、舞狮、花灯等；民风民俗包括农村的传统服饰、节庆和祭事活动、建筑、景观，以及与农业生产、节气有关的典故、民俗等；农村传统饮食文化包括农村特色小吃、农村野味、农村原生态蔬果、农村土特产等。这些多样性、具有深厚积淀的农村文化资源为创意农业发展提供了宝贵的资源基础，也因近些年来中国创意农业的快速发展而获得生机。

当前是用好农村"文化资源"发展"创意农业"的最好时期。有深厚传统文化底蕴的地方，特别是经济发展相对滞后、货币资本奇缺但却拥有独特农村文化传统优势的地方，在农民渴望寻找致富新路子、城市人追求精神愉悦之际，利用"文化资源"改变经济社会发展格局。比如，陕西省安塞县将积淀上千年文化传统的安塞腰鼓、安塞歌舞、安塞剪纸等民间表演艺术和民间工艺打造成品牌推向市场，将无形的文化资源转化成产业资源，吸引了民间的货币资本投入，使安塞由传统农业向具有文化产业特性的创意农业发展模式转变，极大地促进了农村经济社会结构变革。

（二）满足和释放文化消费

扩大文化消费需求，增加文化消费总量，提高文化消费水平，是创意产业发展的内生动力。根据马斯洛需求层次理论，当人们物质需求得到满足时，必将追求更高层次的精神文化需求。随着经济的发展，我国城乡居民收入水平逐渐增加。国民文化消费状况调查显示，9.31%的居民认为文化消费"非常重要"，35.92%的居民认为"很重要"，45.56%的居民认为"一般"，9.23%的居民认为是否进行文化消费"无所谓"。在接受调查的人群中，有18.98%的农村居民认为文化消费"非常重要"，而"北上广深"等大都市居民中持这一观点的仅占6.06%，其他一类城市中持这一观点的占7.9%，二类城市中持这一观点的占9.25%，三类城市中持这一观点的占14.1%[1]。以上数据表明，农村居民的文化消费需求日益高涨，文化消费在农村地区有很大的潜力和拓展空间。但是，目前快速增长的文化消费需求与有效文化供给之间仍然存在较大差距。

创意农业的发展，改变了单纯依靠政府通过财政投入兴建图书馆、文化站、电影院、剧院等农村文化基础设施的状况，丰富了文化供给的手段和内容，既提供了更多公共文化服务项目、满足大众化需求的产品和服务，又为满足个性化、分众化的文化需求创造了更多可能性。比如，借助于创意思维和现代加工技术，对原生态的农产品进行创意性加工所形成的创意农产品就从一般消费品变为高档礼品和艺术品，经过创意加工的农产品给人们带来味觉和视觉的双重盛宴，满足人们日益增长的精神和物质双重需求。

（三）创新农业经济增长方式

创意农业发展需要强大的经济实力作支撑，同时也显著提升农业产值，成为农业经济的重要支柱。比如，福建南安市梅山镇蓉中村，是一个土地面

---

① 汪建根：《国民文化消费状况调查：居民文化消费能力总体偏低》，《中国文化报》2013年3月5日。

积仅有一平方公里，不靠山、不靠海、缺乏矿产资源的小村庄。在"经济先行、文化引领"发展模式的带动下，结合"招商选资项目年""回归创业工程"等活动，大力引进和兴办企业，与国家级艺术院团东方歌舞团共同出资组建"中国东方演艺集团蓉中文化产业有限公司"，开展新农村文化艺术培训、舞台演艺项目合作、影视产业合作、影视基地的开发与建设、文化品牌的延伸与附加价值建设等方面合作，形成影视城、影剧院、培训中心、文化产业一条街，使创意产业的发展成为蓉中村新的经济增长点。

新经济增长理论认为，促进经济增长的方式主要依靠人力、技术等生产要素资源以及由此产生的规模收益递增。在传统粗放型经济发展模式中，农业发展的生产要素主要依靠土地、劳动、资本，而创意农业强调的是将生产要素内化，以文化资源、智力资本、科学技术等无形资产投入生产经营环节，有效地突破了农业发展依赖传统生产要素资源的约束，为农业经济增长打通一条全新的道路。

（四）承接城市产业梯度转移

随着供给侧结构性改革的深入推进，部分城市产业开始向外转移，尤其是创意产业对于中心城区的地理依赖性降低，就连较早推动创意产业理论研究的澳大利亚也出现了产业从城市中心向郊区明显转移的趋势①。农村地区完全可以发挥成本、政策的优势，承接创意产业从中心城区的溢出和转移，在农村地区形成创意产业基地、影视基地和创意产业集聚区。比如，黑龙江佳木斯敷其湾文化产业园区，不仅创建了影视拍摄基地，还建有民间民俗艺术品展销区和赫哲文化旅游区。民间民俗艺术品展销区主要用来展示赫哲族鱼皮饰品、东北民间民俗艺术品、全国特色民族民俗工艺品；赫哲文化旅游区主要用来展示水上舞台、赫哲人家、赫哲族渔猎文化广场及赫哲新村等赫哲族的民风民俗。园区的建设为农村及少数民族文化提供了宣传展示的平台，拓宽了农村文化产品的销售渠道，形成了创意农业的一种典型模式。

---

① 钱志中：《郊区化转移：澳大利亚创意产业观察》，《群众》2017年第14期。

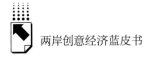
近年来，随着城市创意产业竞争日益激烈以及同质化现象的出现，一些文化企业和投资人开始把目光投向农村，在农村寻求发展商机。比如，长影集团有限责任公司在 2009 年与辽源市东丰县签约合作并在扎兰芬围民俗园内建立农村题材影视拍摄基地，充分利用园区搭建以满族风情文化为基础的关东农村风貌和独特景观，作为影视剧外景拍摄基地，既为当地农村带来了可观的经济收益，又通过影视剧大大提升了东丰县知名度，推动相关产业集聚发展。

（五）促进对外文化交流

中国农业文化源远流长，农业历来是对外文化交流的重要内容，涵盖农业技术、品种资源和农业文化。古丝绸之路、陶瓷之路、茶马古道、稻米之路等，都是中国农业发展历史悠久并且对世界产生深远影响的丰硕成果。"一带一路"倡议为创意农业"走出去"创造了前所未有的发展机遇，2018 年中央一号文件强调"构建农业对外开放新格局""深化与'一带一路'沿线国家和地区农产品贸易关系"，为新时代中国创意农业发展指明了方向。

创意农业发展为中国农业文化"走出去"、促进国际文化交流增加了更多途径和方式。比如，创办于 1987 年的"中国吴桥国际杂技节"至今已连续举办 16 届，促进了本土杂技的发展，增强了本土杂技的国际竞争力，并且在国际上享有很高的声望，创造了可观的社会效益和经济效益。目前河北吴桥拥有国家 4A 级旅游景区"吴桥杂技大世界"，年接待游客 60 万人以上，国外游客达 5 万人。另外，吴桥拥有 4 家具有相当规模的境外演出公司，境外演出已扩大到亚、欧、非、中北美等 20 多个国家和地区[1]，吴桥县境外演出收入每年都超过 1000 万美元。随着"一带一路"倡议的推进，越来越多的地方充分利用对外文化交流这一平台，推动创意农业发展成果

---

[1] 郭玉培、强国树：《杂技之乡吴桥的杂技境外演出收入倍增》，《沧州日报》2013 年 11 月 8 日。

"走出去"，提高本土农村文化知名度和农业经济收益，进一步促进创意农业发展。

三　创意农业发展的不利因素

尽管我国创意农业发展取得了一定的成效，但作为新兴产业形式，实践领域对于创意农业的基本内涵、主要特征、发展模式、实现路径、制度安排等方面都缺乏深度的认知和广泛的认同，创意农业发展也面临着诸多外部不利因素。

（一）文化生态面临威胁

文化生态具有不可再生性，而农村是文化生态的母体。随着现代化进程的加快，我国的文化生态正经历巨变，一些历史文化名城、街区、村镇、古建筑、历史遗址、自然风景区由于过度开发和不合理利用，其原始风貌被改变或者面临消亡与失传的境遇，尤其是在文化遗存丰富的少数民族聚居区，其文化特色正在逐渐消失。费孝通先生在谈到文化自觉时经常提到他在20世纪80年代考察的内蒙古鄂伦春聚居区民族文化消失的现象，鄂伦春族原本世世代代生活在森林中，从事狩猎和养鹿，由于森林的日益衰败，现在这个民族只剩下几千人，并且生活习俗已完全改变。在黑龙江，长期以渔猎为生的赫哲族也存在同样的问题①。文化生态是创意农业发展的文化根基，文化生态被破坏将会严重影响创意农业发展。

（二）文化消费观念尚未成熟

社会生产过程包括生产、分配、交换和消费，并且它们之间存在相互联系和相互制约的辩证关系。生产最终目的是消费，消费是生产的补给过程，也是人类自我实现的过程，主要包括物质消费和文化消费。当前，农民的文

---

① 杨柳：《费孝通思想探微——谈文化自觉及对文化的作用》，《社科纵横》2010年第7期。

化消费水平较低，文化消费观念尚未形成，主要表现为：一是文化消费支出占总支出的比重很低；二是文化消费形式单一。农村文化消费观念的滞后性不仅与思想不解放有关，更与农村文化产品的供不应求的现状密切相关。根据调查，当前农村最需要的前五种公共文化设施为有线电视、健身场地及设施、农家书屋、棋牌室、阅报栏；而农村公共文化设施供给最多的却是农家书屋、有线电视、文化大院、文化活动室、有线广播，在需求最强烈和供给最多的五个公共文化设施中有三个是不一致的。同时，农村文化产品的供给是自上而下的，不能充分满足农民真正的需要，导致文化供给效率不高和文化产品供给不足两种情况同时存在。相对于城市文化产品的丰富多样，农村文化供给的匮乏，使得农民文化消费需求无法得到有效满足，这些问题都不利于创意农业发展。

（三）农村人力资源匮乏

随着工业化、城镇化进程加快，大量农村人口尤其是青壮年劳力不断"外流"，很多村庄出现"人走房空"现象，一些农村出现人口、土地、产业和基础设施整体空心化[①]。外出务工农民的受教育程度普遍高于农村留守劳动力，劳动力人口的流失以及文化素质偏低，使得农村文化传承与农业发展主体越来越弱、群体越来越小。有研究团队以手工文化资源发达的山东农村为观测点，对临沂、菏泽、潍坊3个地区9个手工艺品类进行调研发现，农村人口的流失是农村手工艺不能很好传承以至于消失的重要原因。村庄里的大部分年轻人外出打工，使得从事这些手工艺的主体都是老人或根本没有传承人，导致农村手工艺传承面临断代的危机。农民是创意农业的重要主体，缺乏人力资源支撑，对创意农业发展十分不利。

（四）新兴产业形式不完善

尽管创意农业发展已经受到推崇，但其在区域发展总体规划中仍处于附

---

① 李周、任常青：《农村空心化：困局如何破解》，《人民日报》2013年2月3日。

属地位，现有资源不能满足产业发展需要。缺乏合理的发展规划，导致发展目标和思路不明确，很多地方以餐饮、观光和农产品销售为主营业务，产品类型和服务内容单一，产品和服务缺乏文化内涵及创意设计，而模仿的成本和风险低且业务推广速度快，导致各地创意农业发展同质化竞争严重，产品供给与消费需求未能有效对接，使市场处于一种不稳定状态。有些从业者为了取得市场竞争优势，采取低价竞争策略，导致市场价格体系紊乱。这些问题致使创意农业发展陷入未兴先乱的局面，严重限制了创意农业的发展空间。

（五）利益协调机制缺失

创意农业这种新兴产业形式正处于起步和探索阶段，目前显现出来的主要问题其根源主要在于利益相关者之间缺乏协调机制。任何产业都是由不同利益相关者在利益驱使下，自觉或不自觉地形成分工与协作关系，集聚在一起所构成的产业组织。创意农业是由多个产业相关部门按照由核心向外围逐层扩散构成的一个呈网络状结构的组织系统，依托特色资源开发进行创意设计的产品部门为核心层，满足消费者其他需求的产业部门为紧密关系层，满足旅游者非必要需求的部门以及提供基础性服务的机构为外围层。另外，政府机构和行业协会是营造和维护良好的市场环境，并为各产业部门提供相关服务的重要参与主体。由此可见，创意农业发展涉及众多的利益相关者，利益多元化和目标多元化并存，创意农业属于非共同利益群体的合作形式。如果找不到利益平衡点，并建立一个公平合理的利益协调机制，必然会导致各利益主体的"各自为政""各取所需"，使产业陷入无序发展的困境。利益分配不合理使创意农业出现产品单一、竞争无序的状态，无法满足消费者多样化和品位日益提高的消费需求，影响了创意农业健康持续发展。

四　创意农业未来展望

生态、田园，自古便是人们渴望返璞归真的净土。随着都市生活节奏的加快，创意农业的兴起满足了个性化休闲时代传统农业方式所满足不了的现代人的多元化需求。农业在经历了农耕、农业观光、乡土体验、互动娱乐后，开始向创意设计、品质追求、情感共鸣等方向发展。进入创意经济时代之后，创意产业已经不仅仅局限于特定的产业门类，它最大的贡献是带给社会文化意识和创意精神。国家对于"三农"问题提出的要求是"积极探索解决农业、农村、农民问题的新途径"。以创意产业的思维方式整合农村生活、生产和生态资源，创新农业发展模式，对于建构现代农村产业体系、实现农村经济社会跨越式发展起到了重要的引领作用。

（一）文化创意奠定发展基础

人类文明发轫于农耕社会，农村文化是传统文化的家园。在现代社会，农村文化依然是与城市工业文化并存的一种文化，许多城里人生活在都市却处处以农村为归依，有所谓"乡土中国"的心态。农村从来不缺少文化创意的元素和基础。欧洲创意农业的发达与其先进的创意产业密不可分。现代欧洲国家，经过数百年的发展，财富的大增，促使大多数国民进入"物质经济过剩、文化经济繁荣"的时代。民众物质生活的开支逐年下降，更多的钱消费到非物质、文化、休闲等领域。文化创意与休闲活动成为社会生活中不可分割的部分，创意农业也因此兴盛发展，且作为最亲近自然的产业，创意农业的前景将持续兴旺。

（二）政策引导产业规范发展

国外创意农业的繁荣发展，与各级政府的直接推动密不可分。各国基于本土乡村的社会文化背景与农业发展条件，选择最适宜的创意农业发展之路，提供科技及文化专家机构的指导，并在发展过程中，及时完善相关政策，成立专门机构，必要时给予资金的扶持，以保障创意农业的可持续发展。比如，荷兰以平原为主，政府提倡发展畜牧业、奶业及高附加值的园艺花卉，并从政策、资金及技术等方面提供切实的便利；德国农业协会在创意农业与乡村旅游发展之初，为保障游客的合法权益，于1972年制定了"乡村旅游品质认证制度"，经多次修订沿用至今；法国亦于1988年成立了隶属国会农业委员会的农业观光服务处。多策并举，促进产业规范发展，是中国创意农业发展的应然选择。

（三）产业融合提升产业价值

任何产业演进都是产业主体与当地自然环境、传统文化和基础设施等因素适应性调整的过程。这些因素决定了产业类型的选择和发展方向，并影响产业主体之间的关系结构，以及产业发展的效率和质量。发达国家的创意农业通常包括核心产业、支持产业、配套产业和延伸产业相互关联的相对完整的产业体系，转变了传统农业单一产业结构的状况，突破一、二、三产业的边界，充分发挥产业融合效应。专利、商标、品牌等知识产权是创意农业整个产业体系的价值核心，以此带动相关产业，形成产业集群，进而产生巨大的经济效益，并提升农村区域的整体价值。比如荷兰的创意花卉农业，三产充分互融，产业体系完善，产业价值的乘数效应十分显著。

（四）树立品牌引领消费

创意农业在追求特色性的同时，需要树立品牌意识，以品牌延伸价值空间，从农业延伸至生活，这是创意农业未来的发展大趋势，也是国际创意农业发展的重要经验。树立品牌的有效做法是，充分放大创意农业的品牌效应，结合"地理标志产品"、国家特定基地、特色乡土文化等荣誉形象，突出打造地方特色鲜明的产品体系，以此为基础来建构品牌。比如法国的波尔多正是突出"波尔多薰衣草"的品牌，成为全球薰衣草种植最具知名度的休闲度假胜地。引领生活潮流，是创意农业的最大价值体现。将自然乡村环境与传统乡上文化经过创意手法，结合现代流行文化与市场元素，融入城市的便利与现代科技元素，将创新一种生活模式，这是欧洲等发达国家演进的"后现代生活"写照。对于中国创意农业发展，具有突出的指导与借鉴意义。

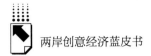
　　创意农业不只是一种产业经济形式，也是一种农业文明展示形式。创意农业发展能够为产品和服务注入新的文化要素，为消费者提供与众不同的快乐体验，从而提高产品与服务的观念价值，并且因品牌的作用而提高产业的附加值，并由此丰富文化内涵，改进人的生活方式，提高人们的幸福指数。

B.12

台湾休闲农业发展报告（2017）

吴季真　林义斌*

摘　要： 台湾地区休闲农业经历了 1980 年以前的萌芽期——观光农园草创期、1980～1989 年的成长期前段——休闲农业探索期、1989～2000 年的成长期中段——休闲农业倡导期、2001～2003 年的成长期后段——休闲农业茁壮期、2004 年迄今的发展期——休闲农业发展期，逐步发展成熟。时至今日，休闲农业依旧是台湾农业的重要组成部分，据农委会统计，2016 年台湾农业产值约为 5275 亿元新台币，占台湾生产毛额的比重仅为 1.82%，加计与农业相关的二、三级产业，如食品加工、运销及休闲旅游等，约为 10%，而截至 2017 年 7 月底，台湾地区累计划定 82 处休闲农业区，休闲农场取得许可登记证的有 392 家，每年吸引游客前往农村休闲旅游逾 2550 万人次，创造产值 106 亿元新台币。

关键词： 休闲农业　休闲农场　绿色旅游　头城农场

一　台湾休闲农业的发展历程

1980 年以前，台湾民间有观光农园的形式，就是农民让顾客直接进到

---

* 吴季真，宜兰头城休闲农场经理；林义斌，台北教育大学文化创意产业经营学系副教授，研究方向主要为产业观光与休闲体验、会展产业管理。

农田，付费后自己采摘水果，这样的盈利模式，缩减了农作物从产地运销到市场的费用，也增加了农民在盘商之外的营销渠道。另外也有农民在民间自发性地辟地分租给市民，使市民在假日的时候可以耕作，称作市民农园，在缺乏农工的时代分租农地，事实上是活化农地的一种作为。之后，台湾地区建议农民从纯农业生产经营模式，转型到提供国民游憩服务功能的休闲农业，以增加农民的附加收入。

1989 年，台湾独创"休闲农业"一词，在当时历史背景下，是结合产、官、学的智慧，意图借着提高农地的生产效益，创造农业价值。其中，最重要的里程碑是在 2000 年公布实施"农业发展条例"，使得休闲农业不再只是农业发展的方向之一，而成为台湾地区调整农业产业结构、翻转传统生产型农业的核心产业。另外必须提及的是在 2004 年台湾地区公布实施"休闲农业辅导管理办法"中，明订休闲农业区之规划及辅导，选择具有特色、丰富生态及文化资源规划为休闲农业区，使其成为活化在地农业资源的重要驱动引擎，延伸休闲农业的功能，缩短城乡距离，促进全国农业与休闲农业的永续发展。本研究整理台湾地区休闲农业历史发展如表 1 所示。①

表 1　台湾地区休闲农业发展一览

发展历程	说明	形成原因
1980 年以前萌芽期——观光农园草创期	此时期以观光农园形态经营,完全是农民自发性的尝试,目的在借着开放农园供人采摘而节省劳力,又可吸引游客的兴趣,而达到增收的目标。较普遍的形态如苗栗县大湖观光草莓园、彰化县田尾公路花园等	此时期可说是农业开始感受环境冲荡及社会兴起自然旅游,两大力量交会下产业创新的模式。此期有 33 家(观光农园)设立,它们是休闲农业的先驱者
1980～1989 年成长期前段——休闲农业探索期	本阶段的开端系因 1980 年台北市政府在木栅推行观光茶园计划,是政府推广休闲农业的肇始。紧接着 1982 年台湾当局执行"发展观光农业示范计划",将观光农业在省内推行。最具有指标效应的是彰化县农会东势林场、台南县农会走马濑农场、宜兰县香格里拉休闲农场,在本期内相继设立营运	台湾休闲农业在此三大农场的带动下蓄积一股冲劲,但共同的问题是对休闲农业的定位与走向都在探索、磨合、适应。本阶段 9 年期间休闲农业场家数增至 141 家

---

① 丁文郁:《台湾休闲农业发展的回顾与未来发展策略、休闲农业与环境教育》,《农政与农情》2007 年第 177 期。

发展历程	说明	形成原因
1989～2000年 成长期中段—— 休闲农业倡导期	1989年4月28～29日，行政主管部门农业委员会委托台湾大学农业推广学系，在台湾大学思亮馆举办"以共同、委托及合作经营发展休闲农业研讨会"中，虽然研讨会的全名，是在当时农业施政的主流价值制约下妥协的结果，但跳脱长久以来仅重视生产的农业施政思维，首度揭橥休闲农业这句全世界独创的词汇，也正式开启台湾地区发展休闲农业的新页	本阶段农业界及社会积极投入休闲农业，代表农业转型发展的迫切性及民众自然生态旅游及农业体验的高度需求。 本阶段11年期间休闲农场家数增至610家
2001～2003年 成长期后段—— 休闲农业茁壮期	2000年1月4日，立法主管部门三读通过"农业发展条例"修正案，并于同年1月26日公布实施，将休闲农业之定义与推动及发展，明定于"农业发展条例"第63条，使得休闲农业不再只是农业发展方向之一，更因为其法源依据，而成为农业政策之一。所以从此有关休闲农业的发展，不再只是行政主管部门农业委员会单一部会之事，相关部门会应依据发展之需要，需予以配合推动	休闲农业具法源依据，而成为国家农业政策之一。除了主管机关农委会之外，相关部、会依据发展之需要，需予以配合推动在政府策动各部资源下本阶段短短三年间，休闲农业总场数增至1021家，增设了411家
2004年迄今 发展期——休闲 农业发展期	休闲农业发展到前阶段可谓达到高峰，故本期不再追求量的增加，而是企求质的提升。"休闲农业辅导管理办法"在2004年、2005年先后修订三次，主要精神是提升服务质量，促进稳定发展。另如休闲农场评选、休闲农业区评鉴等措施都开始执行。整体而言，本期的特征是将休闲农业推向另一个高档台阶，促进永续发展	截至2017年7月底，台湾地区累计划定82处休闲农业区，休闲农场取得许可登记证392家，每年吸引游客前往农村休闲旅游逾2550万人次，创造产值106亿元新台币

二　台湾休闲农场的发展现状

凭借台湾地区产政学各界的努力，休闲农业的发展，如农业产品加工和故事化伴手礼运销，提升了农业的层次，使农业由初级、次级产业扩及三级产业；而具农业特色住宿、餐饮及农业体验等服务产品的提供，调整了农业产业结构，使台湾地区地窄人稠的农地使用增加收益、朝精致化、高利润农业发展；而各地区休闲农场等的设立，结合生态保育与地方发展，活化了农业资源，使得农业有机会朝向永续农业发展。目前，台湾地区各县市休闲农场的家数及分布情况如表 2 所示。①

表 2　台湾各县市休闲农场家数一览

单位：家

县市	数量	县市	数量
台北市	10	屏东县	35
新北市	10	宜兰县	45
桃园市	17	花莲县	2
台中市	28	台东县	4
台南市	8	澎湖县	0
高雄市	14	金门县	0
新竹县	13	连江县	0
苗栗县	60	基隆市	5
彰化县	22	新竹市	0
南投县	29	嘉义市	0
云林县	5	合计	319
嘉义县	12		

休闲农业的创生与发展，随着台湾地区农民的投入、政府政策的辅导，其在农业营运贡献上业已产生实质的经济价值，甚至超越单纯农产品对经济的贡献度。

时至今日，休闲农业的产业力依旧是台湾农业的主要动能之一，依据农委会统计，2016 年台湾农业产值约为 5275 亿元新台币，占台湾生产毛额的比重仅为 1.82%，加计与农业相关的二、三级产业，如食品加工、运销及休闲旅游等，约为 10%，而截至 2017 年 7 月底，台湾累计划定 82 处休闲农业区，休闲农场取得许可登记证 392 家，每年吸引游客前往农村休闲旅游逾2550 万人次，创造产值 106 亿元新台币。②

---

① 整理自农业易游网，台湾休闲农场名录，https：//ezgo. coa. gov. tw/zh - TW/Front/AgriDistrict/
Index；台湾休闲农业发展协会《台湾农场趴趴走》，http：//www. taiwanfarm. org. tw/agrotour/
index. php/theme - tour/taiwan - farm - papago。

② 廖丽兰：《我国农业旅游拓展国际市场之成果与展望》，农委会出版品。

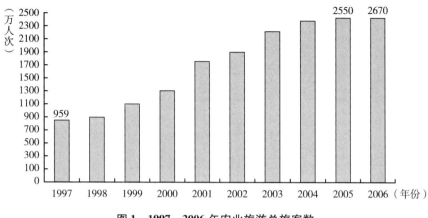

图 1　1997～2006 年农业旅游总旅客数

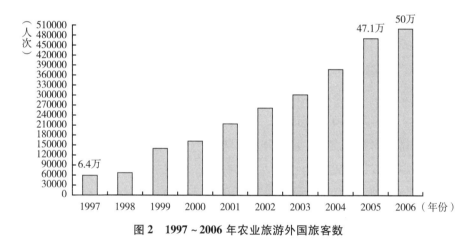

图 2　1997～2006 年农业旅游外国旅客数

三　以绿色旅游为原则的休闲农业导向

台湾的休闲农业创始的契机，除了台湾官方政策上想活化农业资源以调整传统农业结构，其在功能上是在利用农渔业资源提供体验农业，同时也能使市民在假日中享受休闲游憩的乐趣。① 从两岸的现况来讲，两岸人民，相

---

①　廖丽兰：《我国农业旅游拓展国际市场之成果与展望》，农委会出版品。

比 30 年前，因为教育程度与经济收入提高，他们恐怕会从普遍性的旅行模式消失转而追求具知性且具有生活质感的旅行方式。虽然到乡村旅游，还会是未来的趋势，但是，农业体验并不是现代游客对休闲体验设计唯一的选择，因而休闲农场在既有农业生产价值、生态维护及文化保存不变的前提下，休闲农业在服务产品供给面，应该寻求新的设计理念和服务产品，来面对市场需求不断变化的挑战。30 年后的今天，台湾的休闲农业在大环境的变动下，其发展理应随着国际旅游趋势的发展而调整，为下一个 30 年的循环做预准备。

在绿色旅游的实践方面，台湾的绿色旅游协会提出了绿色旅游易于实践的服务产品分类，并且在各分类中提出绿色指标，让旅游服务产品提供者有指标可以遵循，期望旅客以对环境冲击最小的旅游形态，秉持"节能减碳"的精神，享受"生态人文"的游程体验，提出绿色旅游的几项原则。

①食：用餐以环保为考虑一切以有机、当令、当地的食材为原则，降低肥料对土地污染及减少运输的能源耗费。

②衣：穿轻便环保功能服装，以保暖舒适透气为原则，尽可能少带，降低运送清洗，将行李减量，减少耗能，也能使自己在旅途中行动方便。

③住：住有环保节能概念，且优先使用在地建材及在地绿色旅馆，住宿中也要注意节省水电，使用自备的盥洗用具。

④行：旅游期间优先选择大众运输、单车、步行、低碳节能的交通工具。

⑤育：尊重自然，不去违反自然生态的旅游地，以环保 3R（Reduce、Reuse、Recycle）减量、重复利用、循环再造的精神与旅游地和谐共处。

⑥乐：走入山海城乡、小区聚落、农场、森林、田野、湿地、海洋、河流去关心环境生态和有机生产及人文风情、民俗庆典、宗教活动。

⑦购买：购买旅游"当地"生产的农特产及工艺纪念品、创意产品，以增加当地业者收益及在地居民的就业，又可以减少运输耗能。

⑧公益：在旅游进行当中做到社会公义。旅游无论任何类型与程度，总是耗费能源及大地资源的活动，借由旅游消费过程中进行碳补偿。例如植树

或购买碳汇券等，做到补偿性质之社会公义以及尊重当地社群文化及风俗习惯，不歧视弱势、残障、妇女、儿童、低收入者。

旅游地的经营或是游程的规划除了创意的多元营销外，最重要的是产品力，旅游产品力应包含多面向的元素，食衣住行育乐购，面面俱到，才构成强势的集客能力。

四　台湾头城休闲农场典型案例分析

头城农场位于台湾东北海岸的宜兰县头城镇，成立于1980年，创办人卓陈明女士，原是小学老师，40岁的时候，怀着退休后过着田园隐居的梦想买下了头城镇这块地，因而也开始了她30年来漫长的休闲农业之路，农场从一间小平房开始发展。现占地1800亩，除了优美的自然景观、有机的农业设施，更有500人座位餐厅及80间客房等游憩设施。目前头城农场每年国内外游客约8万人次，其中25%来自东南亚国家和地区，新加坡、中国香港等地区占大多数。头城农场在台湾的休闲农场界近年寻求转型的营运模式中算是比较成功的案例。

1. 特色资源盘点与创意体验活动转化成绿色体验活动

每个农场，所拥有的自然与农业资源，大多非常丰富，但是这些丰富且珍贵的资源，必须要将它们转化成为体验活动，并且多元应用，或是将各个设计的单元，结合成为套装旅游的流程，如此才有机会，将既有的资源，转化成服务产品，将之贩卖后，带来营销的利润。在绿色旅游新潮流下可寻找自身的特色资源来建构食衣住行育乐购等分项服务，并且加强一个休闲农场的集客能力。

休闲农场所处，大都景色优美，环境良好，但其缺点是大多位于离都市比较远，因而，单一休闲农场所推出的服务产品，需要涵盖食住行育乐购等面向，提供的服务越多越丰富，则对都会区人们的拉力就越强，而所设计的内容要符合世界绿色旅游的趋势，使服务产品具吸引力，才能够将都会区的人们吸引到乡下来消费。

　　头城农场在发展策略上运用绿色旅游的概念，是近年发展的重心。农场把2公顷的蔬菜园转做有机，转变的过程虽然不是没有经历挫折，但投入心力后，整个菜园成为生态花园，农业体验的内容得以纳入友善土地、在地食材、健康食等环保农业主题，这些"绿生活"的概念正是现代国内外游客所重视且愿意消费的旅游产品。表3罗列了头城农场如何将特色资源转化成绿色体验活动。

表3　头城农场特色资源与绿色体验活动一览

自然或农业资源	转化成绿色体验活动	绿色旅游的面向
洁净野溪	溪流教育:水中生物,岸边植物生态观察	□食 □住 □行 ■育 □乐 □购 □公益
有机菜园	食农教育:包含健康食、友善农、感恩惜福的价值观 户外厨房:结合菜园导览,共煮共食,户外餐厅的套装游程 供应农场附近小学营养午餐食材 自制堆肥:发展循环农业	■食 □住 □行 ■育 ■乐 ■购 ■公益
果树区	采摘体验:推广适地适种的,食在地吃当令的节气饮食 制酒、制醋:农产品加工延长食物的保存期限 自制堆肥:发展循环农业	■食 □住 □行 ■育 ■乐 ■购 □公益
水稻区	水稻文化介绍:可以体验水稻收割、晒稻谷、推石磨、做米食,完整水稻的一生体验 环境教育:推广农村爱物惜物的价值观	■食 ■住 □行 ■育 ■乐 ■购 □公益
家禽家畜区	自制堆肥:发展循环农业 放牧蛋鸡:动物福利	■食 □住 □行 ■育 ■乐 ■购 □公益
住宿区	通过绿色旅馆认证	□食 ■住 □行 □育 □乐 □购 ■公益
餐厅	绿色餐厅认证申请中	■食 □住 □行 ■育 □乐 □购 □公益
周遭火车站与车站假日及非假日接驳	推广使用大众运输,降低碳排放	□食 □住 ■行 □育 □乐 □购 □公益
藏酒酒庄	农粮署六级化产业示范点 用契作方式收购,在地农夫所生产优质好米	■食 □住 □行 ■育 ■乐 ■购 ■公益

2. 绿色旅游的实践

每个休闲农场都在为自己所提供的服务产品修炼苦功，希望可以制造差异性，让自己的农场在众多的竞争下获得消费者的青睐；或者诉诸品牌形象，希望消费者可以因良好的品牌价值而愿意付出较高的价格来消费。

虽说制造差异与品牌形塑有众多的策略与方法，但是以创意与创新思考来实践绿色旅游似乎也是众多休闲农场可以为自己创造差异性的方法之一，而且，在现代一片绿色消费当道的价值观中，消费者往往愿意为具有绿色品牌形象的服务多付出一些金钱。例如，现在的汽车产业，强调带有高效率低耗能的电动车，往往比传统烧汽油的车子来得昂贵许多，但是，这些绿色车子的销售额，往往比传统车辆的业务高许多。以下提出头城农场的一些绿色实践，可以让同业来参考。

（1）低碳里程食物

头城农场两个餐厅的蔬菜都来自自己的有机农场，并且提供新鲜的海鲜食材，供顾客享用，海鲜则是来自邻近三个渔港的新鲜鱼货。倡导低碳里程食物，不仅降低碳排放，减缓地球暖化的速度，少了长时间的运输，食物更新鲜，吃起来更健康，也少了运输成本的支出，可说是一举数得的绿行动。

（2）制作堆肥，避免食材浪费

有机农业，最大的成本来自人力与有机肥料，头城农场利用自己的枯枝落叶搭配，餐厅制作菜肴剩余的蔬果，制作堆肥是敬天惜物的精神表现，也是支持循环经济的一种实践。

（3）有机农业的实践

因为台湾隶属于亚热带气候，更有"昆虫王国"的盛名，实践有机农业，非常困难，但是农场排除万难，执行不用农药、化肥的有机农法，因而，有机菜园的应用，不限于生产，更有生态菜园，以及农业生活体验的功能，提供的餐饮服务，以"人养地、地养人"的主轴观念，提供有机的健康饮食，不仅人们身体会健康，环境也会被保护，也是一举数得的绿色实践。

（4）绿色旅馆

头城农场的旅馆，窗明几净，采用大片落地窗，让阳光可以穿透房间，

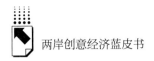

节省灯光费用的支出，屋顶设有太阳能板，降低提供热水时所需的能源支出，并且提供优惠给连续住在同一间房而且不要求更换床单的旅客，因而获得绿色旅馆的认证。

（5）食农与环境教育

头城农场在 2013 年取得环保署环境教育场域的认证，同年并开始以农业资源，如水稻有机菜园，发展食农与环境教育的教案，提供学童接触大自然的机会，学习友善耕作，与永续农业的关联，以及利用食物的共煮共食来建立正确的饮食态度；有别于一般的 DIY 体验，食农教育在建立参与者正确的饮食态度，而环境教育则是提升参与者对环境的素养，农场于 2016 年取得境教育场域评鉴优异的成果，认证农场的教育质量，而农场也建立起了正面的社会形象。

B.13
中国乡村旅游发展报告（2017）

郭玉琼*

摘　要： 2017 年，乡村旅游得益于城乡居民日益增长的旅游需求和国家政策大力支持，继续快速发展，在精准扶贫、产业融合等方面成绩显著。2016 年，我国乡村旅游获得投资 3856 亿元，占旅游总投资的 15.7%，同比增长 47.6%。我国乡村旅游市场正逐年扩大，消费规模持续增加，在旅游业中表现突出。2017 年，我国休闲农业和乡村旅游各类经营主体已达 33 万家，比 2016 年增加了 3 万多家。全年乡村旅游达 25 亿人次，占同期国内旅游市场 50 亿人次的一半，旅游消费规模超过 1.4 万亿元。

关键词： 乡村旅游　休闲农业　转型升级

我国乡村旅游从 20 世纪 80 年代兴起后，已经成为我国主要旅游形态之一、大众旅游的重要分支。近年来，乡村旅游发展的意义越来越丰富、明确，它是落实乡村振兴战略的重要内容，是乡村扶贫、乡村文化传承、乡村生态环境保护等的重要方式。发展乡村旅游频繁出现于国家和地方的政策文件中，是顶层设计焦点、旅游工作要点。

2017 年是实施国民经济和社会发展"十三五"规划的重要一年，也是实施旅游业发展"十三五"规划的开局之年。这一年，乡村旅游继续以高

---

* 郭玉琼，厦门理工学院文化产业与旅游学院副教授，主要研究方向为乡村文化、海洋文化。

于旅游产业整体发展速度增长，成绩斐然，势头强劲，显示出令人瞩目的活力和潜力。

一 我国乡村旅游的发展现状

（一）乡村旅游市场扩大，消费规模增加

国际上用"乡村性"作为界定和划分乡村旅游的标志，将乡村旅游定义为发生在乡村的旅游活动。基于这种认识，乡村旅游应该包括农业旅游（也叫休闲农业、观光农业、旅游农业）、农家乐旅游、乡村文化旅游、乡村生态旅游、乡村度假旅游等。[①] 一些国家文件将乡村旅游资源开发建设基础上的现代农业庄园、田园综合体、度假乡村、休闲农庄、农业观光园、农村产业融合示范园、美丽乡村等都归为乡村旅游项目。[②]

我国乡村旅游市场正逐年扩大，消费规模持续增加，在旅游业中表现突出。2017 年乡村旅游达 25 亿人次，占同期国内旅游市场 50 亿人次的一半，旅游消费规模超过 1.4 万亿元，相比于 2016 年的 21 亿人次和 1.1 万亿元，增幅明显（见图 1）。

乡村旅游已成为城乡居民日常和节假日主要的旅游方式。2017 年"五一"期间，全国出游超过 10 公里或 6 小时（不含工作等非旅游动机）的游客总计约 1.34 亿人次，其中乡村旅游人次约为 0.79 亿人次，约占同期国内旅游总人次的 58.6%[③]；国庆中秋长假乡村旅游人次约为 2.16 亿人次[④]。比起 2016 年"五一"期间约 0.36 亿人次，国庆期间约 1.29 亿人次，不难看出乡村旅游强劲的发展势头。

① 朱建江：《乡村振兴与乡村旅游发展：以上海为例》，《上海经济》2017 年第 6 期。
② 国家旅游局办公室等：《关于组织推荐金融支持旅游扶贫重点项目的通知》，国家文化和旅游部网站，2018 年 3 月 14 日。
③ 唐晓云：《从大数据看中国乡村旅游发展》，中国旅游研究院，2017 年 5 月 19 日。
④ 《2017 年国庆中秋长假乡村游大数据报告》，中国旅游研究院，2017 年 10 月 13 日。

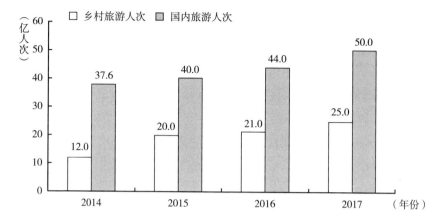

图1　2014～2017年乡村旅游与国内旅游人次对比

资料来源：文化和旅游部官方网站。

从部分省市数据看，2017年，陕西省乡村旅游接待游客2.02亿人次，旅游收入275.6亿元，同比分别增长17.95%和31.1%[1]；山东省乡村旅游消费2549亿元，同比增长15.9%[2]；四川省实现乡村旅游收入2283亿元，同比增长13.3%[3]。江西省乡村旅游年接待游客近3亿人次，同比增长20%以上，综合收入达到2700亿元，同比增长25%以上[4]。乡村旅游发展俨然成为各地经济新风口。

（二）乡村旅游投资规模增加，投资主体多元化，投资内容丰富化

在蓬勃发展的旅游市场驱动下，我国旅游投资连年走高，大小资本纷纷涌入旅游行业。乡村旅游则是旅游投资的热点领域。2017年5月全国旅游产业投融资促进大会上，原国家旅游局会同十多家金融机构共同遴选推介了680个优选旅游项目，其中乡村旅游项目共98个，占14%，[5] 可见旅游发

[1] 《2017年陕西旅游十件大事》，新华网陕西频道，2018年1月17日。
[2] 刘兵、刘英整理《2017年山东旅游大数据公布》，《大众日报》2018年1月22日。
[3] 李晋平：《四川今年乡村旅游预计收入2283亿元 同比增13.3%》，四川在线，2017年12月14日。
[4] 龚艳平：《乡村旅游渐成江西旅游业"主角"》，《江西日报》2017年12月23日。
[5] 伍策、冷竹：《680个优选项目亮相　旅游投资再添"抓手"》，中国网，2017年5月19日。

展、投资态势。

从 2013 年至 2016 年，全国旅游业实际完成投资从 5144 亿元增加到 12997 亿元。2017 年我国旅游直接投资超过 1.5 万亿元，同比增长 16%。2016 年乡村旅游获得投资 3856 亿元，占旅游总投资的 15.7%，同比增长 47.6%。[1] 2017 年 7 月，国家发改委等 14 个部门联合印发《促进乡村旅游发展提质升级行动方案》，明确乡村旅游完成投资约 5500 亿元的目标[2]（见图 2）。

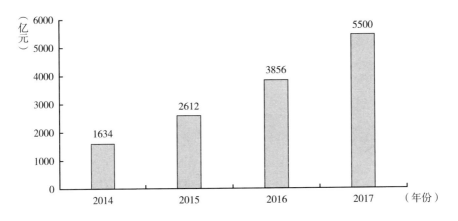

图 2　2014～2017 年乡村旅游实际完成投资情况

乡村旅游投资主体正趋于多元化。政府一方面不断加大乡村旅游扶持力度，针对乡村旅游的中央预算内投资持续增加；另一方面，鼓励并积极促进社会资本进入乡村旅游领域，推广实施乡村旅游投融资的政府和社会资本合作模式（PPP，英文 "Public-Private-Partnerships" 的简写）。2017 年中央一号文件提出，"鼓励农村集体经济组织创办乡村旅游合作社，或与社会资本联办乡村旅游企业"。《促进乡村旅游发展提质升级行动方案（2017 年）》强调要鼓励和引导民间投资通过 PPP、公建民营等方式参与乡村基础设施建

---

[1]　唐晓云：《从大数据看中国乡村旅游发展》，中国旅游研究院，2017 年 5 月 19 日。
[2]　《关于印发〈促进乡村旅游发展提质升级行动方案（2017 年）〉的通知》，国家发展和改革委员会网站，2017 年 7 月 18 日。

设和运营及乡村旅游项目等。

随着乡村旅游的发展，乡村旅游投资内容也不断丰富。休闲农庄、特色小镇、乡村民俗、精品民宿等乡村旅游新业态都成为重点投资领域。资本介入也促进新业态发展成熟，从而推动乡村旅游转型升级。以民宿为例，2017年，青普旅游以 2.68 亿元收购丽江花间堂 61.3% 的股份[1]，东方资产为寒舍集团强力注资 3 亿元，助推寒舍进入发展快行道[2]。可见，与民宿行业市场增长率连续保持在 60% 以上相应的，是其在资本市场上炙手可热的地位。

（三）乡村旅游扶贫富民效能继续释放

乡村旅游扶贫即挖掘开发贫困地区或经济欠发达地区的"乡土性"自然和人文资源，发展旅游事业，带动当地经济、社会、生态发展，促进贫困村、贫困户和贫困人口增收脱贫。自 2013 年底国家明确将乡村旅游扶贫工作列为扶贫开发 10 项重点工作之一后，《关于实施乡村旅游扶贫工程推进旅游扶贫工作的通知》《乡村旅游扶贫工程行动方案》《兴边富民行动"十三五"规划》《关于支持深度贫困地区旅游扶贫行动方案》等相关指导性保障性政策文件陆续出台。作为乡村振兴、农村扶贫开发工作的重要领域，乡村旅游扶贫正以"中央统筹、省负总责、市县抓落实"的机制实施推进。

有数据称，全国 12.8 万个贫困村至少 50% 具备发展乡村旅游条件，发展乡村旅游的贫困村又可以带动 70% 贫困户脱贫。[3] 2015 年，国务院办公厅《关于进一步促进旅游投资和消费的若干意见》称，到 2020 年，全国每年通过乡村旅游带动 200 万农村贫困人口脱贫致富；扶持 6000 个旅游扶贫重点村开展乡村旅游，实现每个重点村乡村旅游年经营收入达到 100 万元。[4] 近年数据显示乡村旅游扶贫成效显著，潜力巨大。

---

[1] 洪丽萍：《执慧专访丨两年融资 2.68 亿收购花间堂，王功权以商兴文，青普旅游如何构建人文度假生态链？》，2017 年 3 月 29 日。

[2] 《头条影响力盛典：2017 年民宿行业十大事件 & 2018 年民宿行业十大趋势》，2018 年 2 月 2 日。

[3] 鄢光哲：《乡村旅游已成农村扶贫主渠道》，《中国青年报》2015 年 8 月 20 日。

[4] 《国务院办公厅关于进一步促进旅游投资和消费的若干意见》，中华人民共和国中央人民政府网站，2015 年 8 月 11 日。

数据显示，2015 年初旅游工作"515 战略"实施以来，估计全国超过 500 万贫困人口在乡村旅游带动下实现脱贫。[①] 根据一些省市 2017 年的数据，河北省乡村旅游接待近 1.1 亿人次，乡村旅游总收入超过 200 亿元，带动 84.8 万人就业，带动近 9 万人脱贫[②]；四川省实现乡村旅游收入 2283 亿元，带动 3.7 万户贫困户脱贫，使 12.6 万贫困人口受益，占全省 108.5 万脱贫人口的 11.6%[③]；云南省培育 2000 多家旅游扶贫示范户，旅游产业综合带动 12.1 万人脱贫；贵州省通过旅游发展带动 29.95 万贫困人口受益增收；甘肃省通过发展乡村旅游带动 2.92 万建档立卡户、12.26 万贫困人口脱贫；[④] 江西省通过乡村旅游产生 68 万就业岗位，使 160 万人受益，带动 45 万农民致富增收，辐射全省 580 个建档立卡贫困村，通过旅游扶贫，助推全省 3.3 万建档立卡贫困户、10 万建档立卡贫困人口脱贫[⑤]；山东省乡村旅游助推近 2 万户、4.5 万余人实现脱贫，间接带动 26 万人增收[⑥]。

正如《全国乡村旅游扶贫观测报告（2015 年）》的结论，乡村旅游已成为我国农民就业增收、农村经济发展、贫困人口脱贫的主战场和中坚力量。[⑦]

（四）多产业创新融合，推动乡村旅游提质升级

狠抓"旅游 +"是近年旅游工作的重点。"产业协同，融合发展"也是乡村旅游转型提升的必由之路。2017 年，乡村旅游与农业、林业、互联网、文化创意、教育、体育、养老、养生等产业的创新融合继续推进和探索，既激发了乡村旅游的持续发展，也为其他产业发展提供了巨大动能。

---

① 文化和旅游部：《515 战略旅游强国建设的一面旗帜》，2017 年 7 月 10 日。
② 贾楠：《2017 年河北省乡村旅游收入超 200 亿元》，河北新闻网，2018 年 2 月 7 日。
③ 李丹：《今年四川乡村旅游预计收入 2283 亿元 543 个旅游扶贫重点村退出》，四川新闻网，2017 年 12 月 13 日。
④ 冯豪博：《旅游扶贫多种模式精确发力》，《人民日报》（海外版）2018 年 3 月 10 日。
⑤ 钟秋兰：《江西乡村旅游交出成绩单》，《江西日报》2017 年 12 月 22 日。
⑥ 刘兵、刘英整理《2017 年山东旅游大数据公布》，《大众日报》2018 年 1 月 22 日。
⑦ 国家旅游局：《全国乡村旅游扶贫观测报告》，《中国旅游报》2016 年 8 月 19 日。

乡村旅游"以农为本"，"以农业、农村、农民"为发展的基本依托。农业与旅游融合基础上的休闲农业和乡村旅游产业被列为国家"十三五"重点发展新业态，旅游人次和营业收入正逐年增长。农业部的数据显示，2017年我国休闲农业和乡村旅游各类经营主体已达33万家，比2016年增加了3万多家，营业收入近6200亿元。[1]

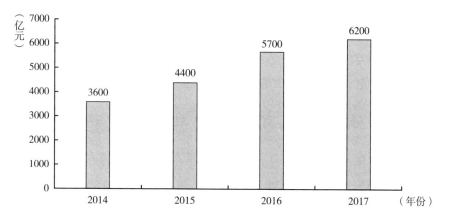

图3　2014~2017年我国休闲农业和乡村旅游营业收入增长情况

互联网是乡村旅游持续、快速、健康发展必不可少的条件。互联网不仅有助于乡村旅游进行资源开发、产品设计、宣传推广、游客体验提升等，构建智慧营销、智慧管理、智慧体验，而且为乡村旅游发展带来开放、合作、共享、注意力等思维观念。同时，互联网打破城乡界限，城乡互联互通，吸引和集聚"大学毕业生、返乡农民工、专业艺术人才、青年创业团队等各类创客投身乡村旅游创客活动"，乡村创客"盘活乡村闲置资源，重塑乡村生态、文化与产业价值，使乡村旅游发展焕发全新活力，成为推动乡村旅游转型升级、创新发展的生力军"。[2]

乡村旅游与文化创意产业相结合激活乡村自然和人文资源，促进乡村文

①　张艳玲：《山水田园好风光乡村振兴大有为——我国休闲农业和乡村旅游产业助力乡村振兴战略观察》，《农民日报》2018年1月17日。

②　曹娴、易禹琳：《乡村旅游迎来创客时代》，《湖南日报》2017年4月2日。

化的保护、传承和发展，赋予乡村旅游以文化内涵和个性特征，提升乡村旅游品质，也给文化创意产业拓宽巨大空间。2017 年，原国家旅游局公布第三批"中国乡村旅游创客示范基地"名单，在入选的 40 个基地中，四川的两个项目即龙泉驿区洛带古镇文化艺术创客基地、郫都区青杠树村香草湖文旅创客基地都富有文化创意，广东的两个项目即广州市增城 1978 文化创意园、江门市仓东文化遗产保护与发展中心也是乡村旅游与文化创意的融合。从现有三批全国乡村旅游创客示范基地名单看，文化艺术及其创意是基地建设的重要主题类型。作为乡村旅游发展中的新兴事物，乡村旅游创客基地的这种建设状况也显示出乡村旅游与文化创意产业融合发展的重要趋向。

（五）乡村旅游业态丰富化，旅游产品多样化，旅游形态全域化

产业融合推动乡村旅游新业态衍生，新产品开发形成，体现出供给侧结构性改革的突出成效。当前乡村旅游已扩展出田园、生态、观光、休闲、度假、购物、科普、农事体验、养生养老、文化传承等众多形态和功能，全域化、多样化、特色化、创意化、精品化趋向鲜明，乡村旅游吸引力不断提升。

我国乡村旅游已出现了国家农业公园、休闲农场、乡村营地、乡村庄园、乡村博物馆、市民农园、乡村民宿、自驾露营、户外运动等众多新业态。2017 年四川省公布的乡村旅游特色业态名单中包括农家乐园、花果人家、养生山庄、生态渔庄、创意文苑、民族风苑、精品国际驿站等。① 2017年北京市乡村旅游特色业态包括乡村酒店、采摘篱园、山水人家、养生山吧、休闲农庄、生态渔家、国际驿站等。② 浙江省作为全国最早开展乡村旅游的省份之一，乡村旅游一直走在全国前列，全省已经形成了农家乐休闲旅游、乡村观光休闲旅游、古镇古村文化休闲旅游、渔业观光休闲旅游、新农村特色休闲旅游、中医药文化养生休闲旅游、运动休闲旅游和老年养生养老

---

① 《2017 年四川省乡村旅游特色业态名单公示》，四川省人民政府网站，2018 年 1 月 23 日。
② 《关于 2017 年北京乡村旅游特色业态及等级民俗户（村）评定结果的公告》，北京市旅游发展委员会网站，2018 年 3 月 6 日。

旅游等乡村旅游类型。①

部分乡村旅游新业态表现惊人。如 2017 年江苏休闲观光农业发展迅速，综合发展指数位列全国第一。江苏具有一定规模的休闲观光农业园区景点达到 8500 个以上，2017 年接待游客 1.5 亿人次，综合收入超过 420 亿元，比上年增长 20%，休闲观光农业从业人员近 100 万人，其中农民 92.3 万人。②浙江最早发展民宿产业的莫干山所在地德清县 2017 年乡村旅游接待游客 658.3 万人次，同比增长 17.9%，实现直接营业收入 22.7 亿元，同比增幅达 36.7%。莫干山已经聚集了 550 多家民宿，其中精品民宿有 56 家。德清民宿经济也带动了当地其他经济领域，拉动了县域经济转型，旅游产业已成当地支柱性产业。德清民宿经济被认为"为乡村振兴战略提供了'德清模式'参考样本"。③

二 乡村旅游的发展动力与现实瓶颈

（一）乡村旅游的发展动力

1. 城乡居民旅游需求日益增长

随着社会经济发展和人们生活水平提高，城市居民生活节奏加快，生活压力增大。城市居民普遍向往"乡村性"景观和生活，期待在周末、节假日与亲友投身乡村，感受有别于城市的青山绿水、田园风光，体验慢节奏的自由自在的生活，由此放松心情、释放压力，也寻根溯源、慰藉乡愁。调查研究表明：对乡村生活方式和环境的向往是乡村旅游的主要目的。乡村旅游客群中，"亲近自然"、"放松身心"和"与亲友增进情感"的占比分别达

---

① 陈吉芬：《寄情绿水青山，助力乡村振兴——全域旅游背景下的浙江乡村旅游实践》，《钱江晚报》2018 年 1 月 16 日。
② 陈兵：《江苏休闲观光农业为乡村振兴增动能》，《农民日报》2018 年 2 月 9 日。
③ 卢常乐、周融：《解码莫干山民宿：现代服务业规模化登陆乡村》，《21 世纪经济报道》2018 年 3 月 19 日。

到 30.70%、23.10% 和 16.96%，三者合计达 70.76%；亲子游、体验美食、娱乐健身等目的占 29%。而乡村休闲中，游客以"亲近自然、呼吸新鲜空气"为目的的旅游占 68.6%。①

2. 城乡居民旅游方式变化

在城市化、现代化背景下，对乡村环境和生活的向往和回归也表明城市居民旅游方式的变化，主要表现为三个方面。

一是常态化。调查显示，约有 65.4% 的居民最近一次乡村旅行是在周末，乡村出游已经成为居民周末休闲的主要选择。② 乡村旅游频率稳步增加。旅游休闲已经成为人们生活的日常选项一样，周末乡村休闲已经成为众多家庭休闲的常态方式。

二是全域化。日常化的休闲度假的旅游必然意味着全域旅游的发生。乡村旅游主要不是景点旅游。乡村旅游"不再是农家乐"，"也不再是要打造乡村景区"，而是要给游客展现并能体验的"宜居宜业、安居乐业的幸福家园"，"人类与大自然和谐共处，看得见生态良好的青山绿水"，能让游客"休闲、度假、康养和旅居的自然家园"，"承载地方和民族文化，留得住乡愁乡情、城市游客和乡村居民共同的精神家园"。③

三是自主化。根据途牛旅游网发布的《2017 乡村旅游分析报告》，乡村旅游在出游方式上以自助游用户居多，青壮年为主要游客群体，家庭化特征明显。乡村旅游是常态化、短途化、家庭化和自主化的最适宜的旅游方式。近年来自驾车的发展无疑为乡村旅游出行得以实现提供了基础。

3. 乡村振兴上升为国家战略

乡村是中国数千年文明传承和发展的载体，是中国人的精神家园。乡村发展包括农民、农村、农业的发展是中国发展的根本。2016 年 4 月，习近平总书记在安徽凤阳县小岗村主持召开农村改革座谈会并发表重要讲话，强调"中国要强，农业必须强；中国要美，农村必须美；中国要富，农民必须

① 唐晓云：《从大数据看中国乡村旅游发展》，中国旅游研究院，2017 年 5 月 19 日。
② 唐晓云：《从大数据看中国乡村旅游发展》，中国旅游研究院，2017 年 5 月 19 日。
③ 陈耀：《全域旅游背景下，乡村旅游创新发展》，搜狐旅游，2017 年 8 月 16 日。

富"。更早之前，习近平就提出"绿水青山就是金山银山"的"两山理论"。中国的城镇化要"让居民望得见山、看得见水、记得住乡愁"，新农村建设"保留乡村风貌，留得住青山绿水，记得住乡愁"。十九大提出实施乡村振兴战略，要按照产业兴旺、生态宜居、乡风文明、治理有效、生活富裕的总要求，建立健全城乡融合发展体制机制和政策体系，加快推进农业农村现代化。发展乡村旅游被认为是乡村振兴的重要突破口，是乡村振兴的新引擎。

4. 国家政策全力推动支持

中央政府及有关部委已经出台数十个乡村旅游相关政策、文件，成为乡村旅游快速发展的重要推手。2017 年中央一号文件强调，要大力发展乡村休闲旅游产业。政府工作报告强调，"完善旅游设施和服务，大力发展乡村、休闲、全域旅游"[①]。《"十三五"旅游业发展规划》明确提出，要"加大乡村旅游规划指导"，"促进乡村旅游健康发展"。[②]

（二）乡村旅游的现实瓶颈

1. 旅游科学规划欠缺，产品同质化严重，时效性现象明显

我国很多地区乡村旅游科学规划不足，导致多方面问题和不足。一些地区乡村旅游仍处于初级形态，新业态新产品发展滞后，旅游功能挖掘不够，全域旅游未能实现。而且，乡村旅游盲目跟风，个性化不足，"千村一面"现象严重。如陕西袁家村火起来之后，有 81 个项目先后模仿。农业部副部长陈晓华就指出，全国"采摘园数不胜数，能细看可回味的不多，产品特色不明显，经营方式单一，无法满足居民的多样化需求，同质同构问题已经严重制约产业健康发展"。一些地方的乡村旅游还出现城市化倾向，比如，"过度追求景区道路硬化，民宿贴瓷砖、装钢化玻璃"等，对乡村自然景观和人文景观造成破坏。同时，乡村旅游存在明显的时效性现象。游客抱怨，有些农家乐"过了采摘时节，一些景点变得冷清，有的甚至关门谢客，想

---

① 李克强：《政府工作报告——2017 年 3 月 5 日在第十二届全国人民代表大会第五次会议上》，中华人民共和国中央人民政府网站，2017 年 3 月 16 日。
② 《"十三五"旅游业发展规划》，中华人民共和国中央人民政府网站，2016 年 12 月 26 日。

玩都找不到合适的去处"。①

2. 乡村旅游投融资不足，资金缺乏阻碍项目落地

资金缺乏是乡村旅游尤其是贫困地区乡村旅游发展的主要制约因素之一。四川、甘肃等一些贫困地区乡村旅游相关负责人员表示，"最头疼的是资金问题"，"由于融资渠道狭窄，旅游投资不足，导致旅游基础设施建设滞后，旅游产品不够丰富，市场竞争力不强。许多旅游扶贫开发项目也因缺少资金而开发缓慢"。缺乏资金也使一些本来好的旅游开发想法没能付诸实现，"一直以来，我们想把'天池景区'开发出来，以带动附近贫困人口脱贫，但是苦于缺乏资金，久久未能实现"。专家也认为，目前，缺乏良好的融资渠道是旅游项目落地实施面临的最大瓶颈。②

3. 乡村旅游自我造血功能不足

作为乡村振兴新引擎、扶贫富民新渠道，乡村旅游究竟如何盘活乡村，推动乡村社会、经济、文化、生态等全面和持续发展，真正造福农民、农村和农业，目前尚在探索之中。部分地区发展乡村旅游，未能强化农民的受益主体地位、农业的根本性质。同时，乡村旅游在改变乡村人口的观念、思维，提升乡村人口的自我发展能力，但乡村旅游真正实现造血式发展建设还有待摸索。

在旅游推动乡村发展模式尚未建构成熟时，一些地方的乡村旅游却已经表现出负面影响。如缺乏环境保护意识，盲目开发，破坏乡村生态环境。农业部副部长陈晓华就指出，现在仍有个别地方存在开发过度，导致山被挖、湖被填、树被砍、田被占、房被拆等现象。生态环境破坏、特色资源浪费、传统文化遗失，严重背离发展初衷。③

4. 基础设施和公共服务不完善，降低游客体验

基础设施是乡村旅游发展的首要条件。很多乡村道路、供水设施、供电

---

① 王浩：《乡村旅游如何健康成长？》，《人民日报》2017年5月21日。
② 冯豪博：《为旅游扶贫项目搭建金融支持平台——国家旅游局积极推进"金融+旅游扶贫"纪实》，《中国旅游报》2018年3月14日。
③ 《把休闲农业打造成农民致富的大产业——专访农业部副部长陈晓华》，《农民日报》2017年4月24日。

设施、厕所、垃圾处理设施、停车场等基础设施滞后，餐饮、住宿、接待、通信、网络等公共服务薄弱，导致乡村接待能力弱，游客旅游体验差。尤其是贫困地区，基础设施、公共服务跟不上，就谈不上开发乡村旅游，乡村旅游扶贫效能无法实现。

5. 管理不规范，缺乏制度化约束

部分地区乡村旅游缺乏制度规范，服务质量差，损害消费者利益。雪乡就是突出例子。随着一些综艺节目热播，雪乡游客大增，2017 年旅游产值达 6.1 亿元，收入超 6700 万元①。与此同时，雪乡却也频频被爆负面事件，形象蒙垢。比如，2017 年 12 月 29 日，有游客在网络上发帖《雪乡的雪再白也掩盖不掉纯黑的人心！别再去雪乡了!》，称雪乡赵家大院价格欺诈，态度蛮横，引发互联网转帖热议，网友纷纷吐槽在雪乡被宰经历。12 月 31 日，北京 9 名女大学生乘车去雪乡旅游，途中，所乘私营面包车发生车祸，造成 4 死 5 伤。雪乡管理规范方面的严重问题暴露无遗。有网友称："有钱人才敢去东北雪乡看雪，穷人只敢去北海道"，"去雪乡不仅要钱，还会要命"。2018 年初，网络上曝光一段视频，其中一位女导游直言雪乡"九个月磨刀，三个月宰羊，大家都是羊"。

三　乡村旅游转型升级的基本路径

（一）加强科学规划、合理布局

1. 立足"乡村性"

乡村性是乡村旅游资源的本质特征，也是乡村吸引游客的基础。乡村旅游开发、发展要立足乡村性。乡村性意味着"在乡村环境营造上，保持或回归绿色、低密度、生态和谐的乡村环境；在生活节奏掌控上，保持或回归本来的乡村式慢生活；在乡村产品挖掘上，重视亲子游、家庭游、情侣游等

---

① 《雪乡，年创产值6.1亿旅游收入超6700万　是谁，助了它疯狂?》，2018 年 1 月 5 日。

强社会关系型产品；在文化挖掘上，注重保护乡村建筑特色和服饰、传统节庆，注重文化的自然传承和发展，而不是简单和不断重复的文化展演"。①

2. 实现全域化

在产业融合背景下，乡村旅游应丰富新业态新产品，使游客真正身处"优越的生态环境，优美的景观环境，优雅的文化环境，优质的服务环境"中，实现全域旅游，一方面能满足游客日常化、生活化的放松自在的休闲观光、参与体验的旅游需求，另一方面也扩大旅游市场规模。全域化、日常化、生活化的旅游方式，多元化的旅游产品也有利于克服乡村旅游的时效性问题。

3. 增强个性化

各地应充分发掘独特的自然和文化资源，因地制宜，实行"一镇一特色""一村一品""一户一业态"等发展策略，打造个性化差异化的乡村旅游项目，提升乡村旅游吸引力。

4. 提升品质化

从完善基础设施和公共服务入手，挖掘地方文化内涵，突出地方特色，创新、优化乡村旅游项目，形成乡村旅游规范化经营管理，提升乡村旅游品质，打造乡村旅游品牌，推动乡村旅游持续发展。

（二）创新乡村旅游的投融资渠道和方式

政府要继续加大对乡村旅游的财政支持力度。"乡村旅游景区是多方位开放式区域，属于公共空间，改善发展环境，政府义不容辞。"同时，政府继续引导和促成各类社会资本进入乡村旅游领域。如推动银行业金融机构帮助解决乡村旅游投融资问题，通过设立乡村旅游基金，利用PPP、众筹、"互联网＋"、发行债券等新型融资模式投资乡村旅游。通过发挥财政资金的引领作用，撬动金融资金，带动社会资金，形成全方位投融资体系②。

---

① 唐晓云：《从大数据看中国乡村旅游发展》，中国旅游研究院，2017年5月19日。
② 《把休闲农业打造成农民致富的大产业——专访农业部副部长陈晓华》，《农业日报》2017年4月24日。

（三）总结和构建乡村旅游带动乡村振兴的模式

1. 以乡村旅游发展为契机，带动乡村建立新的经济生产关系

正如传统村落光保护不行，"必须要让它重新恢复经济功能，只有建立了新的经济生产关系，村落的活力才有可能恢复，这个是最关键的一点"①，同样，乡村旅游只有真正构建乡村生产关系，盘活乡村经济，才能真正促进乡村致富，实现乡村振兴。这也意味着，在新的乡村产业综合体升级中，乡村旅游应注重强化农民的生产和利益的主体地位，强化农业的根本性质和意义。

2. 通过产业发展提升农村人口的自我发展能力，同时也吸引离乡农民回归，从而真正激发乡村活力，形成可持续的发展

有研究发现，越来越火爆的乡村旅游，既是帮助农民脱贫致富的利器，也提升了农民的素质，"作为乡村社会主体的村民，随着产业升级逐渐形成新的劳动分工和社会身份"。农民作为乡村的主人，在乡村旅游过程中与游客"分享生活方式"，"无论政府或者是其他投资者，发展乡村旅游要将作为主人的农民当成合伙人，而不仅仅是帮助农民解决就业问题"。②

（四）建设完善基础设施和公共服务

建设完善基础设施和公共服务是乡村旅游提高质量的关键。各地应加大资金投入，从道路交通、停车场、食宿服务、垃圾污水处理、厕所、水电、通信、网络等全方面治理和提升乡村整体风貌，增强旅游体验，延长游客停留时间，提高游客旅游频率，真正满足城市居民放松身心、回归自然、慰藉乡愁、体验乡野趣味等需求。

（五）完善行业标准，加强管理，建立游客反馈机制

只有推进乡村旅游市场有序规范、安全平稳地运行，才能保证乡村旅游

---

① 吴必龙：《基于乡村旅游的传统村落保护与活化》，《社会科学家》2016年第2期。
② 陈耀：《全域旅游背景下，乡村旅游创新发展》，搜狐旅游，2017年8月16日。

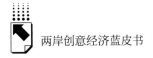

持续发展及转型升级。出台法律法规和行业规范、建设示范点、建立游客反馈机制等都是乡村旅游发展的重要基础和保障措施。

2017 年，在民宿行业，原国家旅游局公布并实施了《旅游民宿基本要求与评价》。这对推动民宿行业的持续性发展、保护消费者利益有着重要作用。其他如环境保护、食品安全、消防安全等监管规范也亟待构建。示范点建设既有利于培育地方品牌，也有利于引导行业规范发展。如 2017 年，福建省新创一批 13 个"有品牌、有规模、有特色、带动作用强"的乡村旅游创客示范基地①；评定 30 家省级休闲农业示范点、20 个最美休闲乡村②。

（六）吸引和培养人才投入乡村旅游行业

人才是推动乡村旅游发展的重要因素。目前，乡村旅游人才缺口极大。加强人才队伍建设，从而突破乡村旅游发展瓶颈可以从多方面着手。包括吸引较成熟的规划设计、经营管理、文化创意人才投入乡村旅游行业；"双创"背景下，鼓励和引导大学生、返乡农民工、专业技术人才、青年创业团队等从事乡村旅游创新创业；改变农民的观念和思维，充分发挥农民的智慧、作用；组织农民参加相关技能培训，从事乡村旅游食宿服务、管理运营、市场营销工作等。

---

① 《2017 年福建省乡村旅游创客示范基地名单公示》，福建省旅游发展委员会网站，2017 年 11 月 20 日。
② 《福建省公布 2017 年省级休闲农业示范点和最美休闲乡村名单》，东南网，2018 年 1 月 10 日。

乡村振兴目标下文旅融合的路径选择

熊海峰　张宜帆*

摘　要： 乡村振兴是"中国梦"的核心组成部分，是当前重要的国家战略，对全面建成小康社会以及推进社会主义现代化意义非凡。文旅融合作为推动乡村振兴战略落地生根的重要抓手，能够从经济、环境、人文等各方面有力地推进乡村重振。本文从剖析当前乡村振兴面临的主要难题入手，着重论述文旅融合促进乡村振兴的独特优势、发展现状和未来趋势，并在此基础上，从顶层设计、模式创新、项目示范等方面，探索具体的路径。

关键词： 文旅融合　乡村振兴　产业发展　路径选择

党的十九大报告将乡村振兴作为重要的国家战略提出，强调必须始终把解决好"三农"问题作为全党工作的重中之重。纵观国际，乡村振兴之基础在环境，核心在产业，灵魂在文化，归旨在营造与都市差异化的美好生活。在当前城镇化成为客观趋势的大背景下，乡村振兴需跳出乡村，从城乡统筹的全局高度来审视和推进乡村发展，调整乡村功能，重塑乡村价值。而文旅融合，塑魂赋能，无疑是统筹城乡、互动发展的天然桥梁，是加快乡村振兴的战略引擎。

---

* 熊海峰，博士，中国传媒大学经管学部文化发展研究院讲师，主要研究方向为文化产业管理；张宜帆，陕西旅游集团朗德演艺有限公司项目专员。

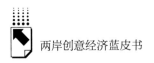
一 当前乡村振兴面临的主要难题

自 2005 年我国提出建设"社会主义新农村"的历史任务以来，乡村建设取得了长足进步，出现了一批明星型村庄。但发展不平衡不充分的矛盾仍然突出，特别是广大非郊区、非景区、非工业区的边远农村，依然存在一系列的发展难题。

1. 基础设施薄弱

新中国成立以来，我国财政资金主要用于城市建设，对农村重视相对不足，导致农村的基础设施和公共服务较为落后。目前除了电路、公路实现了"村村通"以外，其他如网络、供水、医疗服务、生态环保等设施普遍匮乏，乡村的宜居和便利性远远不足。

2. 传统农业萎缩

在机械化、高科技农业的冲击下，传统农业日益萎缩衰退。由于种粮食不赚钱、种经济作物缺少市场渠道等，大量优质的良田被抛荒。在笔者南方家乡的村庄，抛荒（或种树或建房）良田达到 1/4 以上。同时，农民收入也在降低。相关数据显示，2017 年我国农村地区外出务工总收入为 7.29 万亿元，较 2016 年增长 8.70%，占到农村居民总收入的 94.12%，非外出务工收入 4552 亿元，较 2016 年下降 22.11%；农民农村地区经营收入占到农业增加值的 6.95%，农业产业销售利润率仅为 3.97%[①]。

3. 劳动力空心化

生产力发展改变了就业结构。现代社会中，5% 的农业人口、25% 的工业人口，就可以满足基本需求，70% 以上的人口需要分流到服务业中。而目前农村缺少可大量涵养人口的服务业，导致近 3 亿的农村人口（主要是青壮年劳动力）入城打工或创业，2017 年我国乡村常住人口为 57661 万人，

---

① 马文峰：《2017 年中国农业农村经济整体形势分析及政策建议》，2018 年 4 月 19 日。

较 2016 年减少 1312 万人①，农村居民呈现"386199"格局（即妇女、儿童、老人留守），农村社会发展和经济活力受到了"釜底抽薪式"的影响。

4. 资源利用率低

相比城市而言，青山绿水、林木田园、古老村落与传统民俗、熟人社会是农村的优势资源。但当前大多数的乡村资源还未能与社会资本及城市消费实现有效对接，尚处于"沉睡"状态，农村的绿水青山还未能转变成金山银山，独特的文化也未转变成可消费和可体验的产品。

5. 文化缺乏自信

城市化的快速推进与城市文明的强势传播，瓦解了乡村旧有文化秩序，农民在主流文化中逐渐被边缘化。乡村社会主体的文化自信缺失严重。如何在城市化浪潮中，创新传承乡村文化，重建乡村认同，让乡村自信、农民自豪，农村文化建设迫在眉睫。

二 文旅融合促进乡村振兴的优势

与一般的乡村旅游或创意农业不同，文旅融合强调：文化是灵魂，旅游是载体，产业是方向。文化注入旅游，可以使旅游品位提升，内涵丰富，亮点更多，商机更旺②；旅游承载文化，可以使文化市场更大，传播更广，传承更久。文旅融合在促进乡村振兴中具有独特的优势。

1. 重塑城乡关系推动城乡优势互补

国际经验表明，当城市人均 GDP 超过 8000 美元、城市化率超过 50%后，逃离都市、回归田园开始流行。文旅融合就是顺应大都市人群在快节奏生活中，渴望舒缓压力、调节身心、享受自然与田园乐趣的迫切需求，通过创新文旅产品，推动乡村功能重构，实现乡村与城市优势的互补，要素的循环互动，从而提升城市的生活品质，促进农村的经济繁荣，促进城乡平衡充

---

① 中华人民共和国统计局：《2017 年经济运行稳中向好、好于预期》，2018 年 1 月 18 日。
② 赵珊：《"诗"和"远方"在呼唤》，《人民日报》（海外版）2018 年 4 月 27 日。

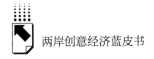

分发展。

2. 在不破坏生态环境的前提下激活乡村资源潜能

根据十九大战略部署,未来城镇居民收入与农村居民收入之比要从现在的3∶1左右降到1.5∶1以下。与村镇工业不同,旅游产业是绿色无烟产业,当前已经成为推动农民增收致富、促进乡村产业转型升级、推进社会主义新农村建设的重要力量。2017年我国乡村旅游达25亿人次,旅游消费规模超过1.4万亿元,带动就业人口近900万人[①]。通过文旅融合,可以进一步丰富乡村旅游的文化内涵,丰富体验场景,增加乡村魅力,让乡村不仅成为农民的乡村,更可成为文化创意、科技创新等各行各业人才的新故乡。

3. 发挥乘数效应优势带动乡村综合发展

要实现"农业强、农民富、农村美",必须找准核心驱动力,找准具有持续增长力、综合带动力的"旗舰"产业,而文旅融合就是这盘棋局的"棋眼"。文旅产业有着极大的乘数效应,关联度大,带动性强,不仅能够给乡村"补血",更能让乡村"造血"。"中国牡丹画第一村"——洛阳孟津平乐村,通过牡丹画实现文旅融合,打造集培训、绘画、装裱、销售、外联于一体的产业链,一年创造1亿元的销售额[②],由贫困村一举成为先进村,实现了真正的"振兴"和"焕新"。

4. 重振乡村传统文化提升文化自信

乡村承载着大量的传统文化,是中国人文精神本源中"DNA"。乡村振兴,需要文化振兴,需要文化自信。福建土楼、舟山核雕、湖南凤凰等案例表明,文旅融合能够有效弘扬乡村传统文化,传承特色乡风民俗,保护、创新其非物质文化遗产。同时,文旅融合,能够有效提升村民文化素养,提高村民综合素质,培养有文化、有尊严的现代农民。

---

① 《2017年乡村旅游超过1.4万亿元 成为扶贫富民新渠道》,新华网,2018年1月18日。
② 《河南洛阳平乐村:"小牡丹"绘出"大产业"》,人民网,2018年2月7日。

三 文旅融合促进乡村振兴的前景展望

文旅融合是满足新兴消费需求和产业升级趋势的必然要求，是我国人民生活水平和知识层次不断提升的必然产物。随着经济、社会、文化、科技环境的不断嬗变，文旅融合在促进乡村振兴发展方面前景看好。

1. 主题上更注重行业细分化和经营特色化

正所谓"无个性，不潮流"，毫无亮点的千村一面，将使乡村文旅丧失长久的吸引力。不管是美食、休闲、民宿还是亲子，如何抓准特色，打出知名度，是乡村文旅产业发展需要首先考虑的问题。在乡村文旅产业高度发达的日本、台湾地区，就非常注重本地特色资源的转化及品牌化打造，如台湾南投溪头山区的特色"妖怪村"、仁爱乡的清境农场以及花莲县立川渔场等，均有其极具自身特色的"关键词"，在整体打造中都围绕这一核心主题进行深化，开发出"过这村就没这店"的特色乡村文化旅游产品，取得了极好的市场及品牌反馈。

2. 产业上更注重不同产业的互动化、融合化

目前，在乡村文旅融合发展过程中，一、二、三产的融合进一步增强，产业边缘逐步淡化，产业边界逐步消弭，产旅融合、产居融合等概念不断涌现。传统乡村农业与文化、科技、生态、旅游、教育、康养等深度融合形成的农村新产业新业态正在成为乡村产业发展的核心力。各产业的融合发展也让农民从过去单一的农业收入转向租金（土地或房屋租金）、薪金等多样化的渠道收入。

3. 战略上更注重发展内核的创新化、创意化

未来文化旅游的卖点不再是资源，而是创新和创意。通过现代手段将一流的创意和一流的科技渗透到乡村文化旅游产品中，通过文化创意、"互联网＋"、虚拟技术等形式不断催生出乡村文旅融合的新业态、新模式。如陇南康县推出的"陇南·康县智慧乡村旅游平台"，将智慧旅游与乡村电子商务相结合，将720度全景与VR虚拟旅游结合，全方位地满足游客从游前、

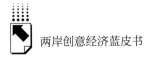
游中到游后等一系列的需求①。

4. 要素上更注重"新乡民""新乡贤"等人才的回流化

乡村振兴归根到底是人的振兴，人聚方能村兴。长期以来，懂乡村、爱乡村的高水平乡村人才的缺乏是我国乡村建设的"老大难"，习近平曾强调，要"激励各类人才在农村广阔天地大施所能、大展才华、大显身手，打造一支强大的乡村振兴人才队伍，在乡村形成人才、土地、资金、产业汇聚的良性循环"。有研究指出，未来将有五类人下乡：新告老还乡者或回乡的新乡贤，返乡养老与创业的农民工，返乡创业大学生，城市人到乡村养老和从事乡村产业经营，海外华侨同胞寻根回乡。他们的回归将带来人才、资本、信息、技术和文化的回流，直接带动乡村经济发展，促进乡村繁荣和治理现代化②。基于此，各地政府纷纷出台审批、税收、贷款、人才、技术等方面一系列的优惠政策，促进此类人才的"归乡"。江西宜春铜鼓县通过实施"回流工程"，鼓励在外乡民返乡创业，引导企业家反哺家乡，催生了"归雁经济"；侨乡浙江青田实施"华侨要素回流工程"，吸引华侨回乡投资创业。2017年我国返乡创业人员超过740万人，其中返乡农民工占72.5%，返乡下乡创业人员创办项目广泛涵盖特色种养业、农产品精深加工业、休闲农业和乡村旅游、乡村电子商务等各类产业，北大毕业生辞去副县长返乡创业种猕猴桃，身家千万元的企业家回家乡通过旅游带动村民脱贫，"新乡民"已经成为乡村振兴文旅融合发展的一大主要力量。

四　文旅融合促进乡村振兴的基本路径

以乡村振兴为目标，将文化与旅游融合，可探索以下路径。

---

① 《智慧旅游助推精准扶贫，VR技术展现美丽乡村》，兰州文理学院新闻网，2016年5月23日。

② 周湘智：《乡村振兴：让乡土人才"香"起来》，《光明日报》2018年5月6日。

1. 做好顶层设计形成乡村文旅融合规划体系

针对目前乡村文旅发展过程中同质化较严重、发展层次较低、基础设施薄弱、文化内涵及地域特色不够、资金人才用地不足等问题，进行专项深入研究，以全国一盘棋的思维，做好文旅融合发展的顶层设计。在发展布局上，明确全国不同地域乡村文旅的发展侧重点，形成宏观指导；在业态创新上，注重三次产业的有机结合和互利共生，打造乡村全景产业链；在动力机制上，建立政府、企业、村民的三方共赢机制，形成乡村文旅融合的利益共同体，推动健康可持续发展。

2. 创新发展模式践行"文旅融合引导下的乡村综合发展模式"

充分发挥文旅产业的乘数效应，以文旅休闲为突破口，提升乡村基础设施水平，促进文旅与其他产业融合发展，打造特色产业集群。创新性地将农村资源变成市民旅游的看点、农业产品变成市民购物的买点、农民闲置住房成为市民度假的落脚点。让农民收入更加多元（销售收入、租金、佣金、补贴等），逐渐实现农业价值增加、农民身份转换、农村基础设施完善、区域生态建设水平提升，推动实现乡村全面振兴。

3. 打造样板工程

通过开展"全国乡村文旅融合试点"以及评选"全国文旅融合示范乡村"，以点带面加速整体崛起。根据 2017 年第三次全国农业普查，我国目前有 59.64 万个以上的行政村，而且各地区乡村发展差距较大。因此，不能平均用力，应在支持上有所侧重。建议以点带面，实施乡村文旅融合样板工程。一是选择重点区域、重点乡村、重点项目和重点企业进行重点支持，并选取部分乡村为试点，进行农地复合利用、投资创新以及乡村治理等方面的探索；二是积极评选全国性的示范乡村，给予荣誉与宣传平台，包装和推出中国的"合掌村""水上町"①，形成乡村振兴的中国样板和中

---

① 合掌村位于日本名古屋西北方，其以独特的合掌造建筑、乡土节庆、半农慢生活、艺术品创作成为全球乡村旅游的知名地。水上町位于东京西北 160 多公里处，以手工艺品点亮了休闲农业，发展聚集了"人偶之家""面具之家""竹编之家""茶壶之家"等 20 多种传统手工艺作坊，成为东京周边的必游之地。

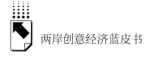
国智慧。

4. 丰富文旅产品

以消费为导向，以供给侧结构性改革为支撑，创新符合时代潮流、具有乡村特色的文旅产品体系。随着我国经济社会的不断发展，从消费需求看，模仿型排浪式消费阶段基本结束，个性化、多样化消费正成为主流①。乡村文旅产业的发展也需要顺应这一趋势，以满足人们对美好生活的新期待为核心，以主题特色化、产品极致化、功能复合化为手段，不断细化品类，形成涵盖美食、民宿、慢生活、科教、养生、悟道等内容的文旅产品体系。同时建议实施"乡村文旅＋"计划，推动与移动互联、大数据、区块链、人工智能等新科技的融合，不断创造文旅融合的新产品和新业态。

5. 振兴"乡贤文化"

让乡贤在城乡互动联通中搭桥梁、系纽带、树榜样，成为乡村文旅融合的重要力量。乡贤文化是我国传统文化的重要组成部分，是长久以来乡村治理的重要一环。重拾乡贤文化，打造现代"新乡贤"，对乡村振兴而言，意义重大。在文化上，能复兴乡土认同；在基层组织上，能助推乡村治理；在资源流动上，是城乡联络的最佳人脉纽带。因此，建议通过举办"中国乡贤大会"、评选全国乡贤等形式，鼓励乡贤在文旅融合、道德乡风等方面多做榜样，助推乡村全面振兴。

6. 理顺工作机制

充分发挥文化和旅游部的文旅资源统筹与协调能力，探索成立"乡村文旅融合发展促进小组"，全面指导和推进乡村的文化产业、旅游休闲、公共文化服务等领域融合发展，打破管理机制上的条块分割，实现资源、政策上的互通共享。同时建议设立"乡村文旅融合发展专项资金"，对文旅融合加强引导与支持，促进社会效益与经济效益的有机统一。

---

① 鄂璠：《新常态下的新消费：国人期待什么？2015 中国消费小康指数：82.5》，《小康》2015 年第 1 期。

B.15

创意产业推动乡村振兴的基本策略

陈秋英*

摘　要： 创意产业推动乡村振兴的基本模式有政府主导、资金推动、资源转化、需求引发、创客带动等。通过吸引大学生返乡创业、外出务工农民返乡创业、退役士兵返乡创业、外来创客乡村创业等人才策略，推动乡村人才集聚。乡村文化资源再利用与提升，基础设施建设与机制创新并重，政府搭台与民众参与并举，拓宽投资融资渠道，以点带面实现乡村振兴可成为创意产业推动乡村文化复兴的重要举措。

关键词： 乡村振兴　创意产业　基本策略

　　党的十九大首次提出"乡村振兴战略"，并将其提升到战略高度，写入党章。2018 年中央一号文件《中共中央国务院关于实施乡村振兴战略的意见》公布，明确了乡村振兴的三个阶段性目标。乡村创意产业发展是促进乡村经济多元化，从而实现乡村振兴战略的一条重要途径。乡村创意产业内容广泛，包含乡村文创、乡村创客、乡村文旅等，是乡村振兴、美丽乡村建设、精准扶贫、供给侧结构性改革、全域旅游、乡村旅游发展、特色小镇培育、田园综合体等多项国家战略的聚焦点和支撑点，更是大众旅游时代、移动互联网时代和以"大众创业、万众创新"为主要特征的众创时代，"三

---

* 陈秋英，厦门理工学院文化产业与旅游学院，副教授，研究方向为会展经济与管理、文化产业、战略管理等。

代"叠加的一种时代符号。通过乡村创意产业的发展助力实施乡村振兴战略,推动乡村产业振兴,推动乡村人才振兴,推动乡村文化振兴,推动乡村生态振兴,推动乡村组织振兴,最终达到乡村产业兴旺、生态宜居、乡风文明、治理有效、生活富裕的目标。

一 创意产业推动乡村产业振兴的基本模式

产业兴旺是乡村振兴的核心,也是我国经济建设的核心。为了尽快实现乡村振兴战略,通过发展乡村创意产业,可以带动乡村产业的兴旺。近年来,将创意和知识资本融入乡村生产经营活动中,乡村出现了更多元的产业形式,如创意农业、休闲农庄、田园综合体、观光农业、生态庄园、立体农业、市民农园等,这些产业形式大多依托创意产业得以持续发展。乡村创意产业需要多元的发展模式和合适的发展类型,这样才能带动整个乡村产业的兴旺。乡村创意产业的发展模式可以归纳为以下四种。

(一)政府主导模式

在乡村发展创意产业,政府有资金和资源,政府主导模式在基础设施建设、村民教育上可以发挥重要的作用。中国乡村普遍存在基础设施较落后的现象,如为了吸引城市休闲旅游人群到乡村消费,乡村需要有清晰的路标、干净整洁的公厕、充足的公共停车场等,然而大多数乡村在此类基础设施的建设方面较为落后。为促进乡村创意产业的发展,政府应首先在乡村建设创意产业发展所必需的基础设施,提供相应的土地,同时还要有必要的税收政策优惠。

而在乡村创意产业发展中,主体应该是当地农民,相对来说,农民受教育程度普遍较低,好的创意和点子有时也很难在乡村推广并发展起来。此时,政府的引导作用就显得非常必要,如政府可以成立乡村农民教育基金会,建立合适的教育培育体系,为农民提供学习的方法与资源。台湾桃米村的案例可以借鉴:台湾桃米村的观光旅游很早之前就非常有名,但尽管来此的游客众多，却没有人过夜留宿。背后的根本原因是当地农民受教育程度不高，都只是初中毕业，他们不会进行民宿设计，当然更谈不上旅游服务标准的建立和在地文化的挖掘。但纯农业种植收入又太低，没有出路。被誉为"台湾社造民宿之父"的廖家展先生在看到这种情况后，推动成立了一个公益基金会，基金会的经费主要来自政府和民间资助。基金会成立后，廖家展与这些找不到未来生计的当地农民每天一起听青蛙叫，这一听就是两年。两年之后，每一个农民都变成青蛙专家，随口可以辨认出 100 多种青蛙。后来，他们成了村里最好的导览讲解员。此外，为了提升原住民的审美观，培养他们的创造力，基金会还请来各类艺术家对原住民进行艺术教育，比如教村民制作创意料理、教老妈妈画画、教村民策划风筝节等。现在桃米村的这种政府和民间共同出资成立基金会的教育模式已经被很多地方所采纳，台湾许多地方每年的节庆活动，都由当地社区的居民自己发动并设计，为游客带来了丰富的体验价值，吸引了更多的游客在乡村过夜，通过乡村创意产业带动乡村经济的发展，达到产业兴旺的目的。

（二）资金推动模式

乡村创意产业的资金推动模式是指投资者依据对乡村资源要素和基础条件的评估与判断，选定要投资的项目，通过资金投入和分配带动乡村创意产业的发展。在乡村创意产业发展过程中，政府可以作为引导者，经过对资金的逐步引导，最终通过组织合作社、股份制改革等形成一个可与外界资本对接的抓手，推动乡村创意产业的发展。

（三）资源转化模式

乡村具有丰富的自然资源和人文资源，乡村资源与创意相结合，再辅以创新的机制和体制，是乡村创意产业发展的重要方式。通过创意产业项目的转化，实现乡村产业兴旺的最终目标。对自然资源进行利用发展乡村创意产业是人们最容易想到的，也是人们较容易做到的。

然而，对乡村资源的利用不应仅局限在对自然资源的利用，对农业知识、劳动技术、生活习惯、民俗风情等人文资源的利用，也可以成为创意产业发展的基础。如台湾南投的竹山，当地农民主要的生产活动是种竹子，同时竹山也是有名的茶产地。这里原本非常贫困，经过乡创转型，现在已经变成一个热门的观光场所。它的成功，正是充分利用当地的人文资源，打造了一个竹山"游山茶坊文化馆"。这里原来只是一个很普通的仓库，经过创意师的设计，对仓库进行包装，房子变得美轮美奂，但这不是关键，关键的是它成为传统制茶流程的科普和体验场馆。游山茶坊文化馆的传统制茶区展示了传统制茶流程所使用的各种工具；其开辟的国际标准制茶工厂，从茶的制造、加工、包装全部都是透明化的；展示区展出了不同海拔高度种出来的不同茶品及其说明；展演区有茶道、茶艺表演。人们可以在那里摸茶、采茶、制茶、品茶，一改我们去茶厂只能喝茶的观念，它让游客可以去体验传统与国际标准的茶如何采摘、如何烘焙、如何炒制等过程，也能认识各种不同的茶品种。此外，在该茶坊文化馆旁边还引入了非常多的文创衍生品和专卖店。所以，尽管南投的竹山是一个很偏僻的乡下村子，其文创的生意却依然非常火爆。

（四）需求引发模式

城乡之间资源禀赋、收入水平和消费观念的差异，使得乡村创意产业有了发展的市场基础，从而形成了需求引发模式的乡村创意产业。自改革开放以来，我国城镇化快速发展，大城市人口的集聚与过度开发导致雾霾、交通拥挤、生活空间狭窄、环境恶化等问题出现，这些问题使得城市人更加向往山清水秀、环境优美的乡村。人们对旅游的需求不断升级，可支配时间持续增加，中国已经进入全时全域旅游模式。乡村创意产业的发展，正好可以满足城市人的这些需求。

（五）创客带动模式

近年来，乡村创客在带动乡村创意产业的发展中起到了非常重要的作用。乡村创客在发展乡村创意产业时，并不一定要依托乡村的资源，他们把自己独特的创意带到乡村，让乡村除了原有的产业外，多了几分生机。如台湾有名的"薰衣草森林"项目。2001 年，詹慧君、林庭妃两个女孩不顾一切，将位于台中新社山区的槟榔园改造成深山里的咖啡简餐小店，她们在大山里种了一大片薰衣草，并成立了自己的品牌。她们开始只是开了咖啡简餐小店，形成品牌后，就借助营销打响了小店在国际上的知名度。接着，她们把当地各类农产品，如精油、肥皂、醋、酒等，以品牌代理的形式进行输出。等到将当地各种产业全部盘活后，再接着做民宿。而这个时候，民宿自然就成为伴手礼的线下体验店。乡村创客可以为乡村创意产业的发展带来不同的思路，"薰衣草森林"就是从农村经济转型改善后再回过头来做民宿。

再如中国的乡关共同社，是由一群大多在城市中长大的"80 后""90后"成立的，他们热爱农村、关注农村。他们设立了一个称为"乡创玩酷"的项目，这个项目以青年客群为服务对象，将青年人喜好的小众项目如耄耋时尚秀、古法文身、梵音饕餮，以及一些大众玩酷项目如碰碰足球、猎弓对战、丛林飞跃、皮划艇、城墙徒步、亲子自驾游等引入乡村，通过各种活动项目的组织和运营，将城市消费引入乡村，并带动乡村基地的吃、住、游等配套服务项目，为乡村创意产业的发展提供了另一种实现模式。

二 创意产业推动乡村振兴的人才策略

实施乡村振兴计划，人才是关键。尽管许多地方有越来越多的工商资本进入农村，但随着工业化和城镇化的快速发展，大批乡村劳动力进城务工，乡村逐渐只剩下老人和留守儿童。农村劳动力不愿意留在乡村，一个很大的原因是经营传统农业的收入太低。此外，有些乡村道路、桥梁等基础设施落后，农村环境有待改善，影响了人们返乡创业的意愿。创意产业是一种具有高附加值的产业，在乡村发展创意产业，可以极大地提高村民的收入，改善乡村环境，增强对各类人才扎根农村的吸引力。通过制定相关的政策和营造乡村文化创意发展的积极环境，可以吸引或培育以下各类人才到乡村发展创意产业。

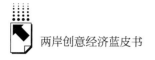
（一）大学生返乡创业

根据教育部公布的数据，我国高校毕业生人数依然呈逐年上升的趋势，2018年全国高校毕业生人数将达820万人，较10年前增加近50%，而社会对就业人员的需求却保持相对平稳或略有增长，这就导致高校毕业生就业形势非常严峻。鼓励大学生返乡创业，不但可以缓解大学生就业难的问题，对于乡村人才振兴更有举足轻重的作用。然而，当今大学生受到传统教育观念的影响，认为自己的目标就是找一份好工作，努力做好本职工作即可，创业意识比较淡薄，更缺乏创业技能，尤其是没能发现乡村可能带来的致富机会。创意与农业的结合，如"农业＋创意＋互联网""农业＋文化＋旅游""农业＋创意＋动漫""农业＋文化＋制造业"等创新模式的开发，发展绿色农业、休闲农业、农村电商，是乡村文化创意产业发展的方向。大学生受过高等教育，头脑活、点子多，经过一定的培训，加上政策的支持，可以在乡村创造一片新天地。毕业于内蒙古民族大学的"80后"梁超，是返乡创业的发起人，他与分别毕业于河西学院和宜春学院的另外两个大学生曹明飞和朱其勇一起返乡创业，将互联网技术与农业、创意相结合，解决了人们对健康有机食品的追求。同样是"80后"的刘超毕业于山东师范大学管理系，毕业后她进入上海一家国有企业工作，工作认真、努力的她，很快就得到领导和同事们的认可。三年之后，怀着对家乡的感情和农业前景的认可，刘超毅然辞职回乡，将她在城市里学习到的知识、经验与技术和农业经营相结合，将创意融入农产品，在守凤家庭农场进行了多元化经营，取得良好的成效。

（二）外出务工农民返乡创业

我国当前正处于城乡结构转型和经济结构转型的过程当中，东西部经济发展的不平衡，使得数以亿计的农民工为谋生计离乡打工，农民工的主要流向为由中西部欠发达地区向东部沿海迁移。但随着东部沿海地区产业升级转型，劳动力成本提升，许多企业逐渐前往西部甚至劳动力成本更低的东南亚国家，原本流向东部地区农民工的回流现象与日俱增。东部地区的进城务工人员，也越来越多离开城市返回乡村。然而，回乡之后的农民发现越来越难以靠传统农业维持生计，有些人不得不又再次背井离乡，造成"农村留不住人才"的现象。

2015 年，《国务院办公厅关于支持农民工等人员返乡创业的意见》发布，提出推进商事制度改革、简化创业登记、放宽经营场所登记条件、减免行政事业性收费等制度，并为返乡创业人员提供创业辅导、政策咨询、集中办理证照等服务，以鼓励农民工返乡创业。乡村具有广阔的土地资源，是农村最宝贵的创业财富，各省出台的优惠政策，如通过土地租赁、土地流转等形式对农村土地加以利用，创客们通过开发乡村公园、办民宿、建家庭旅馆、种植有机蔬菜等绿色环保项目，不但可以盘活农村闲置的土地、房产，而且可以美化乡村环境；通过乡村创意产业带动当地农民就业、创业和增收。湖南省长沙市望城区白箬铺镇光明村，吸引中华黑茶文化博览园、快乐车行房车露营基地等 18 个重大项目落户乡村，如今成为一个知名的旅游目的地，接待国内外游客超过 400 万人次。蓬勃兴起的乡村文旅激发了村民的创业热情，外出打工的村民纷纷回流，加入乡村文创的队伍，在返乡创业村民的努力下，村里涌现出 30 家家庭旅馆、两家民宿。2016 年村集体经济突破 300 万元，人均收入达 2.58 万元[1]。

（三）退役士兵返乡创业

相关部门统计显示，我国现有退役军人 5700 多万人[2]，其中有 70% 以上是退役士兵，这些士兵又有 80% 以上是从农村成长的，即中国有超过3000 万退役士兵来自农村。他们可以是发展乡村经济的生力军，可以成为乡村振兴的重要人才。然而他们又很难再回到传统农业的生产与经营上，政府在政策、资金、资源上给予他们优惠或支持，发展具有高附加值的乡村创

① 谢璐：《当创客邂逅乡村——望城全域旅游建设中的乡创实践》，《湖南日报》2017 年 11 月16 日。

② 董强：《脱下军装，依然不改老兵担当》，《中国军网》2017 年 3 月 18 日。

意产业，是将他们留在乡村的一个重要途径。四川省广元市剑阁县元山镇白坝村村民韩大宗，高中毕业时，十七岁的他就参军入伍，两年后考上中国人民解放军后勤工程学院，毕业后留在部队工作。后不幸出车祸因公负伤，左腿落下残疾，于是转回地方创业。他先是投资房地产，在赚取第一桶金后，带着资金回到家乡元山镇白坝村，将创意与农业相融合，创建现代观光农业综合项目，取得了较大的成功，解决了一部分农村劳动力的就业问题。退役士兵能吃苦耐劳、拼劲足，利用乡村创意产业吸引他们扎根乡村，是振兴乡村人才的重要举措之一。

（四）外来创客乡村创业

乡村人才振兴，仅仅依靠乡村村民是不够的。在"双创"时代，许多富有朝气的来自城市的创客，对农村市场充满兴趣，创意产业是他们发展的重要目标。外来创客来到乡村发展创意产业，是为乡村人才注入新鲜血液的重要途径。

乡村振兴缺乏人才和创意，创业者没有追梦的广阔天地，这是"双创"热潮下的一对矛盾。乡村有安宁的环境、优质的空气和水源、丰富的文化价值，这些都是乡村独有的资源，可以成为乡村创业的题材。那些热爱乡村，对乡村有浓厚兴趣的乡村创客，用他们在城市中成长积累的眼光和经验，引进互联网思维，发展乡村电商，开发乡村在文创旅游、民风民俗体验、特色小镇打造、田园综合体建设等领域的文创价值、创新价值、生态价值，可以突破地理限制，快速将乡村的价值传递出来。乡村的资源和创客的创意相结合，解决了上述矛盾，可以实现乡村人才振兴。

湖南省长沙市望城区铜官镇有悠久的陶瓷文化历史，当地政府出台了一系列奖励措施吸引人才回流、入驻，以发展文旅产业，如建立铜官产业服务平台，设立铜官产业投资基金，出台《铜官陶瓷产业复兴扶持办法》，给予创客减免租金、提供贷款补贴、利税奖励等优惠措施，吸引了一大批创客的进驻。到2016年底，已形成以铜官古街、八个陶瓷老厂区为核心的创新创客基地，进驻基地的有文创、旅游及相关企业（门店）150余家，相关从业人员 4000 余人，年产值约 20 亿元①。"80 后"的黄于纲和妻子彭锦珑，将他们的工作室搬到望城铜官，在那里创作美术、摄影、雕塑、音乐剧等作品，因为那里不但有广阔的空间，而且有着千年的陶艺文化底蕴，可以给他们带来创作的灵感。

三　创意产业推动乡村文化复兴的重要举措

重构乡村文化是乡村文化走出困境的重要途径之一。但是，当前我国乡村在文化建设上存在较多的问题，如，农村思想道德建设缺失，农村优秀传统文化未得到很好的传承，农村公共文化建设不受重视，乡村部分陋习未得到改革等。在 2018 年的国务院发布的《中共中央国务院关于实施乡村振兴战略的意见》中，文化建设被放到乡村振兴战略中的重要位置，其目的是繁荣兴盛农村文化，焕发乡风文明新气象。而文化创意产业对传统文化可以起到创造性保护、转换性传承、生活化落实、个性化呈现和雅致化提升的作用②。不论是从产业规模、创新能力上，还是从对传统文化的保持与传承上，文化创意产业都可以在实施乡村振兴战略的过程中起到重要的作用。对于乡村文化创意产业助推乡村文化振兴，可以从以下几个方面入手。

（一）乡村文化资源再利用与提升

乡村创意产业的发展不是对传统文化的简单复制，而是充分利用创意人才的智慧、灵感和想象力，结合高科技的技术优势对乡村传统文化资源的再利用与提升。中国各个地方已经积淀了上千年的丰富多彩的民族民间文化，不同民族民间的一些文化意义和价值取向也受到人们的认同。因此，将当地特色文化资源发展成为乡村文化产业，是乡村振兴的一条必然路径。如彝族

---

① 谢璐：《当创客邂逅乡村——望城全域旅游建设中的乡创实践》，《湖南日报》2017 年 11 月 16 日。
② 林少雄：《创客运动与传统文化的现代转型》，《学术研究》2017 年第 3 期。

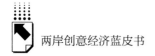
花鼓舞是四川峨山地区典型的特色文化资源，具有悠久的历史和广泛的群众基础。花鼓舞非常贴近当地民众的生活和文化需求，能满足当地民众长期以来积淀的地区和民族感情，是当地文化创意产业发展的资源基础。如今，花鼓舞成为地区文化形象的象征，以其为文化品牌的乡村创意产业得到良好的发展。此外，"三农"题材的文艺创作，反映乡村振兴实践的优秀文艺作品也是创意产业的资源基础，应大力加以开发利用，以文艺作品展示新时代农村农民的精神面貌。

（二）基础设施建设与机制创新并重

文化基础设施建设关系到农村群众文化生活质量。总体来说，我国乡村文化基础设施较落后，这与我国社会经济的发展极为不平衡有关。乡村地区也缺乏足够的资金完成文化基础设施建设，这需要政府的较大投入。与此同时，有些乡村尽管投资建设了文化基础设施，如农村文化馆、文化站的建设，推动电影放映和艺术表演下乡等，但缺乏有效的管理机制，建设起来的文化站等文化基础设施缺乏资金和人力的进一步运营，常常处于闲置状态，造成了较大的浪费。政府应推进基层综合性文化服务中心建设，并完善乡村文化服务管理体系，配备专职管理人员，着力解决乡村文化设施使用效率低下、管理混乱的问题。通过乡村文化创意产业化的途径，让乡村文化基础设施的大门真正能向农村群体敞开，发挥其传播知识、文化富民的作用，从而推动乡村振兴。

（三）政府搭台与民众参与并举

乡村文化创意产业的发展，不但与农民的经济利益相关，也与他们的文化利益息息相关，然而，要让乡村文化真正活起来，就必须激发乡村的内生动力，政府不应成为主导，而应起到引导的作用，搭建适合乡村文化发展的平台，推动乡民主动发展乡村文化，以实现乡村文化振兴。乡民是乡村的主人，文明乡风的培育，他们应该成为主角，乡民的意愿是乡村文化发展的基础。同时，由于我国幅员辽阔，各地农村差别较大，乡村文化建设不能在全国采用统一的模式，各地要因地制宜，从当地农民最迫切的需求出发，在开发中传承优秀的乡村文化。而乡村创意产业可以是一个非常实用的基础平台，其高附加值所带来的利益，会激发乡民积极参与乡村文化发展。左脑创意执行长、小村文创总经理程诗郁认为，发展新农村不应只是发展旅游，更不能忽视农民的创新潜力，而应是以乡村再生为核心，以农民为主体的社会创新。培养农民对农村生活的认同，让农民在深刻的生活感悟中发挥其创新潜能，从而自发去挖掘乡村生活的价值和创新点，创造小而美的乡村体验。

（四）拓宽投资融资渠道

乡村创意产业在中国的发展起步较晚，而当前的发展建设仍然以政府的投入为主，这对于政府财政持续投入和乡村创意产业的持续发展都是极大的考验，政府财政的投入不可能永续，在保证必要的财政资金投入外，乡村创意产业的发展过程中政府也只能起到搭平台、提供优惠政策、引导发展方向等作用。乡村创意产业若要得到迅速的发展，需要以市场为主导，拓宽乡村创意产业发展的投融资渠道，可以采用民间融资、PPP 等开展重点创意产业项目的建设，通过采用招投标的形式引入有实力的文化企业和社会资本，通过严格考核和过程监管的方式提高资金使用效率。

（五）以点带面实现乡村振兴

乡村文化创意产业的发展不是孤立的，需要依托乡村文化资源，需要整个乡村的积极参与，需要资金的投入，需要人才，需要合理的机制体制。农林牧副渔业的创新发展、现代农业产业园建设、特色农产品的打造、农村新型经营主体的培育、"互联网＋"农业的发展、乡村文化旅游开发、美丽乡村和特色小镇建设都需要乡村创意产业的参与。所以，乡村创意产业与乡村社会发展的方方面面相联系和相互作用。乡村文化创意产业结合了乡村资源与创意、科技，对于活化乡村资源、提升乡村文化水平、提高乡村治理能

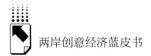

力、改善乡村生态环境，均有积极的意义，乡村文化创意产业的发展，可以全面带动乡村振兴。同时，大数据、人工智能、5G、区块链等技术正在不断成熟，是未来各产业发展的方向，乡村文化创意产业要充分利用后发优势，从较高的起点开始规划，尽可能在乡村创意产业的发展中应用这些新技术，助力乡村振兴。

B.16
在地文化融入文创品牌典型案例研究

翟治平*

摘　要： 海峡两岸近年来的特色小镇、精致农业、小区营造等，无不希望通过文化创意使产品能与在地文化和历史相结合。文创品牌与相关商品若是能加入当地的历史文化，并将其转化为文化意象，加入创意的思考再予以转化，并与适用的产品相互结合，既能变成一项能够代表当地或专属于在地历史文化的商品，也因为所含的文化性较重，在各式各样的商品中较受到消费者的欢迎。因此如何制作一项既能符合文化意象，又能结合商品特色的品牌故事与文创商品，就成为海峡两岸文化创意产品设计者所关注的议题。

关键词： 在地文化　文创商品　品牌故事

地方特色或文化园区，是经由政府单位与各相关项目计划的持续发展与推广，将各地的文化特色、当地特产、观光景点等能够代表地方文化的特色，转化成为活络地区经济的创新商机，成为各种形态的文化创意产品①。像在中国乡间存在许多小型的传统纸厂，将随处可见的野草野花当成纸张的原料，并将之融入纸张自制的技艺中，借由花草本身的构造不同呈现出

---

* 翟治平，教授，台湾高雄科技大学文化创意产业系主任，主要研究方向为文创产品设计。

① 杨士弘：《文化资产文创商品设计营销与消费者购买行为研究》，屏东教育大学文创产业学系硕士论文，2014。

独特自然美学，进而受到欧美家具业者的青睐。文化创意产业的发展，在现代文化消费的过程中，让商品也逐渐着重于精神价值的开发，也让商品多了不一样的意义，更赋予其历史文化的精神①。因此，许多地方产业或历史古迹的空间逐渐转为文化创意园区，除了靠在地文化、历史、美食吸引消费者，其开发的文创商品更是加入符合园区特色的商品或具有特色的服务，而这样的当地特色、艺术与人文空间，是文创产业落实于具体空间的最佳写照②。以下为笔者在台湾所进行的两个实际案例研究，一个是现今海峡两岸都极度重视的精致农业产业，如何藉由在地品牌故事的转化而打进欧美市场。另一个则是高雄市极具有特色的红毛港文化园区文创商品的开发，如何藉由红毛港特殊的地理文化、宗教信仰等将其转化成具有在地特色的文创商品。

一　日月潭农产运销合作社

（一）研究背景

本研究为一协助日月潭农产运销合作社（台湾农夫）单位的实际案例，藉由透过对于农产运销合作社的了解及日月潭文化背景发展的关系，去改善原本的品牌识别的图像设计。许多在地非营利组织的品牌图像设计，常呈现样式多且杂乱且无法聚焦视觉重点，更无法传达出在其背后那最精彩动人的故事，因此希望藉由学术的研究结果将其重新规划与整合，将品牌图像的故事概念彻底运用在此案例之中。此研究中其台湾农夫品牌的概念，是藉由文化背景、生态环境与传说故事三大主轴来架构出该品牌图像的识别元素，希望能藉由此项结果提供给业界以及相关团体参考。

---

① 陈秀羽：《文化产品讯息设计之研究》，铭传大学设计管理研究所硕士论文，2009。
② 李宛真：《文创产业、国家与艺术家：华山创意文化园区的分析》，政治大学"国家发展研究所"硕士论文，2010。

（二）日月潭农产运销合作社

本计划案是希望能帮日月潭在地的农夫们设计出该合作社品牌图像。日月潭农产运销合作社所建立的"台湾农夫"为合作社农产品的品牌名称，其组织是希望能运用台湾地方指标性的蔬果为台湾优质蔬果另开辟新的道路。此"台湾农夫"的品牌主要是结合台湾地方文化，在品牌与产品上串联地方历史、人文、民情等，建构属于台湾农夫专属品牌形象与意象，希望能让在地产业国际化，以达到农渔村经济之永续发展。在接手此案时，与该品牌之负责人王顺瑜总经理走访过整个园区，与日月潭现在仅存的月潭与消失的日潭之后，透过负责人王总经理的叙述，重新认识了何谓日月潭的历史概念以其组织在文化传承的概念，才发现日潭已经干涸，目前的日月潭只剩下月潭而已，这与台湾和大陆对日月潭的认知相差很远，也让大家重新认知与思考日月潭在地的文化精神与传承为何。

（三）品牌故事概念

早期的营销与设计大都是以"卖感觉"的方式来进行，但是感觉容易因为讯息快速的变换而无法持久，因此在产业界也一直在寻找能持久且能感动人心的方式，正因为如此，藉由文化内涵来说品牌的故事就成为在现今的经济显学。未来学者 Rolf Jesnen（2002）预言，在 21 世纪，企业所需要拥有的最重要技能就是创造以及说故事的能力，"任何形态的企业将面临这项挑战——不管是制造消费性产品、必需品、奢侈品，或是提供服务——也就是要创造出产品背后的故事"。"说故事"的方式可以勾动一个人深存在脑海里，对过去的经验和未来的期待，隽永且一致①。藉由一个感动人心的故事，让消费者与产品产生联结，毕竟生活上常有许多不确定的因素，而故事正是品牌建立的最佳条件，因此品牌及可藉由这样的社会文化因素，透过故事的传递，从生活中不断寻找有意义的生活方式，这样的改变，有别于传统

---

① 吴昭怡：《给产品说一个故事》，《天下杂志》2003 年第 286 期。

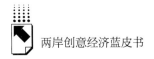

上借用当时意义当作广告工具如此而已①。

　　Maxwell 和 Dickman 于 2007 年指出"营销与设计的秘诀永远都是要有一个好故事"，他们认为有故事的产品才卖得出去。而这也正因为"故事"是有文化内涵蕴义在其中，因此在做设计与营销时可以发挥良好的功能，现今许多的企业界开始运用故事将其融入品牌的设计中，将品牌故事与产品形象相结合。而该种设计也是非营利组织目前更应该走的方向，若是能运用正确的设计与营销时机来呈现正确的品牌故事，则可使得视觉感受与营销内容更加容易与简单。Rothacher 在所著的《品牌背后的故事》一书中说过，品牌的背后都蕴含一个独特的故事，故事构成元素融合了创立者/经营者的价值观、企业文化和经营策略，在打造品牌形象的同时，也赋予了产品灵魂，因而博取消费者认同与选择②。

　　非营利组织都肩负着社会使命与悲天悯人的关怀，但却苦于不知如何去替组织建立起品牌文化以及替产品创造出附加价值，因此就更得学习能生动地传递品牌识别与传承的方式。在与该单位王总经理深谈后，王总希望品牌图像可以同时呈现出台湾意象与日月潭的历史文化精神，因此看稿过程一直在沟通观念问题，在过程中团队设计了许多草稿，经由讨论后挑选了不同主题的计算机草图，当第二次见面经由沟通后，发现王总对太过具象的图像不是很感兴趣，最后从几十个图像中挑中了脚印的图形，认为与台湾农夫的精神比较契合，但在内涵与设计上还是缺少了历史与文化探讨，因此团队回去后又重新寻找文史数据与日月潭相关文献，将脚印图像与文史数据相结合，以便与台湾农夫形象能够结合。

　　从讨论过后可以得知，本研究"台湾农夫"以农产品加工为主，以生鲜农产品为辅，对内以日月潭当地人文历史为品牌出发点，因此业者希望能在设计风格上融入日月潭人文历史；对外期许在视觉方面可以有台湾意象，让外界一看就可以知道是台湾的产品。因此本案例开始从如何建立"台湾

———————————

　　① Zaltman：《为什么顾客不掏钱》，《早安财经》，2004，第 300 页。
　　② Rothacher：《品牌背后的故事》，黎晓旭译，久石文化事业有限公司，2006。

农夫"品牌辨识的元素，规划整体设计概念，并透过故事设计以创造品牌价值，将品牌故事、特色文化等意涵融入其中，以提升消费者对该地区文化认同，并逐步地建立与消费者间的品牌关系，使消费者对于"台湾农夫"有更深的心理连接及消费行为的忠诚度。本案的设计概念系经由文献与所收集的当地文史资料来归纳分析，其品牌概念分为三个层面来探讨"台湾农夫"品牌的概念，分别为文化背景、生态环境与传说故事。

（四）文化背景

"水沙连"一名的由来，乃系分布于彰化山麓，属于平埔番洪雅族一支的 Arikun，对该方面内山生番之地称 Tualihen 或 Soalian，译音讹为"沙连"。此地因有日月潭的湖水，而加添"水"字，成为"水沙连"。早期"水沙连"一词所指范围广阔，从当年有"前山第一城"称号的竹山镇开始，今日的鹿谷、集集、水里、鱼池、埔里等范围，均被视为水沙连内山。而水沙连古地图中的"五盆地"包含日潭及月潭，目前大家所认知的日月潭是指以前的月潭。日月潭原来是指日、月两潭，圆形称为日潭；月形称为月潭，之后日潭由于人们为耕种而填土造田，日潭渐渐成为形势平坦的盆地，今日称为头社盆地。

日潭早年是一斛碧波绿水，后来人们为了获取耕种利益，填土造田，使日潭成为形势平坦的头社盆地。现今盆地中心低洼区域布满深厚的泥炭土，土质松软，踏踩其上，土地会随着步伐韵律波动，因而有"活"盆地之称，由于排水不易加上农产价格低迷因素，近20年来低洼区域处于废耕荒芜状态，王总决定用此地开创经济效益，恢复头社盆地的昔日光景，活盆地里咖啡色土壤，非常适合种植金针花并复育特有品种水社柳及日月潭泽蟹等，王总又逐渐打造日月潭永续生态农渔产业教育园区。近年观光产业的迅速发展，使得日月潭生态失衡，"台湾农夫"极力复育日月潭生态环境孕育出的特有动植物，如水社柳（俗称"爱心树"）。爱心树是"台湾农夫"正极力复育的物种，因为爱心树不但可在水中生长，更拥有抓地力强的特性，可解决日潭土质松软、水分过多的问题，所以较适合在日潭作为保持水土的特有树种。

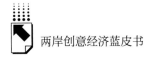

（五）传说故事

邵族人祖先原来住在阿里山，也有另外一说，是住在台南府城附近。邵族的一队猎人在山中打猎时，看见一头肥硕的白鹿，便逐着白鹿来到水沙连，白鹿被追到月潭穷途末路之时，只好跳进潭里，白鹿后来化身为白衣仙女，在当天晚上托梦给族中长者，告知他此地物产丰硕，如善加经营必能使整个族群的人安居乐业，因此邵族人在此地定居下来，而这也形成日后"逐白鹿"的传说故事，因此白色对于邵族来说蕴涵了极其特殊的意义。

经由选定的脚印设计稿，黑色部分代表农田，白色的脚印图形是脚踩进农田里的感觉，整体表达脚踏实地之意。日月潭五盆地的古代水沙连地图的部分作为脚趾的图形，康熙台湾屿图作为脚掌的部分，运用这些概念将之结合设计成富有历史性的"台湾农夫"品牌图像概念。其造型更结合与农夫息息相关的二十四节气概念，脚掌最上面的线条就是台湾一年二十四节气中的温度线型图，由最左边的一月到中间温度最高的七八月，最后温度渐低直到十二月，象征着一整年的二十四节气温度变化。运用这些概念设计成富有历史性的"台湾农夫"之品牌图像。在色彩的选用上，白色的部分是由邵族"逐白鹿"的传说延伸而来，藉由白衣仙子为日月潭所带来丰饶的资源，因此将整个脚印以白色来呈现，外框部分则是选用日月潭活盆地泥炭土的深红棕色来表示，表达起源与丰饶，土黄色则是为了要增加盆地的层次与深度。

本研究的尝试是希望当非营利组织的负责人与设计者产生认知落差时，能提供一些概念藉由学术研究的探讨来说服负责人，毕竟非营利组织的负责人对于设计与营销的概念一般业界人士的认知不如，经由此次设计之后，组织荣获该年度经济部金旭奖，多元就业方案优秀单位以及最佳社会经济发展单位。

（六）结论

由执行本研究案的过程与结果可得知，非营利组织在做整体品牌图像规划设计时，如何与该组织负责人做沟通是极重要的一环，许多负责人皆很有意愿突破现有窠臼，也能了解藉由品牌建构设计能为组织带来好的效益与提升知名度，且好的品牌图像设计是可以让其在销售产品与建立认同感。因此本研究希望透过帮助"台湾农夫"的品牌设计概念，借以提升消费者对相关产品的喜好度，进而产生购买意愿，使"台湾农夫"能让更多的人认识，并实际提升经费收入。

二　高雄市红毛港文化园区

随着文化创意产业在海峡两岸的盛行，两岸许多文化园区甚至是各地的博物馆，也正尝试着如何将在地文化导入商品，并加入策略性营销方式，推广在地的观光热潮。文创商品是将在地特色或是专属的历史文化转化成商品之设计元素，如何抽取在地特色，或是决定什么样的文化才能代表历史、故事最重要部分，不只是业者需要考虑的，更是设计师需要仔细思考之要点。因此一件好的文创商品，除了能有商品实用性功能面之外，还必须能透过商品传达文化、故事等文化传承、分享等功用。像是台北故宫在2013年推出的"朕知道"纸胶带文创商品，在短短的一年多就销售了近20万条，因此许多文创园区及文创商品的开发业者，也紧锣密鼓地推出许多文创商品。高雄市红毛港文化园区由于其迁村的历史背景历经许多波折，其文化传承远不同于其他园区，因此本研究着手于如何藉由在地文化，衍生出具有当地特色的文创商品，来唤起当地人的共鸣，并将这份情感与感动传达给到此游玩的民众作为主要要求。本研究透过与高雄市文化局合作，结合学理与实务制作并开发出符合红毛港在地特色的文创商品。

（一）红毛港的历史背景与产业发展

红毛港，一个位于高雄港东南边的渔村聚落，行政区属于高雄市的小港区。红毛港南边是大林蒲与凤鼻头，北边则是靠近高雄港的第二港口，西边则台湾海峡，东边为第二港口的内海，为三面环海的狭长地形。位于高雄市小港区的红毛港地名，缘起300多年前，由荷兰人所建立，原因为当时荷兰人所带的军队皆为爱尔兰人，而爱尔兰人的发色为棕红色，乃以红毛为地名并沿袭至今。红毛港经历了限建、禁建与迁村的过去，使得红毛港已经无法回到过往的环境，红毛港至今生活质量仍不是很好，许多建设与设施都还停留在当时的情景，不过正因此，红毛港能够保留许多当地的特殊历史故事、传统建筑、产业技艺、民俗信仰和庙宇等。红毛港以捕渔业为主要收入，其中以乌鱼（卡旺）最为盛名，在发展的过程中因市政府决定将其转变成工业形态，因此在红毛港盖了许多大型的厂房，如煤矿厂、发电厂、炼油厂。

表1　红毛港的产业年代

年代	说明
1969～1989	高雄港拆船业（兴盛）时期
1960	渔业的黄金时期,拖网渔船数量多达800多艘
1970	随着石油危机的来临与鱼源迅速枯竭的冲击逐渐失去优势
1980	兴起草虾繁殖
1990	沿海水质受工业污染和白点病变,带来严重打击

资料来源：本研究整理。

信仰方面则以道教为主，当地主要供奉五大神明（武安尊王、广泽尊王、妈祖娘娘、观音佛祖、何府千岁）。生活方面则是纯朴自然，居民间互相信任，彼此是邻居也是家人，红毛港的在地文化方面有渔业、工业、鱼货港口、船只、道教的信仰；意象方面则是讨海人的心情、当地居民的好情感、信仰的虔诚与寄托（平安、希望）、纯朴的个性，以及当地民间故事的寓意。

（二）红毛港文化与产品意象

本研究整理红毛港展示计划（导览手册）、红毛港园区简介、书籍恋恋红毛港寺庙建筑与信仰，以及红毛港园区人员解说之重点，整理出表2红毛港文化元素抽取，将红毛港的历史划分为四个时期，并藉由其年代特色，抽取出不一样的文化元素。

表 2　红毛港文化元素抽取

时期	文化元素抽取
1624～1662 年荷兰人统治时期	红毛、红夷、堡垒、港口
1960～1970 年渔业黄金时期	港口、捕鱼船、捕捞、大海（希望与摧残）、乌鱼、拖网渔船（卡越仔）、乌金、石油危机
1969～1989 年拆船王国时期	黑肥料、高危险、高污染、钢铁
1980～1990 年渔业转型时期	养殖、虾苗的故乡、虾仔街

资料来源：本研究整理。

在与团队合作、创作期间，针对讨论方向、决策等创作文创商品内容细节做重点记录，团队与文化局做详细沟通，讨论出有关红毛港的意象与商品的形态之后，先经由田野调查与访谈，再经过创作团队的设计和创意融合，提出符合红毛港意象的文创商品，如表 3 所示。

表 3　红毛港文化意象样本

红毛港文化意象样本							
谚语	乌金	庙宇神明	姓氏堂号	民间故事	历史由来	渔业	港口

资料来源：本研究整理。

（三）文创商品研发管理流程

文创商品的开发，除了事前的史学调查与相关资料收集以外，最重要的就要拟定目标与计划，例如，消费者分析、竞争者分析、STP 定位，这些基本的方向确认后，再就是藉由这些数据，将相关的文化元素进行抽取的动作，再来就是商品元素的转化、意象的抽取。毕竟先要将创意与市场的走向，并经仔细评估与确认之后，再思考将其意象转化在何种媒介之上才会吸引消费者，此部分也就是评估创意和确定市场。因此流程部分可分成两个部分来加以探讨。①技术分析：此部分有关于有生产可能性、生产能力、分销能力、以及成本估算，此部分是设计师和业者讨论有关于商品的可能性，对于颜色的选择、功能的选用、数量的多寡，以及设计师或团队目前能够达到的技术能力，这些都涵盖在成本估算中。②经济分析：此部分则是透过已锁定的消费族群，去估算市场的销售量，以及通路的选择优劣，和预算的多寡，以及利润的预测，这些都是在商品同步开发的时候，以商业角度去思考的层面。最后文创商品的开发步骤，即为样品打样与制作、检测与修改，以及产品上市前最后的讨论。

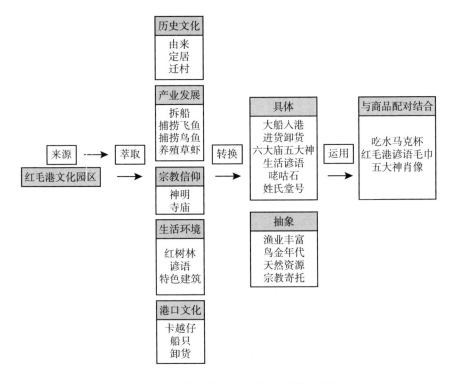

图1　红毛港文化园区文化意象转换流程

资料来源：本研究整理。

（四）红毛港文创商品开发说明

"大船入港"是目前针对观光观点来说的，是红毛港最具特色的行程。除了是红毛港的特色行程外，"大船入港"本身是具有时代意义的，它不仅是原红毛港居民共同的记忆，更重要的是，它代表的是某一时代里台湾共有的经济富裕的象征，在讨论的过程中，团队想到导览员说过每一艘船的船身会分成两种颜色，颜色的交接点就是船的"吃水线"，当海平面超过"吃水线"时，说明这艘船的负重量已达上限。

以一个消费者的角度，或许是知道船身分成两种颜色，但未必清楚所谓"吃水线"及其作用，所以团队试着发展出一套商品可以结合"吃水线一旦超线了即会有危险"的概念并同时具备"日常使用"的条件，于是发展出"入港感温马克杯"。马克杯杯面会随着杯中水面的高度产生颜色上的变化，不但可符合当前的使用功能，更同时呼应图案的真实作用。

神明因为神圣、庄严，让人有敬畏且高高在上的崇拜与尊敬的感觉，红毛港居民的生活、产业与宗教信仰紧密相连，因此我们希望可以让红毛港的五大神明，可以更贴近到此游玩的民众，透过可爱风格的设计，让庄严的神明添加一份亲近感，使民众可以感受到红毛港居民对于信仰的重要以及将神明当作精神寄托的心灵感受。

六大庙五大神是过去红毛港非常重要的信仰文化，最重要的是，五大神的视觉转化作为图形套用在小型文创商品上，限制不多。在绘制五大神插画时，往可爱风趣的方向制作是大家的共识，然而，在"可爱风趣"的诠释上，且又希望能够有别于便利商店的好神公仔。希望可以呈现出不同于以往神明的庄严肃穆，以一种清新诙谐的方式出现在大家的生活中。

（五）结论

进行设计草图之前，得经过许多分析和相关范畴的确立，才能进行设计的动作，如市场评估与消费者描述，此做法是为了锁定目标族群，也从目前市面上所见到的商品或同性质的商家作为比较，才能建立与市面上常见的商品或服务作为区隔，再者所使用的文化意象来源与元素，也得经过资料的搜集和归纳，将具有特色或专属此地区或专属的意象提出来，转换为设计的创意和思考元素。

此次所开发的高雄市红毛港文创商品所销售的总金额比重为 81%，

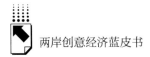
与之前乌金存钱筒的总销售金额4%有着明显的差异，共成长了77个百分点（依成本计算）。由销售数据可知，其销售数量比以前的销售数量成长了39个百分点。由此可得知，文创商品是必须具有多元性的功能、样式，其文化意象虽然应用的层面和商品多样，但还是得与消费者有共鸣，且价格是人们能够负担、接受的范围，这样子类型的文创商品才能引起消费者的购买兴趣。

B.17

特色小镇建设中的文化空间与社区营造

——基于闽台古镇和鹿港小镇的比较研究*

林朝霞　丁智才**

摘　要： 特色小镇建设是加快新型城镇化和城乡统筹发展的重要抓手，但在实施过程中常出现同质化、过度商业化、资源浪费、后续动力不足等问题，以闽台古镇和鹿港小镇为例，两者隔海相望并具有同源文化，但因理念差异开发效果不同。闽台古镇从红火崛起到萧条没落的蜕变过程，暴露了经济和文化简单"嫁接"的弊端，为国内跟风式古镇开发热潮敲响了警钟。在闽台古镇和鹿港小镇的对比中，显示出特色小镇开发中文化空间营造和社区共生发展的重要性，尤其是实现景区与全域互动、经济与文化互补、现代与传统互通、社区与企业互助，只有做到文化造血、经营模式更替以及产业革命等根本性变革，方能营造真正有特色的小镇。

关键词： 特色小镇　闽台古镇　鹿港小镇　文化空间　社区营造

　　镇是城与乡之间的过渡空间，是在城市化过程中因资源和市场关系应运

---

* 项目来源：2016年福建省中国特色社会主义中心年度重点项目"闽台城镇村发展差异与田园经济合作研究"（编号为FJ2016B047）。

** 林朝霞，博士，厦门理工学院文化产业与旅游学院教授，主要研究方向为文化艺术管理；丁智才，厦门理工学院文化产业与旅游学院教授，主要研究方向为文化艺术管理。

而生的，具有由乡村文化向城市文化过渡的两栖性。施坚雅提出，中国近代区域空间因市场因素呈现为由中心向边远延宕的蜂窝状六边形结构，出现了中央首府、地域首府、地域城市、大城市、地方城市、中心市镇、中间市镇、标准市镇八种相互依存且主次有别的空间类型。① 至今，镇依旧是城市和乡村的蓄水池，具有双向缓冲和补给的调节功能，对于疏导城市膨胀压力和补给乡村发展动力具有重要意义，是加快新型城镇化和实现城乡统筹的重要抓手。霍华德"田园城市理论"即通过镇或卫星城市的崛起来疏解城市压力，推行逆城市化运动。因此，特色小镇建设逐渐由区域发展上升到国家战略层面，2016 年 7 月，住建部、国家发改委、财政部联合发布《关于开展特色小镇培育工作的通知》，8 月住建部村镇建设司颁发了《关于做好2016 年特色小城镇推荐工作的通知》，10 月国家发改委颁布《关于加快美丽特色小（城）镇建设的指导意见》，各大省（区、市）也相继出台建设指导意见，起到辅助作用。截至 2017 年，全国已有 403 个获批的国家级特色小镇。

特色小镇建设一般采用"政府做引导、企业为主体、市场化运作"的机制，坚持产业、文化、旅游"三位一体"的发展策略，但在实际操作中经常伴随对社区营造不够重视、过度商业开发或开发不利的问题，致使文化项目难成气候，甚至面临重组、解散乃至拆除危机，2017 年 9 月浙江省创建的 78 个小镇中，就有 6 个被警告，5 个被降格。②

闽台古镇走在中国乡镇开发的前列，却是个失败的典型案例。闽台古镇位于厦门，拥有地理区位、自然环境等优势，曾一度兴盛，现却萧条冷落、无人问津，项目重整遥遥无期。而台湾鹿港小镇虽与闽台古镇文化相近，但在开发中另辟蹊径，尤其重视文化空间营造和社区培育，效果因此大为不同。两者的差异性引人深思，可为特色小镇建设提供破解之道。

---

① 施利雅主编《中华帝国晚期的城市》，叶光庭译，中华书局，2000。
② 《6 个被警告，5 个被降格，浙江特色小镇启示录》，《中国房地产报》2017 年 9 月 12 日。

一　闽台古镇和鹿港小镇之对比

闽台古镇和鹿港小镇隔海相望，都是具有闽南风情的文化小镇。

1. 历史悠久，文脉相通

闽台古镇所在"城内村"占地约 50 亩，位于厦门后溪镇，兴建于康熙元年（1662 年），是清朝为实施"迁界海禁"政策特命施琅将军在古月海滩上督造的城池。《泉州府志》载，霞城位于同安仁德里十三都后溪城内。顺治十八年，"迁沿海居民，以垣为界。三十里以外，悉墟其地"。① 霞城三百余年中见证了闽台之间分离与合并、传承与衍化的整部历史，让世人产生对明朝遗民与满清政府殊死对抗、施琅与郑氏家族恩怨纠葛、城隍信仰随闽南先民跨海入台的历史遐想。其中，霞城城隍庙不仅是台北霞海城隍庙的"祖庙"，更是台湾其他城隍庙的"太祖庙"。

鹿港小镇位于台湾西岸，兴建于乾隆四十七年（1784 年），是闽南人迁徙台湾的重要聚居地，总面积约为 39.46 平方公里，因港口商贸而繁荣，有"一府二鹿三艋舺""繁华犹似小泉州"的美称，一度成为台湾第二大城。它后因港口泥沙淤积和在铁路规划线路之外而没落，但也因此幸免了现代都市改造的浪潮。自 20 世纪末起，鹿港因寺庙古迹密集、传统建筑完好、文化格调高古逐渐进入世人眼界，成为台湾地区尤具闽南特色的文化小镇。泉州路、福建路、大明路、王爷宫前、九间厝、低厝仔、暗街仔等地名仍保留着闽南先祖的文化记忆。

2. 城池尚存，格局未变

闽台古镇大致保存古城池的椭圆形结构，城隍面位于旧时临海门处，拱辰门保持不变，南北向格局固定，主巷沿城隍庙至拱辰门。城内尚有 100 多间闽南古厝，门前屋后对冲路口、巷口之处均安放着形态各异的石敢当，有时简化为一方矮石柱，有挡风护屋、辟邪镇宅之意。入城主巷口有施琅将军

---

① （清）黄任、郭赓武纂修《泉州府志·海防》（乾隆版），卷 25。

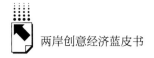
像、貔貅石雕，亦有守村护宅的含义，北辰门尚有施琅题字。

鹿港小镇城池格局在历史变迁中亦无走样。沿河一线为瑶林街、埔头街、大有街，依稀可见昔日船埠码头商铺林立、行人络绎的景象；环中九曲巷因避风、防贼和辟邪而建，形如迷宫，至今保留不变，门前屋后的石狮爷也依旧屹立；天后宫位于北边，守望一方水土，接受万民朝拜。

3. 民风古朴，信仰繁盛

闽南人膜拜天地、崇信自然、敬畏神明，集体意识里积淀着不甘认命的拼搏精神和对超自然力量的崇敬心理。闽南人喜植榕树，并认为参天古榕是汇聚岁月精华的灵物，敬若神明。闽台古镇拱辰门即因百年古榕倚墙而生才免遭拆毁，足见喜榕之风。城隍崇拜也是闽南人的集体信仰，城隍庙就是他们的公共空间。每月初一、十五、二十六，每年5月13日城隍诞辰、11月22日祈安日庙会是全村人的共同节日，众人敬拜、祈福点灯、异神巡境、"颠轿"、踩街等，吸引闽台众多信众参与。

鹿港小镇也沿袭了闽南人的风俗信仰，如王爷、城隍、妈祖信仰。小镇居民把这些地方神看作守护一方太平、正义和秩序的使者，寄予着他们惩恶扬善的美好理想，也承载着他们行善积德、莫行恶事的人生信条。民间信俗活动之盛况不亚于闽南地区。

闽台古镇和鹿港小镇都是地方文化名片，但两者在文化保护、开发模式、社会影响以及实际效益上存在较大差异。

1. 文化空间的差异

闽台古镇文化空间的古朴性和完整性不及鹿港小镇，具体表现为物质文化的受损和人文气息的式微。

闽台古镇历经多次自然和文化变迁，使得古风受损，从遗产价值评估来看，文化整体性不够突出。其一，自然风貌改变。古月海滩早已不见踪影，退却了的海岸线被绵延的陆地所取代。其二，不少历史建筑和文物遭到毁弃。老城隍庙在"文革""破四旧"运动中破坏殆尽，青石城墙也被村民拆下用来建屋，仅余拱辰门、临海门匾额等少数古迹、遗物，观音庙、王爷庙等空余名称。改革开放后，不少祖屋被翻新，新建楼房和古厝交错相间，古厝居住者少，缺乏整体修缮，使闽南建筑风貌和地域风情受损。其三，常住人口少，呈现出月份和年龄的不平衡分布状态。2017 年集美区农民人均可支配收入 24724 元，增幅为 7.5%，城乡差距逐步缩小。① 但是，本村青壮年常年在外办厂、创业或打工，居家者少，一般过年时才回家团聚。常住人口以中老年人为主，外加一些妇女儿童，文化传承也存在断代问题。

与之相比，鹿港小镇善于保存和生产文化空间，使之具有年轮感和时尚气息。其一，鹿港小镇很好地保存了中华文化底蕴和闽南地域风情。闽南红砖古厝鳞次栉比，凌空飞起的燕尾脊、精致秀雅的镂花窗、变化无穷的装饰墙、青石铺就的小巷，给人错彩镂金、富丽堂皇之感，甚而墙基、影壁、斗拱、檐角、门楣、窗棂、梁栋、古井等无处不是工匠们挥洒艺术灵感的场所，似乎要在有限的空间融入无限的艺术想象，彰显着别具一格的闽南风情。"松下斋""合德堂""岐阳衍派"等门匾沿巷随处可见，潜藏着不曾走远的祖地记忆、儒风古韵以及华夏道德信仰。总之，鹿港小镇的美在于它完整保留了闽南古风，较少受到现代钢筋水泥、嘈杂都市的侵扰，街巷里那卖虾猴、乌鱼子、青草茶的传统小铺亦散发着浓郁的闽南风和古早味。其二，鹿港小镇文化整体感强，九曲巷与鹿港天后宫、龙山寺、文开书院、古月民俗馆连成一体，小镇历史情境未被破坏，游客徜徉其间，可以尽情领略闽南人传统起居、审美、信仰等生活图景。另外，鹿港小镇人口 8.6 万人，是彰化市人口总数排在第四位的乡镇，② 年轻人在地居住者多，不存在倾巢而出、文化断层的问题。

2. 开发和盈利模式的差异

闽台古镇和鹿港小镇在开发和盈利模式上存在差异。闽台古镇的商业化运营以及相应的门票经济难成大器。

闽台古镇采用资本运作、公司打理、商业化运营的方式加以开发。它虽由厦门市政府牵头，但主要由台湾洪全民俗文化开发有限公司投资开发，以

---

① 何东宁：《厦门市集美区人民政府 2018 年政府工作报告》，2018 年 1 月 23 日。
② 百度百科，鹿港小镇，2014 年 3 月 26 日。

企业化经营为主。闽台古镇的收入来源主要是门票，依靠的是门票经济。它从 2013 年运营起即采用一票制，独立门票为 60 元，和鼓浪屿的联票为 128 元（包接送费），镇内所有场馆均可免费参观。项目开发者为了招揽客源，适时举办摄影比赛、绘画比赛、摘草莓、赏油菜花、民俗表演（三太子踩街、木偶戏、歌仔戏）等各类活动，甚至在游客密集的时间段于村口空地安排斗鸡、喂鹦鹉等阵头娱乐节目，让游客体验个中乐趣。但是，在消费者看来，闽台古镇以民俗游为主，60 元门票与全国其他同类景区价位相比偏高，难以满足他们的观赏愿望和心理期待。镇内共开设闽台老电影博物馆、闽台匾额博物馆、闽台酒博物馆 A、闽台酒博物馆 B、爱情文化博物馆、官用品博物馆、海峡两岸博物馆、白蛇馆这八个场馆，以静态历史文物展示为主，对游客文化素养和历史求知欲要求较高，并不能唤起多数人的文化认同，也难以满足他们求新求异的旅游需求。同时，景区管理人员配备不足，除预约参观外，一般只开放 4 个场馆，导致散客投诉"闽台古镇门票缺斤少两"。①

与之相比，鹿港小镇的开发则与小镇品牌打造、社区文化营造连为一体，脱离了局部项目运作和门票经济的桎梏。九曲巷是鹿港小镇的一道风景线，但不圈地围城，不收门票，任由游客参观，也不迁移原住民，蜿蜒曲折，但干净得不可思议，随处可见花架、盆栽和探出屋角的枝丫，不经意间显示着屋主人的生活情调。沿巷开设特色商铺，所售多为特色物品，以新奇吸引游客，不需要喧哗的兜售声。九曲巷的高明之处在于，不看重局部和短线的经济收益，而是把自身融入特色小镇的文化建构当中，拉动整个小镇的旅游人气和经济收益，并在其间完成自我升华。鹿港小镇的"景区与地区"的融合式理念更有助于地方经济的良性循环和长效发展。

3. 受益者的差异

闽台古镇和鹿港小镇的受益者存在差异。闽台古镇无法解决社区居民和项目运营者之间的利益关系问题。

闽台古镇的旅游开发有赖于城内村天然文化生态，包括静态的文化遗迹

---

① 《闽台古镇门票被疑缺斤少两》，台海网，2013 年 6 月 10 日。

和动态的文化习俗，但在运营模式上缺乏周密思考，未把文化生态的拥有者和制造者——村民纳入文化符号生产和利益分配体系中加以考虑，把闽南人的日常生活开发成旅游体验项目，充分调动他们的积极性，并且让他们对项目开发有知情权和参与权。虽然古镇旅游给村民带来房屋租赁、小摊买卖等现实利益，但无法培育他们的主体意识，且小镇因旅客密集变得杂、乱、脏，侵扰了他们原本宁静安详的生活。据管理人员介绍，前两年项目开发组为了吸引游客也想了不少主意，在游客密集时会在城隍庙前的广场上进行娱乐表演，而游客最多的时间段往往是上午 10 点至下午 2 点，因此娱乐项目被村民视为扰民之举，时有矛盾发生，因而被动撤销。

相形之下，鹿港小镇在平衡社区居民和外来游客、商业开发和社会效益的关系上做得更好。由于鹿港的开发不是商业圈地运动，因此它不存在开发者与当地居民的利益冲突问题，也不存在破坏日常生活原真性的问题。当地居民既是文化的制造者和传播者，又是文化的受益者。老年人拍打着扇子门口纳凉，小孩子扶着墙壁蹒跚学步，中年人拉着自行车出入小巷，这里的人们循着自己生活的节奏走，对游客司空见惯。游客在古老的街巷里走迷宫、赏花架、看建筑、逛老店，感悟当地人的日常生活，从中获得最美的风俗画。而游客的到来无疑为地方经济注入活力，给当地居民带来间接利益。

4. 开发效果的差异

闽台古镇和鹿港小镇的开发效果存在明显差异。前者经历了由盛转衰的蜕变过程，而后者则一直热度不减。

闽台古镇于 2012 年开始整修，树立村口"功德坊"、翻新道路、设置路标、重建池王爷庙和观音庙、修建黑猫餐厅、租赁并修葺古屋、培训人员、购置万余件历史文物，开发成八座博物馆和文化馆，但是前后运营不过两年多。2013 年 1 月它正式对外营业，当时台湾地区领导人马英九、国民党荣誉主席连战、台湾地区立法主管部门王金平均发来贺词，[①] 可谓盛况空

---

① 《闽台民俗文化古镇落成　马英九连战题词》，东南网，2013 年 1 月 4 日。

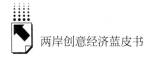

前，可 2014 年底景区接待游客量明显减少，至 2015 年夏则基本停止运营。2016 年它处于整顿状态，取消门票制。其中闽台老电影博物馆等几个场馆对外宣称在维修，闽台匾额博物馆 A 和 B 提供预约免费参观服务，公司仍支出房屋租赁和管理费用，处于亏损状态。古镇内各类特色小店相继关闭，昔日人潮涌动的小巷变得寂寞而萧条。

与之相比，鹿港小镇风靡早得多。罗大佑歌曲《鹿港小镇》对鹿港的文化传播起到重要作用。"我的家乡没有霓虹灯""门上的一块斑驳的木板刻着这么几句话：子子孙孙永保佑，世世代代传香火"等歌词带有浓郁怀旧气息和都市文化批判意味，一下子抓住都市迷惘者的心，从而推动了鹿港文化寻根游。游客们纷至沓来，把它当作梦中迷失的故土和向往的精神原乡。鹿港的风靡，类似于因沈从文《边城》系列而闻名的凤凰古城，而这种热潮至今不减。

二　特色小镇建设中的典型问题

近年新型城镇化运动风生水起，各级政府把特色小镇作为新兴产业崛起和经济转型的重要载体，但特色小镇在发展中容易出现相互模仿创意、换汤不换药、起落不定的问题。闽台古镇是中国特色小镇开发的失败案例，可借以剖析特色小镇开发的典型问题。

（一）特色小镇无特色

特色小镇开发的前提是不可复制的文化 IP，包括独特的文化遗产、空间等，能够秉持差异化发展路线。但事实上，特色小镇同质化问题不无存在，有传统农业、渔业者发展农家乐；有农林、果园者发展观光旅游和生态采摘；再造性的文化项目则多为水泥建成的仿古建筑群或变相房地产开发，难以融入原有的文化氛围，不仅劳民伤财，而且成为败坏人文景观、消弭地方特色的一大败笔。

闽台古镇之所以由盛转衰，与其特色不足密切相关。其一，它与鹿港小镇文脉相通，细节安排有模仿鹿港小镇之嫌。如，鹿港小镇有个"摸乳巷"，因窄长深邃不容二人并肩通行而得名，又名"君子巷"，实则体现了当地人优雅出入、悠然生活、崇尚揖让的理念，闽台古镇也把一条狭长巷子取名为"霞城摸乳巷"，以博人眼球。其二，它以闽南地区生活器物的静态展示为主，与漳州埭美镇乡愁馆主题相近，且收取高额门票，而后者却是免费开放的。其三，它为了拉长游客在地时间，增加了广场表演、杂耍、斗鸡、摘草莓等活动，而拼花式的娱乐项目则减弱了闽台民俗文化旅游的鲜明主题，难以体现自身特色。

放眼全国，同质化问题已然影响了古镇文化旅游的可持续发展。相似的仿古商业街、相近的旅游纪念品、类似的民俗文化村，千镇一面，使得古镇旅游成为纯粹的"一次性消费"。秦岭将军山古镇、蓝田民俗文化村、簸箕掌村、泾阳的龙泉山庄、兴平的宏兴码头等复制西安袁家村马嵬驿模式进行古镇开发，但因同质化问题未见成效。[①] 而古镇同质化容易导致游客产生审美疲劳和精力浪费的负面感受，甚而认为古镇旅游就是"逛、吃、逛、吃""人挤人，人看人""旅游纪念品敢情是从义乌小商品市场批发的""不去后悔，去了更后悔"等。

（二）一枝独秀不成林

特色小镇不仅要有独立面貌，而且要有区域定位，和城市文化品牌建设相配套，和其他小镇协同发展，构成"环城市文化圈"，并带动乡村发展，形成"智慧城市-精致小镇-美丽乡村"的三维格局，单一发展难成大器。缺乏周边城市配套和其他小镇拉动效应的特色小镇只能吸引近距离的游客群，不具备全国范围的游客吸附力。乌镇、南浔、周庄、同里等古镇之所以常年人潮如涌，与古镇密集、看点多不无关系，亦与毗邻苏州和杭州密切相关。以乌镇为例，陈向宏在谈乌镇经验时指出，乌镇成功的

---

① 史卓群：《民俗旅游古镇同质化严重 特色和产业引领是出路》，陕西新闻网，2016 年 8 月 4 日。

40%来自项目选址，紧邻上海这个超一流城市，位居上海、苏州、杭州的黄金三角地带，离三大城市都不到1小时车程，坐拥5000万中国最富有消费能力的人群半径。①

与之相比，目前特色小镇未把周边环境作为开发基础加以考量，缺乏"全域"观念，也未瞄准合适时机，存在交通、卫生、基础设施等方面的短板，缺乏黄金半径的消费群体，却要"赶鸭子上架"，最终导致开发不力。

以闽台古镇为例，它前不挨村，后不着店，周边缺乏其他知名自然和人文景观，和鼓浪屿门票打包固然解决了游客稀少的问题，但是它与鼓浪屿间的距离远，驱车来回接近三个小时，交通不够便利且成本较高，难以达到项目盈利度和游客满意度相平衡的目标。对于散客而言，通往闽台古镇的公共交通不发达，从岛内出发须倒换班车方能到达，路标指示不明显，自驾游也有一定困难，因此降低了游客前往参观的热情。公共卫生配套也明显不足，游客曾投诉，博物馆群附近找不到卫生间，只能到村外停车场如厕，且又脏又臭，令人难以忍受。②闽西北村镇旅游也存在各自为政、交通不便、配套不成熟的问题，难以将"大武夷""大安源"等全域旅游概念落到实处。

（三）文化内功待修炼

特色小镇需要积淀文化内涵，不可一窝蜂而上，造成浮躁之风，徒有文化之形，而无文化之魂。文化资源向文化资本的转化是厚积薄发的过程，需要历史的积淀和巧妙的转化，需要用做事业的心来做产业，保护优先于开发，不断夯实文化基础和提高社会知名度，使得后续资源开发水到渠成。鹿港小镇正因为在都市化、商品化浪潮中耐得住寂寞，以平常心维系传统文化，方有现在的文化旅游热潮。而急功近利的商业"植入"只能为旅游产品贴上文化商标，带来一时的效益，但最终要自砸招牌的。

闽台古镇虽保留了古城池的基本结构，但文化空间的整体性和原真性仍

---

① 叶檀：《大部分的特色小镇都在胡扯，乌镇为什么成功》，世纪名人讲课网，2016年11月30日。
② 《闽台古镇门票被疑缺斤少两》，台海网，2013年6月10日。

有待于提升。其一，不少静态文物并非在地文化的结晶，如村口的功德坊虽有年头，但与本镇历史无关，为开发者所购之物，万件文物也是从闽南乃至全国范围内收集而来的，代表性和典型性不足。其二，常住人口少，活态文化难觅踪迹，未能充分展现闽南传统社会的农作、手工、礼俗等各类文化的传承现状，文化鲜活感有所欠缺。其三，文化萧条期长，传统气息比较浓郁的时间集中于春节和神诞节日。

（四）短效经济瞎指挥

特色小镇开发一般采用"政府引导、企业主体、市场化运作"的方式，商业模式尚处于探行阶段，存在较多问题。其一，概念炒作，缺乏可依托的文化资源，如打出林语堂"世界文学小镇"、观音故里、悟空故里、梁祝故里等名号，进行概念宣传，继而推出人造景观或文化项目吸引游客，并无文化的源头活水，难以持久经营。更有甚者，打着特色小镇的旗号，为的是圈地，变相进行房地产开发。其二，项目增加，但产业形态未更新，依旧以门票经济、资源损耗型经济为主体，未能解决小镇长久发展问题。其三，未能合理解决开发者与居住者的利益分成问题，导致居民的生活幸福指数下降，不利于小镇社会和谐和长效发展。

古镇两极分化现象十分严重，可谓冰火两重天。一类是文化底蕴深厚但保护力度不足的古镇。中青年告别乡土、步入城市，人口流失日渐严重，仅剩老弱病残守护家园，古屋常年失修，趋向"空壳化""老年化"，不同程度地存在社会留守、经济下滑、古迹破坏等一系列问题。另一类则是申遗成功后陆续开发的古镇村，如永定、南靖等地，把文化遗产作为摇钱树，存在不同程度的商业化危机。它们依托"土楼"品牌，急功近利地进行文化行销，圈起土楼，迁出原住民，划定收门票的城堡，似乎如此即可一劳永逸地坐等游客上门，殊不知近年社会、媒体对土楼空巢、文化流失、胡乱宰客、过度商业化、卫生环境差、野导扎堆等诟病之声甚嚣尘上。2016 年 8 月国家旅游局对福建武夷山、福建永定南靖土楼发出 5A 级景区摘牌的严重警告，足见事态之严重。

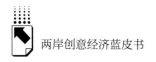
三 特色小镇的文化空间营造和社区培育

特色小镇是新型城镇化建设的重要抓手，是实现古今转型和解决城乡矛盾的重要依托。特色小镇建设应以文化空间营造和社区培育为基础，注重文化与经济、传统与现代、社区与企业的协调发展。联合国教科文组织的《宣布人类口头和非物质遗产代表作条例》将"文化空间"确定为一个集中了民间和传统文化活动的地点，或是周期性（周期、季节、同程表等）的一段时间。亨利·列斐伏尔在《空间的生产》一书中强调，空间是社会关系的容器，具有物质属性和文化属性，不仅包含由建筑、遗址、物象等构成的实体空间或空间关系，而且包括由文学艺术、非物质文化遗产等构成的文化符号空间或虚拟想象。[①] 空间是无声的语言，建筑是凝固的音乐，能唤起身临其境者的文化认同感。小镇文化空间营造应区别于城市和乡村，比城市更具有文化持续性和社区稳定性，比乡村更具有文化包容性和产业竞争力。

（一）文化造血

特色小镇之所以普遍存在无特色的问题，是因为后仿的东西过多，导致现代意味强，历史韵味消弭。文化空间不是刻意打造和包装出来的，依托虚无缥缈的文化概念进行炒作和商业包装的投资行为注定是要失败的。因此，不是所有小镇都适合文化旅游开发。特色小镇的塑造有待于天时、地利、人和三大条件。所谓"天时"就是小镇开发不能刻意为之，应培育文化特色，待文化成熟时开发自然水到渠成；"地利"就是小镇应与周边地域协同进步，在大空间布局中获得发展机遇，而非凭独撑局面；"人和"就是小镇能够汇聚人气，居民安居乐业，传承文化，幸福指数稳步上升。

首先，加大扶持力度，做好文脉传承，具体而言包括财政、教育、立法等方面的扶助。在城市化、现代化进程中，小镇普遍面临人口迁徙、经济萧

---

① Henri Lefebvre, La production de l'espace, 1e'edn, 2e'edn, Paris: Editions Anthropos, 1974.

条、社会关注度低的问题，物质文明无人保护，如古建筑年久失修自然风化，精神财富无人传承，如民间非遗后继无人。而商业开发注重短期效益和利润回报，不是解决古镇、村保护问题的首选良策。国家、地方应将文化保护纳入财政预算范围，加大小镇古迹修缮、非遗传承方面的财政投入，鼓励文化传承活动，并加以立法保护。小镇保护是全球共同话题。巴西东南部的黑金城曾是一座欧洲殖民时期所遗留的淘金城市，政府为了维护它的古镇原貌，严格要求建筑内墙颜色和门窗改变均须提交申请，且须严格使用巴洛克风格的仿古材料，否则勒令恢复原貌且赔偿损失，此项措施对小镇原貌保护起到了很好作用，值得借鉴。对闽台古镇而言，它要重回公众视野，必须摒除各种文化元素杂糅一体的"拼盘"现象，进一步彰显闽南文化特色，除了按历史原貌修复霞城城门、庙宇、古宅等外，还应加强文化活态保护，扶持闽南乡村农业、特色手工业以及各类非遗等，凸显闽南活态情境。

其次，引入活水，促进文化再造。小镇文化空间塑造不仅有赖于在地居民的文化保护和传承，而且有赖于外来有志青年对当地文化的重塑。小镇应敞开胸怀，提高自身魅力，吸纳人才回流，方能做到融通古今、平衡传承和发展的关系问题。具体而言，小镇应设立创业基金、土地优先使用政策、税收减免政策等，吸引青年人回镇创业，改善小镇人口比例，这样才能增强小镇的文化再造能力。

（二）模式更新

特色小镇开发的常见模式是项目制和企业化经营，容易导致商业嫁接和本土文化空间的变味，因此它要以本土文化营造为基础，依托社区，寻求商业模式的突破。

首先，盈利模式须改变，企业运营应以小镇和城市品牌打造为最大盈利目的。小镇开发项目应和小镇整体布局、城市文化品格塑造融为一体，要有通盘意识和全局观念，紧扣城市文化定位，思考与周边资源的整合开发，切不可关起门来单打独斗，因为孤立的文化景点难以集聚人气，缺乏市政配套的偏僻小镇更难吸引回头客。以闽台古镇为例，它应呼应"美丽厦门、和

谐厦门"的城市发展定位，传播闽南地道慢生活、精致生活理念，作为老厦门的文化地标崛起，不应拘泥于自身的门票经济。

其次，管理模式须改变，企业运营应和政府管理、民间协商相结合，形成"政府＋社区居民＋企业"三位一体的商业运作模式。政府负责文化维护和配套服务，重点做好城内建筑修复、停车场建设、周边环境整顿以及交通配套等工作。企业负责项目运营和管理，重点做好展馆布置、节目策划、人员培训等工作。民意机构负责收集民意和组织各类活动。三者之间按照贡献大小协商利润分成比例，充分调动各方面的积极性，凝聚合力共同打造小镇文化。

最后，营销模式须改变，企业运营应变产品营销为文化营销、情感营销。情感营销的特点是以文化销售取代商品销售，提高游客文化体验的"沉浸感"，变被动消费为主动消费。简言之，即取消刻意为之的旅游产品销售，将生活情境和旅游融为一体，宣扬一种新的文化理念和品位，将文化行销化于无形，从而带动世人对文化圣地的朝圣热潮，做到"无为而为"。

（三）产业革命

特色小镇的升级转型不是依靠文化项目的增加，而是依靠产业形态的变革，即由满足物质需求的第一、二产业转向满足人们精神需求的第三产业，尤其是将传统农业、手工业等与创意产业相结合，促进小镇文化空间在传承中发展。

小镇作为城市和乡村的过渡空间，其产业革命的要点在于将农耕文化和休闲文化结合，满足世人渴望回归自然的隐逸情怀和寻求家园的原乡情结，推行后工业时代的经济形态，即田园经济。田园经济以疗救现代人的乡愁病为诉求，务必营造淳朴真率、自然和谐、清新可人、温情脉脉的文化氛围，用情感营销溶解商业气息，使消费者获得沉浸式体验，满足现代人"生活在别处"的愿望。田园经济也是小镇实现跨越式发展的途径之一。产业基础较好的小镇可以先行先试，将农业、加工业与创意产业、旅游业等跨界融合，改变传统农业的经营模式，延伸小镇创意产业链，增加产品文化附加值。

B.18
创意农业的基本模式与发展策略

李艳波*

摘　要： 创意农业起源于20世纪90年代后期，由于农业技术的创新发展，以及农业功能的拓展，观光农业、休闲农业、精致农业和生态农业相继发展起来；与此同时，创意农业的理念也在英国、澳大利亚等国家和地区形成并迅速在全球扩展。国外主要创意农业发展模式有荷兰模式——高科技创汇型、德国模式——社会生活功能型、英国模式——旅游环保型。国内主要创意农业发展模式有农田景观、农业主题公园、农业节庆、主题庄园。根据当下我国创意农业发展的现状，本文主要对"田园综合体""农业景观""田园农家乐"等几种基本模式的运营策略进行分析。

关键词： 创意农业　"田园综合体"　"农业景观"　"田园农家乐"

创意农业就是把创意产业的思维逻辑和发展理念，以及先进的科学技术和当地的人文要素有效地融入农业生产，整合各种农业资源，最大化地拓展农业功能，最终把传统农业发展为集生态、生活、生产于一体的现代农业。20世纪末以来，创意农业首先出现在英、德、法、荷、意等西方农业发达国家。与此同时，美国、澳大利亚、日本以及我国的台湾也出现模式不同的创意农业项目。近年来，我国创意农业得到快速发展，在运营模式上主要有

---

* 李艳波，厦门理工学院文化产业与旅游学院副教授，主要研究方向为市场营销。

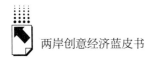
多功能综合的"田园综合体"模式、超大面积的"农业景观"模式、以休闲度假为主的"田园农家乐"模式等。

一　多功能综合的"田园综合体"模式

"田园综合体"（Rural complex），是指在城乡一体格局下，顺应农村供给侧结构性改革、新型产业发展，结合农村产权制度改革，对原有乡村社会进行综合的规划、开发和运营，综合化发展产业和跨越化利用农村资产，集循环农业、创意农业、农事体验于一体，实现中国乡村现代化、新型城镇化、社会经济全面发展的一种可持续性模式。

"田园综合体"的显著特点是在乡村建立"居住＋产业"的共生体。其强化"农业＋产业"体系，主要路径是通过产业带动乡村经济发展。通过推动一、二、三产业深度融合发展，集循环农业、创意农业、农事体验于一体，实现特色小镇由单纯观光向农业观光、农事体验、农耕文化品位相结合的复合功能转变。

（一）"田园综合体"运营策略

1. 构建"田园综合体"的基本要素

规划建设"田园综合体"包括三个基本要素，即农业产业、文化旅游、地产。首先农业产业上要打造现代农业生产型产业园、休闲农业和社区农业；其次文旅产业要打造符合自然生态的旅游产品和度假产品的组合，且要充分考虑功能配搭、规模配搭、空间配搭，此外还要融入丰富的地域文化生活内容，以多样的业态规划形成旅游度假目的地；最后在地产及社区建设上，无论改建还是新建，都要严格按照村落肌理进行规划打造，而且要附着管理和服务功能，营造新社区。

在规划建设运营中要杜绝的问题有如下两个。一是不能把农民丢到一边。田园综合体是一套综合产业体系，需要集中优质资源对乡村进行协同整体规划、设计开发和建设运营。同时应当利用发挥好农民合作社这一载体，可以通过土地流转等方式，在经营上进行中长期的产业规划，发展现代化、科技化的农业产业园区，以此作为建设田园综合体的基础。而加入合作社的农民，既可以就地就业，又可以通过入股、租金、合作经营等方式获得收益。这样一来，既培育了新型经营主体，又保护了农民和农村集体经济组织的权利，防止集体资产被外来资本控制，这是一举多得的好模式。

二是不能走向绝对房地产化。对于乡村来说，必须保留其原生态的面貌，才能达到返璞归真的目的。田园综合体应尊重和发扬农耕文明，融合现代农业、循环农业、创意农业、农事体验互动等创新形式、创新模式，真正来展现农民生活、农村风情和农业特色。因此，它的核心必须是农业产业。为了改善乡村旅游硬件条件，提升服务水平，适当的地产和基础设施建设是必要的，但必须符合乡村肌理。也就是说，田园综合体本身仍是乡村，而非大兴土木工程建设的旅游度假区，更不是违法违规的私人庄园会所，追本溯源才是正道。所以说以农业产业为基础，以文化为灵魂，才算得上是好的田园综合体。

"田园综合体"要以农民合作社为主要载体，让农民充分参与和受益。"田园综合体"模式要明确农村集体组织在建设田园综合体中的功能定位，充分发挥其在开发集体资源、发展集体经济、服务集体成员等方面的作用。立足于并且整合当地现有的各种资源，运用创意思维的理念，对农业、环境、文化等现有的所有资源进行整合、科学规划、深度开发；将农业及农副产品的生产过程开发升级为消费者（游客）的亲身体验活动；将农副产品升级为有机的、无污染的绿色农副产品供游客购买；将生态环境、人文景观、名胜古迹打造成休闲旅游风景区；等等。这样，一个村或几个村整合后的开发，就形成了一个农村全产业链综合发展的创意农业园——"田园综合体"了。与此同时，农民也实现华丽转身，由农民变成园区拿工资（或分红）的职工，最终实现农村增产、农民增收，"菜篮子"变成"钱袋子"。

2. "田园综合体"的运营原则

"田园综合体"的运营原则是统一规划、统一建设、统一管理、分散经营。

（1）功能定位准确

围绕有基础、有优势、有特色、有规模、有潜力的乡村和产业，按照农田田园化、产业融合化、城乡一体化的发展路径，以自然村落、特色片区为开发单元，全域统筹开发，全面完善基础设施。突出以农业为基础的产业融合、辐射带动等主体功能，具备循环农业、创意农业、农事体验一体化发展的基础和前景。

（2）基础条件较优

区域范围内农业基础设施较为完备，农村特色优势产业基础较好，区位条件优越，核心区集中连片，发展潜力较大；已自筹资金投入较大且有持续投入能力，建设规划能积极引入先进生产要素和社会资本，发展思路清晰；农民合作组织比较健全，规模经营显著，龙头企业带动力强，与村集体组织、农民及农民合作社建立了比较密切的利益联结机制。

（3）生态环境良好

能落实绿色发展理念，保留青山绿水，积极推进山水田林湖整体保护、综合治理，践行"看得见山、望得到水、记得住乡愁"的生产生活方式。农业清洁生产基础较好，农业环境突出问题得到有效治理。

（二）台湾清境农场：成功的"田园综合体"

清境农场创建于1961年，位于台湾南投县仁爱乡，临近合欢山，面积700公顷，海拔1748米，有"雾上桃源"的美名，是台湾最优质的高山度假胜地。清境农场利用优质的草场和山地景观资源，打造特色农场和风情民宿，吸引游客远离城市，体验独特的山地田园风光。

台湾清境农场以本地摆夷族文化为主题，打造节庆、美食等多重参与性文化体验。其功能模式如图1所示。

台湾清境农场在开发策略上，先期依托草场资源发展观光旅游，撬动区域价值。后期植入特色民宿、文化体验等多元业态，以休闲度假功能、景观体验、多主题设施作为核心竞争力。其盈利模式是核心设施自持运营以获取收益，少量民宿和商业本地村民自营。整个农场由委员会统一管理，通过游

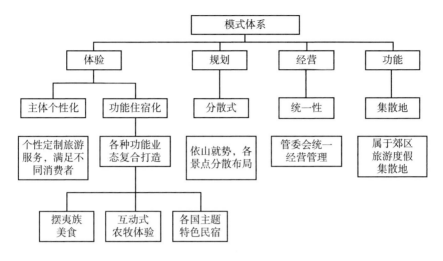

图1 清境农场的功能模式

客服务中心和游客休闲中心统一对外服务，各个景点单独收费。

清境农场成功经验在于：①依托先天山地草场资源，打造独特的城郊休闲农场风光，而非传统景区大规模开发植入；②建立了完善的功能体系，依山就势，分散景点布局，通过交通串联景区各个节点，形成"线、点、面"彼此联动的内部格局；③将创意文化植入关联活动中，少数民族文化的植入、融入各种主题活动，成为大众游客的核心吸引力之一；④采用创新盈利模式，统一经营管理，核心设施全部自持运营，少量民宿和商业本地村民自营，有利于统一管理和服务的提升。

二 超大面积的"农业景观"模式

"农业景观"是一种重要的物质资源，在乡村社会经济发展和生态环境建设中起着重要的作用。从国内外对农业景观资源开发利用的历史和现实情况来看，对于农业景观资源利用主要有观光农业、休闲农业、生态农业和创意农业四大模式。超大面积的农业景观模式一般适合于具有超大面积的农田或视野开阔的丘陵地。

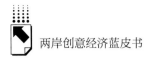

（一）农业景观模式的运营策略

那些以种植业（水稻、小麦、油料作物……）为主的农村，其缺点是种植品种单一，其优点则是面积大、广袤无垠，可以取其利而避其弊，在广袤的农田上，设计超乎人们想象的农业景观——在稻田上"做画"，让麦浪里"生景"，油菜花再不是单一的一片金黄而生成变化多样的美图。其结果是在以往平淡无奇的田野里形成大尺度的气势磅礴的立体画，其磅礴的气势会让人产生极强的视觉冲击力，不仅给那些生活在城市的游人带来不小的惊喜，还能缓解由城市的喧嚣、拥挤以及工作压力带给人们的烦恼及精神压抑。

在设计农业大景观时应注意：①总体要宏大且大中有小。大是总体，只有大才能形成震撼力。小是指局部，局部要精。有大有精才能使游客获得更多的感受。②画面要奇特。不可抄袭，不搞同质化，要自己独创。每一种农作物的生长季都有不同的风景，做到游客常来常新。③农业景观要高品位、讲艺术，要加入当地的文化元素。参观者要像欣赏艺术品一样不仅是观风景，而且获得美的享受，受到感染，获得启发。④地处平原地区，为了提高观赏效果，应在最佳观赏位置建一座适当高度的观景台。观景台本身就是一景，要精心规划设计，如台顶观景，底部建展览室、小卖部等。如有过夜住宿的游客，观景台就变成夜间的望星台。因为只有在农村的夜晚，才能看到天上的繁星、银河等。这种天文景观乡下人熟视无睹，而城里人却只能在书上学到而很难亲眼看到。

（二）浙江丽水青田小舟山"创意稻田"的经验借鉴

小舟山乡本是青田县的一个贫困乡，位于距青田县城26公里的海拔400米的山坡上。这里有一个很典型的自然景观——梯田。

从"种田地"到"卖风景"，数百亩的梯田先后被种上水稻，并配上富有创意的图案，让小舟山乡在酷热的夏日里也能绽放别样的风采，吸引游客前来观赏。为打破绿色水稻的单一色彩，突显图案层次，小舟山乡政府引进黄、绿、紫三种颜色的彩色稻进行培育，种植出 10 多个创意图形；同时还在田间穿插种植上千株向日葵，给原本普通的山乡稻田增添了一份俏皮的气息。

梯田变成画布，青田种出创意稻田。浙江省青田县小舟山乡有 500 多级 4000 余亩梯田，规模宏大，气势磅礴，是浙江南部保存最好的梯田之一。当地政府积极鼓励引导合作社和农户对梯田主景区的抛荒田地进行开荒、耕种，通过种植创意稻田画和穿插种植向日葵等方式，吸引越来越多的游客和摄影爱好者前来观光旅游，同时也引导农户转变农业发展思路，努力实现从"种田地"到"卖风景"的转变，通过传统农耕文化的开发，进一步带动乡村旅游发展。

三　以休闲度假为主的"田园农家乐"模式

以休闲度假为主的"田园农家乐"模式，俗称"农家乐"，是利用田园景观、自然生态及环境资源，结合农林渔牧生产、农业经营活动、农村文化及农家生活，以提供民众休闲、增进民众对农业及农村之生活体验为目的的农业经营。"农家乐"作为一种产业，兴起于 20 世纪 60 年代的西班牙、意大利、奥地利等地。当时的旅游大国西班牙把乡村的城堡进行装修改造成为饭店，用以留宿过往客人，这种饭店称为"帕莱多国营客栈"；同时，把大农场、庄园进行规划建设，提供徒步旅游、骑马、滑翔、登山、漂流、参加农事活动等项目，从而开创了世界乡村旅游的先河。随后，乡村旅游在美国、法国、波兰、日本等国家得到倡导和大发展。

我国的"田园农家乐"模式最初发源于四川成都，具体位置有都江堰市的青城山、郫县、温江等地。后来发展到整个成都平原、四川盆地，直至全国。真正以"农家乐"命名的乡村旅游始于 1987 年在休闲之都——成都郊区龙泉驿书房村举办的桃花节。这次桃花节把农事活动、乡村田园风光、乡土民俗文化、乡村民居和聚落文化与现代旅游度假、休闲娱乐结合，形成了一种全新的旅游形式。

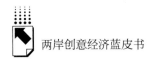

（一）"田园农家乐"模式的特点

"田园农家乐"模式是传统农业与旅游业相结合而产生的一种新兴项目，对促进农村旅游、调整产业结构、建设区域经济、加快农业市场化进程产生了良好的经济效益。该模式具有以下特点。

1. 多功能性

该模式从单一型的服务向综合型服务拓展，即不仅仅停留在观光、采摘服务上，还为游客提供吃住、娱乐、体验、农耕文化教育与展示等多方面服务。

2. 乡土性

乡土性是"田园农家乐"模式的最大特点，也是其持续发展的核心所在。各地农业生产条件和乡土民情的差别，决定了"田园农家乐"提供的休闲农业项目和活动内容具有差异性、独特性，特别是一些地区特有的农业文化具有不可复制性。

3. 季节性

"田园农家乐"模式尽管在运营过程中被赋予了其他一些要素，但是依然是以农业生产为主开展的项目。农作物的生产受自然因素影响与制约，这就决定了"田园农家乐"模式具有明显的季节性特征。

4. 综合效益

"田园农家乐"在提供农产品服务的同时，促进了信息交流，促进村民思想观念的转变，促进农业生态环境改善，强化农业的多功能开发，产生经济效益、生态效益、社会效益等综合效益。

（二）"田园农家乐"模式的运营策略

1. "公司＋农户"开发模式

这类具有旅游特色的农家乐，通过引进有经济实力和市场经营能力的企业，进行公共基础设施建设和环境改善，指导乡村居民开发住宿、餐饮接待设施，组织村民开展民族风情、文化旅游活动，形成具有浓郁特色和吸引力的农家乐产品，吸引和招徕国内外旅游者。这种开发设计充分考虑了农户利益，在社区全方位的参与中带动了乡村经济的发展。在参与式农家乐的开发中，这种开发还可演化成"公司＋社区＋农户"开发，即公司先与当地社区（如村委会）进行合作，通过村委会组织农户参与农家乐，公司一般不与农户直接合作，但农户接待服务、参与旅游开发则要经过公司的专业培训，公司同时制定相关规定，以规范农户的行为，保证接待服务水平，保障公司、农户和游客的利益。

2. "政府＋公司＋农村旅游协会＋旅行社"开发模式

这类农家乐开发发挥旅游产业链中各环节的优势，通过合理分享利益又各司其职，政府负责农家乐的规划和基础设施建设，优化发展环境；农家乐公司负责经营管理和商业运作；农民旅游协会负责组织村民参与地方戏的表演、导游、工艺品制作、提供住宿餐饮等，并负责维护和修缮各自的传统民居，协调公司与农民的利益；旅行社负责开拓市场，组织客源，避免乡村旅游开发过度商业化，保护本土文化，增强当地居民的自豪感，从而实现农家乐可持续发展。

3. "农户＋农户"开发模式

"农户＋农户"的农家乐开发是农民对企业介入乡村旅游开发有一定的顾虑，大多数农户不愿意把资金或土地交给公司来经营，他们更信任那些"示范户"。在"示范户"的带动下，农户们纷纷加入旅游接待的行列，这种开发通常投入较少，接待量有限，但乡村文化保留最真实，游客花费少还能体验到最真的本地习俗和文化，是最受欢迎的农家乐形式。但受管理水平和资金投入的影响，通常旅游的带动效应有限。

4. 股份制开发模式

在开发农家乐时，可采取国家、集体和农户个体合作，把旅游资源、特殊技术、劳动量转化成股本，收益按股分红与按劳分红相结合，进行股份合作制经营。通过土地、技术、劳动等形式参与乡村旅游的开发。企业通过公积金的积累完成扩大再生产和乡村生态保护与恢复，以及相应旅游设施的建设与维护。通过公益金的形式投入乡村的公益事业（如导游培训、旅行社经营和乡村旅游管理），以及维持社区居民参与机制的运行等。同时通过股

金分红支付股东的股利分配。通过"股份制"的乡村旅游开发，把社区居民的责权利有机结合起来，引导居民自觉参与他们赖以生存的生态资源的保护，从而保证农家乐的良性发展。

（三）广东顺德"长鹿休闲度假农庄"

长鹿休闲度假农庄也叫长鹿旅游休博园，2001 年由广东长鹿集团投资兴建，2014 年 11 月成为国家 5A 级旅游景区。该项目位于顺德伦教三洲，毗邻珠江干流，占地 40 万平方米，总投资 7.8 亿元，是一个以农家生活情趣、顺德水乡风情、岭南历史文化为特色，集吃、住、玩、赏、娱、购于一体的综合性景区，主要由"长鹿休闲度假村""农家乐主题公园""游乐主题公园""水世界主题公园""动物主题公园"等五大园区组成。该项目的成功对于"田园农家乐"模式运营有以下几个方面的启示。

1. 项目选址适宜

首先，在选址上要在保持郊野自然特色的同时还要兼顾周边城市旅游环境。建设郊野度假屋的区域要有良好的自然景观和优越的环境条件，能让客人呼吸到新鲜空气，享受宁静的环境，整个区域的建设要尽量保持原有的自然风貌，郊野度假屋的建设在体量上不宜大，数量上不宜多，要与整体环境融洽、协调；其次，选址上要注意项目交通便利，有大量旅游人口资源。

2. 项目定位准确

做以休闲度假为主的"田园农家乐"农业休闲项目，一定要以详细的市场调研为依据。现代城市居民收入相差很大，游客的旅游行为和消费行为相去甚远，建设之前要进行详细的市场细分和定位，以满足不同层次旅游度假要求。

3. 参与性原则

城市居民前往郊野休闲度假的主要目的是消除疲劳、调剂生活、恢复健康，"田园农家乐"农业休闲项目的建设除了最基本的住宿外，开发的农家乐、游乐、水世界、动物王国等娱乐项目都要注重参与性的原则，增加客户体验与互动，这是成功的关键。

影视演艺篇

Film and Television Entertainment

B.19
中国音乐与演艺产业发展报告（2017）

郑荔鲤*

摘　要： 截至 2017 年末，全国共有艺术表演团体 15752 个，比上年末增加 3451 个，从业人员 40.32 万人，增加 7.03 万人；全年全国艺术表演团体共演出 293.77 万场，比上年增长 27.4%，国内观众 12.49 亿人次，比上年增长 5.7%；全年全国艺术表演团体共组织政府采购公益演出 16.07 万场，观众 1.32 亿人次，分别比上年增长 12.9% 和 10.2%；全国共有艺术表演场馆 2455 个，比上年末增加 170 个；全国群众文化机构共有馆办文艺团体 8241 个，演出 15.82 万场，观众 8229 万人次。①2017 年，我国数字音乐市场规模达到 180 亿元，其中，数字

---

* 郑荔鲤，硕士，厦门理工学院文化产业与旅游学院教师，主要从事文化艺术产业研究。
① 《文化和旅游部公开发布 2017 年文化发展统计公报》，文化和旅游部官网，2018 年 5 月 31 日。

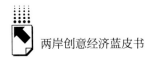
音乐产业占 75%，音乐演出产业占 22.5%，音乐图书出版占 1.2%，唱片产业占 0.8%。

关键词： 音乐产业 演艺产业 转型升级

音乐产业是文化产业的重要组成部分，数字音乐是音乐产业发展的主流核心。2017 年，中国音乐产业进入发展黄金期，市场回暖，音乐社交悄然兴起，用户付费习惯已经养成，流媒体成为推动行业发展的主要动力，数字音乐平台成为行业收入增长最重要来源。2018 年，新音乐产业元年在流媒体的带动下即将开启。2017 年，演艺行业经过 2014 年的恢复期、2015 年的稳定期和 2016 年的快速发展期后进入转型升级期。

一 2017年我国音乐产业的基本特征

2017 年音乐产业发展环境利好不断，行业市场快速转型升级。"版权二度之争""中国嘻哈音乐""音乐短视频""音乐区块链""跨界融合"成为 2017 年音乐产业发展关键词。这一年，整体行业快速发展，整体向好。2017 年我国音乐产业发展呈现以下主要特点。

（一）音乐版权之争二度爆发，竞争进入白热化状态

2015 年 7 月国家版权局出台《关于责令网络音乐服务商停止未经转授权传播音乐作品的通知》之后，各大音乐平台间的格局基本显现为由阿里、腾讯、网易构成的三足鼎立之势，QQ 音乐成为网民最喜欢的在线音乐 APP。2017 年，在中国主要在线音乐 APP 用户渗透率中，QQ 音乐渗透率最高，达 69.9%；其次为酷狗音乐，渗透率达 68%，酷我音乐位列第三，达 34.6%（见图 1）。

两年来，音乐版权市场仍存在诸多矛盾，版权之争在 2017 年再度集中

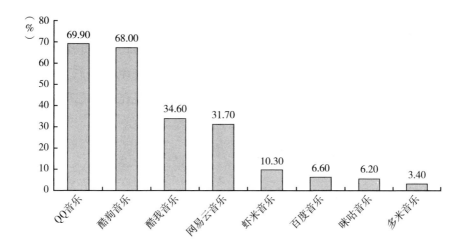

图1　2017 年中国主要在线音乐 APP 用户渗透率

资料来源：比达、中商产业数据研究院。

爆发。环球音乐集团（Universal Music Group）是一家以音乐为基础的世界著名娱乐集团，拥有全球最丰富的音乐唱片资源。腾讯音乐娱乐集团是中国数字音乐服务平台的领航者，核心业务主要有数字音乐 APP、音乐版权授权、在线 K 歌及其他相关衍生服务内容。2017 年 5 月 16 日，环球音乐集团和腾讯音乐娱乐集团双方签订中国大陆地区数字版权分销战略性合作协议，腾讯音乐娱乐集团成为环球音乐集团在中国大陆地区独家合作伙伴。双方将在曲库资源、全球知名歌手资源等方面进行合作，二者将携手进一步拓展中国音乐产业市场。此次独家合作也为 2017 年音乐版权之争的二度爆发埋下伏笔。

2017 年 8 月，网易云音乐未与腾讯音乐娱乐集团达成版权转授而被迫下架部分歌手作品。2017 年 9 月，拥有大量音乐版权资源的腾讯音乐娱乐集团宣布与阿里音乐集团达成版权转授权合作。双方共享的音乐版权资源有环球、索尼和华纳全球三大唱片公司以及滚石、寰亚、华研、LOEN 等优质音乐版权资源。

对于音乐版权之争的二度爆发，国家版权局也加大了相关监管。2017 年 9 月，国家版权局约谈了百度音乐、腾讯音乐、网易云音乐、阿里音乐、英皇娱乐、环球音乐、华纳音乐、索尼音乐、中国唱片总公司等 20 多家境内外音乐公司及平台主要负责人，提出"音乐版权应当遵循公平合理原则、符合市场规律和国际惯例，不得哄抬价格、恶性竞价，网络音乐服务商应避免采购独家版权，唱片公司应避免授予网络音乐服务商独家版权"的要求。国家版权局一系列的监管措施将有利于音乐作品的广泛传播，有利于维护数字音乐版权良好秩序并推动中国音乐产业繁荣健康发展。

（二）中国嘻哈音乐文化借力综艺节目异军突起

2017年6月，嘻哈音乐风暴自音乐综艺选秀节目《中国有嘻哈》开播以来迅速席卷整个中国，引领音乐潮流，成为音乐受众广泛关注的话题。PGONE、GAI、VAVA、小白、欧阳靖等《中国有嘻哈》的人气嘻哈歌手也一夜成为乐坛新宠。

《中国有嘻哈》引爆的嘻哈热为音乐产业的发展带来新的发展机遇。2017年全国涵盖各类型的嘻哈演出共计804场，除了北京、广州、上海、深圳和杭州已经成为嘻哈演出的重镇外，包括成都、西安、重庆、昆明、武汉和长沙在内的二、三线城市也十分活跃。仅仅在12月这一单月，全国的嘻哈演出就超过200场。截至2017年底，全国共有1625位Rapper登上舞台，较2016年8月上升了7%。[①]

毫无疑问，2017年是中国嘻哈元年。中国嘻哈音乐这一小众音乐文化是音乐发展与创作新形势下的产物，它的娱乐精神将不断地被更多的人所接受。2017年中国嘻哈音乐文化已经在音乐商业市场中生根发芽，在经历了短暂的火爆后，嘻哈音乐文化势必要在与主流音乐文化的不断碰撞中找到新的发展定位，2018年它将寻求更适合自身发展的土壤与机遇。在未来，音乐市场上也许还会呈现更多新形式的音乐文化。

（三）消费升级下的音乐产业跨界创意营销玩不停

2017年，各大数字音乐主流平台跨界创新营销不断。2017年3月，网

---

① 《2017中国音乐产业十大现象》，中国音乐财经网，2018年1月27日。

易云音乐和杭港地铁联合推出"乐评专列：看见音乐的力量"，这列布满乐评的地铁专列彰显着音乐的力量，引起广泛关注。同年 6 月，网易云音乐和扬子江航空联合推出"音乐专机"，为旅客带来一场别具一格的奇妙音乐之旅。同年 8 月，网易云音乐联合农夫山泉投放印有乐评包装的名为"乐瓶"的矿泉水，并植入 AR 体验技术，让消费用户迅速体验网易云音乐服务。网易云音乐的创新营销亮点在于对资源和渠道的完美整合应用，从听音乐、玩社交到乐评，不断引领行业创新营销。

腾讯音乐娱乐集团也在场景消费下的跨界营销上做了诸多新的尝试。2017 年 11 月，腾讯音乐娱乐集团与橙琨数乐园跨界联合打造的"乐光"创意音乐互动艺术展于上海开幕。通过本次跨界，"乐光"艺术展打破了音乐艺术传统的静态呈现方式，通过光、影、乐三位一体的场景化互动与完美融合，打通用户对音乐全感官独特体验，使音乐与用户零距离深度接触。11月，腾讯集团正式布局线下音乐娱乐，推出"全民 K 歌自助店"项目，致力于打造以唱歌为核心的综合娱乐消费休闲中心，为歌唱爱好者提供新的线下休闲娱乐生活方式。

在综合感官深入体验和场景互动消费不断升级的大背景下，各大音乐平台都在积极寻求以内容为基础的更多"音乐＋"的跨界整合营销，音乐产业和其他文化产业众多领域也有了更为紧密的联系。2018 年，"跨界整合"这个火热命题也将会有更多全新的定位和阐释。

（四）音乐短视频火力全开，进入增长爆发期

移动互联网时代赋予短视频新的创造力。艾瑞咨询于 2018 年 1 月发布的《2017 年中国短视频行业研究报告》显示，2017 年我国短视频市场规模达到 57.3 亿元，同比增长 183.9%；2017 年移动短视频用户规模已达到2.42 亿人，增长率为 58.2%。

音乐短视频出现于 PC 互联网时代初期，成熟于移动互联网时代。10 年前音乐短视频的代表"后舍男生"通过翻唱欧美流行乐曲引发广大网民关注。如今，音乐短视频一改过去繁杂的视频制作和播放推广模式，具有制作

门槛低、青春时尚、社交互动、传播快、娱乐休闲、参与感强、受众广泛、碎片化等特点，在短期内迅速吸粉，迎来发展风口。

2017年，各类音乐短视频异军突起，它的运用主要集中在数字音乐平台和专门的音乐短视频平台。2017年3月，网易云音乐宣布上线短视频产品。2017年9月，酷狗音乐宣布上线短视频功能。2017年11月，虾米音乐新增短视频频道；2018年初酷我音乐的短视频功能正式上线。短视频的社交属性增强了各大数字音乐平台的用户黏性。

2017年最火热的专门音乐短视频平台当属抖音APP。自2017年4月起，抖音短视频进入安装量的增长爆发期，7月安装量达到20.86万人（见图2）。极光大数据显示，抖音APP女性用户占78.5%，男性用户占21.5%。在年龄分布上，30岁以下用户占比最高，达85.9%。抖音APP用户以年轻女性为主。

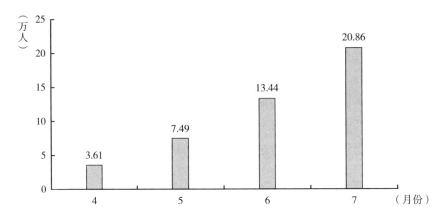

图2　2017年4~7月抖音APP安装量

资料来源：极大光数据APP监测平台。

（五）音乐教育仍在投资风口，资本助推行业发展

根据音乐财经统计数据，2016年共有17家音乐教育企业完成了融资，2017年共有11家音乐教育相关企业获得投资（见表1）。超过千万元投资

企业有乐斯教育、音乐笔记、麦德魔方和美悦钢琴 4 家。音乐教育行业仍旧是未来音乐产业热门的投资方向。

表 1　2017 年在线音乐教育平台融资事件

企业	融资时间	融资轮次	投资方	投资金额	领域
小音咖	2017 年 3 月	Pre－A	沪江投资	数百万元	O2O 音乐学习服务平台
小熊吉他	2017 年 5 月	天使轮	洪晟观通基金	数百万元	音乐教育机构
音熊音乐	2017 年 5 月	种子轮	华院数据	数百万元	手机音乐陪练应用
湃乐思教育	2017 年 6 月	天使轮	沪江投资	数百万元	在线艺考教育品牌
优贝甜	2017 年 7 月	天使轮	蓝象资本、ATA 教育、EEOA 翼鸥教育	180 万元	儿童音乐教育平台
乐斯教育	2017 年 8 月	天使轮	—	千万元级	音乐教育方案提供商
音乐而聚	2017 年 9 月	天使轮	Cocoon Birch Ventutr Capital	80 万美元	音乐教育平台
习音堂	2017 年 10 月	天使轮	险峰长青，蓝色光标	数百万元	在线音乐教育品牌
音乐笔记	2017 年 10 月	A	云启资本、蓝象资本	数千万元	钢琴智能陪练系统研发商
麦德魔方	2017 年 11 月	Pre－A	有成资本	1000 万美元	智能音乐教育服务商
美悦钢琴	2017 年 12 月	Pre－A	真格基金	1200 万元	在线钢琴培训品牌

资料来源：整理自中国音乐财经网。

二　2017年我国演艺产业的基本特征

2017 年，演艺行业经过 2014 年的恢复期、2015 年的稳定期和 2016 年的快速发展期后进入转型升级期。这一年，我国演艺相关政策利好不断，演艺惠民演出丰富多彩，文艺创作百家争鸣，演出行业在文化产业繁荣发展的大潮中呈现出跨界融合的蓬勃发展新态势。

（一）专业剧场总体稳健增长，话剧成为最受欢迎的演艺市场

2017 年 9 月，文化部艺术发展中心发布的报告显示，2017 年上半年专

业剧场演出总场次为 4.03 万场（含其他门类演出场次 0.07 万场），比 2016 年上半年增长 16.81%。其中，音乐门类场次达最高，为 1.01 万场。其次为儿童剧场次，达 0.9 万场。话剧居第三位，达 0.76 万场。舞蹈门类场次最低，仅 0.23 万场（见图 3）。2017 年上半年专业剧场票房总收入达 34.01 亿元（含其他门类演出票房 0.29 亿元），比 2016 年上半年增长 13.52%。其中，话剧票房最高，为 11.87 亿元。其次为音乐门类，达 6.25 亿元。儿童剧居第三位，达 4.77 亿元。舞蹈票房收入最低，达 3.41 亿元（见图 4）。

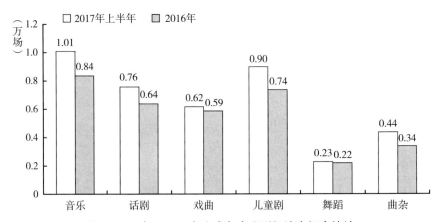

图 3　2016 年、2017 年上半年专业剧场演出场次统计

资料来源：整理自原文化部艺术发展中心。

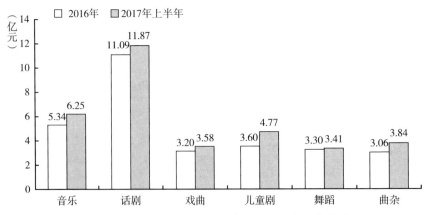

图 4　2016 年、2017 年上半年专业剧场演出票房统计

资料来源：整理自原文化部艺术发展中心。

（二）舞蹈市场基本与上年持平，原创作品大量涌现

2016 年舞蹈市场回暖，2017 年上半年舞蹈市场基本与同期持平，原创作品大量涌现，舞剧的现实题材成为创作的主要关注点。2017 年上半年舞蹈演出场次达 0.23 万场，较 2016 年增长 4.5%；舞蹈票房收入达 3.41 亿元，较 2016 年增长 3.3%。2017 年首次公开演出的票房十强新创舞蹈剧目有中央芭蕾舞团的《敦煌》、上海歌舞团的《红幕》、北京现代舞团的《十二生肖》等。2017 年小剧场舞蹈演出票房年度十强有北京现代舞团的《三更雨·愿》、上海儿童艺术剧场（引进）的《松树，精灵，还有我》、上海国际舞蹈中心（引进）的《如果墙能说话》等（见表 2）。2018 年 1 月，由文化部艺术发展中心发布的数据显示，在 2017 年舞剧创作中，原创作品有 41 部，占比最高，达 85%；改编作品 6 部，占 13%；移植作品 1 部，占 2%。在 2017 年舞剧创作题材中，现实题材创作作品有 17 部，占比最高，达 35%；历史题材创作作品有 14 部，占比第二，达 29%；革命历史题材创作作品有 10 部，占 21%，位列第三；其他题材创作作品有 7 部，占 15%。

表 2　2017 年舞蹈演出票房年度十强

序号	2017 年新创舞蹈演出票房年度十强	2017 年小剧场舞蹈演出票房年度十强
1	哈尔滨冰舞间国际娱乐制作中心《冰舞间》	加拿大 Bouge de la 剧团《26 个字母》
2	中央芭蕾舞团《敦煌》	广东省演出有限公司(引进)《白色摇篮曲》
3	上海歌舞团《红幕》	美国 BodyVox 舞团《城市草原》(Urban Meadow)
4	DramaKids 艺术剧团《胡桃夹子·奇妙糖果屋》	赵梁艺术工作室《幻茶谜经》
5	吉林省歌舞团有限责任公司《人·参》	D. LAB 舞蹈实验室《Mirage|无人之境》
6	北京现代舞团《十二生肖》	上海国际舞蹈中心(引进)《如果墙能说话》
7	苏州芭蕾舞团《唐寅》	北京现代舞团《三更雨·愿》
8	华宵一《一刻》	广州大剧院实验剧场(引进)《生命的奇迹》
9	上海歌剧院舞蹈团《早春二月》	上海儿童艺术剧场(引进)《松树,精灵,还有我》
10	中国东方歌舞团《中国故事十二生肖》	iPi 舞团《饕》

注：排名不分先后。
资料来源：整理自道略演艺产业研究中心。

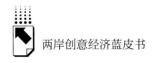

（三）儿童剧市场发展稳定，一线城市为消费主力城市

2017 年 6 月，大麦网发布的儿童剧行业数据报告显示，2017 年 5 月较 2016 年 5 月，儿童剧演出增长 10127 场次，儿童剧在专业剧场演出中票房收入占 15%；北京地区的儿童剧演出场次占比最高，达 38%，其次为上海地区，占 32%，成都居第三位，占 6%；上海地区的儿童剧消费占比最高，达 31%，北京居第二位，占 29%，杭州位列第三，占 11%（见表 3）；2016 年 5 月至 2017 年 5 月最受欢迎的儿童剧作品有"巧虎系列大型舞蹈剧""冰上迪士尼·奇幻之境"世界巡演等（见表 4）。

表 3　2017 年 5 月儿童剧主要演出城市和消费城市

单位：%

排行	主要演出城市及占比	主要消费城市及占比
1	北京,38	上海,31
2	上海,32	北京,29
3	成都,6	杭州,11
4	深圳,6	深圳,8
5	重庆,5	广州,5

资料来源：整理自大麦网。

表 4　2016 年 5 月至 2017 年 5 月最受喜爱的儿童剧 TOP 5

排行	儿童剧
1	"巧虎系列大型舞蹈剧"
2	"冰上迪士尼·奇幻之境"世界巡演
3	"海底小纵队"系列冒险儿童剧
4	《棉花糖和云朵妈妈》
5	《绿野仙踪之奥兹国大冒险》

资料来源：整理自大麦网。

（四）中国音乐剧市场井喷，行业呈现"爆炸式"增长态势

经历了 2016 年中国音乐剧市场的低迷，2017 年音乐剧市场迎来跨越式

发展。这一年，中国音乐剧市场的主要特征表现为国际化程度不断提高、中文原创音乐剧创作不断、国外原版音乐剧本土化等。2017年大剧场音乐剧演出票房十强入围作品有开心麻花的《西哈游记》、北京环球百老汇的《不能说的秘密》等；2017年小剧场音乐剧演出票房十强作品有小柯剧场的《千万留神》、上海话剧艺术中心的《你是我的孤独》等。北京和上海仍然是音乐剧市场的主力城市。

表5 2017年大剧场音乐剧演出票房十强入围作品

序号	音乐剧作品
1	《保镖》－北京保利剧院、上海新可风(引进)
2	《泽西男孩 Jersey Boys》－永乐文化(引进)
3	《不能说的秘密》－北京环球百老汇
4	《西哈游记》－开心麻花
5	《爷们儿》－开心麻花
6	《律政俏佳人》－罗盘文化(引进)
7	《修女也疯狂》－罗盘文化(引进)
8	《上海滩》－金典工场(上海)
9	《我,堂吉诃德》中文版－七幕人生
10	《狮子王》中文版－上海迪士尼戏剧制作集团
11	《疯狂花店》中文版－上海华人梦想
12	《变身怪医》中文版－上海华人希杰
13	《金牌制作人》－上海上实倪德伦、罗盘文化(引进)
14	《莫扎特》－上海文化广场(引进)
15	《西区故事》－上海文化广场(引进)
16	《人鬼情未了 Ghost—The Musical》－上海新可风(引进)
17	《魔法坏女巫》－深圳市聚橙网(引进)
18	《风云创意音乐剧》－天星风云(上海)
19	《酒干倘卖无》－真成音乐剧、东莞塘厦松雷音乐剧剧团、深圳市聚橙网、中视云投
20	《音乐之声》中文版－七幕人生、北京保利剧院

注：排名不分先后。
资料来源：整理自道略演艺产业研究中心。

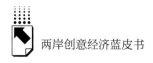

表6 2017年小剧场音乐剧演出票房十强

序号	音乐剧作品
1	《洗衣服》(中文版)－北京龙马社、北京保利演出
2	《空中花园谋杀案》－孟京辉戏剧工作室
3	《因味爱，所以爱》－缪时文化、麦戏聚
4	《谋杀歌谣》中文版－上海华人梦想、北京四海一家
5	《你是我的孤独》－上海话剧艺术中心
6	《你说我容易吗之万万不能》－小柯剧场
7	《千万留神》－小柯剧场
8	《稳稳的幸福》－小柯剧场
9	《因为爱情2》－小柯剧场
10	《高手》－至乐汇

注：排名不分先后。
资料来源：整理自道略演艺产业研究中心。

（五）原创剧目、经典剧目和国外引进剧目构成话剧市场主要格局

2017年是中国话剧诞生110周年，话剧市场主要由经典剧目、国外引进剧目和以现实题材为主的原创剧目组成。这一年国内开展的戏剧节和展演活动络绎不绝，中外戏剧演出交流频繁，观众培育成熟。2017年1月国家大剧院主办了"中国当代著名导演作品邀请展"和"青年导演作品邀请展"；3月中国国家话剧院主办了第三届中国原创话剧邀请展；9月文化部艺术司与北京市文化局主办了全国小剧场戏剧优秀剧目展演等。

三 我国音乐与演艺产业的发展趋势

（一）演艺与数字产业的跨界融合将成为行业未来新的增长点

近年来，数字产业发展成为关注焦点。2016年12月，国务院发布的《"十三五"国家战略性新兴产业发展规划》将数字产业列入十万亿元级战略性新兴产业之一。2017年4月，文化部出台《关于推动数字文化产业创新发展的指导意见》，鼓励数字文化产业发展，并提出大力推动演艺娱乐、文化旅游等文化产业的数字化转型升级。演艺产业与数字产业的融合将全面体现于演艺作品创作与传播、演出形式、运营模式、产业布局等领域。

2018 年 5 月，中国互联网新闻中心与国家京剧院战略合作签约仪式发布会在梅兰芳大剧院举行。发布会将数字科技与传统京剧演艺完美融合，通过数字全新技术演艺模式向世界传播传统京剧文化。

（二）沉浸式演出成为我国旅游演艺的主要发展趋势

中国最早的旅游演艺形式是观演被动式的"镜框"舞台传统演出。近年来，虚拟现实与增强现实技术、多通道交互技术、三维实境技术等现代科技元素与旅游演艺元素融合发展，为旅游演艺的舞台表演提供了无限创意的可能性。其在旅游产业有着无限的发展潜力，必将成为中国旅游演艺产业未来的发展方向。

旅游业对沉浸式旅游演艺的关注度也不断提高。2017 年 4 月，由仁怀政府和利亚德集团联合打造的沉浸式空间体验秀《天酿》首演，演艺现场以室内流动观影的模式使观众在多媒体现代科技创造的全方位视觉中沉浸式体验茅台酒文化。2018 年 1 月，《极乐敦煌》沉浸式演艺文旅项目正式启动；同年 3 月，九华山旅游集团首演沉浸式演出《做客九华·问禅》；大型旅游演艺企业宋城演艺也开始探索沉浸式演出。

（三）音乐产业的区块链开始萌芽

区块链在音乐产业领域仍处于萌芽阶段，尚未进入普适性应用。在音乐行业，区块链技术的先进性体现在信息和数据不可篡改和造假，同时利用去中心化的方式实现数据共享和分发。区块链的优势在于音乐产业的版权问题，区块链可以实现歌曲的点对点收听，将音乐版权加密存储在区块链。另外，音乐可由个人上传，可实现不经过中心服务器的直接点对点实现共享与分发。近年来，音乐版权的竞争进入白热化阶段，音乐行业在未来引入的区

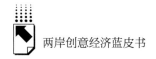

块链技术或将把音乐内容创作者的利益最大化并成为各大音乐平台的最大挑战。

（四）原创音乐作品及原创音乐人成为行业新的争夺板块

音乐产业的核心是音乐人创造的内容，优质内容的匮乏成为音乐行业存在的主要问题。2017 年，各大音乐平台频现扶持原创音乐方案及原创音乐人的项目，面向全国征集优质原创音乐作品，从资金投资、音乐制作、实体演出、音乐培训、宣传推广等全方位扶持原创音乐人，发掘优质原创音乐作品，鼓励原创音乐人积极生产优质音乐内容。

2016 年 11 月，网易云音乐推进"石头计划"；2017 年 4 月，微博推出音乐新人扶持项目"音乐红人计划"；2017 年 4 月，百度音乐推出"伴星计划"；2017 年 4 月，虾米启动"寻光计划"第二季；2017 年 6 月，陌陌推出"MOMO 音乐计划"；2018 年 4 月，腾讯音乐人正式推出"原力计划"项目。各大音乐平台纷纷发力，打响新一轮争夺战。

（五）粉丝经济成为未来数字音乐发展趋势

自国家版权局颁布"最严格的著作权令"以来，国内的版权环境得到了极大改善。随着人们精神文化生活的提升，消费者对音乐品质的要求日渐提升，音乐付费行为需要更强的内容及品质吸引力。粉丝经济助推音乐的传播和行业的发展，数字音乐也将在机遇与挑战中探索出新的发展方向。

2017 年 11 月，QQ 音乐独家预售李宇春数字新专辑《流行》，专辑上线售卖 6 天 10 小时 25 分，销售额突破 1000 万元，打破平台最快突破钻石唱片和双钻石唱片等级认证数字专辑纪录，同时也刷新了国内数字音乐专辑销售的全新纪录。

B.20

台湾流行音乐产业发展报告（2017）

戚务蒓[*]

摘　要： 2016年，台湾流行音乐产业总产值为178.81亿元新台币，比2015年成长11%。有声出版业营收约76.13亿元新台币，占2016年流行音乐产业总产值之42%，较2015年上升12.1%。其中，音乐演出与演艺经纪是有声出版业的重要收入来源，共占其营收的44.8%。而且，当实体音乐收入下滑至2016年的9.91亿元新台币，跌幅为6.2%，有声出版业者的数字音乐收入则持续上扬，至2016年达18.08亿元新台币，增长27.3%。

关键词： 台湾　流行音乐　产业发展

　　台湾流行音乐产业发展，主要由音乐现场演出而产生商业收益。因为流行音乐歌手大多与唱片公司签有合约，借由各种活动、场地、节庆、赞助场商的操作，而产生各类型的流行音乐现场演出。现场演出形态包含了演唱会、Live House，以及音乐节等。这类型的现场演出，也就成为流行音乐最佳的收益管道。在流行音乐产业转变的过程中，唱片公司也运用数字音乐的广泛的媒体营销能力，让歌迷在数字平台上与音乐紧密结合，透过网络、数字产品、媒体通路让音乐作品传播，也让歌迷产生购票聆听现场演出的热情。在这样的应用下，演唱会、Live House，以及

---

* 戚务蒓，博士，台湾世新大学广播电视电影学系助理教授兼流行音乐产业研究发展中心主任，主要研究方向为流行音乐研究及创作、数字音乐制作。

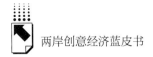
音乐节，就成为现在台湾流行音乐产业数字化与商业展演的最佳结合契机。

一　台湾流行音乐产业发展状况

台湾流行音乐产业近年来在亚洲地区不断的退步，原因是互联网、移动科技等数字化音乐的趋势，让传统流行音乐营销通路受到打击，原来的唱片产业营销架构开始改变。流行音乐的创作、展演、制作及企划人才上也面临断层问题，让台湾流行音乐产业面临产值与产量的危机，这也加快台湾唱片界的萎缩。不仅台湾，全球流行音乐产业都面临此问题，国际唱片业协会（以下简称 IFPI）[①] 在 2016 年全球音乐报告中指出，数字音乐的收益首次超过实体音乐的收益。

台湾流行音乐产业在数字化后面临另一个挑战，也就是随着实体音乐产品收入急遽下滑，流行音乐产业营收主要来自音乐版权与现场演出的同时，流行音乐产业链开始加入数字音乐直播平台。这些也都让流行音乐与阅听人及媒体之间的关系有所改变。

根据台湾文化主管部门影视及流行音乐产业局 2016 年产业调查报告，2016 年流行音乐产业总产值为 178.81 亿元新台币，比 2015 年成长 11%。从有声出版业来看，营收约 76.13 亿元新台币，占 2016 年流行音乐产业总产值的 42%，较 2015 年上升 12.1%（见表 1）。其中，音乐演出与演艺经纪是有声出版业的重要收入来源，共占其营收的 44.8%。而且，当实体音乐收入下滑至 2016 年的 9.91 亿元新台币，跌幅为 6.2%，有声出版业者的数字音乐收入则持续上扬，至 2016 年达 18.08 亿元新台币，成长 27.3%[②]。

---

① IFPI（2016c），Global Music Report：Music Consumption Exploding Worldwide，Retrieved from http：//www.ifpi.org/news/IFPI – GLOBAL – MUSIC – REPORT – 2016.
② 台湾文化主管部门影视及流行音乐产业局 2014～2016 年产业调查报告。

表1　台湾流行音乐产业产值情况

单位：亿元新台币，%

产业类别	2014 年		2015 年		2016 年		2016 年同比成长率
	产值	占比	产值	占比	产值	占比	
有声出版业	54.89	39	67.89	42	76.13	42	12.1
数字音乐业	22.61	16	27.58	17	31.81	18	15.3
音乐展演业	41.11	29	43.13	27	44.41	25	3.0
卡拉OK及伴唱带业	8.85	6	6.29	4	6.86	4	9.1
版权公司及集管单位	11.54	8	16.22	10	19.60	11	20.8
流行音乐通路业	2.76	2	—	—	—	—	—
合计	141.76	100	161.11	100	178.81	100	11.0

资料来源：台湾文化主管部门影视及流行音乐产业局2014～2016年产业调查报告。

随着全球环境改变以及科技的发展，整体唱片业界的衰退，对于台湾流行音乐产业也造成极大的冲击，这也开始引起学界对于音乐产业未来的关切，开始研究台湾流行音乐产业发生的问题与未来挑战。

二　台湾流行音乐产业的发展环境

台湾流行音乐产业在发展上面临极大挑战。台湾大型唱片公司最畅销的专辑平均只有30万张以下，流行音乐作品销售量超过1万张者也成少数。而根据财团法人台湾唱片出版事业基金会（以下简称"RIT"）2016年的"台湾唱片业发展现况"报告，台湾面临流行音乐领导地位不保、创作意愿降低、投资风险增加，以及大陆吸磁效应等四大问题。RIT指出，与1997年相较，2014年的台湾唱片世界排名从第13名下跌至第27名；亚洲排名也从仅次于日本的第2名滑落至第5名，位于日本、韩国、印度与中国大陆之后。[1]

以亚洲市场来说，台湾向来都在华语音乐中占有指针性的地位，特别

---

[1]　台湾文化主管部门影视及流行音乐产业局2014～2016年产业调查报告。

是流行音乐的部分，近年中国大陆崛起，但台湾的位置仍相当重要。1990年代初期，台湾流行音乐市场蓬勃发展，唱片销量与市场产值逐年攀升，音乐专辑的单月平均出片量可达40余张，年度累积发片数量近500张,[1]台湾流行音乐产业，在网络及数字化的发展以及侵权盗版的问题下遭受打击，销售量递减。唱片业界将这样的问题归咎盗版和非法下载，但若深究其真正衰退的原因，其实是全球流行音乐整体环境商业架构的改变尤其是数字化的影响才是产业所需要探讨的地方。

流行音乐可以为各地区娱乐产业带来庞大商机，是全世界文化产业中利益最大的一部分。流行音乐是一个多变并且不断进化的产业，在科学技术进步改变、影响音乐风格、产业结构、商业模式、产品样式等产业运作方向的同时，流行音乐产业正在形成一个多样化的产业形貌，流行音乐也持续引导创意产业进行数字化革命。2009年，数字端的收益第一次超过音乐产业全球收益的1/4，全球数字音乐市场有42亿美元之大，这比2008年成长了12%。在全球最大的音乐市场——美国，在线与行动端的收益已经超过总收益的40%。自从音乐公司授权超过1100万首歌至全球400多处合法音乐服务平台，消费者选择确实已经改变，今日的乐迷可以各种方式将音乐存取使用并付款，包括①从下载商店买音乐或专辑；②使用订阅服务；③使用绑着数字产品的音乐服务平台；④买行动加值听音乐；⑤免费听音乐透过串流服务。[2] 流行音乐数字化在娱乐市场的产值表现，也代表其产业竞争力与无可替代的地位，因为阅听人已经习惯了"音乐如影随形"的消费行为，音乐是运动、搭乘大众运输系统、开车等各种日常生活的随行品，各种现代科技行动载具的创造也让音乐变得随手可得。

在全球数字音乐的发展趋势下，台湾的数字音乐目前也有几个数字音乐厂商在赚取商业利润，而这些数字音乐的经营也填补了少许音乐公司产值。但是数字音乐经营还有扩大的空间。台湾数字音乐服务，以订阅收听服务的

---

[1] 李天铎：《跨国媒体与华语流行音乐的政治经济分析》，《当代》1998年第125期。

[2] 黄致颖：《数字趋势下流行音乐产业之现况与展望》，《台湾经济研究》2010年第33卷第8期。

市场为主，下载商店、数字产品结合音乐这两项是未开发的方向，从全球数字音乐看来，下载商店、数字产品结合音乐的商业营收才是较为丰富的商机。

在流行音乐产业数字化影响下，产业营收发展趋势将分为两个主要方向，数字音乐以及现场演出，将音乐版权与数字产品结合在一起贩卖，获得两者的收益。另外，与网站公司的合作将使网页阅览量成为广告收益拆账依据；额外的影音加值白金服务则提供了重度乐迷专属的 VIP 服务内容；这些都将使唱片公司的收益显著提升。[①]

在流行音乐产业数字化的同时，数字版权也是这个产业成长的主要问题，与流行音乐真正有关的法规是著作权。全球各个主要国家还是以面对数字音乐侵权问题为首要解决方向。流行音乐产业需要有力量的知识产权的保护政策。这样的保护政策将是支持台湾音乐创作者创作音乐的主要动力。因为它将保护音乐创作者所拥有的知识产权的利益。在流行音乐数字化与商业模式改变的过程，台湾更应当与流行音乐公司紧密结合，尤其在全球流行音乐市场，亚洲是著作权较未受到保护的区域，台湾流行音乐产业就更需要得到政策上的保障。

三　台湾流行音乐的产业特点

（一）流行音乐中心

2008 年台湾提出的"新十大建设计划"，希望藉由公共投资及前瞻性的规划，强化台湾国际竞争力，以确保亚洲第一、进军世界三强的地位。在计划之中影响流行音乐展演的是台湾文化建设委员会（以下简称"文建会"）所策划执行的"知识产业文化创意"当中的"国际艺术及流行音乐

---

① 黄致颖：《数字趋势下流行音乐产业之现况与展望》，《台湾经济研究》2010 年第 33 卷第 8 期。

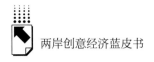
中心"计划。

文建会提出现阶段重大文化计划中有关"流行文化产业中心"的兴建，目的是提供大型的音乐展演场地及平台，鼓励台湾流行音乐创作，优化台湾流行音乐产业的环境，让台湾流行音乐产业能突破逐渐衰退的困境，确保流行音乐国际竞争力。从现在的流行音乐环境来看，在大型流行文化中心的硬件建设之余，更应回归音乐专业人才的培养。台湾流行音乐市场曾在1980年代蓬勃发展，一直以来扮演着华语市场的重要角色。但典选音乐负责人王方谷表示，随着数字浪潮的到来、音乐取得方便等，流行音乐产值从2000年的160亿元新台币大幅萎缩至目前1/10不到，其中人才不足是最大困境。[①] 只有在流行音乐人才培养的带动下，才能让音乐深入大众生活。而且，唯有不断在流行音乐新血的诞生下，让培养出新的音乐创作者可以在生机盎然的中小型音乐表演不断累积创意内容和观众群，才能供养大型流行音乐演出成长的土壤。[②]

而对于流行音乐中心计划提到"北中南各一座，增加演出空间25000个座位；全年提供660场次，吸引观众每年2052000人次；提供就业机会全职450个、兼职1575个；每年营运收入14.3亿元新台币；软件衍生产值达71.3亿元新台币"。这样的评估分析是以流行音乐产业发展的经济效益作为评估，在全年提供660场次以及提供全职就业450个机会，并无详细规划，对于吸引观众人数而言，也有可能无法达到预期效益，流行音乐中心对于未来流行音乐展演是有实质说明，但是还需要详细讨论相关内容，才能产生经济效应。

对于流行音乐中心的规划虽然说是要振兴音乐产业，但实际上对于音乐产业及人才培养到目前的协助其实是有限的，流行音乐中心就只是个建设方案，在文化上所产生的价值也是需要讨论的，期待在北中南设立流行音乐中

---

① 李雅竺：《台湾为何培养不出音乐人才？》，《远见》2015年。
② 文建会新台风，http://www.cca.gov.tw/leader/work/20.html；经建会曾在九十三年底发表新十大建设的效益分析摘要中经建会《新十大建设效益分析摘要》，2005，http://www.cepd.gov.tw/m1.aspx？sNo=0001562&key=&ex=1&ic=0000015&cd。

心之后，能够真正看到流行音乐振兴及流行音乐专业人才的培育养成，而不是沦为观光景点或是城市地标。

（二）演唱会

就全球流行音乐产业来看，虽然实体音乐销售营收下降，但来自"现场演出"与"音乐版权"的收入上升，产业也逐渐发展出以艺人为价值中心的演艺经纪。[①] PwC 数据显示（见图1），全球现场音乐演出的门票收入自 2014 年约 6006.99 亿元新台币，一路上扬，至 2016 年已达到 6285.52 亿元新台币；现场音乐赞助收入也同样上升，从 2014 年约 1715.69 亿元新台币，逐年上升，至 2016 年已达到 1766.85 亿元新台币。整体来看，2016 年全球现场音乐演出营收超过 8052 亿元新台币，且 PwC 预测全球现场音乐收入会持续上扬。现场音乐营收之所以上扬[②]认为至少有两个可能因素：第一，演唱会的平均票价上升；第二，有更多艺人举办演唱会，故场次增多（也以此弥补锐减的实体音乐收入）。不过，Wikström 也指出，全球目前除了两大跨国主办公司"理想国"（Live Nation Entertainment）与 AEG Live外，各国或地区现场音乐展演产业主要由各国或地区业者组成，非常分散。至于李瑞斌[③]指出，举办演唱会成为台湾流行音乐产业的"生存利基"，且台湾消费者逐渐养成听演唱会的兴趣，也成为演唱会的消费人口。图2 显示台湾 2014～2016 年，流行音乐展演业者包含"活动公司"与 Live House 的音乐演出票房收入。其中，2016 年"活动公司"演唱会门票收入推估为23.38 亿元新台币，高于 2014 年的 20.55 亿元新台币，但低于 2015 年的 26.2 亿元新台币；2016 年 Live House 的票房收入推估为 2.3 亿元新台币，同样略高于2014 年（2.25 亿元新台币），略低于 2015 年（2.4 亿元新台币）。

---

① Wikström, P., The Music Industry: Music in the Cloud (2nd ed.), Cambridge: Polity Press. 2013, p. 175.

② Wikström, P., The Music Industry: Music in the Cloud (2nd ed.), Cambridge: Polity Press. 2013, p. 167.

③ 李瑞斌：《2011 年有声出版业市场概况》，http://www.moc.gov.tw/images/Yearbook/100/c6/pdf。

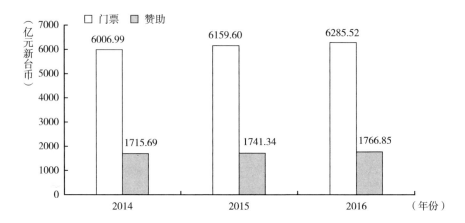

图1 2014～2016年全球现场音乐演出营收

资料来源：PwC。

图2 2014～2016年台湾音乐展演业者票房收入

资料来源：台湾文化主管部门影视及流行音乐产业局2014～2016年产业调查报告。

根据台湾文化主管部门统计，2012年仅台湾举办的演唱会就超过2500场，营收也达到40亿元新台币，到了2014年，全台举办2555场演唱会，以及15场音乐节活动，整体参与人数估计有205万人，流行音乐产业总营收估计有43亿元新台币。国外的《PwC全球娱乐与媒体展望2017～2021》报告书预测，从2017年起到2021年，台湾音乐现场演出商机，会以每年

15%的幅度继续成长①。

　　演唱会已经成为唱片公司及歌手的主要收入，超过六成业者（64 家，61%）表示 2016 年曾参与海内外音乐演出活动，比重远高于 2014 年与 2015 年，以参与音乐活动的业者比重来看，"音乐演出"都成为流行音乐唱片公司的重要营收来源之一（见表2）。

表 2　有声出版业者 2014～2016 年参与海内外音乐演出比重

单位：%

参与演出	2014 年	2015 年	2016 年
有	30. 34	30. 96	61
无	69. 66	69. 04	39
合计	100	100	100

资料来源：台湾文化主管部门影视及流行音乐产业局 2014～2016 年产业调查报告。

　　在演唱会的在线直播部分，首先，栾铭鸿、郭建民②探讨了演唱会的网络付费直播模式，他们对汪峰在国家体育场的演唱会进行研究，发现直播模式将会为演唱会市场注入活力，为新媒体与演唱会市场的互动联结出一条切实可行的路径，乐观看待以后观众不出门就能有高清晰度音乐表演体验的市场商机。方雅莹③针对 YouTube 与研究个案之在线直播演唱会服务应用特性，探讨台湾在线直播演唱会服务的发展现况，她发现科技创新让音乐产业朝多元化方向发展，使得在线直播演唱会具有发展的机会。其次，在线直播演唱会提供较契合产业需求的社群媒体互动及客制化机制，以利于产业正向发展。最后，未来在线直播演唱会可运用互动性、新技术、大数据分析、社群媒体与会员数据整合，创新产业发展。在演唱会的内容部分，陈慧珊以蔡依林的 Myself 演唱会为例，探讨演唱会内容的可能意涵，她发现 Myself 演唱会的演出，包含许多专门针对本次演唱会而精心

---

①　PwC（2017），PwC Global Entertainment and Media Outlook：2017 - 2021. Retrieved September 14, 2017, from http：//www. pwc. com/outlook.

②　栾铭鸿、郭建民：《演唱会的网络付费直播模式思考》，《音乐传播季刊》2015 年第 2 期。

③　方雅莹：《在线直播演唱会之应用研究》，台湾师范大学图文传播学系硕士论文，2016。

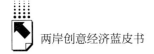
设计的创作部分，例如，部分歌曲重新编排，舞蹈改编与新创，从 MV 中应用的演出形式，服装的设计，舞台及灯光的设计等。她的结论是，演唱会不仅是一种重现歌曲曲目的节目，更类似一种全新的创作品。①②

过去十年，新科技让演唱会体验不断提高，演唱会随着不同艺人与主题，营造不同的气氛和环境，提供身临其境的声光效果，让观众能嘶吼呐喊，沉浸在感动氛围中。③ 歌迷从听音乐逐渐转变成看现场音乐展演。但是现场音乐展演活动越来越多崭新的表演模式，并带入新的科技手法，这时重点已经不仅仅是在音乐本身，而是演唱会的整体美学的展现。要成功将视觉与听觉完美呈现、让音乐与观众融合、不断将热情放入每一场演唱会中，是一件高难度的事情，因为演唱会过程烦琐，不论是售票、管控、节目排序等，还是歌手的安排，节目内容的设计，演出现场的舞台、灯光、音控、演唱会主题、企划与宣传、预算控制、各种相关管理、有关单位的合作，都需要分工仔细，每个环节都可能影响演唱会的成功，更会影响观众聆听参与演唱会的最终经验与感受。

（三）音乐节

台湾的音乐节与国外音乐节的发展有些差异，国外知名的音乐节，是一个地区的音乐文化发展所产生的当地音乐特色，例如，英国的 Glastonbury、Reading Festival，日本的 Fuji Rock、Summer Sonic 等，英国和日本的除了有特色的音乐节外，它们 Live House 的经营也相当成功，原因是音乐节将知名的乐团结合，藉由音乐节让它们一展音乐才华，而一些尚未有知名度的乐团及音乐创作者就在 Live House，慢慢累积磨炼展演实力与机会。然而台湾的独立音乐长期受到大型唱片公司的流行音乐市场压缩，发展不易，但是因为

---

① 陈慧珊：《蔡依林 "Myself" 演唱会研究》，台湾艺术大学戏剧学系表演艺术硕士班硕士论文，2013。

② 谢奇任：《流行音乐售票演唱会关键成功因素之研究》，台湾文化主管部门影视及流行音乐产业局 2014～2016 年产业调查报告，第 220 页。

③ 李明璁：《乐进未来：台湾流行音乐的十个关键课题》，台北：大块文化，2015。

春天呐喊、野台开唱、海洋音乐祭，以及台湾三大音乐节的举办，也让独立音乐乐团开始受到注意，尤其是海洋音乐节成功举办之后，独立音乐开始在音乐市场中崭露头角受到注目。

（四）Live House

2006 年出现 Live House 合法化运动，是首次将 Live House 的文化定位界定为"艺文展演空间"，使"在 Live House 听音乐"成为城市的音乐地标。例如，The Wall、河岸留言、Legacy 等展演空间。[①]

Live House 与音乐节都属于现场展演产业，在新科技及现场展演技术的提升，应当是可以相当活跃的，但是情况却非如此，一般而言，音乐节的展演露出远多过于 Live House 的表演，音乐节活动也较 Live House 知名，较多人关注。春天呐喊、野台开唱、海洋音乐祭，台湾三大音乐节，动辄有数万人甚至数十万人参与这三大音乐节，但是 Live House 却没有这样的盛况。这样的原因有以下几点值得参考。

第一，市场与场地太小，台湾目前 Live House 经营不易，部分原因在于现在新的艺人"不靠 Live House，靠网络影片宣传"，网络取代过去艺人在 Live House 宣传的管道。而且，适合在 Live House 表演的音乐形态有限，例如摇滚乐，创作型歌手在场地上比较合适。但是嘻哈音乐或 EDM 等较大型及特殊的表演因为场地的关系，可能不适合在 Live House 演出。

第二，乐团本身的经营与企划宣传，影响了乐团在 Live House 表演的观众人数，也影响了 Live House 的收益，有些乐团成长得很快，像苏打绿就是很经典的例子，他们 2007 年在 The Wall 连续两个月办了八场表演，场场爆满，算是创下了纪录；张悬则是另一个 Live House 的红牌，有表演也一定爆满。但是除此之外大部分的团成展都是缓慢的，Live House 所安排的表演，会满场的大多是已经经营一段时间的乐团，但目前这样的乐团或是音乐人很

---

① 简妙如：《台湾独立音乐的生产政治》，《思想》2013 年第 24 期。财团法人台湾唱片出版事业基金会：《台湾唱片业发展现况》，2016，取自 http：//www.ifpi.org.tw/record/activity/Taiwan_music_market2015.pdf。

有限，也不太可能常排表演，因为就算是迷，也不可能参加每次的表演，且如果这个乐团一样的东西表演太多场，也会让人觉得腻，所以有些乐团也是会控制其表演的次数。独立乐团是 Live House 重要的表演者，但独立乐团的表现的确也会影响 Live House 的观众，也就影响了收入，一方面 Live House 是许多乐团累积实力重要的地方，另一方面 Live House 也是必须要经营，要有收入，若无法维持的话也无法继续提供场地，所以乐团本身也需要检讨与努力，不然如果 Live House 支撑不下去，就又少了一个地方可以作为孕育独立音乐的摇篮了，没有乐团表演的 Live House 也就不是 Live House 了。①

---

① 杨璨羽：《音乐产业与文化政策：一个独立音乐视野的探讨》，2008。

B.21
中国电影产业发展报告（2017）

宋西顺*

摘　要： 2017年中国电影市场再度活跃，院线电影票房再创新高的同时，网络电影开始发力，电影服务和产业链收益也呈现增速势头。2017年国内电影总票房达到559.11亿元，增速比2016年大幅提高；国产影片的质量和数量同步提升，电影的品种与结构出现新变化，纪录、艺术与动画电影表现突出；国产大片电影成为票房亮点；影院建设走上市场化、产业化发展道路，保持加速态势，中国银幕数量保持世界第一，电影市场规模全球第二。展望未来，注重剧本、讲好中国故事，利用新技术提升制作品质，发现并适应观众的审美需求是挖掘电影市场潜力的主要途径，强化与"一带一路"沿线国家的电影合作，也会进一步拓展中国电影的视野与空间。

关键词： 电影产业　网络电影　影院建设

2017年，中国电影市场可谓峰回路转，柳暗花明，年度票房再创新高，电影产业渐趋成熟和理性，创作数量与质量同步提高。在经济发展保持新常态的背景下，2017年度电影票房增幅不是很高，但从国产大片、电影类型、观影人次、口碑评价和银幕数等数据看，2017年中国电影取得的进步还是

---

* 宋西顺，硕士，厦门理工学院文化产业与旅游学院副教授，主要研究方向为文化产业政策与法规。

明显的。根据电影局发布的数据,2017 年,全国电影年度总票房为 559.11 亿元,较 2016 年度增长 13.45%。从 2017 年整体电影市场看,国产故事影片数量有所增加,达到 772 部,国产电影票房占票房总额的 53.84%,为 301.04 亿元;在 92 部票房过亿元的影片中,国产电影占据半数,达到 51 部;城市院线观影大幅增长 18.08%,达到 16.2 亿人次。[①] 在全国银幕总数突破 5 万块的同时,国产电影票房再破纪录,《战狼 2》单片票房破 50 亿元。2017 年度,国产电影在海外市场影响扩大,票房收入达 42.53 亿元,较 2016 年增长 11.19%。[②]

一 我国电影产业的发展现状

2017 年电影产业进入新的快速发展时期,并且达到通过电影质量提升电影票房的驱动力优化预期目标。电影市场呈现先抑后扬的态势:上半年人们的观影热情趋冷,观影人次增长乏力,下半年随着《战狼 2》《羞羞的铁拳》《芳华》的热映,观影人数剧增,电影市场热度提升。

(一)电影票房规模总量保持上升势头

中国电影从 2011 年到 2015 年保持 30% ~40% 高速增长幅度,2016 年的票房为 492 亿元,上升短暂趋缓,2017 年票房再度上扬,规模达到 559.11 亿元,站上历史高点。

从 2017 年全球电影市场的数据看,中国电影市场总量稳居世界第二,增速继续领先。2017 年,中国电影总票房超 559 亿元,同比增长了 13.45%;全球票房虽然创下 399 亿美元历史新高,但增速不高,票房较 2016 年上升了 3%;2017 年中国城市院线观影人次达 16.2 亿,增长 18.08%[③]。2017 年北美市场 111.2 亿美元的总票房较 2016 年 114 亿美元的

[①] 《2017 年中国电影票房 559 亿元 同比增长 13%》,光明网,2018 年 1 月 2 日。
[②] 《中国电影要超车 2018 年是第一个弯道》,中国经济网,2018 年 1 月 3 日。
[③] 《2017 年中国电影票房 559 亿元 同比增长 13%》,光明网,2018 年 1 月 2 日。

总票房下滑了 2.4%。^①北美地区的观影人次也同步下降。与全球电影市场发展相对比，中国电影产业发展的空间巨大。

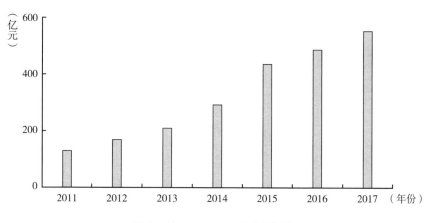

图 1　2011～2017 年度电影票房

（二）国产电影影响力大幅提升

2017 年，国产电影的构成变化不大，主要包括故事片、动画、科教和纪录电影，分别有 798 部、32 部、68 部和 44 部，总计为 970 部^②。2016 年也主要是故事片、动画、科教和纪录影片，分别有 772 部、49 部、67 部和 32 部，另有特种电影 24 部，总计是 944 部。相比 2016 年，2017 年电影生产的故事片和总量略有上升，分别增长了 3.36% 和 2.75%。

2017 年，国产电影影响力提升较快，一是国产电影票房在全国电影总票房中占比较大，在 2017 年 559.11 亿元总票房中，进口电影的统计票房为 258.07 亿元，国产电影的统计票房为 301.04 亿元，国产电影的票房占比为 53.84%。二是国产单片电影票房创 56 亿元纪录，超越好莱坞为代表的单片电影，尽显本土电影市场的主场优势。三是国产电影占 92 部年度过亿元片数的半壁江山，达到 55.43%。四是城市院线观众量增长 11.19%，达 16.2

① 《2017 年北美电影票房下滑　总收入达 111.2 亿美元》，中国经济网，2018 年 1 月 4 日。
② 《中国成全球电影市场增长主引擎〈战狼 2〉全球票房第六位》，中国经济网，2018 年 1 月 2 日。

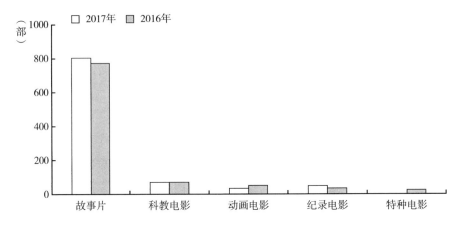

图 2　2016～2017 年国产电影产量变化

亿人次。① 五是国产电影海外销售同比增长 11.19%。② 2017 年总票房排名前十的影片豆瓣均分为 6.04 分，相比于 2016 年的 5.87 分，整体上有所进步。位于票房首位的《战狼 2》，以 7.2 分的豆瓣评分高于 2016 年票房冠军《美人鱼》的 6.9 分，获得票房和口碑双丰收。③

（三）大片大票房现象突出

大片大票房现象在 2017 年更加突出，本年度过亿元影片有 92 部，其中国产电影 51 部；过 10 亿元影片有 15 部，同比 2016 年的 9 部 10 亿元大片增长近七成，国产影片占据其中的 6 席。年度前十位的电影综合票房高达 190.88 亿元，约占总票房的 34.14%。其中，《战狼 2》单片票房就高达 56.82 亿元。《羞羞的铁拳》获 22 亿元票房，《西游伏妖篇》、《功夫瑜伽》、《芳华》和《乘风破浪》的票房也都过了 10 亿元。④ 在中国电影票房排名

---

① 《中国成全球电影市场增长主引擎〈战狼 2〉全球票房第六位》，中国经济网，2018 年 1月 2 日。
② 《中国成全球电影市场增长主引擎〈战狼 2〉全球票房第六位》，中国经济网，2018 年 1月 2 日。
③ 《中国影视产业发展报告（2018）：电影市场呈现先抑后扬态势》，中国经济网，2018 年 4月 18 日。
④ 《票房与口碑成正比　2017 中国电影成绩喜人》，中国经济网，2018 年 1 月 5 日。

TOP10 中，国产影片占了 5 部，美国好莱坞大片占了 4 部，《战狼 2》排名第一，《速度与激情 8》以 26.7 亿元排名年度票房榜第二，印度电影《摔跤吧！爸爸》以 12.9 亿元票房排在第七位。[①] 春秋时代、北京文化、开心麻花三家公司出品《战狼 2》《羞羞的铁拳》等 8 部影片，共计取得 99.79 亿元票房，收益引人注目。

（四）电影类型多样，风格百花齐放

2017 年的电影市场可谓热闹非凡，国产片、进口片、合拍片鼎立格局依旧，但结构有变。战争、悬疑、动作、奇幻、喜剧、动画、科幻，不同类型的影片争相"上市"，故事片、动画电影、科教电影、纪录电影和特种电影百花齐放。主旋律电影类型化方面成果初现，《嘉年华》《相亲相爱》是现实题材，战争片《战狼 2》用中国的人物、故事、精神力量和航母、导弹等军事文化形象符号，把军事题材电影的魅力发挥到前所未有的地步。奇幻电影《西游伏妖篇》《妖猫传》《三生三世十里桃花》，喜剧电影《羞羞的铁拳》《妖铃铃》，爱情电影《二代妖精》等风格多样。艺术片《冈仁波齐》《七十七天》的票房均过亿元，在票房与口碑上同时取得佳绩；《二十二》的豆瓣评分为 8.8 分，票房达到 1.7 亿元，破纪录片票房纪录。武侠电影《绣春刀 II：修罗战场》既有传统武侠片的视觉呈现，又有当代人文精神的价值内涵。动画片《大护法》总票房收入 8760 万元，在《大圣归来》《大鱼海棠》后，继续推动动画市场的繁荣。国产电影在市场上的类型多样化形态的探索，显示出国产影片的可喜进步。

（五）影院建设热度不减

随着电影产量、观影人次和票房收益的增加，2017 年的影院建设继续升温。

[①] 《中国成全球电影市场增长主引擎〈战狼 2〉全球票房第六位》，中国经济网，2018 年 1月 2 日。

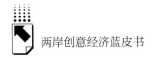

从 2014 年开始，中国电影银幕增速加快，2014 年是 23600 块，比 2013 年增加 30%；2015 年全国新增银幕 8035 块，银幕总数达 31627 块，比 2014 年增加 34%。2016 年全国新增银幕 9552 块，银幕总数达 41179 块，同比增加 30.2%。2017 年，全国共有 9370 家电影院，银幕总数 50776 块。仅 2017 年一年新增影院就达到 1519 家；新增银幕 9597 块，增速世界第一。①

院线、影院和银幕数的扩增从一、二线城市向三、四线城市下沉辐射，为观众的观影人次快速增长提供了坚实的硬件基础，年度城市院线观影人次和人均观影次数都达到新高。放映环境和技术大幅改善，全国共有 IMAX 影院 158 家，IMAX 银幕 384 块，中国巨幕银幕总数 185 块，全国超过 140 个城市中 288 家中国巨幕影厅投入市场运营；激光放映全面铺开。中国大陆有两家可放映 120 帧/3D/4K 影像的电影院，占全世界同类影院的 2/5。高新银幕与技术的配置，大幅提升了观影感受，也是提升观影率的一个有效途径。

二 电影产业发展的特点

2017 年的电影产业亮点突出，电影市场规模扩大，主题化、艺术化和网络化的特色十分鲜明。

（一）口碑推动电影票房

2017 年中国电影市场的一大变化，就是从盲目地追求大片向注重内容品质回归。观众对电影艺术水准和制作水平的要求越来越高，电影口碑逐渐成为票房大战的核心。纪录片《冈仁波齐》中朝圣者虔诚的信仰打动了众多观众，影片以过硬的素质赢得市场。印度电影《摔跤吧！爸爸》，以励志口碑实获近 13 亿元的票房，创造印度电影在中国市场票房纪录。《寻梦环

---

① 《中国电影登世界电影票房榜　这只是一个开始》，中国经济网，2018 年 1 月 4 日。

游记》对亲情的深情阐发刷新了我们对动画片的认知。《敦刻尔克》《看不见的客人》《海边的曼彻斯特》《爱乐之城》都找到了各自的观众，获得一定的票房。

（二）影视企业业绩波动较大

2017 年度电影总票房迈向新台阶，影视业内却苦乐不均，电影企业业绩、市值呈现较大波动。截至 2017 年 12 月 22 日，华谊兄弟、中国电影和上海电影深幅下跌，跌幅在 21%~52% 之间，上市公司的电影与娱乐板块的总市值较 2016 年电影与娱乐板块的总市值下跌 20.08%。2017 年的传媒板块估值基本上接近于 2011 年和 2012 年的状态。排名前五的电影企业万达电影、文投控股、光线传媒、中国电影和华谊兄弟的净利润也涨跌不同。据三季度公布的数据，万达电影净利润增长 10.03%，中国电影净利润增长 3.12%；光线传媒净利润增长 10.2%；华谊兄弟净利润下滑 9.4%；文投控股净利润增长 5.29%。①

（三）电影档期成为催生票房的窗口

春节、五一、暑期、国庆等节假日越来越成为开发电影市场的票房窗口档期，较多观影人群与集中消费的叠加，容易激发口碑，形成观影高潮，使影片获得更高的票房成绩。春节、暑期和国庆档期的票房就占年度总票房40% 左右。2017 年春节档 2 月的票房就达 61.8 亿元，国产片《功夫瑜伽》、《西游伏妖篇》《乘风破浪》都在 2 月上映。五一档期电影的亮点是《喜欢你》《记忆大师》《拆弹专家》《春娇救志明》。《建军大业》《绝世高手》《悟空传》在暑期档陆续上映，凭借《战狼 2》《绣春刀 2》《杀破狼·贪狼》等大片的登场，暑期档最终票房以 163.35 亿元完美收官。其后，国庆档的《芳华》、贺岁档的《妖猫传》《红海行动》等国产片与《蜘蛛侠：英

---

① 《2017 年电影行业重塑　华谊兄弟市值遭 4 家公司反超》，中国经济网，2017 年 12 月26 日。

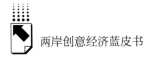
雄归来》《雷神3》《正义联盟》等诸多进口大片共同发力，推动2017年全年票房突破550亿元大关，再上新台阶。[①]

（四）票务平台深度参与电影制作和互联网宣发

猫眼与淘票票的竞争从抢占用户市场份额升级到发行市场的争夺。据统计，猫眼主控发行2部电影、合作发行7部电影，微影主控发行3部电影、合作发行6部电影，淘票票主控发行1部电影、合作发行9部电影。淘票票、猫眼和微影分别占有30.94%、29.72%和21.84%的市场份额。[②]

（五）网络电影竞争加剧

网络电影市场投资规模大幅增加。2017年网络电影市场投资规模达到35亿元，维持75%的高速增长，单片制作成本在100万~300万元的影片占比上升至45%，投资成本在500万元左右的作品大量增加，网络电影逐渐走向高质量、精品化的阶段，改变传统观影习惯，分流电影青年观众，银幕电影与网络电影市场竞争更趋激烈，推动着网络电影的产品提质与市场升级。

三　电影产业发展面临的问题

（一）电影质量亟须提升

《战狼2》《建军大业》《十八洞村》等电影的成功显示电影产业的阶段性提升，观众多元化需求与高标准要求，推动电影生产、制作向注重电影内容、打造电影精品方向迈进。但从整体看，反映工业、农村、少数民族和少儿等题材的电影数量不足，内涵深厚、品质一流的电影稀缺的局面亟待突破。

---

① 《国庆档票房首次突破20亿大关　成龙老当益壮》，光明网，2017年10月9日。
② 《2017年电影行业重塑　华谊兄弟市值遭4家公司反超》，中国经济网，2017年12月26日。

（二）电影衍生品开发亟须加强

好莱坞式美国电影产业总收益中仅有 20% 来自观影收入，80% 来自衍生品开发。影片版权、影片内容、原声音乐和电影授权开发的游戏、玩具、文具、日常用品和主题公园等的商业价值十分丰富。我国现阶段电影收入构成则有很大不同，电影总体收入的 80% 是电影的票房，电影版权收入大约占商业价值的 6%。加大电影衍生品开发是电影产业发展的必由之路。

（三）网络大电影亟须互动

以移动互联、移动终端构成的消费平台和消费模式成为 2017 年的新态势，网络剧成为平行于银幕电影的另一种观影方式。受政策法规、社会文化、经济发展和信息技术等因素的影响，互联网电影市场规模继续增长。网络大电影制作、电影宣发、电影放映和盈利模式构成的产业链也逐步形成泛娱乐业态的重要价值板块。网络大电影与院线电影的竞争态势初步显现。2017 年全网共上映网络电影 1892 部，电影风格与题材丰富，网络电影市场正在走向正规化与专业化，吸引着越来越多的影视企业入局。

（四）电影市场结构亟须调整

据统计，2017 年度电影生产数量增长 2.75%，电影上映数量却下降 2.12%，仅占电影生产总量的 37.94%，电影市场产能过剩现象突出。国产电影面临进口电影的挤压，市场竞争环境更为严峻。2017 年共引进国外影片 109 部，有 13 部电影占据票房的前 20 位置，而国产影片仅占前 20 里 7 席。电影粗放式增长、投入产出比低和"档期依赖"现象严重。占全年总产量六成的小成本电影，难以进入院线放映且票房惨淡，《战狼 2》和《羞羞的铁拳》等国产大片虽占据了总票房收入的八成，但电影繁荣表象背后隐藏的危机值得重视。

（五）影院扩张动力亟须转换

自 2014 年起，中国电影银幕年均增加 30%，银幕数在 2016 年已经居全球第一。3D 银幕、IMAX 银幕和激光放映全面铺开，大幅提升了观影视觉感受。但制片业和放映业的发展速度未能实现电影产业良性发展动态平衡。2015 年单张银幕产出 139.34 万元，2016 年中国电影市场单张银幕贡献的产出仅为 111 万元，同比大幅降低 28 万元，降幅为 20%。2017 年中国电影市场单张银幕贡献的产出约为 90.8 万元，同比大幅降低 20.2 万元，降幅约为 18.2%。2017 年的院线票房集中度下滑，大型院线的市场份额也出现同步下滑。影院同质化经营问题严重，经营压力逐渐加大，全国 75% 的影院票房收入低于全国平均水平。

四　电影产业的发展趋势

中国电影在 2017 年进步较大，电影产品质量取得进步，市场走向成熟，出现难得的发展机遇。随着《电影产业促进法》的贯彻实施，电影作品质量、观影环境、服务水平的进步和观众观影体验的提升，票房表现会更加优异，中国电影产业的前景可期。

（一）主流价值赢得主流市场

《战狼 2》以 56.8242 亿元票房刷新中国电影票房纪录，主流价值赢得主流市场，其经验值得总结和发扬。打造剧本、讲好故事，把中国的历史文化与流行文化的多样性相结合，优秀的主流电影一样可以满足观众的精神文化需求，激发中国电影市场巨大的发展潜力。

（二）新技术催生中国电影的新业态

电影行业瞄准世界科技发展前沿，推动电影科技创新，不断促进电影产业的进步和变革。大数据、云计算、VR、AR 等技术进步，为影视行业发展提供了越来越多的可能，虚拟现实与增强现实的结合会彻底改变电影创作生产的方式和效率，以网络化、数字化、信息化为核心的新形态与新模式成为影视行业实现跨越式发展的关键点和突破口。互联网点播影院，将作为二级市场的补充渠道，为院线电影的发行提供更多途径。积极利用移动互联技术深度开发电影及衍生品市场，开拓新的产业业态，全方面拓展中国电影的营销渠道和盈利空间。

（三）电影成为泛娱乐生态体系的新板块

影视 IP 产业正渐趋成熟，IP 生态系统正向更加开放、协同的方向发展。《复仇者联盟》《银河护卫队》《X 战警》《速度与激情》系列和《西游》系列，乃至于《战狼》和《红海行动》等电影作品，都已经或正在构建成影视 IP，深度升级内容开发。从 IP 源头着手，多态联动，形成包含文学、网剧、电影、电视、院线、游戏、动漫等在内的内容支撑体系，通过衍生品和多次版权开发，以全方位的产业矩阵赋予整个产业链生命力与创造力，凸显影视 IP 在泛娱乐体系中的价值。

（四）"一带一路"开拓电影新市场

随着越来越多的国家积极加入"一带一路"沿线国家投资、贸易的行列，越来越多的国内影视公司更加开放包容，借鉴国际比较成熟的电影发展经验，不断开创国际合作的新路径和新模式，创作生产世界级电影作品，不断加快"走出去"步伐，积极参与国际竞争，为中国电影开辟海外市场。中美、中欧、中俄、中印、中阿等正在达成双边与多边战略合作，在电影创作和电影市场的深度融合中取得新发展。

（五）电影引领城市消费新模式

居民消费升级与消费品质的提升推动文化消费的提升。电影需要从观赏性、思想性和传播性三个维度，为不同类型、不同定位的受众提供优质作品；也要从观影端反思院线建设，促使电影与生活场景的融合与渗透，进行电影放映、广告传媒、商品销售等的整合，打造集观影、购物、餐饮、休闲于一体的城市消费新天地，引领城市文化生活新风尚，形成新的生活方式和生活习惯。

B.22
影视剧的题材选择与市场境遇

杨晓华*

摘　要： 目前，我国影视剧创作数量多但市场表现却呈现明显两极分
化。市场竞争背后的逻辑，究其根本是题材选择与市场境遇
问题。分析当下热播影视剧的题材选择，基本上是以《战狼
2》为代表的娱乐与主旋律完美结合的文化自信题材、以
《人民的名义》为代表的叫好又叫座的现实反腐题材、以
《大国外交》等为代表的"记录世界本来样子"的生活题材、
以《我的前半生》为代表的与时俱进的主流价值观题材。当
下，我国影视剧创作要走出市场困境，突破优秀影视剧创作
人才缺乏、影视剧内容严重"注水"、缺少传统文化与价值
传承等瓶颈，应注重专业影视创作人才的培养，更要本着
"内容为王"的宗旨，在作品内容上下功夫。

关键词： 影视剧创作　题材选择　市场困境

　　2017 年，我国共生产各种类型电影 970 部，只有 376 部上映，上映率
仅为 38.8%。全年国产电影共实现票房 301 亿元，其中《战狼2》《羞羞的
铁拳》《功夫瑜伽》《西游伏妖篇》等四部电影票房加起来差不多占据国产
电影票房的 40%。全年上映国产电影中有 240 部票房不足 1000 万元，占比
达到 63.8%，有的电影票房甚至只有几百元，如《故乡面参花精》票房收

* 杨晓华，厦门理工学院文化产业与旅游学院教师，主要研究方向为创意产业。

入 169 元，《嘻哈英雄》票房总收入 255 元等。2017 年，我国剧集市场的整体表现十分抢眼。包括网剧在内，全年剧集市场共有 500 多部作品播出，其中影视剧产量 300 部左右，总集数超过 1.5 万集，但能播出的也不超过 8000 集，按每集 100 万元制作成本计算，无法播出的剧集成本也有几十亿元。我国影视剧创作数量不断攀升，而市场则是一家欢乐多家愁。市场竞争背后的逻辑，究其根本是题材选择与市场境遇问题。

一　当下热播影视剧的题材选择策略

影视题材的分类没有明确的标准，粗略可以划分为现代题材、历史题材和玄幻题材等，其中现代题材根据不同划分方法又可以细分为多种，常见的有青春校园、家庭伦理、职场竞争、爱情、战争、刑侦、军旅等。2017 年我国影视作品题材在选择上更加多样化，尽管不同题材都可能取得市场成功，但是切合观众口味的题材显然胜率更高。

（一）娱乐与主旋律完美结合的文化自信题材

党的十八大以来，习近平主席曾在多个场合提到文化自信，提出我们要"增强文化自信和价值观自信"。2016 年 5 月和 6 月，习近平总书记又连续两次指出，"我们要坚定中国特色社会主义道路自信、理论自信、制度自信，说到底是要坚持文化自信"。文化自信说到底是建立在国家强大的基础上的。我国改革开放 40 年，在政治、经济、军事、科技、体育等领域均取得傲人的成绩：政治上抗战胜利 70 周年阅兵、G20 杭州峰会、厦门金砖国家会议、主导设立亚洲基础设施投资银行等引人瞩目；经济上我国已稳坐世界第二大经济体的宝座，外汇储备世界第一，高铁网络、电子商务、移动支付、共享经济等引领世界潮流……我国在各领域排除千难万险取得的成就令国人自豪，"请记住，在你背后有一个强大的祖国"已成为国人共识。正是在这样的外在环境和个人情怀背景下，《战狼 2》作为一部主旋律电影，又和我们印象中"说教大于故事"的传统主旋律电影不一样，用大众都喜闻乐见的方式讲好了一个爱国主义故事。它具有娱乐大片的所有元素，但因为采取了中国海外撤侨这个现实主义的题材，使故事变得真实可信。它所传递的主流价值观融合在完整的故事情节中。当电影中反派头目对中国队长说"像你们这样的弱势民族就该被毁灭"时，得到"那是以前"的坚定回击是那么的自然而然，这种自信来自祖国的强大，观众的热血沸腾同样来自对祖国日益强大的高度认同。2018年春节档《红海行动》同样是一部主旋律电影，在既没有宣传也不符合春节合家欢电影类型的情况下，凭口碑一路逆袭，最后实现35.6亿元票房，成为内地影史票房亚军，与《战狼2》包揽了内地影史票房前两名，让主旋律军事题材成为中国最卖座的电影类型。部分影院出现看完《战狼2》和《红海行动》后观众集体鼓掌现象，这是极罕见的情况，正如有的观众观后感言："真为祖国的大国风范和担当而骄傲，为中国文化焕发如此强大生命力而自豪！"

（二）叫好又叫座的现实反腐题材

2017年剧集市场的爆款非《人民的名义》莫属。这是一部反腐题材的电视剧，在此之前反腐题材剧在我国禁播有13年之久。《人民的名义》开拍前也因前途未卜而遭到投资商临时撤资，所有人包括导演和主创人员对这部剧能否通过审查都没有把握，最后是由五家名不见经传的民营公司出资，40多位实力派演员参与演出，总耗费成本约1亿元，共52集，平均每集成本仅200万元，所有的演员都是自降片酬参与演出。就是这样难产的一部反腐剧，最后在台网播放中均刷新多项收视纪录。

反腐题材影视作品因为监管，多年来没有人敢碰这类题材。《人民的名义》能够顺利通过审查，除了制作方有中国最高人民检察院影视中心参与把关外，还得益于我国政府坚决反腐的大环境。党的十八大以来，中国人民共同见证了习近平总书记反腐倡廉决策的提出和实施，贪官落马让民众感受到了政府对腐败零容忍的态度，2018年3月13日，第十三届全国人大一次会议审议《中华人民共和国监察法（草案）》，此举再次彰显我国政府长期不懈重拳反腐的决心。有了相对宽松的创作环境，《人民的名义》的编剧、被称为中国政治小说第一人的周梅森，第一次将大尺度、真实的官场生态政治黑暗面揭露给大家看，尤其是将贪腐细节刻画得入木三分，将各种贪官的嘴脸刻画得淋漓尽致。该剧一开场便先声夺人，观众被"两亿现金墙"和"花式"点钞的场面所震撼，该剧采用不回避、直面问题、直奔主题的态度也给了观众强烈的震撼。

其次，《人民的名义》的成功还得益于导演和演员团队阵容强大，主要演员中最年轻的陆毅在出演检察官角色时也已 41 岁，这些老戏骨个个演技在线，把各自的角色演绎得淋漓尽致，直接成就了这部剧的大火。《人民的名义》续集，国企反腐剧《人民的财产》预计在 2018 年秋天开始拍摄，观众们齐声呼唤各位主演回归，毕竟《人民的名义》的成功与各位主演精湛的演技密不可分。

最后，《人民的名义》题材新颖，尺度大，长达十几年反腐题材影视的缺失和角色脸谱化，让观众对真实的官场始终抱有无法满足的好奇心。《人民的名义》突破以往尺度，还原官场生态，揭示官商勾结现状，既满足消费者好奇心，也让观众深切感受到政府反腐的决心和行动。

（三）"记录世界本来样子"的生活题材

2011 年中央电视台纪录频道的开播，标志着我国电视纪录片迎来了一个全新的发展时代，这既有助于推动纪录片产业的发展，也让观众慢慢培养起观看纪录片的习惯。尽管如此，很长时间我国纪录片市场依然可以用生产热而市场冷来形容。纪录片以记录世界本来的样子、描摹真实生活、反映现实世界等吸引大量创作者参与其中。仅 2015 年我国纪录片生产量就超过 1.9 万小时，但鲜有精品。2012 年，《舌尖上的中国》在央视一经播出便创下纪录片收视之最，并在微博微信等其他媒体上引发热烈讨论。经过几年的市场培育，我国纪录片终于在 2017 年迎来了丰收的一年，一大批优秀的纪录片涌现出来，既有《大国外交》《航拍中国》《强军》等专题纪录片，也有《天梯》《摇摇晃晃的人间》《我的诗篇》等独立纪录片。尤其是在 2017 年暑假上映的纪录片电影《二十二》，以逆袭的姿态，累积取得票房 1.7 亿元，成为首部票房过亿的国产纪录片。这部总投资 300 万元的纪录片，取得龙标得以在全国影院上映被认为已经是巨大成功了。郭柯导演本人对《二十二》的票房目标仅为 600 万元，院线也是相同的看法，不仅安排在周一上映，而且上映第一天的排片率只有 1.5%。知乎上专门有个帖子《如何看待〈二十二〉的票房远超预期?》，讨论这部不被看好的纪录片最后实现票房逆袭的原因，大家一致认为，虽然有明星导演站台宣传的因素，但究其根本还是《二十二》本身的好口碑。影片没有刻意表现模式化的苦大仇深，而是真实而善良地记录"慰安妇"老人们平静的生活，连一向打分苛刻的豆瓣也给出了 8.8 分的高分，可见产品本身好是取胜于市场的主要法宝。

（四）与时俱进的主流价值观题材

如果说彰显强国梦的《战狼 2》和我国政府反腐决心的《人民的名义》成为 2017 年爆款得益于天时地利人和的话，《那年花开月正圆》和《我的前半生》等剧集的走红则是对旧题材的新表达。《那年花开月正圆》主要讲述主人公周滢用自己的方式担起并重振吴家大业，引领了动荡时局的改革之路的故事，是典型的大女主剧，男一、男二、男三、男四等都爱女主，每个人都随时准备为女主奉献自己的一切甚至生命，尽管 74 集的剧情有注水的嫌疑，好在演员个个演技在线，华服精良，人设讨喜，尤其是女主自强不息、勇于担当，让这部剧即使从商战转向玛丽苏的剧情也没有烂尾到足以让观众弃剧。《我的前半生》讲述了生活原本优越安逸的全职太太罗子君与丈夫陈俊生离婚后一切归零，在闺蜜唐晶及其男友贺涵的帮助下重返职场，重启人生的故事。作为一部女性题材的励志大剧，其主要受众群体虽然是女性，但因为剧情涉及全职太太、闺蜜情谊、子女教育、代际沟通、重返职场、应聘歧视等诸多当下社会话题，这些话题多次进入微博热搜话题榜，从而获得更多网友的关注。2017 年 7 月 19 日，由国家新闻出版广电总局中国电影电视评论学会电视评论委员会主办的《我的前半生》研讨会在京举行，专家们称赞《我的前半生》直击当下生活痛点，将现实生活与艺术性高度结合，并对女性自强话题进行了深入探讨。虽然此剧结局多少让人觉得有些三观不正，但观众还是接受了，也许这就是生活中必须要面对的无奈的一面。《我的前半生》突破了以往此类剧情大团圆的结局设置，既没有让因小三插足而离婚的女主与丈夫破镜重圆，也没有让重返职场的女主变成超人无所不能地一雪前耻，从而让剧中人物更生动真实，更符合当下社会生活实际，观众也更能感同身受。

再比如家庭伦理题材中的婆媳剧，随着社会发展与家庭变迁，婆媳之间相处之道也发生了很大的变化，早期影视剧中婆媳矛盾主要是强势婆婆与弱势儿媳，符合我国传统大家庭中的人设；几年前婆媳剧中婆媳矛盾更多反映的是来自不同生活方式和认知的矛盾，如城与城、城与乡、乡与乡等冲突；但是今天的婆媳剧再这么拍，观众就会觉得老套过时了。今天90后的儿媳面对的是60后甚至是70后的婆婆，彼此都拥有独立的生活和人格，婆婆的生活可能比儿媳还丰富多彩，所以现在婆媳剧表现婆媳冲突时就要反映今天的生活，可能是婆婆每天忙着参加各种活动、各种应酬而媳妇却宁肯宅在家里。

二 我国影视剧创作面临的市场困境

2017 年，我国电影和剧集市场均呈现一片繁荣景象，生产了大批优秀的影视剧。对比分析 2017 年我们输出的和引进的影视作品，可以看出我国影视作品在国际市场有一定的竞争力，但距离叫好又叫座还有很长的路要走。2017 年我国电影海外票房和销售收入为 42.53 亿元，比上年 38.25 亿元增长 11.19%；2017 年我国引进片电影总票房为 259.6 亿元，比上年 190.49 亿元增长 36%。2017 年电视剧市场进出口额具体数据虽然还未知，2016 年出口额为 5.1 亿元，按 30% 增长率估算 2017 年出口额约为 6.5 亿元。2017 年国内电视剧市场规模约 800 亿元，按出口占比 5% 计算，应该接近 40 亿元规模，与现实差距还很大。

以电影为例，2017 年我国国产电影票房前十依次为《战狼 2》《羞羞的铁拳》《悟空传》《前任 3：再见前任》《功夫瑜伽》《西游伏妖篇》《芳华》

《乘风破浪》《大闹天竺》《追龙》等，涉及动作、军事、奇幻、警匪、爱情、喜剧和文艺等多种题材多种类型。2017 年我国引进片票房前十部电影有《速度与激情 8》《变形金刚 5：最后的骑士》《摔跤吧！爸爸》《加勒比海盗 5：死无对证》《金刚：骷髅岛》《极限特工：终极回归》《生化危机：终章》《寻梦环游记》《神偷奶爸 3》《蜘蛛侠：英雄归来》，其中 8 部是续集电影，从类型上看主要包含动作犯罪、惊悚、动画、奇幻、冒险等多种题材。对比发现，我国电影票房前十中只有两部是续集电影，说明在电影品牌培育方面与国外相比还有较大差距。引进电影票房前十有两部动画电影，而我国国产电影票房前十没有动画电影。动画题材的电影早已不再只是小朋友的专利了，越来越多的成年人也喜欢沉浸在奇妙的动画世界中。如《寻梦环游记》秉承迪士尼一贯的以亲情和爱为中心，以追求梦想为载体，描写了死亡、记忆与离别，最后告诉我们爱是可以跨越生死的故事，既能让孩子在电影中找到有趣的内容，也能在故事情节上打动成年人，最后票房的拉动也是依靠了成年人的口碑。这部动画电影豆瓣评分 9.4 分，在内地取得 12 亿元票房，全球狂收 7.14 亿美元。

回顾 2017 年，我国影视剧市场表面上看红红火火，一片蓬勃发展态势，但在看到未来发展潜力的同时，尤其是对比美国等成熟影视剧市场，要充分意识到目前我国在影视剧创作面临的市场困境。

（一）缺少优秀的影视剧创作人才

影视剧创作团队通常由制片、编剧、导演、演员、摄影、录音、美术等组成，一部优秀的影视剧作品离不开多方面人员的鼎立配合，但是一部影视作品要取得口碑和收益双丰收，首先要能讲述一个好的故事。好故事未必能成就一部经典影视作品，但经典的影视作品必然给观众讲述了一个好的故事。八一电影制片厂副厂长、曾获茅盾文学奖的知名作家柳建伟面对我国电影作品创作问题时说："近年来，中国电影在文学性上几乎没有进步，更谈不上贡献。IP 概念的过分炒作会导致中国电影内容上的空心化，'互联网＋电影＋金融'很可能彻底毁掉中国电影。"《电影》杂志社社长兼总编辑赵葆华也表达过类似忧思："电影不仅是技术、娱乐，它在根本上是文化，中国电影的核心竞争力应该是原创的中国故事和高明的艺术表达。"著名导演冯小刚也在多个场合炮轰中国电影市场烂片多，并直言烂片多是因为创作人才匮乏，一个100人的剧组里，科班出身的只有五六个人。

（二）影视剧内容"注水"

原本58集的《楚乔传》，被生生拉长到67集；《择天记》从50集拉长到55集；《海上牧云记》，观众认为20集就能交代清楚的故事整整拍了80多集；等等。2017年，按照完成并获得"国产电视剧发行许可证"的剧目计算，国内播出的电视剧平均每部剧集达到44.6集，这个数字在10年前还是30集以内。电视剧集"越来越长""越长越好"似乎已成为一种趋势。尽管影视剧的质量和其长短没有必然的关系，长剧集也有精品，但是现在看到的很多长剧集属于人为原因拉长。作品方和播出平台都知道当作品的长度超过故事的承受能力时，情节就会变得拖沓，内容也会变得单薄，严重影响作品的精彩程度。但是在成本压力、收益驱动及投机心理等共同作用下，"注水"的影视剧作品会越来越多。反正布景、舞台、道具、演员等成本都是前期一次性砸进去的，拍得越长，单集的成本就越低。而播出平台按照多年的惯例都是以集数或时长作为购买剧作的量化指标，所以卖剧时多卖一集就能收回更多的成本，获取更多的利润。当然更长的集数也便于宣发，进行话题营销，话题引爆需要时间，集数越长越有时间制造话题，吸引观众收看以提高收视率，广告的收益才会越来越高。

（三）影视创作缺少传统文化与价值传承

我国每年生产剧集中古装剧或历史剧都占有一定的比例，这成为我们了解古代文化的重要途径，虽然这些文化有精髓也有糟粕。但在大量的现代题材影视剧中，我们很难看到对传统文化的诠释和传承。现在影视剧主要受众是年轻一代，影视作品为了吸引眼球不惜哗众取宠，提到商业就是豪车华服、成王败寇；谈及爱情就是霸道总裁、一见钟情；提到旅游度假多是巴黎、爱琴海；甚至提到婚礼也多是白色婚纱、西式仪式……观众很难从中感受到中国传统文化和传统精神。反观韩剧，无论是现代剧还是古装剧，我们既能从中感受到博大精深的儒家文化，重视亲情、尊长爱幼、孝敬父母等，也能欣赏到极具韩国特色的传统文化，如饮食文化、民族服饰、婚丧嫁娶、生儿育女、生活礼仪等，这些传统文化和价值观自然地融入剧情中，使传统与现代紧密结合，传承与改良自然递进，韩剧在娱乐大众的同时向全世界传递了韩国文化。

三 影视剧创作走出市场困境的思考

当前影视剧市场表面的繁荣与热闹并不能掩盖其真实性困境，而要走出困境除了观众要学会抵制粗制滥造的影视作品，如内容上的公然抄袭、明显的常识性错误、肆无忌惮地篡改历史、强硬地广告植入等影视作品外，相关管理部门和参与影视剧创作的人要有更高的觉悟，要充分认识到影视剧创作不仅仅是向社会提供娱乐产品，更是在传递价值观念与文化自信。当下，我国影视剧创作要走出市场困境，突破优秀影视创作人才缺乏、影视剧内容严重"注水"、缺少传统文化与价值传承等瓶颈，应从以下几个方面着手。

1.进一步注重专业影视创作人才的培养

随着影视剧市场井喷式增长，资金不再是影视行业发展的瓶颈，而人才成为制约该行业发展的核心要素之一。虽然近几年我国各艺术类院校纷纷扩招，新的民办艺术类院校和培训机构也如雨后春笋般出现，但是影视行业产业链条长，不同环节之间需要高度配合与相互了解，所以电影学院或戏剧学院在招生及教学过程中必须注重学生全面素质的培养，演员不但要懂表演也要会创作剧本和后期制作等，导演不但要懂如何导戏也要懂得摄影灯光技术等，当然文学素养是所有影视行业从业者的必修课。在培养影视专业人才的过程中，学校和培训机构要注重专业技能和实操技能两手抓，不但与国内优秀的从业人员进行合作与交流，也要学习美国好莱坞电影学院等流程化的培养模式。

2. 影视剧的内容既要有审美观赏性，更要本着"内容为王"的宗旨，在作品内容上下功夫

优秀的影视剧作品是影视行业发展的核心，唯有高品质、有内涵的影视剧作品才能既取得经济效益又能收获社会效益。前几年影视作品播放平台的增加以及观影人群的增长似乎让胡编滥造剧甚至是注水剧也分得一杯羹，但随着观影人数和流量红利的消失，平台会优先选择播放优质的影视作品，观众当然只会观看内容在线的影视作品。内容为王是指影视作品在内容上能给观众视觉享受和精神洗礼，这就要求导演、编剧及主创人员等能静下心来进行创作，主动响应时代的要求，既传承中国优秀的传统文化，又传递社会主义价值观念和文化自信。

B.23
国产电影市场因素与发展要素分析

何 鹏*

摘　要： 近年来，国产电影高票房频现，一方面得益于大众文化消费
能力的提高及电影市场的扩大，另一方面也与国产电影本身
品质的提升密不可分。但国产电影行业繁荣背后存在诸多问
题，如高票房并不完全代表高品质；部分电影产品缺乏创意，
题材单调；电影制作过程中科技手段运用不足；衍生品开发
欠缺等。因此，注重电影人才培养，提升创新创意水平；跨
产业融合，形成文化产业链；电影行业的供给侧改革和提升
国产电影内容品质迫在眉睫。

关键词： 国产电影　市场因素　产品品质　发展要素

自2012年我国电影票房超过日本成为全球第二大电影市场以来，电影产业的发展已经进入黄金时期。我国电影市场的繁荣与发展离不开以下两大因素。首先，从行业外部环境来看，是宏观政策的支持，国家不断出台政策鼓励影院建设，支持文化产业的发展，为中国电影行业加速发展奠定了基础。其次，从内部因素来看，是供给和需求决定了我国票房的增长，在供给方面，我国不断引进优秀的国外大片，国内也不断生产优秀的作品；从需求来看，人均GDP稳定增长与文化消费的发展给电影行业发展提供了有力支撑，受益于经济的快速发展与文化消费的增长，我国电影产业将长期处于繁荣状态。

---

* 何鹏，厦门理工学院文化产业与旅游学院讲师，主要研究方向为消费与市场研究。

一 高票房国产电影市场因素分析

近年来，国产高票房电影频现。2017 年中国电影市场票房和观影人次再创新高，标志着我国电影产业实力更加壮大，电影促进居民消费的重要性进一步提升，我国作为世界第二大电影市场的地位更加稳固。票房超过 5 亿元的国产电影有 13 部，其中 6 部超过 10 亿元。《战狼 2》以 1.6 亿观影人次、56.83 亿元票房刷新多项市场纪录。2017 年票房成绩的取得，首先有赖于国产现实题材影片的成功。近年来，博纳影业用《智取威虎山》《湄公河行动》《建军大业》等影片探索出了用具有市场竞争力的中国故事加上对观众有吸引力的制作推广方式来打造一部影片的模式。高票房国产电影出现的原因主要有以下几点。

（一）国民文化消费能力提升

据国家统计局统计，2017 年，我国人均教育文化娱乐消费 2086 元，预计文化消费市场规模为 4.7 万亿元，目前实际消费 1 万多亿元，这表明，居民潜在的文化需求远未得到有效满足。从国际经验数据来看，人均 GDP 为 3000~4000 美元时，文化需求应占到 PCDI（人均可支配收入）的 10% 左右[①]。目前我国人均 GDP 已超 8800 美元，而文化需求占 PCDI 的比重不到 10%，所以说，我国文化消费潜力巨大。文化消费已成为我国经济的一个新增长点。消费对我国经济增长贡献不断提升，2016 年消费对我国经济增长的贡献率达到 64.6%。中国具有巨大的文化消费市场潜力，把这些巨大的消费潜力激活出来，将对经济发展产生巨大的拉动作用。

（二）电影票房市场扩大

我国电影市场近年来保持着高速增长的态势。2013~2017 年是中国

---

① 《我国文化消费的潜在规模为 4.7 万亿元》，荆楚网 - 湖北日报，2016 年 3 月 15 日。

电影蓬勃发展的时期，制作的电影数量、银幕都大幅度提高。此外，票房、观影人数、影院数量等数据也都有不同程度增长。从票房方面来看，国内电影票房从 2012 年的 170.7 亿元增长到 2017 年的 559.11 亿元，年均复合增长率达到 26.78%，我国已成为仅次于美国的全球第二大电影市场。2017 年全国电影总票房为 559.11 亿元，同比增长 13.45%。五年中国电影票房增加 341.42 亿元。国产电影票房为 301.04 亿元，占电影总票房的 53.84%；92 部影片票房超过 1 亿元，其中国产电影 51 部；城市院线观影人次达 16.2 亿，同比增长率为 11.19%。

近年来票房井喷离不开国内银幕数量的增长，2016 年我国新增银幕 9552 块，涨幅超 30%，2012～2016 年，中国影院发展迅猛，银幕数量爆发式增长，六年时间增加 37658 块，年均复合增长率为 31.09%。2017 年全国新增银幕 9597 块，同比增长率为 23.3%，银幕总数达 50776 块，稳居世界第一位。2016 年底，我国人口为 138271 万人，每 100 万人拥有银幕数量为 29.78 块，相对于美国的百万人 124 块而言，有 94 块的差距。预计未来几年，我国银幕数量将继续维持高速增长。

图 1 中国银幕数量（2009～2017 年）

资料来源：根据前瞻产业研究院发布的《2017～2022 年中国电影院线和电影院运营模式及投资策略规划分析报告》数据整理。

从院线的增长方面来看：2016 年底，中国城市院线数量为 48 条，农村院线数量为 317 条，总院线数量为 365 条。农村院线数量仍在增长，2017 年我国总院线数量为 375 条。

图 2　中国院线数量（2009～2017 年）

资料来源：根据前瞻产业研究院发布的《2017～2022 年中国电影院线和电影院运营模式及投资策略规划分析报告》数据整理。

从影院数量增长方面来看：银幕数量增长的原因是影院在数量上的扩张和规模上的扩大。2016 年底，我国影院数量达 8051 家，其中新增数为 1612 家，2017 年我国影院数量为 10000 家。

（三）国产电影品质提升

2017 年初召开的全国新闻出版广播影视工作会议将 2017 年确定为"电影质量促进年"。调查数据显示，2017 年度电影满意度得分为 83.3 分，高出 2015 年 2.1 分，高出 2016 年 2.3 分，进步明显。同时，2017 年贺岁档满意度得分为 81.1 分，获"满意"评价。该调查全面覆盖了全国一、二、三、四线城市，调查样本区分为普通观众、专业观众两个群体，调研方法采用了影院现场抽样调查、一线从业者和专家在线调查、大数据抓取分析等，评估维度分为观赏性、思想性和传播度三个方面，对国产电影进行了全面评

图3 中国影院数量（2008~2017年）

资料来源：根据前瞻产业研究院发布的《2017~2022年中国电影院线和电影院运营模式及投资策略规划分析报告》数据整理。

估，可以说，结论还是十分客观且具有代表性的。调查数据表明我国电影观众满意度逐步提升，这也标志着国产影片质量正在稳步提高，也将带动国产电影创作者重视产品质量，努力为观众呈现更完美的作品①。

（四）观众素质和审美水平提升

随着我国电影观众观影经验日益丰富，单纯依靠大明星、大场面、大制作已经不能吸引他们，观众越来越重视电影有没有好故事、好表演、好呈现。因而，进口片中单纯依靠场面吸引人的好莱坞大制作的商业电影不再独领风骚，例如《极限特工3》《亚瑟王：斗兽争霸》《生化危机：终章》《金刚狼5》《变形金刚5》等传统形式的好莱坞大片，频频出现票房高开低走的局面；同时，国产电影中制作粗糙、创作粗心的"忽悠片""青涩片"，也屡屡遭到市场冷遇；而其他国家有思想、有内涵的影片异军突起，大受欢迎，例如印度电影《摔跤吧，爸爸》《神秘巨星》等。只要是精心制作、良

① 《2017电影观众满意度增长明显 国产电影质量提升获认可》，凤凰网娱乐，2018年1月8日。

心创作的高品质电影，尽管有的类型和题材很冷门，却获得了令人惊喜的回报，这表明观众的观影水平正在提升①。观众开始慢慢接受那些注重品质，有思想性、艺术性的电影，现在的中国观众，已经转变为优质影片的鉴赏家。观众口碑成为影片制胜的关键。

二 国产电影市场亟待突破的瓶颈

随着社会经济、文化、科技的发展，中国电影行业逐步走向成熟与稳定，在看到中国电影蓬勃发展表象的同时，我们也应该看到高票房的背后，中国电影产业依然面临许多难以回避的问题。

（一）产品缺乏创意，题材单调

我国电影内容与题材总体上创意缺乏。目前国产电影题材主要为古装武侠、都市爱情、喜剧搞笑、恐怖惊悚、灾难与战争等；而科幻片、音乐与歌舞片、警匪片等严重缺乏。近两年，越来越多的电影由小说、电视剧翻拍，想借助小说原有的人气获得票房；有的将热门电视综艺节目拍成"大电影"，有的翻拍流行韩剧。国产电影行业缺乏有创意、吸引人的剧本，重复小说、电视剧、综艺节目的题材与内容，不免会使观众产生视觉疲劳，也难以构成体系向观众传播文化。

（二）科技手段运用不足

科技含量高的电影之所以比较受欢迎，是因为其技术水平提升了观众的观感质量。好莱坞电影运用先进电影科技特效使观影感觉真实，其通过现代科技将虚拟形象、场景近乎真实地展示出来，还运用多维度、多感官让观众充分体验与享受电影。而大部分国产电影的特效与好莱坞电影有较

---

① 尹鸿、梁君健：《2017年的中国电影观察与分析——走向品质之路：2017年国产电影创作备忘》，《当代电影》2018年第3期。

大差距，视觉效果不佳，因此有些国产电影不得不借助国外技术、设备与方法。

（三）衍生品开发欠缺

中国目前缺乏对电影衍生品的开发与宣传，没有使之形成产业链。开发电影衍生品可以在扩大影片影响力的同时，满足人们对电影更多的想象，使电影角色、道具和场景进入人们的现实生活，满足人们更多的精神需求。从国外的电影衍生品开发情况来看，这个市场巨大，甚至不逊于票房市场。衍生品收入也构成了电影投资回报的重要部分。目前国产影片的绝大部分收入依赖票房。根据资料统计，国产电影票房收入和植入式广告收入占 90%，余下的 10% 为衍生品收入；而在美国，电影的收入只有 30% 靠票房，70% 为衍生品等其他收入。预计到 2020 年，中国电影衍生品市场规模将超过 100 亿元。但是目前，中国电影衍生品开发存在诸如有意识开发衍生品的影视作品不多、产业链不成熟、观众缺乏衍生品消费意识、衍生品盗版严重等问题。

三 促进我国电影产业发展的关键要素

如前所述，国产电影行业明显存在创意缺少、科技运用不足、衍生品开发缺乏等问题，只有注重人才培养、营造创意氛围、提升科技水平、跨产业融合、形成完整产业链，才能有力促进中国电影产业乃至中国文化产业跨越式发展。

（一）注重电影创意人才培养

电影行业的竞争，归根结底是人才的竞争，电影行业的人才需求多元化，既需要好编剧、好导演，也需要拍摄、影视制作的技术人才，因此，跨学科交叉复合型人才是培养与需求的重点。我国需要提升电影人才培养的广度，不单靠艺术类院校，甚至理工类院校也可以培养电影行业需要的技术人才，弥补国内人才缺乏的不足，提高人才质量。创意与创新是电影作品质量保障的源头，同时也是整个文化产业竞争力最为核心的内容。有了创新创意的核心，才能打造电影作品的吸引力与竞争力。创新与创意具有独特性，是作品区别于其他作品的标志，正是这种独特性与新颖性才会带来吸引力，只会重复、模仿别人特点与成就的作品很大可能会失败。因而，创造力、创新力、创意能力是电影人和文化产业人才必备品质，需要通过个人努力与环境影响共同打造①。我国电影产业应重点培养创新创意人才和跨学科的复合型人才。

（二）跨产业融合促进产业链形成

目前，文化产业各行业加速融合是大势所趋，电影产业作为文化产业中重要的大门类，在影片制作、发行、放映等环节与游戏、旅游业融合发展，可以使得电影产业链条延长，促进电影产业的繁荣发展。同时随着互联网的繁荣，目前互联网及移动互联网等新传播渠道已经融入国产电影的制作、营销、放映等环节，电影产业已经呈现出多个媒体融合的趋势。从美国的经验来看，可以把电影产业与主题乐园（比如迪士尼）、游戏、玩具制造与加工业相结合，形成从创意源头到精神产品消费和物质产品实体消费的完整产业链，让观众不仅获得电影中的视觉、听觉享受，还可以在实地消费场景中用触觉感受电影中的人物和场景。电影应该与文化产业内其他行业交流融合，打造电影文化附属产品，增加电影文化附加值，与加工业、服务业开展跨行业合作。电影行业作为精神产品的生产者和文化的引领者，可以推动文化产业高度融合、高度完整，并带动国民经济整体协调发展。

（三）加快电影行业供给侧改革

我国文化消费需求有进一步扩大的广阔空间。虽然我国 2017 年人均 GDP 达到 8800 美元，但是人均教育文化娱乐消费只有 2086 元。在人均 GDP

---

① 邹荣华：《国产电影衍生产品的开发现状及对策研究》，《当代电影》2018 年第 1 期。

相同的水平下，国内文化消费只是发达国家的 30% 左右，提升空间巨大。虽然当前我国电影行业影片生产量大，但品质高的不多，高品质电影产品的供给与人们旺盛的精神文化产品需求存在巨大反差。电影行业应当从供给侧发力，向市场提供更多创意好、品质高的影视作品，发掘新消费需求，促进电影市场的进一步扩大与繁荣。2016 年，政府工作报告提出要"加强供给侧结构性改革，增强持续增长动力"，并给出了政策导向。中国电影行业应当创作更多社会效益与经济效益俱佳的作品。扩大文化消费的首要任务是提升内容供给的质量和水平。政府方面也应当给出激励文化消费的政策，大力推动电影产业供给侧改革，提升政府的管理与服务水平，调动各类市场主体的积极性、创造性以参与国产电影创作，为我国电影市场提供更多更好的影视文化产品；同时，规范电影文化市场秩序，比如，保护知识产权，引导文化消费需求，提升消费品质，释放电影行业活力。只有好的产品作为供给，消费者才会有消费愿意。电影企业应目光长远，不要一味追逐热门题材，做短期炒作，要沉下心来做好每件影视产品，这样，电影市场的消费需求才能得到供给的有效支撑。

（四）进一步提升国产电影内容品质

中国电影行业须用"工匠精神"锻造高品质国产电影。过去十年是中国电影产业迅猛发展的十年。2016 年，国内电影票房从 33 亿元增至 457 亿元，中国成为世界第二大电影市场；电影银幕数也超过 4.1 万块，中国成为世界拥有银幕数最多的国家。当我们回顾这十年的高票房电影时却发现，能够经得起观众、历史、艺术、美学检验的电影少之又少[1]。究其原因，一方面是中国电影工业化仅仅处在起步摸索的阶段，电影类型比较单一，同质化和跟风现象严重；另一方面，逐利资本大量涌入影视圈，它们追求收益，而不是作品质量。不少电影制作者把电影当成一门生意，通过 IP 流量和小鲜肉换取高票房，却牺牲了电影的品质。国产电影质量不高，从题材选择到投

---

[1]　尹鸿、梁君健：《走向品质之路：2017 年国产电影创作备忘》，《当代电影》2018 年第 3 期。

入拍摄，从演员进入到排片推介，普遍缺失工匠精神。"工匠精神"就是要像工匠一样去用心做事，稍微慢一点，稍微细一点，多一点坚持，多一点自我，坚持把故事讲好，把人物讲好。中国电影的全产业链和各环节，都需要牢固确立工匠精神，用一丝不苟的工匠精神垫底，去摆脱中国电影的浮躁和虚荣，才能真正用正能量、接地气、深入实际、深入生活、深入群众的中国故事，去吸引观众，满足更多观众群体需要，也才能夯实国产电影的基础，做大做强国产电影产业。

热点聚焦篇

Hot Topic

B.24
亚洲会展产业发展报告（2017）

——以台湾会展产业发展为典型

林义斌　邱玉珠*

摘　要： 亚洲处于全球会展市场最具吸引力的位置，总人口数高达40亿。近年来，由于亚洲国家对基础建设的大量投资与强劲的经济增长，因此亚洲地区成为会议与展览快速成长的区域。本文采用UFI及ICCA的定义，并引用其发布的统计数据来分析亚洲地区会展产业的现况；以台湾地区为典型，探讨台湾现有会展设施、会展产业政策和会展营销策略，并在此基础上，提出亚洲地区未来会展产业发展的建议。

关键词： 亚洲　台湾　会展产业

* 林义斌，博士，台北教育大学文化创意产业经营学系副教授，主要研究方向为产业观光与休闲体验，会展产业管理；邱玉珠，外贸协会展览业务处高级专员。

亚洲处于全球会展市场最具吸引力的位置，总人口数高达 40 亿人，面积超过 4400 万平方米，是全球人口最多、面积最大的一个洲。近年来，亚洲的经济成长动能强劲，根据英国伦敦经济与商业研究中心（Centre for Economics and Business Research，CEBR）公布的《2018 年世界经济排名表》（*World Economic League Table 2018*）①，亚洲经济在未来十年内将快速成长；到 2032 年，全球四大经济体中，亚洲就占了三个——中国、印度和日本；此外，韩国、印度尼西亚也将跻身前 10 大；而中国台湾、泰国也可能成为前 20 大；菲律宾、巴基斯坦则为前 25 大。由于会展产业具有促进其他相关产业成长和发展的效能，因此，亚洲各地区对会展产业莫不投入许多心力，提供各种优惠或奖励措施，并着重人才养成、产业信息建立及兴建大型场馆等策略。

一 亚洲会展产业发展现状

国际展览业协会（UFI）发布的一份报告显示②，2017 年全球共有 1212 个 5000 平方米以上的展览场地，室内展场总面积为 3480 万平方米，比 2011 年增加约 7.7%；10 万平方米以上的展场则有 62 个，增加约 29%。其中，2017 年欧洲地区的展览场地占全球展览场地的约 45%（相较于 2011 年减少约 2 个百分点），亚洲地区占 23.6%（增加约 3.2 个百分点），北美地区则占 23.5%（减少约 1 个百分点）。由此可知，相对于欧美市场的萎缩，亚洲是全球展览场地占有率唯一增加的地区，其展览场地总面积已经比北美地区还要多，更加凸显亚洲地区会展产业的前景乐观。就业洲地区的展览产业与会议产业概况，分别叙述如下。

---

① Global Construction Perspectives and Centre for Economics and Business Research，*World Economic League Table 2018 – A World Economic League Table with Forecasts for 192 Countries to 2032*，2017，可取自 https：//www. becbusinesscluster. co. uk/images/uploads/business – pdfs/WELT2018_ ExecutiveSummary_ WEB. pdf。

② UFI，*World Map of Exhibition Venues*，2017，http：//www. ufi. org/wp – content/uploads/2017/12/UFI – World – Map – of – Venues – 2017c. pdf。

（一）展览产业

UFI 委托香港 BSG（Business Strategies Group Ltd.）公司调查、2017 年出版的第 13 版《亚洲会展产业年度报告》（*The Trade Fair Industry in Asia*, 13th edition）[①] 统计数据显示，2016 年亚洲展览总销售面积超过 2085 万平方米，相较于 2015 年的 1969 万平方米，年成长率为 5.5%，显见亚洲地区的会展产业持续发展中。其中，中国就占了总销售面积的 58%（约 1205 万平方米），大约是亚洲排名第二的日本（约 206 万平方米，占 10%）的 6 倍。

2016 年亚洲地区会展业务成长最快速的地方是菲律宾（9.6%），其次依序为中国（7.7%）、印度（7.4%）、越南（7.3%）及印度尼西亚（5.8%），均高于亚洲展览产业的平均成长率。泰国的会展面积销售成长率为 3.8%；韩国和中国台湾则分别为 2.7% 和 2.3%；日本仅稍微成长 0.5%，而中国香港则小幅衰退约 1.8%。

2016 年亚洲共举办 2270 个专业展。其中，中国大陆有 662 个，其次则是日本的 333 个；2016 年亚洲展览产业营收超过 52 亿美元，成长率为 7%。亚洲展览产业营收前 3 名依序分别为中国大陆（超过 21 亿美元）、日本（将近 10 亿美元）和中国香港（超过 4 亿美元）。而日本、新加坡及中国香港等地区的展览场地，每平方米平均售价超过 400 美元，显现其经营绩效优异。

（二）会议产业

根据 2014～2017 年 ICCA 发布的统计资料，近 4 年亚太及中东地区举办协会型国际会议的国家或地区排名，详如 1 表所示。中国大陆举办协会型国际会议场次逐年增加，2016 年共举办 410 场，在亚太及中东地区排名第 1，与日本相同；全球排名则列第 7 位。其次，依序为：韩国（267 场）、澳大

---

① BSG, *The Trade Fair Industry in Asia* (13th *ed.*), Business Strategies Group Ltd., 2017.

利亚（211 场）、泰国（174 场）、新加坡（151 场）、印度（143 场）、中国台湾（141 场）、马来西亚（115 场）以及中国香港（99 场）。值得注意的是，自 2014 年起，澳大利亚举办协会型国际会议的场次逐年减少，而日本、中国大陆、韩国、泰国、印度等国家则逐年成长；此消彼长，显示澳大利亚的会议产业已逐渐衰退并居于劣势。

表1　近4年亚太及中东地区举办协会型国际会议的国家或地区排名

单位：场

国家/地区	2013 年			2014 年			2015 年			2016 年		
	场次	亚太排名	全球排名	场次	亚太排名	全球排名	场次	亚太排名	全球排名	场次	亚太排名	全球排名
日本	342	1	7	337	1	7	355	1	7	410	1	7
中国大陆	340	2	8	332	2	8	333	2	8	410	1	7
韩国	260	3	12	222	4	17	267	3	13	267	3	13
澳大利亚	231	4	16	260	3	13	247	4	15	211	4	16
泰国	136	7	29	118	8	33	151	6	27	174	5	24
新加坡	175	5	21	142	6	29	156	5	24	151	6	28
印度	142	6	27	116	9	35	132	7	31	143	7	31
中国台湾	122	8	33	145	5	28	124	8	33	141	8	32
马来西亚	117	9	35	133	7	30	113	9	35	115	9	35
中国香港	89	11	39	98	10	38	112	10	36	99	10	38
印度尼西亚	106	10	37	76	11	42	78	12	43	94	11	40
阿拉伯联合大公国	62	12	44	80	11	41	101	11	40	92	12	41
新西兰	48	15	51	45	15	52	50	14	51	67	13	47
菲律宾	53	13	49	46	13	50	57	13	49	66	14	48
越南	52	14	50	46	13	50	36	16	55	48	15	50
斯里兰卡	17	18	74	31	16	61	18	19	73	25	18	66
柬埔寨	5	25	104	9	23	83	9	23	87	12	20	79
缅甸	5	25	104	8	24	86	8	26	91	11	21	81

资料来源：作者整理自 ICCA（①ICCA, *2013 ICCA Statistics Report-Country & City Rankings*, International Congress and Convention Association, 2014. ②ICCA, *ICCA Statistics Report 2014 – Country & City Rankings*, International Congress and Convention Association, 2015. ③ICCA, *2015 ICCA Statistics Report-Country & City Rankings*, International Congress and Convention Association, 2016. ④ICCA, *2016 ICCA Statistics Report-Country & City Rankings*, International Congress and Convention Association, 2017.）。

若依城市评比，近4年亚太及中东地区举办协会型国际会议的城市排名，详如表2所示。在过去4年间，新加坡稳居亚太及中东地区举办协会型国际会议城市的第1名（151场）；2014年以后，韩国首尔举办协会型国际会议的表现也持续进步，为亚太及中东地区城市的第2名（137场）；其他城市排名依序为：曼谷（121场）、北京（113场）、香港（99场）、东京（95场）、台北（83场）、上海（79场）、吉隆坡（68场）和雪梨（61场）。其中，雪梨举办协会型国际会议的场次，2016年较2013年减少32场，衰退情况相当严重，已经面临经营的困境。

表2 近4年亚太及中东地区举办协会型国际会议的城市排名

单位：场

城市	2013年			2014年			2015年			2016年		
	场次	亚太排名	全球排名	场次	亚太排名	全球排名	场次	亚太排名	全球排名	场次	亚太排名	全球排名
新加坡	175	1	6	142	1	7	156	1	7	151	1	6
首尔	125	2	9	99	3	15	117	2	13	137	2	10
曼谷	93	4	20	73	9	29	103	4	16	121	3	12
北京	105	3	18	104	2	14	95	5	19	113	4	15
香港	89	6	23	98	4	16	112	3	15	99	5	19
东京	79	7	26	90	6	22	80	8	28	95	6	21
台北	78	8	8	92	5	20	90	6	22	83	7	24
上海	72	9	29	73	9	29	55	11	47	79	8	25
吉隆坡	68	10	33	79	8	28	73	9	32	68	9	32
雪梨	93	4	20	82	7	25	86	7	25	61	10	41
京都	43	14	55	47	13	54	45	13	57	58	11	44
布里斯班	25	21	97	37	16	67	28	21	93	34	19	76
墨尔本	52	12	44	61	11	37	54	12	49	58	11	44
杜拜	37	15	63	56	12	44	56	10	46	52	13	49
马尼拉	28	18	89	22	23	108	41	14	64	46	14	56

城市	2013 年			2014 年			2015 年			2016 年		
	场次	亚太排名	全球排名	场次	亚太排名	全球排名	场次	亚太排名	全球排名	场次	亚太排名	全球排名
峇里岛	55	11	40	38	15	66	40	16	68	43	15	61
新德里	35	16	65	35	17	69	41	14	64	39	16	69
釜山	34	17	68	35	17	69	34	18	77	31	21	84
济州	45	13	52	41	14	58	34	18	77	30	22	85
澳门	16	34	156	23	20	101	28	21	93	37	16	72
奥克兰	19	25	126	19	26	125	28	21	93	33	20	79
阿布扎比	23	22	103	22	23	108	35	17	73	36	18	74

资料来源：作者整理自 ICCA（①ICCA，*2013 ICCA Statistics Report-Country & City Rankings*，International Congress and Convention Association，2014. ②ICCA，*ICCA Statistics Report 2014 – Country & City Rankings*，International Congress and Convention Association，2015. ③ICCA，*2015 ICCA Statistics Report-Country & City Rankings*，International Congress and Convention Association，2016. ④ICCA，*2016 ICCA Statistics Report-Country & City Rankings*，International Congress and Convention Association，2017.）。

二 台湾会展产业发展概况

2018 年台湾预测人口将超过 2360 万人，地区生产总值为 1788 亿美元，人均所得 21715 美元，经济成长率约 2.29%[①]。根据世界经济论坛（WEF）2017 年发布的《2017～2018 年全球竞争力报告》，在 137 个受评比的经济体中，台湾名列第 15[②]；在 WEF《2016～2017 年全球竞争力报告》中，中国台湾的"产业聚落发展"在 138 个受评比的经济体中名列第 3，领先日本、马来西亚、新加坡、中国香港、韩国、中国大陆及泰国[③]。

[①] 贸协全球资讯网，http://www.taitraesource.com/total01.asp，最后访问日期：2018 年 4 月 15 日。

[②] WEF，*The Global Competitiveness Report 2017 – 2018*，World Economic Forum，2017.

[③] WEF，*The Global Competitiveness Report 2016 – 2017*，World Economic Forum，2016.

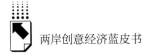

台湾交通主管部门的统计数据显示，2017 年来台观光旅客约 1074 万人次。根据 2017 年 WEF 发布的《2017 年全球旅游竞争力报告》，台湾地区排名全球第 30，较 2016 年进步 2 名；其中，"人力资源"及"基础设施"表现良好；表现较差的项目则是"环境永续度"①。此外，国家地理杂志将台湾地区评选为 2016 年全球十大冬季最佳旅游首选（Best Winter Trips 2016）；2018 年世界最大的英文旅游讯息出版公司 Fodor's Travel 也将台北列为全球必去景点之一（全球第 12 名、亚洲第 2 名）②，充分显示台湾地区在国际观光旅游方面的吸引力与竞争力。

以下就台湾地区的会展推动机构、会展中心、会展政策与营销策略和会展表现等进行分析。

1. 会展推动机构

台湾交通主管部门观光局（简称"观光局"）是观光事务的最高主管机关，附属于交通主管部门下，主要负责规划、执行并管理观光旅游事务，及向海外推广台湾观光。经济主管部门国际贸易局则是负责推动会议展览服务业的机构，自 2005 年起成立"推动会议展览项目办公室"（MeetTaiwan）③来专责执行。

2. 会展中心

根据国际展览业协会的报告，2017 年底台湾地区共有 5 座会展场馆，总面积 11.7 万平方米，其中四座场馆经常办理国际会展活动。有关台湾的会展中心及其相关设施概况，详见表 3 汇整，说明如下。

（1）南港展览馆 1 馆

本馆上层云端展场全区无柱位，适合展览空档举办大型演唱会、奖励旅游及餐会等。上、下层展厅可规划 2467 个标准摊位，有 14 间会议室、2 间餐厅及 9 间商店。

---

① WEF，*The Global Competitiveness Report 2017 – 2018*，World Economic Forum，2017.

② https：//www. meettaiwan. com/.

③ MeetTaiwan 专案办公室，https：//www. meettaiwan. com/zh_ TW/index. html。

（2）台北世贸中心 1 馆

可容纳 1300 个标准展览摊位，展览大楼内提供邮局、餐厅、会议、报关、旅游、展览装潢、传真影印、贸易数据馆、书廊、医疗救助、保税仓库等全方位便利服务。

（3）台北世贸中心 3 馆

位于信义商圈精华地段，紧邻 ATT4FUN、新光三越及台北 101，逛街购物人潮众多、过路客效应显著，适合举办各式展览及活动。

（4）台北国际会议中心

设置 8 间会议室（可弹性隔为 18 间）、贵宾厅、宴会厅、大会堂、南轩、北轩、雅轩及悦轩，每年办理 800 场以上会议活动，是一座多功能的会展设施①。

（5）高雄展览馆

含室内与户外展场，可容纳约 1500 个标准摊位，是目前南台湾最大的会展场地，适合各类展览及活动灵活运用。

此外，即将于 2019 年 3 月完工开幕的"台北南港展览馆 2 馆"，面积约 33586 平方米，具有 2362 个摊位的展览空间及 2400 席标准会议空间②；未来，"南港展览馆 1 馆"与"南港展览馆 2 馆"合计后，将具有举办 5000 个标准摊位大型国际展览的能力。其他还有预定 2022 年完工的"台中水湳国际会展中心"，楼地板面积约 20.7 万平方米，可提供 1600 摊位展览及 4600 席的会议空间③；预定 2021 年完工、定位为"绿色智慧展览馆"的"大台南会展中心"，总楼地板面积为 39900 平方米。其展场为无柱空间，规划 600 个室内摊位，也可作为多功能大会堂，容纳约 5500 席会议使用④。

---

① 台湾经济主管部门国际贸易局：《台湾会展产业发展政策"研究案——从政策检讨会展设施需求》，2015。
② 台北市政府：《"台北东区门户计划"（2015～2022）修正实施计划》，2017。
③ 水湳国际会展中心，http://www.shuinanicec.com.tw。
④ 台湾经济主管部门国际贸易局：《大台南会展中心综合规划报告核定本》，2016。

表3 台湾主要会展中心及其设施汇整

会展中心	面积（平方米）	会议室（间）	容纳人数（人）	最大会议室可容纳人数（人）
南港展览馆1馆	45360平方米 2467个标准摊位	14间会议室 可弹性隔18间	18000	2538
台北世贸中心1馆	1楼：23450平方米 1300个标准摊位 2楼：4400平方米 225个标准摊位	5	7000	600
台北世贸中心3馆	6750平方米 365个标准摊位	—	—	—
台北国际会议中心	—	8间会议室 可弹性隔18间	—	3100
高雄展览馆	17900平方米 1024个标准摊位 户外：7200平方米	5间会议室 可弹性隔15间	—	4000

资料来源：整理自各场馆官网。

3. 会展政策与营销策略

台湾观光局使用"Taiwan, Touch Your Heart"作为国际观光营销的标语多年，树立台湾的旅游品牌；台北市政府观光传播局为营销台北成为亚洲必游的城市，则以"台北·一游未尽"为营销标语。

2018年，台湾推动"Tourism 2020 - 台湾永续观光发展方案"[①]，以"创新永续，打造在地幸福产业""多元开拓，创造观光附加价值""安全安心，落实旅游社会责任"为目标，持续透过"开拓多元市场、活络国民旅游、辅导产业转型、发展智慧观光及推广体验观光"等五大策略，落实21项执行计划，积极打造台湾观光品牌，吸引更多国际旅客来台，营造台湾地区成为"友善、智慧、体验"的亚洲重要旅游目的地[②]。

为达到以奖励旅游带动会展产业的效果，2017年台湾观光局修正奖励

① 台湾交通主管部门观光局网页，http：//admin. taiwan. net. tw/public/public. aspx？no＝424。
② 台湾交通主管部门观光局：《2018台湾观光局施政重点》，2017。

旅游奖助要点，重点包括针对新南向 14 国、50 人以上团体、住宿 4 天 3 夜以上之境外企业，加码提供奖助，包括旅游接待、迎宾宴、文化表演节目等；以及针对 3 天 2 夜奖励旅游的团体，提供台湾特色艺文节目观赏，以争取东北亚（日、韩）的市场①。

台湾地区自 2002 年的"发展重点计划"中，开始将会展产业列为重点项目之一；2004 年成立"观光发展推动委员会 MICE 项目小组"，定期召开跨部会会议；经济主管部门则分别推动"会议展览服务业发展计划"（2005～2008 年）、"台湾会展跃升计划"（2009～2012 年）以及"台湾会展领航计划"（2013～2016 年）等。2017 年又启动"推动台湾会展产业发展计划"，工作重点为拓展东南亚及南亚等 18 个国家目标市场、协助地方发展会展、扩大会展产业软硬件、争取举办国际会议奖旅、建立绿色会展品牌、新科技提升会展服务、加入国际组织，争取要职、会展人才培育及媒合等②。

4. 会展表现

根据 ICCA 的报告，2016 年台湾地区共办理协会型国际会议 141 场，在全球国家或地区中排名第 32、亚洲第 8；台北市则办理协会型国际会议 83 场，在全球城市中排名第 24、亚洲第 7。根据 UFI（2017）的报告，2016 年台湾共有 132 项展览列入统计，展出面积 81.5 万平方米，营收超过 1.9 亿美元；与 2015 年相比，展览销售面积成长了 1.8%，展出规模持续扩大。

表 4 为近五年台湾地区会展产业发展的概况③。2017 年台湾地区会展产业总产值约 440 亿元新台币，2016 年在台共举办协会型国际会议 249 场，企业会议暨奖旅 120 场，国际展览有 268 项，来台参加会展之外籍人士达 265000 人次；且截至 2016 年底，台湾专业展览筹组公司（PEO）/专业会议筹组公司（PCO）的就业人数有 2055 人，来台参加会展活动所产生的经

---

① http：//admin. tbroc. gov. tw/news/news_ d. aspx? no = 249&d = 6912&tag = 2.

② 台湾会展网，https：//www. meettaiwan. com/。

③ 台湾会展网，台湾会展环境，https：//www. meettaiwan. com/zh_ TW/menu/M0000819/%
E8%87%BA%E7%81%A3%E6%9C%83%E5%B1%95%E7%92%B0%E5%A2%83. html？
function = M000081。

济效益高达新台币 226 亿元。从表中可知，2013 ~ 2017 年台湾地区会展活动不论是产值、在台办理的国际会议场次、企业会议暨奖旅场次、展览数、PEO 及 PCO 的就业人数、来台参加会展活动外籍人士及其经济效益等，均呈现逐年稳定成长的趋势。

表4　近五年台湾地区会展产业发展概况

项　　目　　　　　　年　份	2013	2014	2015	2016	2017
产值（亿元新台币）	341	368	391	426	440
国际会议（场次）	185	210	215	217	249
企业会议暨奖旅（场次）	107	118	125	126	120
展览数（项）	159	216	227	268	270
来台参加会展外籍人士（人）	178000	188883	202000	243000	265000
PEO/PCO 就业人数（人）	1577	1863	1962	2055	—
外籍人士来台参加会展经济效益（亿元新台币）	191.1	209.3	217	226	—
UFI 认列 B2B 展览销售面积（平方米）	716250	779250	796500	815000	—
亚太地区排名	6	6	6	6	—
ICCA 认列协会型国际会议数（场）	122	145	124	141	—
亚洲国家（地区）排名	7	4	7	7	—
主要展馆面积（平方米）	152878	170778	170778	170778	—
摊位数（9 平方米）*	889	9917	9917	9917	—

注：* 仅计算全台 12 座专业展览中心室内展示摊位。

资料来源：整理自台湾会展网。台湾会展网，台湾会展环境，https：//www.meettaiwan.com/zh_TW/menu/M0000819/% E8% 87% BA% E7% 81% A3% E6% 9C% 83% E5% B1% 95% E7% 92% B0% E5% A2% 83. html？ function = M0000819。

2017 年台湾地区共有 9 项展览获得 UFI 的认证，与 2016 年相同；其中，以台北国际计算机展（COMPUTEX TAIPEI）最具规模。近几年，COMPUTEX 积极转型，展出内容及论坛议题紧扣全球科技发展的最新趋势，以维持该展览的全球领先地位。2017 年的展览规模达 1600 家厂商，使用 5010 个摊位，吸引来自 167 个国家和地区共 4.1 万多名国际买主[①]。在国际会议方面，根据经济主管部门的研究报告，台湾地区 2014 ~ 2015 年举办的

---

① https：//www.computextaipei.com.tw/.

国际会议中，以医学、科学、技术等 3 项领域最多；举办的规模则以 50～149 人、150～249 人、250～499 人等 3 类规模为主①。

近年来，台湾地区会展产业持续保持稳定发展，并有良好的声誉。2015 年"亚洲超级团队竞赛"荣获国际奖励旅游管理者协会（Society for Incentive Travel Excellence，SITE）的年度最佳奖励旅游营销奖以及史迪威大奖（Stevie Awards）的年度商业营销活动类金奖；2015 年及 2016 年台北国际计算机展连续二年荣获亚洲展览会议协会联盟（Asian Federation of Exhibition & Convention Associations，AFECA）的最佳专业展览奖（Outstanding Trade Exhibition Awards）第一名；2016 年"台湾会展领航计划——绿色会展项目"也荣获 UFI 的永续发展奖等殊荣②。

三 关于亚洲会展产业发展的建议

新加坡的旅游收入在 10 年间强劲增长，中国香港机场的年客运量在 10 年间跳升 3 倍，韩国在 2017 年 WEF 全球旅游业竞争力报告中排名进步最多，由此可见一个地区会展产业政策的重要性。尤其是韩国透过立法发展国际会议，在举办国际会议及旅游竞争力排名中急速前进，可见若有法令来推动发展国际会议展览，辅以持续的政策，将可促成台湾地区会展产业持续发展的目标。

目前台湾地区已经在会议展览硬件建设方面有所提升，可以利用快捷的高铁及捷运、免费无线上网、行动网络覆盖等基础建设，继续发展数字会展及智能城市，持续推动商务观光；又有强大的产业总体经济来支撑国际会议和展览，未来当能加速提升会展能量并保持国际竞争优势。

针对前述各国会展产业的概况，本文提出下列建议。

---

① 台湾经济主管部门国际贸易局：《2020 年国际会议趋势及台湾策略研究》，2016。
② 台湾会展网站，https：//www.meettaiwan.com/。

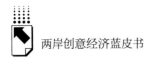
（一）除了以科技加强国际宣传，在国外继续举办各种营销活动

加强与海外国际会展组织、公协会、当地的展览企业的关系，积极邀请国际组织及企业来参加台湾会议展览。持续培训国际会展人才，及加强对参展商提供教育服务，提升知识及专业技能，整备国际营销与人力资源，策略联盟共同营销台湾品牌。

（二）台湾应将会展营销宣传之资源分配

着重加强社群媒体（Social Media）及行动装置（Mobile Device），透过社群媒体与参与者广泛地推播，提供会议、展览、旅游及场馆讯息到行动装置，提供一站式服务，以及实时的问答服务。建立会展旅游数据库，分析消费者行为，作为营销依据。持续投入资源整合数字商务与实体会展的运作，开发参展商和买主的交易服务，整年不间断地展销商品、传递产业专业知识，充分利用科技服务参与者提升会展竞争力。

（三）台湾的会议及展览目标市场可争取高利基产业且掌握政府五大创新产业政策发展的会议

争取产业特色导向型会议，开发贴近市场具有产业优势的国际展览，台湾地区国际会展应着重产业特色、创新价值，带给参与者深度的知识体验、产业新观念并留下深刻印象，提升台湾地区国际会展的品牌好感度。

B.25
中国人像摄影产业发展报告（2017）

陈意　杨阳*

摘　要： 2017 年我国人像摄影产业继续稳健发展，行业全口径收入达3745.4 亿元，同比增长 18.2%；行业经营单位 43.6 万家，同比增长 5%；从业人员 609.22 万人，同比增长 1.2%。人像摄影业对拉动经济增长、扩大社会就业、满足人民群众对美好生活的需要做出了积极贡献。本报告力求准确反映 2017年我国人像摄影产业发展概况、存在的问题，并结合产业发展趋势，提出相关政策建议，为政府政策决策、企业经营管理和相关投资决策提供参考。

关键词： 人像摄影　婚纱摄影　儿童摄影

中国人像摄影产业致力于解决人民日益增长的美好生活需要，经过 30余年的发展，已成长为一个庞大的生活服务类刚需产业。为科学、高效测算2017 年中国人像摄影业发展情况，本报告主要采用三种行业数据测算方法：①典型企业调查法，在全国范围内选取人像摄影业五大门类——婚纱摄影类、儿童摄影类、综合摄影类、产品制作类、影像服务类等典型企业，通过实地调研与电话、网络邮件调研，获取 2017 年企业发展数据；②文献研究

---

* 陈意，厦门理工学院文化产业与旅游学院副教授，博士后，研究方向为文化产业管理、文化投融资研究；杨阳，硕士，厦门追本文化产业顾问有限公司董事长，研究方向为文化产业政策研究。

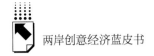

法，查阅了2011～2017年商务部服务贸易商贸服务业司和中国人像摄影学会联合发布的《中国人像摄影行业发展报告》，获取相关行业发展数据，此外，利用国家统计局、民政部、商务部等政府部门官网查询行业发展相关历史数据；③数值研究法，使用分析软件Origin9.1版，结合获取到的典型企业调研数值，基于人像摄影业经营辅助分析决策支持系统，采用关键假设以及固化历史数据，构建测算模型。

鉴于典型企业统计方法的局限性，考虑到行业中小微企业数据披露机制不健全、行业尚存在非法人经营单位等不易统计因素，相关统计数据可能存在偏差，2017年人像摄影业发展的实际规模可能大于本报告测算的结果。

一 我国人像摄影产业发展现状

2017年我国经济保持中高速增长，人均可支配收入同比增长，为人像摄影产业持续发展提供了更加牢固的经济基础。国家出台一系列加快服务业改革发展和供给创新的文件和优惠政策，政策红利持续释放，使人像摄影产业发展的政策环境不断优化。并且，人像摄影产业继续进行产品创新、服务创新、商业模式创新，人像摄影产业进入发展新时代。

（一）人像摄影产业进入发展新时代，继续保持稳健增长

2017年，中国人像摄影业认真学习领会和贯彻落实党的十九大精神，按照"五位一体"总体布局和"四个全面"战略布局的要求，积极适应经济发展新常态，践行创新、协调、绿色、开放、共享五大发展理念，开启了高质量发展时代新征程。行业整体规模持续扩大，业态结构趋于合理，行业效益稳步增长，服务质量和水平不断提升。

据不完全估计，2017年中国人像摄影业全口径收入增加576.7亿元，达3745.4亿元，同比增长18.2%，行业经营单位43.6万家，同比增长5%，从业人员609.22万人，同比增长1.2%（见图1和图2），新增就业

7.22万人。人像摄影产业对拉动经济增长、扩大社会就业、满足人民群众对美好生活的需要做出了积极贡献。

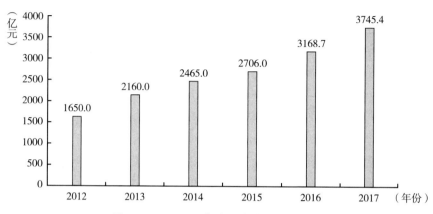

图1 2012～2017年中国人像摄影业产值

资料来源：根据2012～2016年《中国人像摄影业发展报告》数据及行业会员企业调研数据测算。

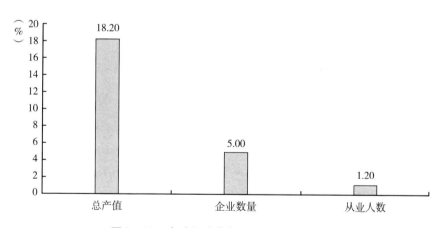

图2 2017年中国人像摄影业规模增长情况

资料来源：根据商务部流通服务业典型企业统计数据及行业会员企业调研数据测算。

（二）人像摄影产业致力于满足人民日益增长的美好生活需要，产业结构显著优化

十九大报告指出："我国社会主要矛盾已经转化为人民日益增长的美好

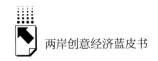

生活需要和不平衡不充分的发展之间的矛盾。"我国社会主要矛盾的变化是关系全局的历史性变化。人像摄影业作为服务业，与人民大众日常生活密切相关，致力于解决人民日益增长的美好生活需要。婚前拍摄的婚纱照、孕后拍摄的儿童照、全家福照等，早已成为人们影像消费的刚需产品。

2017 年人像摄影业业态结构更加细分，总体分为五类：婚纱摄影类、儿童摄影类、综合摄影类、产品制作类、影像服务类。婚纱摄影类包括婚纱摄影、婚礼摄影、结婚纪念照摄影、旅游婚纱摄影、私人定制婚纱摄影等；儿童摄影类包括儿童摄影、新生儿摄影、婴童摄影、亲子摄影等；综合摄影类含证件照摄影、团体照摄影、艺术写真摄影、毕业照摄影、孕妇摄影、全家福摄影、广告摄影、产品摄影、微电影等；产品制作类含婚纱礼服生产、摄影摄像器材销售、照片材料生产与冲印、相册相框制作、场景设计制作等；影像服务类含摄影基地、职业教育培训、摄影与婚礼展会、专业软件开发生产、互联网平台建设与服务等。

2017 年人像摄影业结构稳步优化调整，婚纱摄影类、儿童摄影类、综合摄影类、产品制作类、影像服务类占比分别为 31.4%、29.5%、15.3%、19.6%、4.2%（见图 3）。从人像摄影业五大业态占比来看，婚纱摄影比重较 2016 年下降 3.4 个百分点，儿童摄影增长 3.3 个百分点。值得注意的是，自 2015 年以来儿童摄影类行业收入、行业企业数、就业人口增速领跑人像摄影全行业，大有超越婚纱摄影之势。

从区域发展看，我国人像摄影业区域发展体现了我国经济分布的特点，呈现"东南沿海发达、中西部欠发达"的局面。以北京、上海、江苏、浙江、福建、广东、海南为代表的东南沿海地区，是人像摄影业最发达地区，中部和西南地区是带动行业增长的重要力量，西北地区是行业新的增长点。从城市区域市场发展来看，一、二线城市增速放缓但客单价增长，三、四、五、六线城市随着居民收入提升，再加之人口基数大，成为行业最大增长点。

（三）创新成为行业发展第一动力，产业新增长点不断涌现

党的十九大报告提出，创新是引领发展的第一动力。在激烈的行业竞争

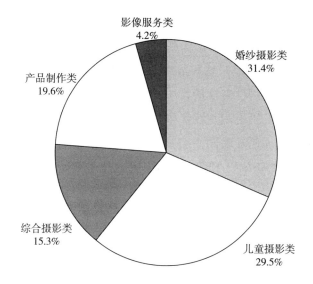

图3　2017年中国人像摄影业业态结构分类

资料来源：根据商务部流通服务业典型企业统计数据
及行业会员企业调研数据测算。

中，唯创新者进，唯创新者强，唯创新者胜。2017年人像摄影业传统业态
增速继续下降，为适应消费者对个性化、专业化、多元化、国际化产品和服
务的需求，婚纱摄影类、儿童摄影类、综合摄影类、产品制作类、影像服务
类五大行业门类坚持创新驱动、融合发展，以创新力带动行业转型升级，新
技术、新产业、新业态、新模式、新组织形式蓬勃发展，为行业稳中有进、
稳中向好注入新的强劲动力。

婚纱摄影类中旅拍和婚礼摄影成为行业新的增长点。在国家全域旅游政
策的鼓励下，旅游摄影继续保持高速增长。国内三亚旅游摄影同比增长
16.2%，厦门增长17.9%，丽江增长15.1%，海外旅游摄影同比增长
9.4%，其中东南亚地区增长13.8%；婚礼纪实摄影自2008年起市场发展
突飞猛进，需求越来越强劲，行业均价呈现10倍以上的爆发式增长，行业
生态逐渐完善。受国家二孩政策红利的释放，儿童摄影在行业增速和行业利
润增长方面，继续领跑人像摄影业，成为产业主要增长点。综合摄影集各业
态摄影、生产、服务、研发于一体，呈现快速发展趋势。在移动互联网和新

媒体时代，广告摄影、产品摄影、微电影摄影等摄影门类朝着专业化方向发展，成为行业的新的增长点。影像服务方面，一、二线城市摄影综合体基地建设数量（含改造和再建）增长放缓，三、四线城市同比增长40%。摄影教育培训方面，市场刚性需求量大，人像摄影独角兽企业、高等院校、互联网教育平台开始布局摄影职业教育和人像摄影业企业管理教育。软件开发方面，人像摄影企业加速互联网平台布局，整合线上线下资源，互联网摄影OTO平台、物联网、SaaS、ERP、大数据平台加速崛起。

（四）人像摄影产业继续为"稳增长、保就业、惠民生、促改革"做出贡献

就业是民生之本，是人民群众获得收入、维持生计和改善物质精神生活的基本途径。服务业是国民经济的重要组成部分，也是吸纳劳动力最多的产业和新增就业主渠道。

人像摄影业属于生活性服务业，2017年人像摄影业产值3745.4亿元，占全年国内生产总值82.7122万亿元（增速6.9%）的0.45%；2017年度人像摄影业新增就业人数7.22万人，占全国城镇新增就业人口1351万人的0.53%。人像摄影业在解决社会就业、拉动内需、带动相关产业发展、满足人民群众对美好生活的向往等方面做出了积极的贡献。

（五）诚信建设进一步加强，推动产业健康发展

2017年人像摄影业积极参加商务部等18部委开展的"诚信兴商"活动，加强行业自律，积极开展信用体系建设工程、依法诚信纳税工程、网络诚信工程等活动，有效规范了市场秩序，并且逐步形成了政府监管、行业协会监督引导、企业自律的行业管理体系和行业服务规范标准，有效减少了行业企业存在的违规违法经营、恶性竞争、损害消费者权益等行为，推动行业持续高效健康发展。

（六）"走出去"参与国际市场竞争，产业国际化程度不断增强

"走出去"是我国经济发展的国家战略，当前我国的摄影技术水平已经

赶上或超越发达国家，人像摄影业高度参与国际市场竞争，已经由过去的技术引进、资本引进变为产品技术输出、文化输出、资本输出。

2017 年人像摄影业积极响应国家"一带一路"倡议，在泰国曼谷以常任主席国身份主持召开亚洲专业摄影联盟（UAPP）第五届主席国第七次会议；圆满完成 2018 年世界杯摄影大赛中国赛区（WPC）作品评选活动。随着消费者对国际化人像产品需求旺盛，我国部分摄影企业已在东南亚、欧洲部分国家和地区，取得从事商业摄影资质，已在全球知名的人文或自然景区设立旅拍基地，提升了企业在全球市场资源配置的能力。

（七）移动互联网加速整合人像摄影产业

移动互联网时代，传统行业要么创新变革，要么被颠覆。人像摄影业在国家"宽带中国"、"网络强国"、"互联网＋"行动计划等战略的有力推动下，改变以往将互联网当作获客渠道的工具思维，创新运用移动互联网、云计算、大数据、云储存、移动支付、物联网等信息技术，高效地整合线上线下资源，创新定向营销模式、企业管理模式和商业模式。互联网已经成为人像摄影业提质增效的新引擎、"大众创业、万众创新"的新平台。

二 人像摄影产业发展过程中存在的主要问题

我国人像摄影业经过 30 余年的高速增长，行业总体向好，但仍然存在一些行业问题，亟须解决。

（一）行业正处于转型升级的关键阶段，行业整体利润率增长放缓，行业进入微利期

2017 年我国人像摄影产业链结构不断优化，客单价显著增加，企业经营管理水平提高。2017 年行业平均利润率为 11.7%，同比上升 0.4 个百分点。其中婚纱摄影类平均利润率约为 7.4%，同比下降 0.8 个百分点；儿童摄影类平均利润率为 17.5%，同比上升 1.7 个百分点；综合摄影平均利润

率为 9.3%，同比上升 0.6 个百分点，产品制作类摄影平均利润率为 16.9%，同比增长 0.4 个百分点；影像服务类摄影平均利润率为 12.0%，同比增长 1.2 个百分点（见表 1）。

表 1　2012～2017 年人像摄影业平均利润率

单位：%

年份	行业平均利润率	婚纱摄影	儿童摄影	综合摄影	产品制作摄影	影像服务类摄影
2017	11.7	7.4	17.5	9.3	16.9	12.0
2016	11.3	8.2	15.8	8.7	16.5	10.8
2015	9.0	7.2	13.6	7.9	—	—
2014	9.0	8.0	13.0	10.0	—	—
2013	10.8	9.0	15.0	11.0	—	—
2012	12.8	12.0	15.0	13.0	—	—

注：2012～2015 年，产品制作类摄影和影像服务类摄影皆划归综合摄影统计。

资料来源：根据 2012～2016 年《中国人像摄影行业发展报告》数据整理。

"互联网＋"时代，营销流量费用大幅提升，企业获客成本高，人力成本与租金继续上涨，企业经营压力加大，中小企业加速破产倒闭。根据人像摄影学会典型企业调查数据测算，2017 年典型企业四项费用同比增长 9.7%，其中行业平均工资增长 8.1%，税金增长 6.7%，房屋租金增长 15.2%，营销费用增长 8.6%（见表 2）。通过上述数据可知，人像摄影业营

表 2　2012～2017 年人像摄影业经营成本情况变化

单位：%

年份	典型企业费用同比增长率	行业平均工资增长率	税金增长率	房屋租金增长率	营销费用增长率
2017	9.7	8.1	6.7	15.2	8.6
2016	8.0	6.7	6.5	12.3	6.5
2015	6.4	6.0	6.4	8.6	4.8
2014	5.0	3.5	5.5	—	4.5
2013	7.0	15.45	—	—	—
2012	7.03	15.45	4.6	—	—

资料来源：根据 2012～2016 年《中国人像摄影行业发展报告》数据整理。

业成本大幅度增加，其中房租成本和营销成本增加最多。网络营销费用增长较快，单用户获客成本由 300 元增加到 500 元，增长 65%。总体来看，行业盈利水平降低，企业经营困难迹象出现。

表3 2017 年人像摄影业典型企业基本情况统计

单位：%

指标	同比增长
总收入	18.2
企业总量	5.0
从业人员	1.0
平均利润	11.7
四项费用占营业额平均比重	9.7
营销费用占营业额平均比重	8.6

（二）产业集中度低，企业规模小，核心竞争力不强

2012～2017 年，我国人像摄影企业从 35 万家增长到 43.6 万家，行业年营业收入从 1650 亿元递增至 3745.4 亿元，翻了一番。但总体来看，我国人像摄影企业规模普遍相对较小，缺乏规模经济。2017 年人像摄影业企业平均年运营收入仅 859037 元，平均从业人数仅 14 人（见表4）。产业整体集中度过低，龙头企业尚未形成，造成婚纱摄影和儿童摄影行业内没有一家企业能占据全国 5% 的市场份额。

表4 2012～2017 年人像摄影业企业收入和从业人数

年份	2012	2013	2014	2015	2016	2017
企业数量（家）	350000	350000	380000	404000	416000	436000
行业年营业收入（亿元）	1650	2160	2465	2706	3168.7	3745.4
企业平均年营业收入（元）	471429	617143	648684	669802	761707	859037
行业从业总人数（人）	5500000	5600000	5750000	5967000	6020000	6092200
企业平均从业人数（人）	15.7	16.0	15.1	14.8	14.5	14.0

资料来源：根据 2012～2016 年《中国人像摄影行业发展报告》数据整理。

此外，产业区域发展不均衡，偏向集中在东南沿海省市；企业研发投入不足，自主创新能力弱，高端产品供给不足；产品同质化严重，行业过度低价和不正当竞争；行业融资难、融资贵。

我国的人像摄影业经过 30 余年的发展，已经由小规模、低质量、低水平的自由竞争阶段向适度规模、高质量、高水平的综合竞争阶段发展。综合竞争对企业资金实力、技术实力、管理能力提出了很高的要求，客观上要求人像摄影企业必须形成规模，追求规模效应，提高抗风险能力。

（三）人才成为制约产业健康发展的重要因素

摄影是一门专业性极强的艺术，人像摄影业是知识创造型产业，对人像摄影业经营单位而言，人才是企业发展的软实力因素。我国的人像摄影业发展较晚，从业人员整体素质偏低且行业缺乏系统的教育培训体系，基本沿用老旧的师徒制来传递技能和经验。人像摄影业高素质人才严重匮乏，已成为产业发展滞后和转型迟缓的重要原因。

根据人像摄影业典型企业调查数据：2017 年全国人像摄影业从业人员中，大学本科以上学历职工仅占 33.5% 左右，其中摄影专业本科以上学历仅 12.7%；高中和大专学历占 47.9%，初中学历占 18.6%。即使在经济、高校教育资源较发达的北京、上海、广州、深圳，人才状况也不乐观。

就整体而言，目前我国人像摄影业人才结构性矛盾突出，缺乏两类专业人才，一类是创新型高端摄影师，另一类是企业经营管理人才。人像摄影业人才匮乏主要有三方面原因：①人才激励机制不健全，当前人像摄影企业内部，销售重要性大于摄影，销售人员收入远远高于摄影师收入，行业对专业摄影师吸引力低；②人像摄影业中小型企业占主导，为节约成本，中小型企业往往采取家族式经营方式，很少引入专业的管理人员；③我国摄影人才培养供给不足。虽然目前国内很多高校都设有摄影专业，但摄影专业毕业生往往更愿意选择从事新闻摄影、影视摄影、商业摄影。

（四）产业部分企业陷入低效率、低品质、低满意度的恶性循环

人像摄影业是一个典型的低频高单价复杂决策型的生活服务类行业，行

业淡旺季市场需求波动极大，服务流程长。同时，行业目前最大份额的婚纱和儿童摄影市场，从长远来看不是一个增量市场而是一个存量市场。再加上原有的婚纱影楼和儿童影楼模式已经成为一种成本极高、效率极低的商业模式。最终，部分企业陷入"产品和服务同质化—低价获客—流水线式拍摄—二次消费增加利润—服务品质差—客户投诉率高—口碑差—增加流量成本获客—企业净利润低—破产或艰难生存"的恶性循环。

三　我国人像摄影产业的发展趋势

世界永远都在变化，唯一不变的是变化本身。在可预测的未来，人像摄影业将呈现新的发展趋势。

（一）新科技革命将重构人像摄影业

世界人像摄影业自产生至今，已有 100 余年的历史。未来对于我国人像摄影业而言，首要的冲击不是同类对手的价格竞争，而是新的科技革命衍生的新产品、新技术、新型组织等引发的跨界竞争，甚至会颠覆整个行业生存的基础。

2016～2017 年人工智能（AI）、AR/VR 技术、自动驾驶、共享单车、大数据和云计算/云存储等技术创新颠覆了许多传统行业，人像摄影业也在加速运用最新的科技成果。当前 AR 增强现实技术迅猛发展，部分人像摄影企业已将 AR 技术广泛应用于婚纱摄影摄像、儿童摄影摄像、相册制作包装等方面，用科技驱动影楼行业新一轮的转型升级。

部分人像摄影企业开始利用人工智能技术，研发智能摄影系统。智能摄影系统，是指根据高水平摄影师、灯光师经验，将经验标准化、程序化，将光圈、速度、白平衡、感光度、灯光输出指数、光源配置等写入程序模板，输入电脑。通过数据中心控制灯光、相机，摄影师只需要对焦，即可一键完成拍摄。此外，通过精准化的合成技术，还可以完成各类外景拍摄。

未来，人工智能摄影系统的研发，不但会大幅降低人力、房租成本，同

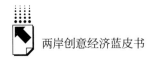

时还可以实现摄影复制和摄影标准化。随着人工智能技术的普及化，传统的人像摄影业存在被人工智能摄影颠覆的可能性。

（二）行业进一步分化，优胜劣汰，行业独角兽企业加快上市进程

随着行业市场趋向饱和，同质化竞争加剧，人像摄影业发展将呈现两极化。一方面，规模小、企业核心竞争力弱的企业，由于持续亏损将逐渐退出；另一方面，一些市场占有率高、规模大的品牌企业和专注于科技、模式创新的企业，仍将逆势增长，进一步巩固和强化自身的竞争优势。

企业股改上市，是企业优化融资渠道、增强发展驱动力的最佳途径。未来，人像摄影业将迎来第一波企业上市高峰期，部分行业独角兽企业已经完成在主板、中小企业板、创业板、新三板上市准备，将借助资本市场做强做大做优。

（三）新媒体时代，人像摄影业充满机遇与挑战

人像摄影是一种视觉媒介，以拍摄方式为表现手段，直观感强。当前信息传播已经进入新媒体时代，信息传播的手段层出不穷，数字化、网络化的媒介信息环境，改变了人们的学习、生活、社交方式，这对人像摄影业而言，既是机遇又是挑战。

新媒体时代是人像摄影业发展的一次机遇。新媒体时代，摄影不再是高高在上的艺术形式，它以更加简单的技术手法和更加清晰的成像形式走进普通人群中。图像成为一种更直观、更生动的传播手段，"读图"已成为人们最易接受的信息方式。全民爱摄影，全民爱读图，一方面扩大了人像摄影的消费市场，另一方面更凸显了人像摄影的专业价值。

新媒体时代，传统人像摄影业也面临三大挑战：第一，传播渠道发生变化，从单一的平面媒体、纸质媒体扩展到以互联网为基础的电脑、手机等多媒体媒介；第二，创作主体多元化，自由摄影师和业余摄影师大量涌入人像摄影业，对职业摄影师提出了挑战；第三，传播形式上，用户的阅读朝着视觉化方向发展，声音、文字、图形、影像等复合形式对静态的图片提出了挑战。

（四）摄影师个体价值被肯定，自由摄影师成为行业有益补充

人才对企业的生存与发展起着至关重要的作用，未来摄影师人才将成为人像摄影企业之间最重要的竞争资源，摄影师的个人价值将被肯定，企业将针对摄影师群体建立科学的激励机制和人才培养机制。

随着国家取消摄影师职业资格认证，摄影职业准入门槛降低，越来越多的业余摄影爱好者成为自由摄影师。自由摄影师群体的出现，一方面，保障了人像摄影业人才来源的多元化；另一方面，出现各类摄影师工作室，满足了85后、90后对人像摄影产品定制化、服务个性化的需求。

四 促进我国人像摄影产业健康发展的对策

回望2017年，人像摄影业取得了新的成就。2018年是贯彻党的十九大精神的开局之年，是改革开放40周年，是决胜全面建成小康社会、实施"十三五"规划承上启下的关键一年。人像摄影业站在新起点，必须抢抓新机遇，通过各种措施实现产业健康发展。

（一）加大政策扶持，完善行业监管，加强行业自律，营造行业发展的良好环境

进一步提高对发展人像摄影业重要性的认识。政府各级部门要认识到发展人像摄影业对于我国经济发展和满足人民群众日益增长的美好生活需求的重要意义，破除各类显性隐性的准入障碍。

贯彻落实国家在财政、税收、金融、土地等方面的优惠政策。重点抓好人像摄影企业技术开发费加计抵扣、小型微利企业所得税优惠等一系列税收优惠政策；强化人像摄影业知识产权保护；鼓励金融机构创新人像摄影业发展的金融产品和服务，探索开展知识产权和非专利技术、商标等无形资产质押贷款试点；加快构建开放、高效、多层次的资本市场体系，充分发挥中小板市场、创业板市场等对人像摄影企业的培育和促进作用，推动企业通过资

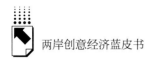
本市场募集资金做强做大；鼓励和支持有条件的地区引导社会资本，建设一批人像摄影产业园区，引导产业集聚。

政府监管是人像摄影业规范发展的重要保障。建议政府部门出台人像摄影业发展指导标准；逐步完善人像摄影业统计调查体系和重点企业监测；加强人像摄影服务市场诚信建设，建立健全市场主体信用记录，构建守信联合激励和失信联合惩戒机制；完善消费者权益保障制度，健全服务纠纷解决机制；利用各种公共信息平台，将政府各部门涉及人像摄影业企业违规违法行为及信用状况、服务质量检查结果、顾客投诉处理结果等信息及时向社会公布。

行业自律是人像摄影业可持续发展的内在基础。应进一步完善中国人像摄影学会这一全国性行业组织内部机构和各专业委员会，明确其职责与业务范围；制定人像摄影业标准和从业行为准则；建立行业内部自律惩戒机制和信息共享、披露机制。

（二）坚持行业创新驱动，跨界融合，提质增效

创新是人像摄影业由低技术水平、低附加值状态向高新技术、高附加值转型升级的重要驱动力。随着我国经济处于增长换挡阶段，再加上消费者需求已从过去不同领域的横向拓展逐步演变成同一领域的功能纵向升级消费，人像摄影业提升创新能力，不断完善创新体系、转型升级迫在眉睫。

跨界融合是助推人像摄影业转型升级的重要抓手。跨界融合是以新科技和新平台为依托，将现有产业领域和要素资源，经过相互渗透、融合或裂变，实现产业价值链的延伸或突破，形成独特的创新能力和核心竞争力。人像摄影业跨界融合主要有两种模式：一是"互联网＋人像摄影业"，互联网的本质是连接、开放、协作、分享，利用互联网跨界整合优势，由技术创新深入商业模式创新、营销创新、金融创新、文化创新；二是"文化＋人像摄影业"，为人像摄影业产品和服务植入文化 DNA，赋予文化内核和文化附加值。

提质增效是人像摄影业有效控制成本、提高生产效率、创新发展空间、

提升竞争力的迫切要求。提质增效核心在于"质"，关键是实现三个创新，即科技创新、管理创新、商业模式创新。要通过改革创新和转型升级，打造品牌优势，提高企业核心竞争力，实现企业创新发展、协调发展、绿色发展、开放发展、共享发展。此外，人像摄影企业要提升组织运营效率与要素利用效率，科学选择标杆企业，通过深入比较，明确自身不足，寻找解决方案，努力提高企业管理效率。通过提质增效，在激烈的市场竞争中抢占制高点，扩大市场份额，赢得主动权。

（三）重视产品创新开发，树立企业品牌，增强企业综合竞争力

重视新产品开发。市场经济是产品经济，互联网时代是口碑时代，产品是企业的核心竞争力。人像摄影经营单位必须以市场为目标，通过新技术、新工艺、新设备不断促进产品的升级换代，形成和创造新的市场需求。

互联网时代的企业竞争，是以品牌为核心的综合实力的竞争。互联网将原本的区域竞争推向全国乃至全球的同类产品竞争，在这种环境下，面对越来越多的同质化竞争对手，唯有品牌才能让企业在市场竞争中脱颖而出，做大做强。品牌作为产品和企业核心价值的体现，是除产品本身价值之外的一项重要附加值，不但可以增强产品的认知度和消费者忠诚度，还能有效提高产品溢价，让产品在无形中增值。鼓励人像摄影经营单位加强品牌建设，引导经营者增强品牌意识，健全品牌管理体系，提升品牌认可度和品牌价值，打造国内和世界知名品牌。

（四）加强人才队伍建设，提供智力支撑

坚持"尊重劳动、尊重知识、尊重人才、尊重创造"的原则，做好行业人才资源开发和人才队伍建设。首先，构建人像摄影业多层次、多类型人才教育培训体系，着重培养高端专业人才、应用技术技能型人才、经营管理复合型人才；其次，强化业务培训，深化产教融合、校企合作，充分依托高等教育、职业教育和社会培训机构，推行终身职业技能培训制度；最后，引导企业建立人才激励机制，支持人才以知识、技能、管理等多种创新要素参

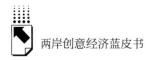

与分配。健全人像摄影业人才评价体系，培育完善的人才市场体系，最终培养一批素质高、专业性强、结构好、规模大的人像摄影人才队伍。

（五）加强国际合作交流，提升国际竞争力

"一带一路"建设是我国扩大对外开放的重大举措和经济外交的顶层设计。人像摄影业应该借此机会，"走出去"与"引进来"相结合，开拓两个市场，用好两种资源。一方面，鼓励我国人像摄影业企业参与国际市场和技术竞争，输出产品、文化和资本；另一方面，引进国外先进的人像摄影业技术和管理方式，鼓励国外人像摄影业知名科研机构和企业来华投资人像摄影业。

发挥中国人像摄影学会及各省市分会、专业委员会的主体作用，积极动员和组织人像摄影企业和从业者，以扩大产业国际交流合作为主轴，以参加世界杯摄影大赛、海外旅拍为突破口，以开展"成功之道·探索之旅""上海国际婚纱摄影器材展览会"等项目为载体，不断深入发掘多层次多样化的交流渠道，在全球范围内配置资源、开拓市场，拓展发展新空间，提升国际竞争力。

B.26
感性设计思维在工业设计中的应用

陈俊智*

摘　要： 感性设计是浓缩最复杂的人心渴望与需求（感性与理性），
在食、衣、住、行、育、乐领域，每一项看似简约、单纯的
商品，都蕴含着饱满的情感，进而创造出无限商机，感性设
计是未来产业感动客户、提升竞争力、形塑品牌力、研发升
级的重要关键技术。本文藉由感性技术的介绍，包括"感性
工学"、"魅力工学"与"Kano质量模式"的魅力质量探求
技术，配合应用于工业设计产业的实务案例说明，提供设计
者（决策者）在设计发展或定位时的应用技术，协助其对于
"质量"与"满意度"的精确控制，并厘清质量增益（改善）
与满意度的相关性，找出重要的创新体验因子，有效协助设
计者（决策者）判断设计质量改善项目的优先性，促成产业
的转型与创新。

关键词： 感性设计　工业设计　感性工学　魅力工学　感质

在产品多样化的时代，使产品符合消费者的需求成为设计上的关键要
素，其中如何掌握消费者的感性、发掘产品/服务魅力更是不可忽视的重要
课题。但是如何将消费者的感性转为设计上的要素，发掘产业创新方向，创

---

* 陈俊智，台湾高雄师范大学工业设计系（所）暨文化创意设计硕士学位学程教授，主要研究
方向为工业设计、文化创意设计、感性设计与营销、服务设计。

造差异，长久以来成为设计师/企业亟待厘清的课题。透过"感性工学"、"魅力工学"与"Kano 质量模式"的应用实例介绍与说明，能提供给设计师一个解决此问题的方法。

一 产业升级与转型的触媒——感性设计

因应全球化的竞争，台湾产业的升级与转型透过 OEM（Original Equipment Manufactures，制造代工）– ODM（Own Designing & Manufacturing，设计代工）– OBM（Own Branding & Manufacturing，自有品牌）的演化路径，追求经济价值的提升。而工业设计的应用也从强调设计标准化、模块化的劳力密集阶段（OEM），发展到致力于商品差异化的技术密集阶段（ODM），再朝向以生活风格与品牌个性的知识密集阶段（OBM）发展，并以消费者需求为导向之美学/体验经济的创造为发展目标。

消费者对于商品与服务的美学与体验渴望，是源自对于情感与感性的需求。Jordan 参考马斯洛（Maslow）于 1943 年所提出的人类需求五层次理论，定义出针对产品特质的用户需求理论，包含机能性、优使性以及愉悦性三个层次，说明消费者对于产品情感的向往；而唐纳德·诺曼（Norman D. A.）则进一步提出情感设计（emotional design）概念，发展出情感设计的三个层次——本能的、行为的、反思的（visceral, behavioral and reflective level），其中，本能的层次是指接触作品的第一个感觉，例如，形状、造形、触感、材质、重量等引起的第一反应；行为的层次则是无意识行为，例如，运动后的愉悦、淋浴的愉悦等；而反思的层次则是有意识的行为，例如，流行文化、风格时尚等。其指出情感对于消费者日常生活的决策具有重要影响，情感能改变消费者认知参数的运作，当产品具备轻松、愉悦等情感特质，能帮助消费者的思考由理性转向感性，触动消费者的心灵，令人感动。

商品开发趋势已由实用功能为主逐渐转向重视消费者的"渴望"，消费不再是对"物"的购买，想要的是"感觉""故事"，甚至是"认同感"，

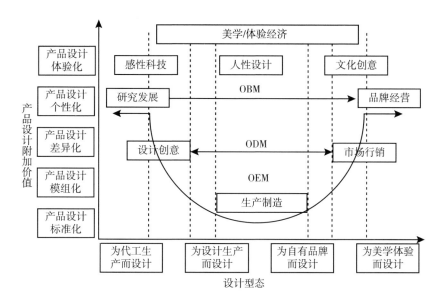

图1　台湾从 OEM 到 OBM 经济发展示意

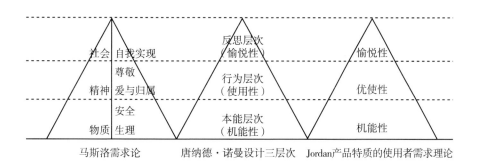

图2　消费价值判断三层次

藉由消费者为中心（Consumer-centered）的感性思维达到满足消费者之目标。因此，如何了解消费者、探求消费者对于感性的欲求，并进而将感性因素融入商品/服务的设计，已成为产业升级转型应具备的重要技术。为提升企业竞争力、培育感性设计力，台湾于 2009 年实施"感质中小企业推动计划"，辅导、协助企业产品/服务由"基本需求导向"迈向"体验与感动"，藉由五大感质（Qualia）元素——魅力（Attractiveness）、美感

（Beauty）、创意（Creativity）、精致（Delicacy）、工学（Engineering）的呈现，建构出独特性与增加商品和服务附加价值，以触动消费者内心的情感，进而引发顾客心灵上的喜悦与感动，提升感质力。另外，台湾工业技术研究院于2013年8月成立工研院中分院，设立"感性设计技术项目办公室"，以感性工学为出发点，透过感性设计加值技术的发展与推广，积累感性设计研发能量，创新产品开发，带动产业产品的升级。以消费者为导向之感性设计（Affective Design），已成为产业转型升级的有利"心"技术。

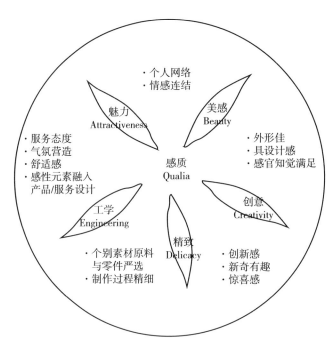

图3 感质元素

二 以人为本之感性设计技术

大众时代的结束，"小众和分众"成为消费主流，"好与坏"等社会的规范和价值观不再是理性的判断基准，取而代之的是以"喜欢与厌恶""感觉和气氛"为基准的商品/服务之创造，"感性消费"的概念因应而生。日本经济产业省倡议"感性价值的创造"，提出除了重视价格、功能与质量价值外，更将"感性"（Kansei）视为第四价值。强调透过感性要求、故事和消费者沟通产品/服务概念，创造共感体验以说服、打动消费者，创造产品/服务魅力与市场机会的关键敲门砖。以下针对相关应用于感性设计的技术加以说明。

（一）感性工学

1986 年长町三生（Mitsuo Nagamachi）提出感性工学（Kansei Engineering/Affective Engineering）学说，一种将感性与工学做连结的技术，并将其定义为："将消费者对于产品所产生的感觉与意象予以转化成设计要素之技术"，也就是以消费者为导向之新产品开发技术。"感性"是消费者对于产品/服务的心理感觉和印象，而感性工学旨在将这些心理感受整合进产品开发的过程。

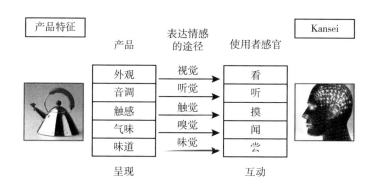

图 4　产品设计要素与消费者感性诱发

感性工学主要探讨人与物间之相互关系，并且以工学的角度进行感性的研究，以辅助设计师对于"物"的创造。对于工业设计而言，就是让制作的产品能更合乎用户的"感性需求"，而如何达成此目的就是感性工学的研究范围。Nagamachi 提出感性工学的研究方法主要分为三种类型：一是 Category Classification（阶层类别分析法），是将主要设计概念转化为感性语汇，再逐次解析至物理量设计元素的过程，透过树状图的层层解析，分出数个次概念，直到发展出设计细节；二是 Kansei Engineering Computer System（感性工学计算机系统），是透过运算与逻辑推论技术，利用专家系统来建构感觉和设计元素的知识库，联结感觉和设计元素的对应关系；三是 Kansei Engineering Modeling（感性工学模式），是利用数学模式来表达感性用语和设计元素间的关系。上述技术的共同点，是以工学的分析，建构消费者心理感觉/感性与设计属性（造形特征）之关联性，以理性思维形塑产品/服务之感性，协助设计师/企业创造出更符合消费者需求之产品。

感性工学在实务界成功的实践是在 1986 年，由日本马自达汽车公司与长町三生携手进行研发实践。透过阶层类别分析法之应用，发掘年轻人对自在驾驶的渴望，享受催油门、伴随"叽叽叽"声音的飙速快感，进而提出"人车一体"（HMU, Human-Machine Unification）的概念，以感性工学构成一标榜提供驾驶人刚好的动力、平均车身配重与自在乐趣的马自达 MX5 系列，其全球累积销售量三度被列入金氏世界纪录大全，被誉为"全世界最畅销的双人座敞篷小跑车"。

（二）魅力工学

魅力的发掘，来自对消费者需求与欲求的掌握。为能形塑产品、空间与服务魅力，1991 年日本学者宇治川正人（Masato Ujigawa）集合多位学者发起"魅力工学"（Miryoku Engineering/Attractiveness Engineering），以消费者喜好为主的设计观念（Preference-Based Design），使设计师与消费者之间有一沟通接口，并提出"评价构造法"（Evaluation Grid Method，简称 EGM），以为解析、建构用户对于产品/服务喜好之魅力要素。"评价构造法"是由日本学者赞井纯一郎（Junichiro Sanui）参考临床心理学家 Kelly 所提出之个体构造法（RGM, Repertory Grid Method）并加以改良的一种有助于深入了解受测者对于某一事物之心理认知层面的方法。

EGM 透过个人访谈，经由对于对象 A 与 B 的成对比较法，明确讨论出对象的相似或差异关系后，再整理出目标对象的个别特质。首先，在目标对象的评估中，受访者需回答他对于对象的喜好或厌恶。其次则是透过附加问题以澄清受访者的答案意思或条件，统整其回答，具体解析出产品对于消费者喜好之魅力因素，整理出其相关构造网路。以下针对 EGM 操作流程加以说明。

①访谈前的准备，准备访谈所用的相关图卡。

②开始访谈。

③请每位受测者在图卡中挑出他认为喜欢的图卡。

④将挑选出的受测者喜欢的图卡，依照受测者的喜好进行分群，建议分群越多越好。

⑤请受测者依分群的顺序说明分群的理由（有差异或喜欢的原因），建立原始（Original）评价项目，即原始理由。

⑥在得知原始理由后，再往上追问其抽象感觉，往下串联说明具体事项。例如，询问受访者"在线游戏角色吸引你的理由是？"受访者第一次回答"我觉得造型很不错"，则将"造型"萃取为魅力原始理由；再依据原始理由往下追问"您觉得造型当中什么令您觉得具有魅力？"受访者若回答"我喜欢角色里的发型"，则将"发型"萃取为魅力具体因子；最后，再继续追问"您觉得发型吸引您的地方在哪里？可以形容一下感觉吗？"受访者若回答"当我玩游戏角色时，发型让我觉得可爱、优美"，则将"可爱""优美的"萃取为魅力抽象因子。

⑦透过逐步、深入与多名消费者或专家访谈的进行，进一步整理出魅力评价构造图。此简易之访谈方法，可以快速且简易地萃取出消费者对于产品/服务之魅力元素，是一跨领域方法，能协助管理人员、工程师、营销企划师或设计师跨入消费者经验，发掘出事物之感性价值与魅力之有效技巧。

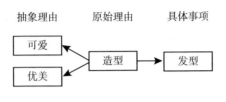

图 5 EMG 访谈步骤说明范例

（三）探求消费者满意之 Kano 质量模式

因应消费者导向的市场趋势，如何探索消费者需求与渴望，了解消费者对不同质量/属性的满意程度，是设计师/企业掌握开发魅力创新、有效提升服务与商品满意度的关键切入点。日本品管大师狩野纪昭（Noriaki Kano）提出以"心理面质量"为中心概念的 Kano model，了解消费者对不同质量要素的满意程度，将质量区分成三大类：必要的（must-be）或基本的（basic）质量，线性的（one-dimensional）或机能的（functional）品质，魅力的（attractive）或愉悦的（delighter）品质。如图 6 所示，横轴代表"质量"充足与否的程度，纵轴代表"满意度"或"不满意度"。图中五种曲线分别代表"Kano 质量模式"的五种质量关系。

1. "魅力的品质"(attractive qualities)

当"质量"充足时，"满意度"会大幅提升；但是当"质量"不充足时，消费者的"不满意度"并不明显提升。此质量属性可视为一种魅力的（attractive）、愉悦的（delighter）质量或潜在需求（latent requirements）。

2. "一元的品质"(one-dimensional qualities)

当"质量"充足时，"满意度"会随充足程度，呈等比例上升；但是当"质量"不充足时，消费者的"不满意度"亦随不充足程度，呈等比例下降；此质量属性可视为一种机能的（functional）质量或期望的需求（expected requirements）。

3. "必要的品质" (must-be qualities)

当"质量"充足时，"满意度"并不会因此提升；但是当"质量"不充足时，消费者的"不满意度"会大幅增加；此质量属性可视为一种基本的需求（basic requirements）。

4. "无差别的品质" (indifferent qualities)

无论"质量"充足与否，消费者的"满意度"皆不受影响。

5. "反向的品质" (reversal qualities)

当"质量"充足时，"满意度"呈等比例下降；但是当"质量"不充足时，用户的"不满意度"呈等比例上升。

同时，消费者需求会因时空环境的不同而有所改变，或是依照年龄等其他因素影响而产生不同的需求，因此 Kano model 可以用来定期追踪顾客需求的改变，以为因应措施。

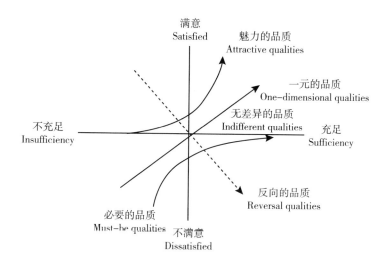

图 6　Kano 质量模式——质量绩效与满意度的关系

透过 Kano model 的应用，能厘清消费者对质量的需求。为有效地提升消费者满意度，设计者不仅需要厘清不同质量项目对满意度之影响性差异，更需要明确设计质量改善规划。透过决策矩阵的应用，根据 Kano 质量分类的结果，即可决定产品在各质量项目所应提供的不同质量水平，以满足消费者真正的需求。为进一步决定质量改善之优先级，藉由与现有产品（竞争者）在各质量项目绩效平均值（mean）的比较，可决定产品（改良的对象）在各质量项目的竞争优劣势，并配合决策矩阵，决定产品各质量项目的改进优先级。以一元的品质之特性为例，产品质量越符合消费者要求，则消费者满意度越高，具实际的竞争力；因此，无论产品（改良的对象）相较于现行产品（竞争者）是处于优势、劣势或相当的情况，该项质量都可予以继续改善、提升，以达到满意度提升的目的，并降低消费者对于产品之间比较后可能产生的不满。而产品若在魅力的质量项目上，取得竞争优势或相当，则应该继续改善、提升，该质量项目能作为要求产品差异化的利器，是愉悦、感动使用者的重要因子；相对地，产品若是处于竞争劣势，则无急迫改善之需求，因该质量项目未达成时，并不会使满意度明显的下降，在考虑资源分配的有效性，该质量项目可以予以忽略。对于必要的质量项目，是被视为理所当然、产品不可缺少的基本必备要项，若未达成消费者的

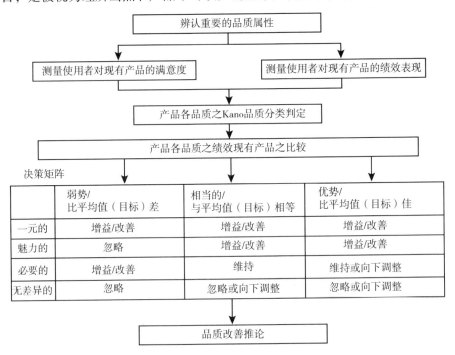

图7 以 Kano 模式为基础之质量改善决策矩阵

要求，则将造成相当程度的不满，但该项质量的提升并不能有效提高满意度；因此仅须维持最小、可接受的质量水平即可，无须追求高标准，造成资源的浪费。因此，产品若在必要的质量项目上处于劣势，则必须予以改善至可接受水平（绩效平均值），避免消费者的不满意度；若质量水平与现有产品的绩效平均值相当，则只需继续维持即可；同时，为达有效资源分配，具优势的必要的质量项目应该予以维持或向下调整，以避免过多资源的浪费。而无差异质量要素，并不会影响消费者满意度，可加以忽略，甚至降低该质量水平，以节省企业成本。透过 Kano 模式与决策矩阵的应用，能协助设计者（决策者）决定产品质量改善项目的优先性。

三　感性设计在工业设计中的应用

（一）感性工学案例——"光学3D足弓压量测"

企业/设计者应该跳脱过往的思维，从理解消费者的感性入手，透过感性工学的应用提供研发人员不同的方向，进而创造出客户"真正想要"的商品。感性工学之阶层类别分析法（以下简称"阶层法"）是发展新产品概念的有力工具；同时，阶层法是属于一种定性推论式的感性工学方法，推论过程中并不利用计算机运算与专家系统的建立，也无牵涉复杂的数学方程式运算，因此是较单纯与基本的感性工学研究方法，特别适合企业/设计师实务上的需求。

阶层法方式是透过团队方式进行，团队成员以对该议题有相当了解与经验者（高涉入）为佳，特别需要能涵盖跨领域人才，有利于将感性需求逐步推向实际物理特性的解析与技术实践。过程中鼓励成员间想法的充分表达与讨论，透过小组成员意见的汇整，逐步进行层次的推论与架构，建立如树状图的"感性→物理特性"（Physical Traits）的关系。方法执行须先设定产品的 0 阶（Zero-level）感性概念，即为设计目标；设计目标的设定必须以洞察消费者需求为基础，执行上可配合消费者行为观察/访谈等方式来搜集消费者信息，再透过充分讨论后予以界定。再透过讨论将 0 阶感性概念区分为若干副概念（Sub-concept），此阶段也称作 1 阶感性概念，重复此一动作将每一个副概念区分为其他副概念，进而进入 2 阶、3 阶感性概念阶层，如此分解的动作并无限定一特定的阶层数，以逐渐具体、趋近物理阶层为原则，故以 n 阶为表示。此分解的过程称作阶层分解（break down）。感性工学的阶层法应用于新产品开发案例，以日本 Mazda 汽车开发 Miata - 人车一体的感性解析最为成功，其透过人车一体的 0 阶感性概念设定，续推论出"紧密感"、"直接感"、"速度感"与"沟通感"等四项 1 阶感性概念，推论架构如图 8 所示。以其中的紧密感为例，该车型重视的是赋予驾驶者贴身的感受，据此推论出的副概念为"适当的窄度"与"单纯感"，进而推论出产品设计的物理特性为"车体长度和乘坐人数"等设计细节上的物理特性。依此方式逐步推论副概念与阶层分解，最终获得可符合此感性要求的产品设计物理特性，而成功开发出销售量极佳的车款"Miata"。

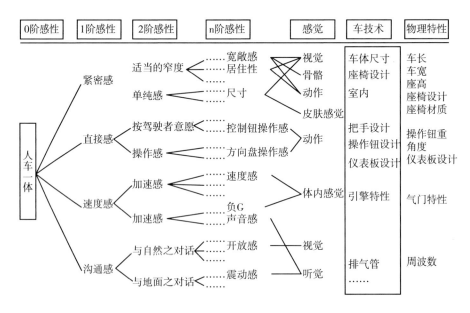

图 8　人车一体之感性阶层类别分析

合脚是鞋子购买决策中最重要的关键因素，因此试穿过程虽烦琐却无法省略。为能创造消费者体验满意并因应 O2O 电子商业模式的新需求，台湾金属工业研究发展中心以光学 3D 影像扫描技术为基础，由笔者主持的科技美学（Dechnology）项目中，应用感性工学阶层法进行"光学 3D 足弓压量测"新商品/服务开发，透过消费者扫描量身，整合数据与鞋型数据库之智能推论，能根据消费者之风格喜好与需求，推荐合脚又适切的鞋型，省去试穿的麻烦过程，提供消费者便捷、舒适的购鞋体验与 O2O 服务模式的创新。透过感性阶层法的导入，在考虑消费者购鞋流程、足型量测、O2O 消费服务、企业端商品维护等感性需求，提出以"舒速有感"之设计目标（0 阶感性），进行感性阶层的解析，并以专业感、吸睛感、舒适感与沟通感四项为 1 阶感性概念，陆续推论出对应感性需求之设计属性，如图 9 所示。

商品技术以整合影像扫描计算足压分布及深度感测技术进行三维扫描量测，提供足型以及足压之复合式足部量测。透过量测仪获得制鞋所需之关键尺寸，透过线下量测关键尺寸，引导后续分析、门市试营运、推广及在线导购流程，打造 O2O 创新营运模式，发展线下量测、在线物流之虚实整合服务。此创新商品设计与服务不仅获得鞋业厂商的肯定与购买，更获得拥有创新界奥斯卡奖美誉的爱迪生奖（Edison Awards）2018 年创新服务奖银奖之肯定。此设计案例亦说明感性阶层法技术不仅适用于产品设计，亦能有效协助设计师/企业在服务与产品互动之感性营造，创造感质体验与消费者满意。

（二）商品/服务魅力质量发掘案例——"社交网站互动设计质量属性解析"

面对激烈竞争与多变的消费市场，具备发掘商品/服务魅力技术力是创造产业优势的关键。笔者透过整合魅力工学的"评价构造法"与 Kano 质量模式解析社交网站互动设计质量属性，并以提升用户满意度为目标，提出脸书（Facebook）后续应强化的质量属性，调研结果成功提前预测其

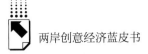

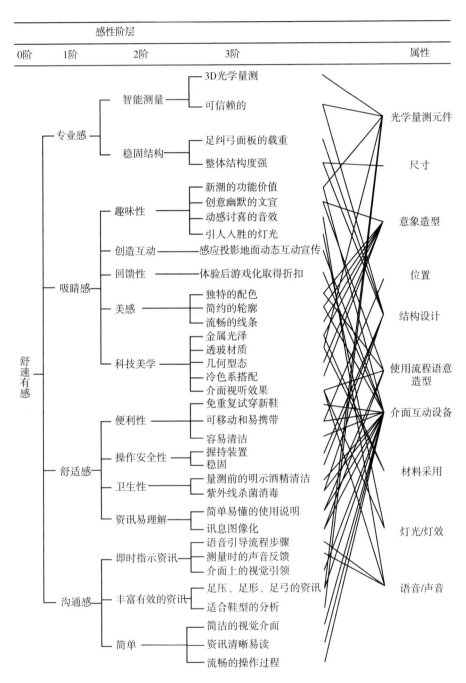

图9　光学3D足弓压量测——"舒速有感"之感性工学解析

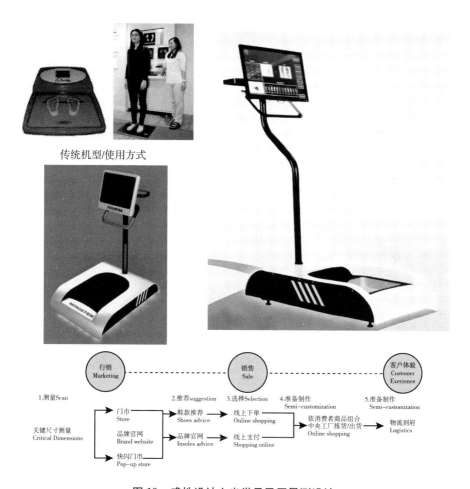

传统机型/使用方式

图10 感性设计之光学足弓压量测设计

后续接口设计的改善，说明魅力质量探索技术在设计实务应用的有效性与可用性。

为能厘清使用者对于虚拟社区网站之不同需求，找出魅力体验与互动设计属性，研究以脸书与无名小站为例，藉由社群网站之高度涉入使用者之深度访谈（以18～30岁年轻族群为主），应用"评价构造法"建构社交网站的魅力体验评价构造图，归纳出七项魅力因子（原始理由），包括流行性、社交性、娱乐性、界面设计、资讯分享、虚拟体验、自我表现等，如图11所示。

抽象感觉　　　　　　　原始理由　　　　　　　　具体事项

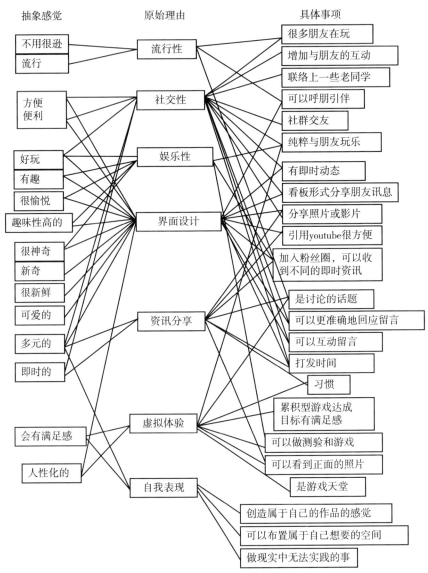

图 11　社群网站之魅力评价构造

根据 EGM 分析基础，配合问卷设计与调查，分析结果指出消费者对于社群网站互动体验的质量认知可分为六个因素，包括认同性、社交性、情感性、趣味多元性、参与性与个性化（见表 1）；进一步应用 Kano 质量模式探讨消费者对于社群网站互动属性/质量之需求差异，6 项因素与各质量属性的 Kano 质量判断结果如表 1 所示；而 6 项因素的质量分类结果，趣味多元性因素归类为魅力质量，说明了社交网站必须专注在多元/趣味互动体验的创造，以达到增进人与人之间情谊与关联，符合当今人们对于虚拟的、实时的、开放性、分享的、简单化人际互动的潜在需求，大幅提升使用者满意度。认同性、社交性与个性化等体验因子，是传统社群网站强调的重要特性，被归类为必要质量，对于满意度是具重要影响性，然而仅需符合用户可接受之质量程度，并不需要过分供给与强调；但却有其存在的必要性，当缺少时会造成满意度的下降。而其他因子项目皆被归类为无差别质量。在当前强调情感消费的设计趋势中，常强调情感消费对于使用者满意度的重要性，将情感因子视为影响使用者满意度的魅力的、鼓动性的（excitement）；然而，透过此 Kano 质量模式分析的结果，对年轻族群而言，社群网站之情感体验特质（认同性、社交性与个性化）是必要的基本需求。这也说明了 Kano model 的应用，能有效厘清不同使用族群的质量需求差异，进而为不同的顾客区隔群（customer segments）量身定做。

表 1 体验属性 Kano 质量分类与满意度评价

因子	Kano 分类	评价专案	无名小站 Mean	脸书 Mean	整体 Mean	Kano 分类
认同性	必要的	拥有粉丝团与朋友,让我得到认同与归属感	2.65	2.69	2.67	必要
		在社群网站上与朋友互动,让我觉得很独特	2.40	2.92	2.66	必要
		透过社群网站与朋友互动,让自己觉得跟上潮流	2.35	3.03	2.69	必要
		我会以真实姓名为社群网站之账号,寻找失联的朋友	2.60	3.33	2.97	无差异
社交性	必要的	收到朋友的邀请、认识新朋友或联络上老朋友,让我感到惊喜	3.20	3.97	3.59	必要
		我乐于浏览朋友的实时动态,或在动态留言板上与朋友互动	3.10	3.79	3.45	无差异
		与朋友在社群网站上讨论、分享与互动,让我心情变好	3.60	3.72	3.66	必要

续表

因子	Kano 分类	评价专案	无名小站 Mean	脸书 Mean	整体 Mean	Kano 分类
情感性	无差别	赠送礼物、游戏邀请等互动,让我感受到朋友的关怀,觉得很暖心	2.70	2.95	2.82	无差异
		累积型游戏的参与,让我觉得生活充实、有目标,很满足	2.30	2.64	2.47	无差异
		与朋友们一起玩测验、网页小游戏,让我觉得很愉悦	2.65	3.31	2.98	无差异
趣味多元性	魅力的	网站信息内容丰富(图片、影像、游戏等),让我乐于使用	3.15	3.44	3.29	魅力
		多元的游戏、测验与信息,充满趣味性	2.20	3.49	2.84	一元
参与性	无差别	网站的接口设计简单明了、人性化,让我乐于使用	3.45	3.08	3.26	无差异
		我会主动关心社群网站上的新讯息,且关心各社群粉丝团的信息	2.85	3.15	3.00	必要
		我会介绍、邀请朋友们加入、使用社群网站	2.95	3.26	3.10	必要
个性化	必要的	网站的多元图像与风格,让人觉得很有魅力	3.20	3.03	3.11	必要
		创作与经营属于自己的空间,让我乐在其中	3.85	3.20	3.53	一元
		网页空间接口与游戏等,可自由配置、建构,表现出自我的特色	3.30	3.18	3.24	必要
		满意度	3.15	3.77	3.46	

调研中进一步观察无名小站与脸书在不同 Kano 质量分类之体验属性项目其绩效与满意度的评价差异。使用者在满意度评价上,脸书评价是显著性地优于无名小站。在 18 个体验属性评价上,必要质量之"网站的多元图像与风格,让人觉得很有魅力"与"网页空间接口与游戏等,可自由配置、建构,表现出自我的特色",使用者只需要可接受的质量水平,当质量达此水平时,满意度并不会提升,因此仅需要维持最小、可接受之质量水平即可,无须追求高标准,以免造成资源的浪费。因此,无名小站虽然在绩效上是高于脸书,但无法有效提升使用者的满意度。而无差别质量

的"网站的接口设计简单明了、人性化，让我乐于使用"，可能是应现行网络技术的普同化，造成该质量对于用户满意度不具显著影响性。相对地，在认同性（"在社群网站上与朋友互动，让我觉得很独特""透过社群网站与朋友互动，让自己觉得跟上潮流"）与社交性（"收到朋友的邀请、认识新朋友或联络上老朋友，让我感到惊喜"）的必要质量、趣味/多元性因子中的一元质量（"多元的游戏、测验与信息，充满趣味性"）评价，脸书之质量绩效是显著性地高于无名小站，亦即无名小站在上述质量之低绩效，造成使用者的不满意度，而这些体验属性项目亦是无名小站应优先加以改善。

无名小站在下列项目：参与性因子的"网站的接口设计简单明了、人性化，让我乐于使用"（无差别质量）与个性化的"网站的多元图像与风格，让人觉得很有魅力"（必要的质量）、"创作与经营属于自己的空间，让我乐在其中（一元的质量）"、"网页空间界面与游戏等，可自由配置、建构，表现出自我的特色"（必要的质量）的属性评价上是高于脸书；研究以网络作家女王在无名小站与脸书的网络空间表现性加以比较，明显可看出无名小站提供了使用者较多的空间经营与创作自由度；同时，该体验属性是归类为一元的质量，质量提供的越多，使用者满意度越佳。因此，相较于无名小站，脸书社群网站的经营未来应持续加强此质量属性，降低用户对于产品之间比较后可能产生的不满意。此一调研推论很快地在2011年脸书接口改版结果中加以验证，说明魅力质量探索技术在实务应用的有效性与可行性。

透过魅力工学 EGM 能发掘消费者偏好与魅力趋势，配合 Kano 模式对各体验属性之质量加以分类，能有效厘清使用者的真正需求，协助设计者（决策者）在设计发展或定位时，对于"质量"与"满意度"的控制更加精确，并能厘清质量增益（改善）与满意度的相关性，找出重要的创新体验因子，有效协助设计者（决策者）判断设计质量改善项目的优先性。

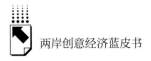
参考文献

林荣泰：《诉说故事，营造情境——文化创意设计的情境故事》，《艺术欣赏》2006年第2（5）期。

陈俊智：《应用 Kano 品质模式探讨不同人格特质游戏玩家之品质需求探讨——以角色扮演游戏为例》，《商业设计学报》2012 年第 16 期。

陈俊智、吴俞莹：《社群网站魅力体验因子探讨——以脸书与无名小站为例》，《商业设计学报》2011 年第 15 期。

陈国祥、管幸生等：《感性工学——将感性予以理性化的手法》，《工业设计》2001 年第 1 期。

Jordan, P. W. (1999), Pleasure with Products：Human Factors for Body, Mind and Soul. In W. S. Green, & P. W. Jordan (Eds.), Human Factors in Product Design：Current Practice and Future Trends, 206 – 217. London：Taylor & Francis.

Kano, N., Seraku, N., Takanashi, F. & Tsjui, S. (1984), Attractive Quality and Must-be Quality, Journal of the Japanese Society for Quality Control (April), 14 (2), 39 – 48.

Kelly, G. A. (1955), The psychology of personal. Norton. New York.

Nagamachi, M. (1995), Kansei Engineering：A New Ergonomics Consumer-oriented Technology for Product Development, International Journal of Industrial Ergonomics, 15 (1), pp. 3 – 11.

Nagamachi, M. (2002), Kansei Engineering as a Powerful Consumer-oriented Technology for Product Development, Applied Ergonomics, 33 (3), pp. 289 – 294.

Norman, D. A. (2004), Emotional Design：Why we Love (or hate) Everyday Things. New York：Basic.

Sanui, J. (1996), Visualization of Users'requirements：Introduction of the Evaluation Grid Method. Proceedings of the 3rd Design & Decision Support Systems in Architecture & Urban Planning Conference, 1, 365 – 374.

Ujigawa, M. (2000), The Evolution of Preference-based Design. Research and Development Institute.

B.27
瑞典瓦萨博物馆对雄安新区
博物馆建设的借鉴意义[*]

何圣捷[**]

摘 要： 提升公共文化服务水平是雄安新区实现产业和城市转型升级、建设智慧城市的重要切入点，如何利用博物馆资源来提升城市知名度与世界接轨这一问题值得思考。结合瑞典首都斯德哥尔摩市瓦萨博物馆实例，分析阐释了国外瓦萨博物馆的基本情况、参观环境与配套服务设施，以期对雄安博物馆未来发展有一些启示：第一，未来博物馆将从以物为中心转为以人为中心；第二，未来博物馆将是一个多功能的集合体；第三，城市文化遗产旅游将与博物馆紧密结合；第四，未来博物馆将可能采用新公共管理模式。博物馆建设与区域发展融合将促使城市知名度提升，为区域文化旅游的蓬勃发展带来新的契机。

关键词： 博物馆建设　瓦萨博物馆　雄安新区博物馆

　　早在 1989 年，国际博物馆协会就对博物馆的概念进行了定义，当今世界博物馆的发展又有了新的内涵，博物馆不单是保存、管理、展示、研究的

　＊　本文为厦门市社会科学调研课题"厦门智慧城市建设中的数字公共文化服务现状及策略研究"（厦社科研〔2017〕D08）阶段性成果、福建省社科规划项目"福建智慧城市建设中的数字公共文化服务发展策略研究"（编号为 FJ2017C007）的阶段性成果。
　＊＊　何圣捷，博士，厦门理工学院文化产业与旅游学院副教授，中国社会科学院哲学研究所博士后流动站博士后，主要研究方向为文化经济研究。

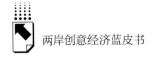
非营利机构，而逐渐转变为展示民族特色文化、提高国家文化旅游吸引力的重要载体。在许多发达国家，著名博物馆已经成为高端旅游的首选景点，城市著名博物馆逐渐形成独有的城市名片。

构建公共文化服务体系是雄安新区实现产业和区域转型升级、建设智慧城市的重要切入点，对于提升雄安新区公共服务具有重要的意义。我国博物馆处于重要的转型发展时期。放眼全球，如何利用博物馆的品牌资源来提升城市知名度，与世界一流博物馆接轨是一个值得思考的问题；回归当下，我国博物馆应当加强对观众需求和配套服务的重视。

一 京津冀地区博物馆发展现状

雄安新区的设立，旨在集中疏解北京非首都功能，优化北京、天津、河北城市的产业布局与空间结构。雄安新区规划范围由河北三县（雄县、容城、安新）及周边部分区域构成，该区域与北京、天津构成近似等边三角形，它为北京、天津目前的产业布局提供产业支撑与物质基础。如何疏解北京的非首都功能，提升雄安新区的博物馆服务水平，了解京津冀博物馆发展现状为第一步。

（一）京津冀地区文化事业费情况

文化部《中国文化文物统计年鉴》（2015 年版）2010～2014 年五年的数据显示：北京地区、天津地区及河北地区文化事业费呈逐年递增的趋势。

（二）京津冀地区博物馆机构情况

2010～2014 年，从京津冀三个地区统计的博物馆机构数来看，北京五年来一直保持恒定数值：41 所博物馆；天津地区的博物馆数处于平稳上升阶段：从 18 所逐渐上升为 22 所；相比之下河北地区的博物馆数处于爆发性增长态势，于 2010～2011 年增加 4 所，于 2012～2013 年从 75 所一跃增加到103 所。

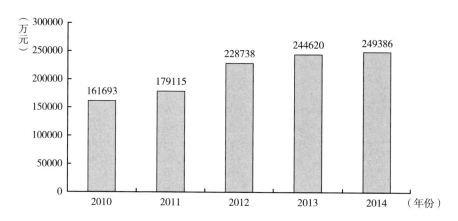

图 1　北京地区 2010～2014 年文化事业费

资料来源：文化部编《中国文化文物统计年鉴》，国家图书馆出版社，2015。

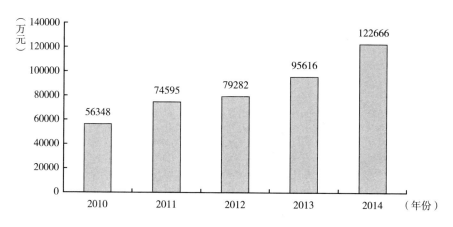

图 2　天津地区 2010～2014 年文化事业费

资料来源：文化部编《中国文化文物统计年鉴》，国家图书馆出版社，2015。

（三）雄安新区现有博物馆情况

通过以雄安新区为中心、80 公里为半径范围与 2017 年 9 月实地田野调研，统计雄安新区现有的博物馆数量。据不完全统计，截至 2017 年 9 月 9日，雄安新区 80 公里半径内共有 14 家博物馆。整理雄安地区周边博物馆名录如表 1 所示。

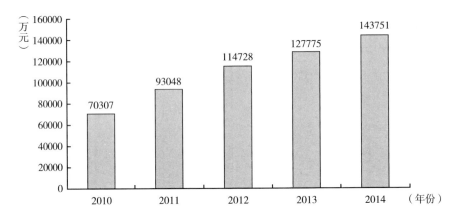

图3　河北地区 2010～2014 年文化事业费

资料来源：文化部编《中国文化文物统计年鉴》，国家图书馆出版社，2015。

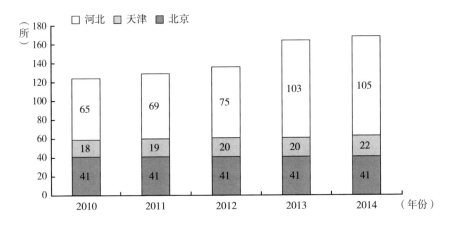

图4　2010～2014 年京津冀博物馆机构数

资料来源：文化部编《中国文化文物统计年鉴》，国家图书馆出版社，2015。

表1　雄安地区周边博物馆名录

名　称	地　　址	区域范围
保定市博物馆	保定市竞秀区朝阳北大街 599 号	竞秀区
活的 3D 博物馆	保定市安新县酒仙桥 751D. park 时尚设计广场	安新县
高阳纺织博物馆	保定市高阳县诚信路与协和街交叉口西南 150 米	高阳县
白洋淀之窗博物馆	保定市安新县白洋淀鸳鸯岛	安新县
中国门窗博物馆	保定市高碑店国道 112 高碑店收费站旁中国国际门窗城内	高碑店

续表

名称	地　　址	区域范围
玉石博物馆	保定市徐水区永兴西路 19 号金浪屿国际饭店西门	徐水区
易县博物馆	保定市易县易州镇水名苑	易县
徽园古民居博物馆	保定市莲池区北二环北 50 米	莲池区
直隶餐饮文化博物馆	保定市竞秀区大马坊乡北二环与朝阳路交口北行 200 米路东	竞秀区
涿州文化遗产陈列馆	保定市涿州南关街 275 号药王庙院内	涿州市
河北大学博物馆	保定市莲池区五四东路 180 号	莲池区
任丘市博物馆	沧州市任丘市新区广场南 200 米	任丘市
莲池博物馆	保定市莲池区裕华西路 244 号	莲池区
矿山公园博物馆	沧州市任丘市西环路街道西环南路 45 号	任丘市

目前来看，雄安新区周边除了市、区建设的公办博物馆，还存在部分民间博物馆。从整体博物馆办展水平来看，当前雄安新区周边博物馆办展水平参差不齐，展品质量有待提升。雄安新区包含的安新、雄县、容城的国家级博物馆数量几乎空白，未来有很大发展空间。从当前统计数据来看，雄安新区周边的博物馆数量与北京、天津相差甚远。

雄安新区拥有丰富的文化资源，许多博物馆处于建设初期，未来简单陈列的博物馆展示已经无法满足当前参观者的需求。雄安新区未来建设的博物馆应当加强对观众需求、参观环境与配套服务的重视。"观众在博物馆享受到的服务水平优劣，直接影响其参观体验，影响博物馆办馆宗旨的实现。参观感受的愉悦不仅取决于陈列展览本身，更多来源于服务内容的充实。博物馆应立足自身使命和功能定位，在实现办馆宗旨的同时，坚持以人为本，提升服务理念，强化服务意识，拓展服务空间。"[①]

二　作为典型案例的瑞典瓦萨博物馆

（一）基本情况

1628 年 8 月 10 日，一艘巨型战舰从斯德哥尔摩港口扬帆启航。它就是

---

① 单霁翔：《广义博物馆理论与实践的思考》，《中国文物报》2011 年 6 月 29 日。

当时最新建造的瓦萨号，这艘战舰得名于当时统治瑞典的瓦萨王朝。为了纪念这个伟大王朝，城市举行了庄严肃穆的纪念仪式，打造的巨型战舰可容纳150名船员，仪式中战舰船舷的大炮齐声轰鸣。许多市民围观这一宏伟场面，不料当巨型战舰缓缓靠近海港入口时，由于天气不佳狂风大作外加战舰大炮负重过载，船身行驶不久便开始倾斜，虽然船上船员努力进行矫正，但由于负重过重，船身倾斜后海水涌入船身，瓦萨号翻覆并沉入海底。据历史资料统计，有30～50名船员在此次活动中遇难。300多年后，瓦萨号成功打捞重见天日。在重建的战舰中，原始残骸高达98%，战舰上数以百计的雕饰品也为其添加了一道亮丽的风景。

瓦萨号是世界之最，它为世界上仅存的17世纪船只。船身由数百尊装饰华丽的雕像构成，这些残骸雕像保护良好，大部分部件完好如初，具有很高的观赏艺术价值。在瑞典首都斯德哥尔摩市，政府量身定制为其建造了一座包含九个相关主题的展览博物馆，在斯堪德那维亚半岛，瓦萨博物馆是吸引游客最多的博物馆。

（二）参观环境与配套服务设施

1. 开放时间与展示空间环境

瓦萨博物馆的开放时间为9月1日至5月31日上午10点至下午5点（周三上午10点至晚上8点）、12月31日上午10点至下午3点、夏令时6月1日至8月31日每天上午8：30至下午6点，闭馆时间为12月25日至1月1日。

瓦萨沉船于海底打捞上岸后如何运输是个难题，考虑到保持原物的完整性，最终采取打捞上岸后船体保留原址位置不动依据船身结构建成了瓦萨博物馆的方案。

巨大的船身就伫立在5层博物馆的中间位置。博物馆展示空间由几层环绕平台构成。站在不同层高的平台上，参观者可以从不同高度、不同角度观察瓦萨号，此外有9间展览室环绕在瓦萨号船体两旁。平台护栏上的信息栏标注了瓦萨号船体每一个部件的名称、长度、面积、如何使用、是否为原物等信息。这些信息分别用瑞典语、日语、德语、英语等多国语言详细标注。

图5　瓦萨博物馆外观全貌（2017 年 8 月于实地拍摄）

船只类博物馆知识的专业性较高，为了让观众更好地接受博物馆的信息内容，博物馆结合科技综合运用多种手段进行展示：VR 虚拟体验、瓦萨号张帆航行模型（1:10）、船上生活、船上真实场景 1:1 还原、打捞瓦萨过程详解、幻灯片展示等。

2. 展区和科普教育拓展

计算机冒险：通过穿戴 VR 设备，参观者可以在计算机终端建造并驾驶 17 世纪的船只。

造船厂：展示并介绍瓦萨时代的造船方法。

船上生活：由于瓦萨号是原物，参观者只能远观而不可亵玩，为了弥补无法上船体验的遗憾，博物馆特别打造船上生活展馆，让参观者可以踏上甲板模型（与原物 1:1 同尺寸），身临其境地进行参观。

打捞瓦萨过程详解：除了文字展板、语音介绍、电影播放，博物馆还通过微缩模型对如何打捞过程进行分步骤详解，真实还原打捞瓦萨号的过程与方法。

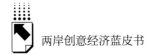
国王陛下的战舰：通过十分钟的幻灯片展示，观众可以了解巨型战舰瓦萨号耗时两年的建造过程，观看沉没过程模型演示解开瓦萨号沉没的历史谜题。

权利与荣耀：采用色彩重建、原物还原等手法，按历史背景顺序对瓦萨号船身上精美的雕塑摆放进行展示。

瓦萨号上的人：悼念当年瓦萨号沉船事件的遇难者。

帆船：系统介绍17世纪帆船的船帆、索具及导航方法。

3. 导览帮助及参观计划

瓦萨博物馆有详细的导览帮助及参观计划。

导览帮助分为两块：①您赶时间吗？如果您只能短时间在博物馆逗留，建议您观看馆内播放关于瓦萨号的影片（17分钟）或者参加我们的导游团（25分钟）。②是否带有儿童？如果您参观瓦萨博物馆时带有儿童，建议您在船上生活展区"登上"模型大炮甲板进行参观。不要错过国王陛下的战舰中的潜水钟，并且请留意帆船中的桅帆模型。在博物馆第六层，您可以凭借计算机建造并驾驶17世纪的船只。

参观计划主要针对参观顺序给予建议：您首先观看介绍瓦萨号的电影，然后在导游的讲解下参观战舰。在第四层问询台的信息栏上有电影放映时间和参观时间介绍。战舰周围的展品呈现了瓦萨号及其时代的风貌。您可以按自己选择的顺序参观这些展品。所有展品都配有瑞典语和英语说明。如果您想更加深入地了解瓦萨号的历史，建议您购买一份目录，博物馆商店有售。

4. 硬件配套服务设施

商店：博物馆商店售卖各个时代、种类繁多的商品，瓦萨号上遗物的复制品、模型、明信片、招贴画、目录等一应俱全。

餐厅：瓦萨餐厅供应瑞典风味的食品，主要有咖啡、瑞典式三明治、点心。餐厅位于第四层入口处，靠近瓦萨船尾的位置。

衣帽存放：参观者的衣帽可以存放在衣帽间，博物馆提供带锁的衣柜。

卫生间：在第四层（入口层）衣帽间旁边，第三层靠近瓦萨号船尾的地方设有卫生间及婴幼儿室。

无障碍环境：游客可以到服务台借用轮椅，大礼堂装有电磁感应助听系统，博物馆还为视力低下的游客提供了瓦萨号的模型。

三　关于雄安新区博物馆建设的思考

（一）博物馆从以物为中心转为以人为中心

当今社会不断发展，随着公共文化服务不断深化，公民整体素质的提升，未来博物馆以人为本的服务职能将更加突出。雄安新区博物馆的未来建设不一定要在数量上与北京、天津相抗衡，却可以在服务理念上进一步提升。瓦萨博物馆在展区设计、导览帮助、参观计划、硬件配套服务等方面，综合考量各类人群的需求，秉承以人为本的服务理念，这些都值得雄安新区博物馆未来发展借鉴。

Stephen E Weil 认为："现代博物馆正在以'物为中心'转变为'人为中心'，比起传统博物馆，在藏品上缺少优势，必须把公共服务当作未来发展的主要力量。"[1]

国外学者 Frans Schouten 对国外博物馆参观者的心理及行为特征进行调查研究，找寻那些从不游览博物馆人群的原因。最终发现有两点原因：一是该人群认为博物馆与日常生活无关；二是该人群认为博物馆藏品的陈列方式老套，让人难以亲近。由此可见，雄安新区的未来博物馆建设需要秉承以人为本的服务理念，通过创意新颖的藏品陈列方式，尽量满足不同人群的参观需求。

（二）博物馆将是一个多功能的集合体

Awoniyi Stephen 认为："现代博物馆应发展成为一个多功能的殿堂、一

---

[1]　Stephen E. Weil, "From Being About Something to Being for Somebody: the Ongoing Transformation of the Merican Museum", *Daedalus*, 1996, 128 (3): 229 – 258.

个大型的商业集合体、能包容一切的场所，剧场、咖啡店、音乐中心、酒店及纪念品商店等公共休闲场所是十分必要的。现代博物馆能更好地将博物馆的象征意义和实用功能统一。随着休闲时代的来临，现代博物馆在保持原有功能的基础上，要有效地分析、研究自身，适当地展开旅游、娱乐、休闲等相应功能，以便提高自身价值。"[1]

瓦萨博物馆是一个包含商店、餐厅、教育、展览等多功能的集合体。目前我国北京许多博物馆内已经出现公共休闲区。雄安新区未来建设的博物馆可以在功能上有所创新，在有限空间里增加旅游、娱乐、休闲等相应功能，使博物馆成为一个多功能的集合体，更好地满足不同年龄层参观者的需求。

（三）城市文化遗产旅游将与博物馆紧密结合

随着社会不断发展，一方面，人们对文化生活需求标准越来越高，原有的国有博物馆已经很难完全适应高标准、多样化的群众文化生活需求；另一方面，民间收藏也在不断丰富和发展，对于建设文化市场有举足轻重的作用，因此民办博物馆被鼓励大量兴建。目前雄安区也有部分民办博物馆起源于民间、服务于民间，填补了博物馆门类上的空白。民办博物馆的出现填补了当前文物保护无法全覆盖的缺憾，民办博物馆是我国文化事业发展的重要力量。但是目前辖内博物馆大多数无法承载像国际知名旅游城市中的博物馆所起到的公共服务功能，许多停留在维持生存、庸俗化经营的尴尬境地。

作为京－津－雄安三地产业链协同发展的重要支点，雄安区具备提供优质公共服务的根基。雄安区博物馆对区域旅游产业发展、区域文化保护与发扬、政府公共管理政策的具体落实都具有极为重要的载体作用。雄安新区未来博物馆建设将与地区发展、文化遗产旅游紧密结合。

---

[1] Awoniyi Stephen, "The Contemporary Museum and Leisure：Recreation as a Museum Function", *Museum Management and Curatorship*, 2001, 19（3）：227－333.

参考文献

文化部编《中国文化文物统计年鉴》，国家图书馆出版社，2015。

单霁翔：《广义博物馆理论与实践的思考》，《中国文物报》2011 年 6 月 29 日。

贾旭东：《文化发展的理论与政策》，社会科学文献出版社，2013。

Stephen E. Weil, "From Being About Something to Being for Somebody：the Ongoing Transformation of the Merican Museum", *Daedalus*, 1996, 128（3）.

Awoniyi Stephen, "The Contemporary Museum and Leisure：Recreation as a Museum Function", *Museum Management and Curatorship*, 2001, 19（3）.

B.28
从文创园区到创意街区与文创小镇

王美雅*

摘　要： 台湾文创聚落发展的过程，最早由台湾当局政策主导设置五大文创园区，随着文创概念趋于成熟，地方政府接着提出创意街区的政策，然而由上而下的群聚发展模式一直存在诸多限制与争议。近年来，随着新世代进入与新价值观成熟，许多由民间青年创业家主导的创意街区与文创小镇逐渐形成，也让文创群聚从点、线到面，呈现一种百花齐放的样貌，本文将讨论近年相关案例与商业模式。

关键词： 文创园区　创意街区　文创小镇

　　台湾自 2008 年将文化创意产业纳入六大新兴产业后，为了配合推动文创产业发展，即规划设置五大创意文化园区，将政府的闲置空间包括台北旧酒厂、嘉义旧酒厂、花莲旧酒厂以及台南北门仓库群，转型发展为文创园区，成为推动文化创意发展之五大基地，并以华山园区为示范基地。除了最初的五大创意文化园区计划外，松山文创园区也是利用先前闲置的松山烟厂改建。根据研究估算台湾在文化创意产业园区方面投入的预算自 2003 年至 2013 年已超过 500 亿元新台币，占整体文化预算的 40% 以上，凸显园区运作模式对台湾文创产业发展政策的重要性。①

---

* 王美雅，世新大学企业管理系副教授，科技管理博士，主要研究方向为创新管理与文化创意产业。

① 黄瑞玲：《台湾产业遗产资产化和文创化的政策历程与争议：以松山文创园区为例》，《文资保存学刊》2014 年第 29 期。

一　从文创园区到创意街区与社区营造

群聚一般认为对产业发展有正向效果，许多群聚研究也经常强调产业政策对群聚成功与否具有关键性影响，因此，许多文创群聚经常在政策高度主导下出现，是一种由上而下的发展模式，如上述的台湾五大创意园区；① 然而，也有许多知名群聚是由下而上自发形成的，代表性案例如纽约 SOHO 区、北京 798 等，然而在自发形成后，许多地区也面临自毁性的衰退命运，因此，常见政府在后来阶段介入，以期能维持已经形成的文创聚落，如北京 798 就是典型范例，此类自发形成的群聚通常位于都会区的边缘或城内老旧区域，低廉的租金和相对便利的周边都会环境，吸引了创意人才进驻。

研究指出，都会区域有许多因素特别有利于创意群聚的形成，包括①优势的基础建设与便利交通，以及更好的文化艺术设施与环境，容易吸引创意人才驻留；② ②都会区通常较临近市场，有更多消费者与市场机会；③都会区有更多元与完整的支持性产业，可以支持创意群聚的发展。③

随着文化创意产业的概念日渐成熟，台湾推动文创产业群聚政策的焦点从设置大型园区慢慢转向发展城市中的创意街区。台北市文化局在 2011 年宣布，将扬弃以往科学园区先圈地再入驻的模式，针对文创产业特性，循台北市自然生成之都市纹理及产业脉络，因势利导协助强化各文创次产业聚落之形成，进一步推动创意城市建设。④ 在此之前台北市先在 2009 年进行

---

① 华山创意园区的形成较为特殊，中间曾有一些民间团体的参与和自发聚集，但最后仍是在台湾当局主导下正式成为五大创意园区之一。

② Florida, R., 2002, The Rise of the Creative Class: And How Its Transforming Work, Leisure, Community and Everyday Life, New York: Basic Books.

③ Bassett, K., Griffiths, R. and Smith, I., 2002, "Cultural Industries, Cultural Clusters and the City: The Example of Natural History Film-making in Bristol", Geoforum, 33: 165 – 177; Hutton, T., 2004, "The New Economy of the Inner City", Cities, 21 (2): 89 – 108.

④ 台北市文化局：《创意群聚政策》，https://www.culture.gov.taipei/frontsite/cms/contentAction.do? method = viewContentDetail&iscancel = true&contentId = NjExNA = = &subMenuId = 903。

"台北市文化创意产业聚落调查计划"①，调查报告指出，台北已经形成11个创意街区，包括粉乐町街区、创民生小区/富锦街街区、永康青田龙泉街区、温罗汀街区、西门町街区、艋舺街区、中山双连站街区、牯岭街街区、天母街区、故宫/东吴大学/实践大学街区、北投街区，这也成为后续推动创意街区的基础。

2013年台中市文化局也接着提出《台中文创二十三》文化政策，包括二大核心、十大街区、三大庆典，其中包括台中十大创意街区②，这十个创意街区包括草悟道、丰原漆艺糕饼、东海艺术与双十流域文创生活街区，逢甲创意美食街区以及中区、雾峰影视、大甲与后里两马与新社花卉休闲产业街区。

另外，对于乡镇文化创意产业的发展，台湾经济主管部门早在1989年就师法日本，推出一乡镇一特色产品（OTOP, One Town One Product）计划，期望透过地方特色产品的发展带动地方特色产业与旅游消费；1994年文建会也在此一脉络下着手推动地方文化产业与社区总体营造，当时虽未具体提出地方群聚的概念，但基本上期望藉由地方社群意识凝聚，发扬地方文化，也进而发展地方产业。

综上所述，不论是都会里的创意街区或乡镇中的社区总体营造政策，发展迄今其中虽然不乏成功案例，然而，由上而下的政策操作一直遇到许多困难。许多研究指出，群聚关键成功因素在于人跟人之间的信任与互动，然而由政府主导的创意街区或社区总体营造计划，政府常常仅在很短的活动时间内介入，很难扮演稳定的中介者与协调沟通的角色；③ 比较成功的案例多依赖非营利组织（NGO）补足政府、商家、民众之间的第三方角色；④ 而在地

---

① 台北市文化局：《台北市文化创意产业聚落调查计划》，https：//www. culture. gov. taipei/frontsite/cms/contentAction. do? method = viewContentDetail&iscancel = true&contentId = NTE3Ng = = &subMenuId = 906。

② 陈界良：《文创十大街区展、天天fun ten游》，《中时电子报》2013年9月18日。

③ 徐莹峰：《创意群聚的吸纳与排除：台北市中山双连街区》，《文化研究月报》2012年第131期。

④ 王本壮：《公众参与小区总体营造相关计划执行之行动研究——以苗栗县推动小区规划师运作模式为例》，《公共行政学报》2005年第17期。

方乡镇社区营造活动中，政府一直强调文化性考虑而非经济性考虑，然而，在缺乏农业、经济、观光、管理等的专业人员的参与下经常事倍功半，且许多乡镇在无法解决基本的经济需求下，奢论文化①。

近年来，随着新世代年轻人进入社会，以及社会的新价值观改变，在台湾看到许多从民间青年创业家发起与主导的创意小镇与创意街区逐渐形成，这些或成功或发展中的案例让我们看到另一种不同于官方主导的文创园区的新创意与活力，也让台湾文创群聚的发展从点、线到面，呈现一种百花齐放的样貌。

二 文创小镇与文创街区典型案例分析

（一）竹山小镇文创

1. 创业过程

竹山小镇文创最初的起点是一栋由百年古民宅重建的民宿，由于民宿位于竹山大鞍山海拔八百公尺的山上，犹如坐落于云端，因此命名为天空的落子。2001 年创办人何培钧仍在就学的大二年级，因为家人退休后迁居竹山的契机，在一次小旅行时发现竹山大鞍山上这栋废弃的三合院。这栋原属于张氏家族的祖厝随着工业化的发展、小镇逐渐没落，原本人气鼎盛时期高达30 多人的大型宅邸因为人口外移变成一个废墟。

何培钧初次看到这座古民宅就强烈感受地方文化随着环境变迁而消逝的强烈不舍，在大学毕业、服完兵役后仍无法忘怀，因此毅然决定追求自己的梦想——重建古民宅。他找来了背负家族期望走上行医之路却从小就热爱建筑的表哥一起着手重建计划。

对两个没有任何资源的年轻人而言，重建古宅是超乎想象的困难任务。

---

① 刘立伟：《小区营造的反思：城乡差异的考虑、都市发展的观点以及由下而上的理念探讨》，《都市与计划》2008 年第 35 卷第 4 期。

何培钧从取得家人谅解、争取银行贷款买下古宅，并在尽量维持古宅原貌的精神下一点一滴重建古民宅，将一连串难题都一一克服了；不过，后来发现最困难的是如何吸引顾客到这样一个遥远的乡村入住，一开始民宿经营并不顺利，背负着巨大的贷款压力，房子甚至一度面临被法拍的命运，何培钧再次用他的毅力来面对：一一拜访各大企业推销民宿，写信给"观光局""文化局"各个单位，一直到南投文化局官员邀请知名音乐家马修联恩入住，并因为热爱这个民宿创作了同名专辑"天空的院子"，而后这张专辑入围金曲奖，引来更多媒体报道，天空的院子就此声名大噪，并被誉为"台湾最美的民宿"。

2. 商业模式

何培钧当初决定买下该三合院并改建成民宿，最主要是希望用一种让旅客停留最久，也让旅客最能了解当地文化的方式经营，因此，他也在经营天空的院子的过程中，想办法让民宿需要用到的物资耗材都来自当地，例如给旅客的便当、床单、被单、器皿、灯饰，甚至点心，透过这样的安排让旅客更能体验竹山文化，也对当地发展有一点帮助，为了发展所有潜在产品，他们也扩大了解竹山的产业与商家，洽谈合作与协助开发的可能性；为了不希望旅客在民宿住完一晚，因为附近没什么适合的景点就匆匆离开，他们也自掏腰包修复民宿和附近一间已经废校的大鞍小学的古道。

就这样，从一间民宿开始，因为一个对当地文化与小区发展友善的初衷，后来逐渐扩大，带动了整个竹山小镇的发展。何培钧陆续增加了两间民宿（有竹居、鞍境家）、餐厅（大鞍山城、上山阅读）、手做生产线（竹生活文化协会）、教学中心（竹巢学堂）、青年创业中心（前山绽文创工作坊）等。

何培钧运用当地最多的资源——老旧空房，或买或租或代为管理，从民宿和餐厅开始，后来透过"以工换宿"的计划让许多年轻人进来竹山、了解与体验竹山，也透过年轻人的专业帮小镇做各式各样的产品改造、包装与营销，和附近大学云科大合作办讲座、工作坊，让在地人有沟通、学习与互动的平台，最后在2011年创立了小镇文创公司，以竹山镇上的小镇故事馆作为对外主要联系窗口。

为了让更多年轻人有机会回来竹山创业，何培钧也透过他逐渐建立的这些网络，包括市场（企业顾客和旅客）、在地生产人力、免费的住宿和办公空间等资源来建立青年创业中心，希望降低青年创业者的风险，提升他们回乡创业的意愿。

（二）大山北月

1. 创业过程

大山北月的起点和竹山小镇文创有些相似之处，当初创办人庄凯咏和吴宜静在研究所就读时因为一次服务创新课堂作业被派去台三线实际运用课堂理论，结果同组五人到了新竹横山乡，当地称为"大山背"的地方，找到了废弃30年的丰乡小学。当时大山背是个没什么人知道的偏乡，很少游客到访，当地人也对这地方没有什么信心。他们一组人运用网络号召"旅游扫落叶、换在地特产"，也找到愿意配合的商家，结果意外引起不少外地人的参与。这次成功经验让庄凯咏燃起了创业的念头。

后来意外得知废弃小学改建的大山背人文生态馆即将结束营业，庄凯咏和女友讨论后，决定向乡公所承租。他们也将大山"背"改成"大山北月"，因为这名字中有两位创办人名字中的山（凯）和月（静），他们也开始整建大山北月的创业之路。从收拾满地杂物和垃圾、重新油漆墙面、改造教室开始，他们创造出一个有生态展览室、演讲厅、休闲餐馆、阅读空间与简易露营区的复合式基地。

2. 商业模式

两个清大服科所硕士生因为爱上了一个废弃小学而开始的创业，一开始他们借重清大老师与台湾服务科学会的资源，在2014年4月20日召集了"换想大山背remodel工作坊"，整合了附近代表性的大学、产业、社区与非营利组织等成员共同讨论大山背未来的发展，建立了当地资源网络的联结与共识。也因为与地方强烈联结的理念，他们从学厨艺开始，到自己设计制作餐点，希望透过餐点让顾客体验到在地农产与文化。

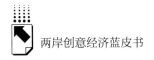

大山北月也把自己定位为新竹台三线策展人，将关西、横山、竹东、北埔、峨眉在地的食材与文化，透过创意、故事与设计能够整合并提升在地资源的价值。在这样的理念下，他们与在地小农合作陆续发展出与在地高度关联的餐点——大山慢食，包括仙草冷面（关西）、窑烤面包（横山）、手工麻糬（竹东）、擂茶冰沙（北埔）、东方北人茶（峨眉），获得各方高度评价，也吸引了众多媒体报道。

为解决农民柑橘营销的问题，在柑橘产季，设计了"十分桔利"礼盒；他们也帮忙农民把健康但卖相不佳的有机苦瓜，运用创意制作成苦瓜糖，结果销售一空；和有机茶农合作透过"在地小旅行"的设计，让游客体验采茶，也解决了茶农人力不足的问题，并重新设计小包装的茶叶当成小旅行客人的伴手礼；甚至在大山北月这个偏乡帮顾客办过全包式草地婚礼。后来延伸提供露营服务。

（三）大稻埕的小艺埕

1. 创业背景

大稻埕位于台北市大同区西南部，由于发展之初有大片可以晒稻谷的空地，因而得名大稻埕（闽南话），范围约在忠孝西路、重庆北路、民权西路及环河北路之间。19 世纪中期第一位杂货商人从基隆移居大稻埕，于现今的迪化街建了第一间街屋，这期间大稻埕码头因为淡水河的船运之便（联结台湾和闽南），成为南北货、茶叶、药材、布匹等货物的集散地，而当时建成共 800 公尺的迪化街也成为目前保存最好的老街，每年农历春节时成为大批人潮涌入的年货大街。到了日本殖民时代，约在 1920 年代，大稻埕是全台湾商贸最繁荣的港口，也是东西文化荟萃和思想最先进的地方。由于独特的建筑和文化，2010 年台北市都更处推出都市再生基地计划（URS），利用闲置空间，透过政府与民间合作模式作为一个活化都市的创新基地，其中就选中了两处迪化街老宅，包括 URS155 和 URS127。

因为注意到大稻埕独特的文化魅力，曾经从政但后来决定以创业来改变台湾社会的周奕成，以及他所带领的世代文化事业群选择了大稻埕这个地方作为据点，从 1920 年代百花齐放的意象出发，希望以大稻埕过去丰富的历史文化为基础和 1920 年代的创新精神，让大稻埕注入新的活力。经过几年的寻觅与等待，终于在 2010 年底有机会承租迪化街最重要的地标之一——屈臣氏大药房李家街屋之一部分，开创第一栋"小艺埕"，这名称来自大稻埕上卖小艺。后来周奕成又陆续租下当地几处街屋，搭建民艺埕、众艺埕、学艺埕、联艺埕、合艺埕和青艺埕等街屋，在这些空间卖陶瓷（台客蓝、陶一二）、艺品、花布（印花乐），卖书（1920），也卖咖啡（炉锅咖啡），也办座谈会、剧场，以五种大稻埕传统的文化与产业资源——茶、布、中药、戏曲、建筑，作为主要元素。

2. 商业模式

世代文化事业群基本上承租大稻埕的旧街屋，进行微整形后，开始微型文创事业的招商，除了部分创业者原先创立的自营与合营品牌外，也对外招募有创意的文创创业者进驻，转租较小空间给这些业者，目前共有自营加上对外招募约有 40 个品牌。

进驻者收费模式包括管理费、营业抽成和租金三部分。管理费部分不论空间大小都收 5000 元（包括修缮、刷卡机租用、水费、营销费、结账费等），世代文化事业每两三天会去各商家收取营业费用，并代为保管一个月，扣除费用后再结算给店家；在营业抽成部分，店家到达一定营业标准后，世代文化会抽取营业额 5% 的费用。

其中众艺埕是一个微创育成，基本上是一个辅导育成创业者的空间，一旦品牌发展成熟就会离开，除非大稻埕街屋刚好有适合的空间容纳；除了租屋与品牌育成服务，周奕成也和其他协会共同举办大稻埕国际艺术节，以活络大稻埕区域，吸引更多游客。

此外，周奕成对屋主与文创创业者都设立了严格的筛选标准，希望选择非投机性、有长期观点的屋主和创业者，在游客部分，他们也特别着力于日本观光客的宣传，希望能吸引到量小质精的游客群族，把目标顾客定在比较深度的游客，而非走马看花的大量游客。

比较三个案例可以发现，它们主要共同点之一是空间几乎都由老旧闲置

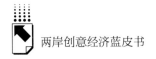
建物改造而成，一方面因为闲置空间成本较低，另一方面则是老旧建筑物本身的历史与文化感受，经过适当的重建，可以被凸显，适合文创产业的氛围。

相对比而言，乡村型聚落和创意街区经营上有些不同的重点。台湾乡村多半苦于人口外移，缺乏就业机会，既存产业以传统产业农林渔牧或传统技艺为主（如竹、陶工艺等），藉由年轻创业家的进驻，带入新的创意，协助传统产业转型，进而吸引游客，有了游客与就业机会，也让更多年轻人愿意回到乡村，形成一个正向循环，如此可以让文创聚落得以永续发展。相对过去由上而下的群聚政策，在这些案例中可以看到新一代年轻创业者扮演很重要的中介角色，他们更重视在地文化与环境价值，愿意回到偏乡并长期深耕地方，深入了解在地文化与需求，也有足够的商业运作知识与技能，因此可以扮演很好的协调者。

相对于乡村聚落，都会中的创意街区比较大的问题是随着区域发展而带来的自我毁灭的问题，亦即区域一旦发展起来，房价或租金高涨，迫使文创业者离开，因此都会群聚更需要注意一开始就以长期经营角度来思考，平衡居民、商家和游客的需求。以大稻埕而言，创办人周奕成一开始就考虑找寻愿意长期经营的屋主签订长期租约，也在游客营销上特别将目标顾客锁定深度旅游的游客，不让短期走马看花的游客过多，影响旅游质量，因此，这几年下来该区街屋的文创业者维持在相当稳定的状况。

社会科学文献出版社

❖ 皮书起源 ❖

"皮书"起源于十七、十八世纪的英国,主要指官方或社会组织正式发表的重要文件或报告,多以"白皮书"命名。在中国,"皮书"这一概念被社会广泛接受,并被成功运作、发展成为一种全新的出版形态,则源于中国社会科学院社会科学文献出版社。

❖ 皮书定义 ❖

皮书是对中国与世界发展状况和热点问题进行年度监测,以专业的角度、专家的视野和实证研究方法,针对某一领域或区域现状与发展态势展开分析和预测,具备原创性、实证性、专业性、连续性、前沿性、时效性等特点的公开出版物,由一系列权威研究报告组成。

❖ 皮书作者 ❖

皮书系列的作者以中国社会科学院、著名高校、地方社会科学院的研究人员为主,多为国内一流研究机构的权威专家学者,他们的看法和观点代表了学界对中国与世界的现实和未来最高水平的解读与分析。

❖ 皮书荣誉 ❖

皮书系列已成为社会科学文献出版社的著名图书品牌和中国社会科学院的知名学术品牌。2016年,皮书系列正式列入"十三五"国家重点出版规划项目;2013~2018年,重点皮书列入中国社会科学院承担的国家哲学社会科学创新工程项目;2018年,59种院外皮书使用"中国社会科学院创新工程学术出版项目"标识。

权威报告·一手数据·特色资源

皮书数据库
ANNUAL REPORT(YEARBOOK)
DATABASE

当代中国经济与社会发展高端智库平台

所获荣誉

- 2016年，入选"'十三五'国家重点电子出版物出版规划骨干工程"
- 2015年，荣获"搜索中国正能量 点赞2015""创新中国科技创新奖"
- 2013年，荣获"中国出版政府奖·网络出版物奖"提名奖
- 连续多年荣获中国数字出版博览会"数字出版·优秀品牌"奖

成为会员

通过网址www.pishu.com.cn访问皮书数据库网站或下载皮书数据库APP，进行手机号码验证或邮箱验证即可成为皮书数据库会员。

会员福利

- 使用手机号码首次注册的会员，账号自动充值100元体验金，可直接购买和查看数据库内容（仅限PC端）。
- 已注册用户购书后可免费获赠100元皮书数据库充值卡。刮开充值卡涂层获取充值密码，登录并进入"会员中心"—"在线充值"—"充值卡充值"，充值成功后即可购买和查看数据库内容（仅限PC端）。
- 会员福利最终解释权归社会科学文献出版社所有。

社会科学文献出版社 SOCIAL SCIENCES ACADEMIC PRESS (CHINA) 皮书系列
卡号：499991829974
密码：

数据库服务热线：400-008-6695
数据库服务QQ：2475522410
数据库服务邮箱：database@ssap.cn
图书销售热线：010-59367070/7028
图书服务QQ：1265056568
图书服务邮箱：duzhe@ssap.cn

S 基本子库
UB DATABASE

中国社会发展数据库（下设 12 个子库）

全面整合国内外中国社会发展研究成果，汇聚独家统计数据、深度分析报告，涉及社会、人口、政治、教育、法律等 12 个领域，为了解中国社会发展动态、跟踪社会核心热点、分析社会发展趋势提供一站式资源搜索和数据分析与挖掘服务。

中国经济发展数据库（下设 12 个子库）

基于"皮书系列"中涉及中国经济发展的研究资料构建，内容涵盖宏观经济、农业经济、工业经济、产业经济等 12 个重点经济领域，为实时掌控经济运行态势、把握经济发展规律、洞察经济形势、进行经济决策提供参考和依据。

中国行业发展数据库（下设 17 个子库）

以中国国民经济行业分类为依据，覆盖金融业、旅游、医疗卫生、交通运输、能源矿产等 100 多个行业，跟踪分析国民经济相关行业市场运行状况和政策导向，汇集行业发展前沿资讯，为投资、从业及各种经济决策提供理论基础和实践指导。

中国区域发展数据库（下设 6 个子库）

对中国特定区域内的经济、社会、文化等领域现状与发展情况进行深度分析和预测，研究层级至县及县以下行政区，涉及地区、区域经济体、城市、农村等不同维度。为地方经济社会宏观态势研究、发展经验研究、案例分析提供数据服务。

中国文化传媒数据库（下设 18 个子库）

汇聚文化传媒领域专家观点、热点资讯，梳理国内外中国文化发展相关学术研究成果、一手统计数据，涵盖文化产业、新闻传播、电影娱乐、文学艺术、群众文化等 18 个重点研究领域。为文化传媒研究提供相关数据、研究报告和综合分析服务。

世界经济与国际关系数据库（下设 6 个子库）

立足"皮书系列"世界经济、国际关系相关学术资源，整合世界经济、国际政治、世界文化与科技、全球性问题、国际组织与国际法、区域研究 6 大领域研究成果，为世界经济与国际关系研究提供全方位数据分析，为决策和形势研判提供参考。

法律声明

"皮书系列"（含蓝皮书、绿皮书、黄皮书）之品牌由社会科学文献出版社最早使用并持续至今，现已被中国图书市场所熟知。"皮书系列"的相关商标已在中华人民共和国国家工商行政管理总局商标局注册，如 LOGO（🀆）、皮书、Pishu、经济蓝皮书、社会蓝皮书等。"皮书系列"图书的注册商标专用权及封面设计、版式设计的著作权均为社会科学文献出版社所有。未经社会科学文献出版社书面授权许可，任何使用与"皮书系列"图书注册商标、封面设计、版式设计相同或者近似的文字、图形或其组合的行为均系侵权行为。

经作者授权，本书的专有出版权及信息网络传播权等为社会科学文献出版社享有。未经社会科学文献出版社书面授权许可，任何就本书内容的复制、发行或以数字形式进行网络传播的行为均系侵权行为。

社会科学文献出版社将通过法律途径追究上述侵权行为的法律责任，维护自身合法权益。

欢迎社会各界人士对侵犯社会科学文献出版社上述权利的侵权行为进行举报。电话：010-59367121，电子邮箱：fawubu@ssap.cn。

社会科学文献出版社